RICH 트랜스내셔널 인문학총서 14

한국과 타이완에서 본 식민주의

이 도서의 국립중앙도서관 출판예정도서목록(CIP)은 서지정보유통지원시스템 홈페이지(http://seoji.nl.go.kr)와
국가자료공동목록시스템(http://www.nl.go.kr/kolisnet)에서 이용하실 수 있습니다.
(CIP제어번호 : CIP2018025266)

RICH 트랜스내셔널 인문학총서 14

한국과 타이완에서 본 식민주의

한양대학교 비교역사문화연구소·타이완 중앙연구원 타이완사연구소 엮음

한울
아카데미

차례

2부 식민정치와 가족·공창 제도

3부 식민지 교육과 저항

4부 전쟁동원과 전후(戰後)

이 책은 한양대학교 비교역사문화연구소와 타이완 중앙연구원의 타이완
사연구소가 2016년 10월에 한양대학교에서 공동으로 개최한 학술 심포지엄
'일본의 식민지 지배 정책과 식민지 사회: 조선과 타이완'에서 발표된 논문을
수정·보완해 책으로 엮은 것이다.

한국연구재단으로부터 지원을 받아 '트랜스내셔널 인문학'을 주제로 인문
한국 연구 사업을 추진해온 한양대학교 비교역사문화연구소는 타이완 중앙
연구원의 타이완사연구소와 2016년 2월 타이페이 중앙연구원(SINICA)에서
열린 워크숍을 계기로 학술 교류를 시작했다. 양측 연구소의 연구진 중에는
식민지 시기를 연구하는 연구 팀들이 있어, 이 팀들 간에 교류가 시작된 것이
다. 당시 워크숍에는 양측 연구소에서 각각 6명이 참여해 관심 주제에 관해
발표하고 토론을 했다. 그리고 양측의 학자들은 각각의 논문을 발전시켜 그
해 10월 한양대학교에서 학술 심포지엄을 열었다. 양국의 학자들은 회의에
서 발표한 내용을 각각 학술지에 발표했다. 양측 연구소는 한국어와 중국어
로 된 단행본을 각각 출판하기로 합의했고, 이제 한국어 단행본을 먼저 서울
에서 출판하게 된 것이다.

한국과 타이완은 제국주의 시기의 일본에 의해 식민지가 되었다는 공통점이 있다. 일본은 타이완에서의 식민지 통치 경험을 바탕으로 식민지 조선을 통치할 제도를 만드는 경우가 많았다 . 토지조사사업과 같은 경우가 그러했다. 어떤 경우에는 조선에서 먼저 제도를 만든 뒤에 타이완에서 실시한 경우도 있었다. 교육령 등이 그러했다.

그러나 조선과 타이완은 그 역사적인 배경, 사회경제적인 조건 등에서 상당한 차이가 있었다. 이 때문에 조선과 타이완에 대한 일본의 통치 정책에는 상당한 차이가 있을 수밖에 없었다. 이런 점에서 조선과 타이완의 식민지 지배 정책의 성격이나 식민지 시대의 역사상을 제대로 밝히려면 식민지 조선과 타이완에 대한 비교 연구가 필요하다. 한양대학교 비교역사문화연구소와 타이완사연구소의 식민지 시기 연구 팀이 본격적으로 학술 교류를 시작한 이유가 바로 여기에 있었다.

앞서 말한 것처럼 이 책은 2016년의 학술 심포지엄 '일본의 식민지 지배 정책과 식민지 사회: 조선과 타이완'의 결과물이지만, 책 제목을 약간 바꾸어 '한국과 타이완에서 본 식민주의'라고 붙였다. 책 제목을 이렇게 붙인 것은 식민지 지배 정책과 식민지 사회의 여러 모습, 식민지 지배의 청산 문제 등을 '식민주의'라는 단어로 요약할 수 있다고 보았기 때문이다.

이 책에서는 11편의 글을 주제별로 나누어 4부로 구성했다. 1부는 '만주의 조선인과 타이완인'을 주제로 2편의 글을, 2부는 '식민정치와 가족·공창 제도'라는 주제로 3편의 글을, 3부는 '식민지 교육과 저항'이라는 주제로 3편의 글을, 4부는 '전쟁동원과 전후(戰後)'라는 주제로 3편의 글을 각각 묶었다.

이 책에 실린 글들은 모두 시기적으로는 식민지 시기부터 제2차 세계대전 종전 직후까지를 다루고 있으며, 내용적으로는 일본의 식민지 지배 정책과 이에 대한 조선인과 타이완인의 대응, 식민지 시기와 종전을 전후한 시기의 조선인과 타이완인의 이동, 종전 이후 미국 동아시아 정책에 내재된 식민주의적 성격 등을 다루고 있다. 다시 말해 이 책의 각 장은 '식민주의'와 '탈식민주의' 문제를 다루고 있다고 볼 수 있다.

이 중에는 그동안 학계에서 다루지 않았던 주제나 새로운 시각에서 해석한 글, 그리고 한국 학계에는 처음 소개되는 식민지 시기 타이완에 관한 글도 여러 편 실렸다. 재만 조선인의 만주국에서의 호적 취득 문제(마이클김)는 그동안 학계에서 거론되지 않았던 주제이며, 남양군도의 노무동원과 조선 여성의 문제(정혜경)도 그렇다. 또 조선과 타이완에서의 일본인 교원과 그들에 대한 학생들의 반응(쉬페이셴, 박찬승) 또한 흥미로운 주제이다. 식민지 시기 사회적 이슈가 되기 시작한 동성동본금혼제와 친권 법제화의 문제(소현숙, 홍양희)는 해방 후에도 큰 영향을 미친 제도로서, 그 기원에 천착한 2편의 글은 학계에서 크게 주목받을 것이다. 3·1 운동 100주년을 앞둔 시점에 3·1 운동기의 사상에 관한 글(윤해동)도 흥미롭다. 식민지 시기 타이완인의 만주 이주와 종전 이후 타이완 회귀 문제(쉬쉐지), 타이완에서의 성병 관리 문제(진정원), 타이완인 B·C급 전범 문제(중수민), 냉전 초기 미국의 타이완에 대한 의약품 원조 문제(류스융) 등은 한국 학계에 처음 소개되는 주제들이다.

이 책이 나오기까지 수고해주신 분들이 많다. 먼저 양측 연구소 간의 교류부터 논문을 수합하는 데 큰 도움을 주신 타이완사연구소의 쉬쉐지 소장님과 진정원 연구원님, 한양대학교 비교역사문화연구소의 소현숙 교수님께 감사를 드린다. 아울러 이 논문들을 훌륭하게 정리해주신 모든 필자분들께도 감사를 드린다. 특히 양측 연구소 소속은 아니지만, 학술 심포지엄에 함께 참여해 발표해주신 마이클 김, 정혜경, 쉬페이셴 선생께도 감사를 드린다. 또 학술 심포지엄에서 훌륭한 코멘트를 해주신 토론자 여러분께도 감사의 말씀을 드린다. 아울러 중국어 논문을 한국어로 번역하는 데 도움을 주신 오수경 교수님과 양중석 선생께도 감사의 말씀을 드린다.

그리고 어려운 상황에서도 출판에 선뜻 응해주신 한울엠플러스(주)의 김종수 사장님께도 감사를 드린다. 이 책은 한국연구재단의 인문한국 사업의 결과물로 출간하게 되었다. 한국연구재단 측에도 감사의 마음을 전한다.

한국과 타이완의 학자가 공동으로 펴내는 이 책이 식민지 조선과 타이완에 대한 연구, 더 나아가 일본의 식민지 지배 정책에 대한 연구에 일조하기를 바란다. 아울러 이 주제에 관심을 가진 동학 제현의 많은 질정을 바란다.

2018년 7월

한양대학교 비교역사문화연구소 소장 박찬승

1부
만주의 조선인과 타이완인

1장

치외법하에 조성된 재만 조선인 보호시설과 취적 문제

재만 조선인을 통해서 본 국적과 국가의 관계

| 마이클 김 연세대학교 국제학대학원 교수 |

1. 머리말

근대국가의 일원이 된다는 것은 해당 국가의 공평한 대우를 받는 공민(公民)이 됨을 의미한다. 그러나 근대국가의 탄생 과정에서는 '비공민(非公民)'의 타자화가 '공민'을 형성하는 대응점으로 언제나 공존하기 마련이다. 법치주의 체제는 명목상 모든 국민에게 동등한 권리와 의무를 부여하지만, 정치적·경제적·사회적인 계급은 사회구성원 대다수의 공민권을 제한해왔다. 예를 들어 젠더와 계급, 인종 문제는 빈번히 개개인의 실질적인 공민권을 박탈하며, 특히 이주자들은 아예 공민권을 주장할 수 없는 위치에 서 있다. 이와 같은 역사적 현상은 근대 국적과 시민 개념의 형성, 그리고 모든 구성원들이 평등한 위치에서 각종 복지와 교육 혜택을 받고 공적 의무를 수행할 수 있는 사회적 여건의 완비야말로 공민권의 필요조건임을 보여준다. 전례 없는 오늘날의 초국가적(transnational) 인구이동 현상은 한 번쯤 대한민국의 시민권과 국적의 의미, 그리고 국가가 이 두 개념과 상호작용을 했던 역사적인 배경에 대해 숙고할 수 있게 해준다. 이주자 수의 급증으로 다문화주의가 부각되는 현재, 어떤 이들이 영주권 혹은 시민권을 쉽게 취득할 수 있고, 또 어떤 이들이 대상에서 제외되어야 하는지에 대해 정부 차원에서 논의가 한창 진행 중이다. 한 시대의 중대한 사회적인 문제에 접근하기 위해서는 반드시 그 역사적인 기원을 먼저 탐구해야 하는데, 대한민국의 국적과 시민권에 관련된 역사적 연구 성과는 아직 찾기 힘들다고 봐야 할 것이다.

대한민국의 국적과 시민권 문제의 복합성은 재만 조선인의 취적(就籍) 문제에서 기인한다고 할 수 있다. 재만 조선인 중 상당수는 일제 통치기 이전에 조선을 떠났기 때문에 조선 호적에 등록되어 있지 않은 채 만주에서 오랫동안 무적자(無籍者)로 생활했다. 조선 호적이 1922년에 공포된 이후 출국한 재만 조선인도 여러 관례적인 이유로 등록을 하지 않거나, 혹은 못한 경우가 있었다. 예를 들어 여성이기 때문에 누락되거나 혹은 남성이라도 성인이 될 때까지 호적에 올리지 않은 경우가 빈번했다. 그리고 등록을 시도했지만, 복잡한 행정적 절차 때문에 입적을 거부당해 무적자로 만주에서 생활해야만 했던 이들도 있었다. 결국 많은 재만 조선인들이 오랫동안 조선과 만주에서 무적자 신분으로 생활했으며, 대부분은 소작을 하는 빈농으로 일생을 보내야 했다. 그런데 여기서 한 가지 역설적인 사실에 주목할 필요가 있다. 일부 재만 조선인들은 식민지 조선인들보다 높은 취학률을 보였고, 만주에서 의료와 금융 시설을 이용할 수 있었으며, 토지를 임대해 소유권도 보장받을 수 있었다는 것이다. 식민지 조선에서 호적이 누락되어 행정상 존재하지 않은 무적자들이 만주에서 교육과 복지 시설을 이용할 수 있었던 원인은 20세기 초반 일제의 만주 진출 및 조선인의 만주 이주와의 불가분한 관계에서 찾을 수 있다. 일제는 1905년 러일전쟁 이후 러시아로부터 양도받은 철도부속지와

'간도협약'을 통해 간도 지방에서 일종의 행정권을 시행했으며 '조선인보호시설'을 운영했다.

여기서 주목해야 할 점은 잇따른 일제의 팽창이 조선인의 만주 진출을 촉발하고, 그에 따라 그 지역에서 수많은 조선인들이 모호한 '일본 제국의 신민(臣民)' 신분으로 생활하게 되었다는 것이다. 이 현상을 유심히 살펴보면 박현옥이 말한 "영토적 삼투의 인종정치"[1]의 심층적 의미를 더 깊이 고찰할 수 있다. 만주국 설립 이전의 재만 조선인들은 조선인민회(朝鮮人民會)를 통해 조선인보호시설을 이용했는데, 치외법 폐지와 토지상조권(土地商租權) 취득 등기 거절로 인해 신분이 불투명해졌다. 이러한 일련의 문제가 재만 조선인 사회에 일으킨 파장은 컸다. 상조권은 치외법의 규정에 따라 30년 동안 토지를 임대하는 제도로 사실상 소유권을 의미했다. 그리고 여러 조선인보호시설의 운영권이 만주국으로 이양되면서 조선인들의 국적과 '보호무육(保護撫育)' 문제가 나타났다. 1937년 재만 조선인들이 만주국의 일원으로 국적을 취득할 시점이 다가왔지만, 식민지 조선의 호적에 등록이 되어 있지 않으면 불가능했다. 끝내 해결되지 않은 조선인의 취적 문제는 조선과 만주에서 지속적으로 정치적 긴장과 사회적 문제를 초래했다.

재만 조선인들의 취적 문제는 일본 제국과 만주 지역의 격변하는 지정학적 관계와 연결되어 있을 뿐만 아니라 조선 내의 '호적법'과 사회적 문제와도 긴밀히 연결돼 있었다. 그런 면에서 만주 이주 조선인들의 역사적 경험과 파란만장한 삶은 한국사 서술 범위에 속하는 것이 분명하지만, 아직까지 한국사와 중국사의 불분명한 경계에 머물며 학계에서 공론화되지 못하고 있다. 비슷한 맥락에서 이 중 다수는 식민지 조선과 동북중국정부의 호적에 등록

---

1 Hyun Ok Park, *Two Dreams in One Bed: Empire, Social Life, and the Origins of the North Korean Revolution*(Durham: Duke University Press, 2005).

되지 않았으므로, 어느 한 국가의 '공민'으로 인정받지 못했다. 물론 식민지 조선 내 조선인이 취득한 공민권도 어디까지나 실제가 아닌 이론적인 것에 국한된 것이었다. 결국 만주와 조선의 '근대국가성' 결여로 많은 조선인들이 호적에 등록할 필요를 모르고 살아왔다고 말할 수 있으며, 다수는 청나라 멸망 이후 만주 동북중국정부로부터 호적 등록을 거부당하거나 그 조건에 순응하지 않으려고 무적자로 생활해왔다. 그리고 조선을 떠난 이후 오랫동안 돌아오지 않았기 때문에 조선에서조차 호적 등록이 이루어지지 않았으며, 이런 상황은 1932년 만주국 설립 이후 일제 통치기에 중대한 정치사회적 문제로 부각되었다. 그리하여 만주에 상당한 규모의 '조선인보호시설'이 치외법 아래 조성되어, 만주사변 이후 더 많은 자원과 예산이 조선인의 교육과 의료 및 금융 시설을 보조하는 데 투입되면서, 일제하 재만 조선인들의 모순적인 모습이 드러나게 되었다.

2. 조선인 만주 이주의 역사적 배경과 '조선인 보호시설'

통감부의 통계에 의하면 1910년경에 약 20만 명의 조선인들이 이미 만주로 이주했으며, 간도에 거주하는 조선인이 가장 큰 비중을 차지하고 있었다. 약 10만 명의 간도 주민 중 8만 명이 조선인들이었다고 추정할 수 있으나, 무적자들이 많았다는 점을 감안하면 당시 재만 조선인의 실제 숫자는 쉽사리 추정할 수 없다.[2] 청나라의 봉금(封禁) 정책이 해제되면서 19세기 후반부터 조선인들이 만주로 이주했다. 초기 조선인 이주자 대부분은 압록강과 두만강 인접 지역인 함경도와 북평안도에 거주하던 무전농민(無田農民)들이었다.[3] 청

---

2   최장근, 「일제의 간도정책에 관한 성격 규명: 「조선 간도 경영 안」을 중심으로」, ≪일어일문학≫, 43집(2009), 360쪽.

1장 치외법하에 조성된 재만 조선인 보호시설과 취적 문제 **17**

나라 시절에는 조선인을 동화하기 위해 치발역복(雉髮易服) 정책이 실시되어, 변발을 하지 않고 호복을 착용하지 않는 사람은 호적 등록과 토지 소유를 할 수 없었다. 중국인 지주들은 처음에는 수전(水田) 개발의 일꾼으로 조선인 농민들을 환영했으나 일제가 만주 진출을 위해 조선인들을 자국민이라 지칭하면서 관할권을 주장하자 동북의 중국정부는 토지상조권 문제를 빌미로 간도의 조선인을 상대로 귀화 유도 정책을 실시했다.[4]

그러나 동북중국정부에 입적하지 않아도 치외법권에 의해 조선인에게는 토지상조권이 보장되었다. 특히 간도 지역에서는 일본 영사관과 영사경찰을 통해 치외법권이 보장되었으므로, 중국 관헌과 극심한 마찰을 빚었다. 조선인의 탁월한 미개간지(未開墾地) 개척 능력을 환영하면서도 일제의 팽창을 막으려 했던 동북중국정부는 조선인 이주자 포섭 정책과 방지 정책을 놓고 딜레마에 빠져 있었다.[5] 결국 중국인 지주들은 조선인 농민들이 미개간 지역을 수익성 높은 수전으로 만들어놓으면, 소작료를 올리거나 강제로 쫓아내려 했다. 이렇듯 1920년대 전반에 만주에서는 치열한 민족 분쟁이 나타났다.

많은 중국인들에게 일본 치외법의 적용을 받는 조선인들을 일본 제국의 주구(走狗)로 간주했다. 여기서 일본 재만 조선인 정책의 이중적인 면이 나타난다. 요컨대 관동군이 재만 조선인을 불령선인(不逞鮮人)으로 규정해 강력히 탄압하면, 조선총독부와 일본 외무성은 그들의 관할권을 확장하기 위해 자국 선농(鮮農)에 대한 '보호' 정책 실시를 주장했다.[6] 특히 간도와 남만주의 경

---

3   임학성, 「20세기 초 서간도 거주 조선인의 거주 양태, '변계호적' 자료의 분석 사례」, 《한국학연구》, 20(2009), 38쪽.

4   임성모, 「만주농업이민 정책을 둘러싼 관동군, 조선총독부의 대립과 그 귀결: 우가키(宇垣) 총독의 구상 및 활동과 관련하여」, 《일본역사연구》, 29집(2009), 138쪽.

5   Hyun Ok Park, *Two Dreams in One Bed: Empire, Social Life, and the Origins of the North Korean Revolution*, p.45.

6   Michael Kim, "Re-Conceptualizing the Boundaries of Empire: The Imperial Politics of

우, 일제는 철도부속지와 간도에 영사관 제도와 조선인민회를 통해 조선인의 치외법권을 보장하려고 했으며,[7] 다양한 교육, 위생, 권업 등 각종 '조선인 보호정책'을 실시했던 것도 사실이다. 일제는 통감부 시절부터 만주에 시설을 운영했는데 1907년에 설립된 임시파출소를 비롯해 1913년 11월 안둥(安東)에서 첫 조선인민회가 세워지고 뒤이어 일본 영사관 소재 지역과 남만주철도 철도부속지에 여러 조선인민회가 설립되었다. 1921년 이후에는 그 조직망이 확충되었고, 만주사변 전후에는 만주에 34개 조선인민회가 설립되어 일제 당국의 하부 행정기관으로 작용했다.[8]

조선총독부는 간도 지방 전체를 조선의 연장으로 생각해, 함경북도의 지방비로 간도의 각종 시설을 지원했다.[9] 조선인 대다수는 조선총독부와 일본 외무성의 지원은커녕 극심한 빈곤에 시달리며 일제와 동북중국정부의 강력한 탄압의 대상이 되었다. 그러나 동북중국 관헌과는 별도의 지방행정이 일본 영사관과 조선인민회를 통해 작동하고 있었다고 봐야 할 것이다. 일제의 만주 진출에 협력해 조선인민회에 속한 조선인들은 중국에 귀화할 필요가 없었고, 오히려 일본 제국의 애매한 '이등신민(二等臣民)'이라는 특수한 지위에 있었다고 볼 수 있다.

만주의 조선인 인구가 계속 증가하자 조선총독부는 그들을 관리 감독할 정책을 수립한다. 조선총독부는 1916년에 간도의 조선인 교육시설을 설립

Chinese Labor Migration to Manchuria and Colonial Korea," *Sungkyun Journal of East Asian Studies*, Vol. 16, No. 1(2016), pp. 1~24 참조.

7   Barbara Brooks, "Peopling in the Japanese Empire: Koreans in Manchuria and the Rhetoric of Inclusion," in Sharon Minichiello(ed.), *Japan's Competing Modernities: Issues in Culture and Democracy 1900~1930*(Honolulu: University of Hawaii Press, 1998), pp. 24~25 참조.

8   손춘일, 「만주국 성립후 토지상조권문제와 재만한인에 대한 토지정책(1932~1937)」, ≪아시아문화≫, 12호(1997), 226쪽.

9   倉島至, 「滿洲國に於ける朝鮮人敎育に就きて」, ≪朝鮮≫, 1941.10, p.7.

| 그림 1-1 | 재만 조선인 보호시설 개요

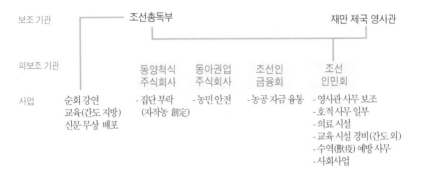

보조 기관　　　　조선총독부　　　　　　　　　　　　재만 제국 영사관

피보조 기관　　　　동양척식　　동아권업　　조선인　　　조선
　　　　　　　　주식회사　　주식회사　　금융회　　인민회

사업　　순회 강연　-집단 부락　-농민 안전　-농공 자금 융통　-영사관 사무 보조
　　　교육(간도 지방)　(자작농 創定)　　　　　　　　　-호적 사무 일부
　　　신문 무상 배포　　　　　　　　　　　　　　　　-의료 시설
　　　　　　　　　　　　　　　　　　　　　　　　　-교육 시설 경비(간도 외)
　　　　　　　　　　　　　　　　　　　　　　　　　-수역(獸疫) 예방 사무
　　　　　　　　　　　　　　　　　　　　　　　　　-사회사업

자료: 松葉秀文, 「滿洲國における治外法の撤廢と朝鮮」, ≪調査月報≫, 1936.8, p.12.

하고, 서당을 보조했으며, 용정촌(龍井村)에는 의료 시설도 지원하기 시작했다. 그리고 1921년에는 조선총독부와 외무성 사이에 '재만 조선인 사항 관련 조선총독부와 외무성의 협정'이 체결되었으며, 조선총독부는 이후 조선인의 '보호무육' 사업을 확장하기 위해 '대재외 선인 시설비'도 책정했다.[10] 이 제도는 재만 조선인 관리 차원에서 획기적이었다고 할 수 있었다. 이 정책에 따라 조선총독부는 향후 선인들의 교육, 위생, 우역(牛疫) 예방, 금융, 산업과 구제 사무를 담당하고, 외무성은 경찰 업무와 조선인민회 지도·감독 및 조사와 취적(就籍) 관련 사무를 담당하기로 협의했다.[11] 그 결과 조선총독부는 재만 파견원(在滿派遣員)을 외무성의 영사관 직책과 겸임시켜 만주에서 조선인 관련 업무를 직접 총괄했다. 1922년부터 조선총독부는 해마다 약 80~90만 원을 대재외 선인 시설비로 지출하기 시작했다. 1927년에는 남만주철도주식회사와 협정을 체결해 남만주철도주식회사(이하 만철)가 철도부속지 안에 거

10　松葉秀文, 「滿洲國における治外法の撤廢と朝鮮」, ≪調査月報≫, 1936.8, pp.10~11.
11　朝鮮總督府, 『在滿朝鮮總督府施設記念帖』(1940), p.11.

주하는 조선인의 교육을 보조하고 동아권업주식회사(東亞勸業株式會社)에 보조
금을 지원하게 했다.[12] 1930년대 중반까지 대규모 재만 조선인보호시설이
조성되었고, 여러 기관을 통해 총독부와 외무성의 재만 조선인 정책이 시행
되었다.

재만 조선인 보호 사업은 다방면으로 이루어졌으며, 간도 지방과 만철의
철도부속지에서 집중적으로 실시되었다. 치외법이 폐지되는 1937년에 시
설의 전체적인 규모를 정리한 『재만조선총독부시설기념첩(在滿朝鮮總督府施設記
念帖)』에 의하면 간도 지방에 6개 보통학교와 63개 서당에서 교육받는 학생이
3만 1169명이었고, 만철이 운영하는 14개 학교에서는 9028명을 교육시키고
있었다. 만주 지방 전역에서 총 638개 학교가 총독부의 지원을 받고 있었다
고 한다.[13] 의료 시설도 간도에서 시작해 점차 다른 지역으로 확장되어 68개
시설에서 연간 6만 명이 치료를 받았으며, 경성제국대학 의학부 시료반(施療班)
이 순회 진료를 실시해 약 7만 명에게 무료로 약품을 배포했다고 한다.[14] 간
도에 위치한 10개 금융 기관들이 1934년 조선인들에게 제공한 대부 금액은
91만 5000원이었다고 하며, 만주 전역에서 조선총독부와 관련된 금융 기관
은 29곳으로 투입된 보조금이 10만 7000원이었다고 한다.[15] 조선총독부가 각
종 '조선인 보호시설'을 지원하기 위해 편성한 예산은 만주사변 이후 지속적
으로 늘어나, 1940년에는 224만 원을 기록했다.

〈표 1-1〉에 나타나듯이 '그 외에 지출된 예산'이 상당한 규모를 차지하고
있다. 만철이 지급하는 조선인 관련 보조금과 각종 특별 예산도 조선인 교육
과 금융 시설을 지원하는 데 투입되었다. 예를 들어 1932년에는 80만 원의

---

12 朝鮮總督府, 같은 책, 12쪽.
13 朝鮮總督府, 같은 책, 13~14쪽.
14 朝鮮總督府, 같은 책, 15~16쪽.
15 朝鮮總督府, 같은 글, 15~16쪽.

| 표 1-1 | 1921~1940년 조선총독부 대재외 선인 시설비

연도	예산	연도	예산
1921	261,381	1931	824,796
1922	582,386	1932	1,320,506
1923	782,095	1933	895,037
1924	943,747	1934	900,843
1925	730,849	1935	1,584,334
1926	760,849	1936	933,064
1927	925,949	1937	1,419,564
1928	925,949	1938	1,694,929
1929	916,819	1939	1,803,415
1930	819,647	1940	2,240,555

자료: 朝鮮總督府, 『朝鮮總督府豫算參書』, 1927, 1931, 1941, 1942.

'만주사변비'가 내각의 승인을 받았는데,[16] 만주사변 이후 일본에서 송금된 액수를 포함하면, 실제로는 더 많은 재만 조선인 관련 지원이 있었다고 봐야 할 것이다. 1930년대에 100만 명 이상의 조선인들이 만주로 이주했다는 사실을 감안하면 전체 인구의 교육과 복지 문제를 해결할 수 있는 규모는 아니었다. 하지만 지원금은 대체로 선별적으로 투입되었고, 지역에 따라 집중적으로 배정된 '조선인 보호시설'이 재만 조선인들에게 일제 치외법의 적용을 받는 행정권 안에 특수한 생활권을 제공했다고 볼 수 있다.

3. 재만 조선인의 호적 등록 문제

만주국이 1932년에 설립되면서, 조선인 호적 등록 문제가 갑작스럽게 중

---

16 ≪京城日報≫, 1932.5.13.

대한 사회문제로 부상했다. 1930년대 초 일본 외무성과 만주국 당국자들 사이에서 치외법 종료에 관한 협상이 오가기 시작했으나, 재만 일본인 거주민 단체들의 치열한 항의에 직면해 처음에는 무적자인 조선인에게만 한정해 치외법권을 폐지하기로 제안했다.[17] 1934년 가을 치외법권이 일부 폐지되고 상조권이 무효화되면서 재만 조선인 사회는 혼란에 빠졌다. 재만 조선인 대다수는 만주에 호적이 없어 수리조합(水利組合) 가입마저도 불가능해질 처지에 놓인 것이다.[18] 수리조합은 재만 조선인과 중국인 사이의 민족 갈등이 핵심으로 만보산 사건의 원인이 되기도 했다. 치외법의 폐지는 결국 많은 조선인의 생계가 어려워졌음을 의미했다. 그리고 치외법 폐지 이후 조선인보호시설이 제공해온 교육과 복리 후생은 만주국 호적에 입적한 이들만이 누릴 수 있었다. 오족협화(五族協和)라는 미명하에 출발한 만주국이었지만, 만주에 호적이 없었던 조선인 대다수는 한순간에 불법체류자 신세로 전락할 위기에 직면했다. 이어 조선총독부는 관동군과 함께 치외법 폐지와 무적자 조선인 문제의 절충점을 모색하기 시작했다. 그 결과 1937년 1월 치외법이 폐지됨과 동시에 재만 조선인은 일본인과 동시에 만주국 호적에 입적해 만주국으로 귀화할 수 있는 자격을 얻게 되었다.

재만 조선인들이 만주국 국적을 취득할 수 있게 되면서 이내 새로 등장한 문제는 식민지 조선의 모호한 국적 상황이었다.[19] 1910년 식민 통치가 시작되면서 조선 호적에 등록된 조선인들은 이론적으로는 일본 국적을 자동으로 취득했지만, 내지(內地)의 '국적법'은 조선에 적용되지 않아 조선인이 일본 국

17　朝鮮總督府, 『在滿朝鮮總督府施設記念帖』(1940), p.12.

18　權泰山, 「滿洲における無籍朝鮮人の悲哀」, ≪全滿朝鮮人民會聯合會會報≫, 1935.5, p.11.

19　Michael Kim, "Sub-nationality in the Japanese Empire: A Social History of the Koeski in Colonial Korea 1910~1945," in David Chapman and Karl Jakob Krogness(eds.), *Citizenship and Japan's Household Registry System: The State and Social Control*(Routledge, 2014), pp.111~112.

적을 포기하거나 이중국적을 취득하는 것은 사실상 불가능했다. 결국 만주국 귀화와 관련한 법적 문제는 조선 내에서 이중국적을 허용하는 특별법이 1936년 말 제정된 후에야 비로소 해결되었다. 다시 말해 조선총독부가 적용 대상에 조선이 포함되지 않은 특별법을 제정함으로써 조선인의 이중국적 취득이 쉽게 허용되었다. 그러나 근본적인 문제는 여전히 해결되지 않은 상태였다. 그것은 만주국으로 귀화하기 전에 식민지 조선에 먼저 취적해 있어야 한다는 특별법의 조항이었다.[20] 만주로 이주하기 전에 취적했던 조선인에게는 특별한 문제가 아니었지만, 조선 호적에 오른 적이 없었던 수십 만 명에게는 커다란 장벽이었다. 재만 조선인 중 상당수는 조선으로 귀국해 취적 수속을 할 수 있는 상황이 아니었고, 문맹과 극심한 빈곤에 시달리고 있었기 때문에, 호적 등록의 필요성을 인지하지도 못했다. 이뿐만 아니라 등록 비용도 감당하기 어려운 상태였다. ≪간도일보≫의 1934년 기사는 무적자가 많은 원인으로 입적 필요성에 대한 이주자들의 무지와 부담스러운 5~6원의 수속 비용을 지목했다.[21]

여기서 재만 조선인들이 왜 조선 호적에 오르지 않았는지에 대해 문제를 제기할 필요가 있다. 한일병합(1910) 이전에 출국한 재만 조선인들은 당연히 조선 호적이 없었고, 1910년 이후에 출국한 재만 조선인 상당수도 호적에 올라 있지 않았다. 1922년 '조선호적령'이 공포되어 조선에 호적을 도입되기까지 약 10년의 시간이 소요되었다. 조선 호적의 구성원을 새로 결정하는 정리 작업은 그 이후에도 진행되었으며, 상당한 행정력을 필요로 했다. 하지만 이 중요한 시기에 많은 조선인들은 자발적으로 등록하지 않았다. 의무교육제와 징병제 부재, 위생 및 복지 제도의 결여로 조선인들의 취적을 유도할 수 있는

---

20 權泰山, 「滿洲における無籍朝鮮人の悲哀」, ≪全滿朝鮮人民會聯合會會報≫, 1935.5, p.10.
21 ≪간도일보≫, 1934.5.10.

유인이 약했기 때문이다. 오히려 세금을 면하기 위해 일부러 등록을 피하거나 이중·삼중으로 등록을 하는 행위가 빈번했다. 여기서 계급적인 현상이 발생했는데, 물려받을 재산이 없어 상속할 필요가 없는 대다수의 '생계형' 조선인은 호적에 별로 의미를 두지 않았지만, 토지와 보호할 재산이 있는 '공민'들은 호적 등록이 필수적이었을 것이다. 따라서 조선인들의 저조한 호적 등록과 사회경제적 유인의 부족은, 호적 등록이 만인에게 필요한 근대국가로서의 사회적인 요건이 일제하 식민지 조선에서는 생겨나지 않았음을 보여준다고 할 수 있다. 조선 호적이 식민지 말기까지 정리되지 않았던 것은, 조선과 만주의 조선인들이 대부분 궁핍한 삶을 살았음을 반영한다고 보아도 무리는 없다.

결국 많은 조선인들은 식민지 조선의 호적에 오르지 않은 채 만주 지역으로 이주했다. 정확한 통계는 존재하지 않지만, 1930년대의 각종 보고서에 의하면 무적자 숫자가 약 60만 내지 70만 명으로 거론되며, 1941년 당시에는 총 130만 명 중 약 60만 명이 무적자로 추산되었다.[22] 1932년 만주국 설립 당시에는 조선인 6만 5333명이 동북중국정부의 호적에 등록되어 있었으며, 이 중 대다수인 5만 3699명이 간도 지방의 동북중국정부 호적에 등록되어 있었다.[23] 극소수의 재만 조선인들만이 만주국 호적에 자동으로 올랐고, 대부분의 경우에는 조선 호적에 입적되어 있었다는 증명서가 필요했다. 그러나 조선에서의 무적자 취적 수속과 호적 개정 신청은 상당히 복잡했다. 1922년에 공포된 '조선호적령'에 의해 신청자들은 법원에 증명 서류를 제출하고 재판소의 심의를 받아야 했기 때문이다. 그 이전 가족 구성원 다수가 동일 가옥에서 공동 생활하는 가(家) 단위로 편성되던 조선 시대의 호적 제도를 대신해,

---

22   尹相曦, 「在滿朝鮮人の就籍問題」, ≪春秋≫, 1940.9, p.106.
23   張白山, 「滿洲に在住する朝鮮人同胞の生活狀態」, ≪朝鮮及滿洲≫, 1932.5, p.83.

1909년에 제정된 '민적법'에 의해 각 집안의 호주와 가족 구성원과의 관계를 증명하는 공증 문서가 되었다.[24] 이것은 1914년에 제정된 내지의 '개정호적법'을 조선에 적용한 것이기도 하다. 조선인은 법률상의 혈통주의 개념에 의거해 일본 제국의 '신민'이 되었지만, 1922년에 이미 조선 호적에 등록되어 있는 이가 자녀를 호적에 올리지 않으면 혈통 관계를 증명하기 어려웠으며 결국 법원의 심의를 받아야 했다. 호적 정리 과정은 일제가 강점한 전 시기에 걸쳐 전개되었는데 해마다 수천 명이 호적을 개정하거나 새로 취적했다. 예컨대 1933년 식민지 조선의 법원에 제출된 취적 신청 수는 5972건이었으며, 호적 개정 신청은 1만 8970건이었다.[25] 각 건수마다 재판이 필요하다는 사실을 감안하면 호적을 정리하기 위해 총독부는 상당한 행정력을 동원해야 했다는 사실을 알 수 있다.

여기서 주목할 점은 수십만 명이 이중·삼중으로 조선 호적에 등록되었을 가능성이다. 추측컨대 그 이유는 행정 과실에 따른 중복 등록도 있었을 테지만, 본인의 신분을 감추기 위해 제도를 고의적으로 악용한 경우가 대다수였을 것이다. 이러한 행위는 호적의 신뢰도를 격하시키고 사회적 문제를 야기했다.[26] 중복 등록자들이 많았던 이유는 호적이 신분과 재산 문제와 직결되었기 때문으로 봐야 할 것이며, 때로는 범죄 행위를 숨기거나 조선 특유의 조혼제도로 인해 처음 혼인한 아내와 이혼하지 않은 채 재혼하려고 중복으로 등록한 경우도 빈번했다. 조선에서 발간된 신문에서 호적 관련 기사를 쉽게 발견할 수 있는데, 자신의 여종을 호적에 딸로 올리고 식당에 팔거나[27] 양반

---

24 정현수, 「戸籍制度의 변천과 새로운 身分登錄制度에 관한 고찰」, ≪가족법연구≫, 20권 2호 (2006), 9쪽.

25 增永正一, 「在滿鮮人の就籍問題に付て」, ≪朝鮮公論≫, 1935.3, p.3.

26 增永正一, 같은 글, 3쪽.

27 ≪동아일보≫, 1930.3.12.

인 부모가 서자의 입적을 거부하는[28] 등, 매우 특이한 사건들이 계속 보도되었다. 호적제도의 여러 문제점과 불법 행위는 결국 재만 조선인들에게 불리하게 작용했다. 취적 신청을 하려면 반드시 조선으로 들어와 재판소를 방문하여 관련된 증명 서류를 제출하고 수속 비용을 지불해야 했다. 1933년 12월에는 조선총독부가 간이 취적 규정을 시행했는데, 1910년 이전에 이주한 재만 조선인들은 그 사실을 증명할 수 있는 서류만으로 만주 지역의 일본 영사관에서 호적 등록을 할 수 있도록 법 개정이 이루어졌다.[29] 그러나 그 이후에 이주한 조선인들은 여전히 조선으로 들어가 복잡한 행정 절차를 거쳐 취적해야만 했다. 그렇기 때문에 이들에게 취적을 허위로 약속해주고 대행 과정에서 필요한 비용 이상을 요구하거나 수속 비용만 받고 도주하는 범죄가 종종 발생했다.[30]

각종 행정적 장벽과 재정적인 부담으로 생계가 위협받았음에도 재만 조선인 중 실제로 조선에 취적한 자는 극소수였다. 1934년 신의주 법원에는 한 달 평균 50건 정도의 취적 신청이 올라왔는데 절반은 거부되었다.[31] 1935년에는 약 9000명에 머물렀다.[32] 1935년의 전체 취적 허가 횟수는 확인할 수 없지만, 1937년 통계에 따르면 1936년의 2만 9218명에 비해 소폭 상승한 2만 9427명이었다.[33] 조선인민회는 재만 조선인 사이에 설명회를 열어 취적 운동을 주도하고 고질적인 문제에 대응했다. 예를 들어 1935년 10월 장춘, 평톈 및 하얼빈에서 조선인민회는 호적 등록 절차를 설명하며 취적을 권장하는 설명회를 개최했다.[34] 조선총독부는 처음에는 지원을 거절했으나 문제의

---

28 ≪동아일보≫, 1934.9.13.
29 全滿朝鮮人民聯合會, 「在滿無籍朝鮮人同胞に告ぐ」, 『就籍事務便覽』(1936), p.5.
30 增永正一, 「在滿鮮人の就籍問題に付て」, ≪朝鮮公論≫, 1935.3.
31 ≪만선일보≫, 1934.8.16.
32 ≪동아일보≫, 1936.7.4.
33 朝鮮總督府法務局, 『朝鮮總督府裁判所統計年報』(1939), p.25.

심각성을 깨닫고는 취적 선전 운동을 재정적으로 지원하기 시작했으며, 총독부 관료를 파견해 취적 문제의 해결을 모색했다.[35] 또한 지방행정 관료들에게 조선 내에서 취적 절차를 간소화해 비용을 인하하도록 지시했는데, 함경남도청의 경우에는 무료 수속을 결정했으며,[36] 함경북도청도 유사한 방침을 마련했다.[37]

4. 치외법 폐지와 조선인 보호시설

재만 조선인 취적과 국적 문제에서 역사나 현황보다 더 근본적인 문제는 조선인 보호시설과 조선인민회가 철폐되었다는 것이다. 관동군과 조선총독부가 재만 조선인 문제를 여러 차례 협상하는 과정에서 조선인 교육 문제, 조선인민회의 지속, 조선인의 만주 이주를 촉진시키는 개척회사 설립 등이 장래의 공동 협의 사항으로 중요하게 거론되었다.[38] 특히 조선인 학교의 존폐가 논란이 되었고, 결국 1937년 이후 재만 조선인 교육 기관은 만주국 공교육 제도로 흡수되었다. 조선인민회의 철폐는 재만 조선인 사회의 주요 행정 조직이 사라진 것이어서, 일부 재만 조선인들에게 크나큰 충격을 주었다.[39] 조선인민회는 만주국 수립 이후에도 여전히 차별대우를 받던 재만 조선인들에게 별도의 행정 기구로 작동했으나, 치외법의 폐지와 조선인의 만주 귀화

34 朴準秉, 「過去業蹟」, ≪全滿朝鮮人民會聯合會會報≫, 1937.10, 11쪽.
35 ≪조선일보≫, 1935.11.16.
36 ≪동아일보≫, 1939.4.26.
37 慶尙北道, 『邑面行政例規』, (1942), p.311.
38 ≪동아일보≫, 1936.5.15.
39 손춘일, 「만주국 성립후 토지상조권문제와 재만한인에 대한 토지정책(1932~1937)」, ≪아시아문화≫, 12호, 226쪽.

허가로 조선인민회를 유지할 명분이 더는 없었다. 결국 조선인들을 감독하기 위해 만주로 파견된 총독부 관료들이 만주국 관료가 되었고, 조선인민회는 1937년에 해산되었다.[40]

치외법 폐지 직전 미나미 총독은 1936년 10월, 만주국 통화성 투먼(圖們)에서 개최된 정상회담을 통해 재만 조선인 문제를 일본인의 이민 장려, 조선인의 이민 통제, 중국인 이민 제한이라는 원칙을 바탕으로 논의했다. 조선총독부는 조선인 유력자의 만주국 관리 임용을 전제로 하여 조선인 보호시설과 재만 조선인의 교육행정권을 만주국으로 이관하는 문제를 협의했다.[41] 특히 간도 지방에서는 대부분의 인구가 조선인이었고, 그동안 총독부가 조성하고 이양한 시설들이 집중되어 있었기 때문에 조선인의 주요 정부 행정기관 임명이 관건이 되었다. 경제학자 모리타니 가스미(森谷克己)는 투먼 회담의 의미를 "선만일여적시설경영(鮮滿—如的施設經營)"이라고 정리해, 조선이 시설 경영면에서 만주국보다 '선배'이며, '일만불가분(日滿不可分)', '선만상의(鮮滿相依)' 원칙에 의거해 긴밀해질 수밖에 없다는 논리를 내세웠다.[42]

이런 주장은 만주국 상층부 관리와 특수 회사의 일본인 간부들의 반발을 초래했는데, 조선총독부가 주도한 '선만일여'는 결국 조선 재계의 이해만을 반영했고, 만주국 재계는 배제했다는 인식이 강했기 때문이다.[43] 조선총독부는 치외법이 폐지되었는데도 계속 만주에 위치한 조선 관련 시설에 대해 공동 운영권을 주장했으며, 재만 조선인 문제를 매개로 지속적으로 만주국과 협의를 시도했다.

만철 부속지와 간도행정권의 이관은 교육 시설과 관련해 심각한 문제를

---

40   김경일, 외, 『동아시아의 민족이산과 도시』(역사비평사, 2004), 81쪽.
41   정안기, 「1936년 鮮滿 首腦의 『圖們會談』과 『鮮滿一如』」, ≪만주연구≫(2011), 190~191쪽.
42   森谷克己, 「鮮滿一如 — その意味, と朝鮮の地位」, ≪滿洲評論≫, 1937.4, pp.21~22.
43   정안기, 「1936년 鮮滿 首腦의 『圖們會談』과 『鮮滿一如』」, 12쪽.

초래했다. 일본 거류민들의 교육권은 치외법권 철폐 이후 유보되었다. 하지만 재만 조선인의 교육권은 만주국으로 넘어가게 되면서 양적으로나 질적으로 저하되었으며, 교육의 경영 주체, 감독, 경비, 교원, 시설 등은 전부 만주국 관할로 재편되었다.[44] 이것은 재만 조선인 사회에서 거센 반발을 불러일으켜, 조선총독부가 '재만 조선인교육후원회'를 결성해 만주국에 재만 조선인 교육 개선 문제를 제기하는 원인이 되었다.[45]

미나미 총독이 1941년 5월에 신경에서 관동군의 우메즈(梅津) 사령관과 만주국의 장징후이(張景惠) 국무총리대신과 신경회담(新京會談)을 진행할 당시 조선인 교육 문제는 중요한 협의 사항으로 부각되었다.[46] 정안기가 지적한 대로 조선인의 교육 문제는 중요한 사항이었으나, 실제로 부각된 3대 현안은 ① 압록강 지역 개발, ② 조선인 개척민 문제, ③ 재만 조선인 무적자와 교육 문제였다.[47] 즉 조선인 취적 문제가 교육 문제와 연계되어 중대한 현안으로 간주되었다. 조선인의 교육 문제는 만주국식보다 종래의 풍속과 습관의 차이를 존중하되 점차 만주국 국민으로서의 교양을 쌓을 수 있도록 지도하기로 하고, 총독부 학무국장과 교육 관계자들이 만주국을 시찰해 구체적인 방침을 세우기로 협의했지만, 취적은 여전히 쉽게 해결할 수 있는 문제가 아니었다.

결국 만주국의 국민이 된다는 것은 만주국의 군사 임무에 응해 세금을 납

---

44 정안기, 「1930년대 재만 조선인, 이등국민론의 비판적 성찰: 교육정치사의 관점과 사례를 중심으로」, ≪동북아역사논총≫, 48(2015), 262쪽.

45 정안기, 같은 글, 271쪽. 조선총독부는 치외법권 철폐 이후 재만 조선인 학교에 대해 일정 부분의 교육비 분담을 만주국과 협약했으며, 당시 양측은 조선인 아동 1인당 연간 소요경비를 19원으로 산정해 조선총독부 7원, 만주국 9원, 학교 조합 3원의 분담 비율을 결정했는데, 1939년 이후에 대해서는 논의가 없었다. 정안기, 같은 글, 273쪽.

46 정안기, 같은 글, 273쪽.

47 李貞淳, 「南總督滿洲國訪問記」, ≪新時代≫, 1941.6, p.26.

부하는 것을 뜻했는데, 당시의 전시 체제 속에 과연 조선인들이 자발적으로 이러한 의무를 수행하려고 했을지 의문이다. 아무튼 총독부는 취적 문제를 해결하기 위해 1941년부터 30여 명을 만주로 파견해 취적 사무를 보게 했다.[48] 조선총독부의 재무국장이 1941년도 예산안을 설명하면서 재만 조선인의 취적 문제도 거론했는데, 무적자 조선인은 만주국에 도입된 징병제에 포함시킬 수 없으며 창씨개명 제도에서도 제외되기 때문에 이 문제를 해결하기 위해 3년간의 지속사업을 기획했다고 밝혔다.[49] 총지불액으로 3년간 90만 원이 배정되었다. 잡지 ≪춘추(春秋)≫는 이처럼 막대한 비용이 필요했던 원인을 상당히 흥미롭게 설명했다. 조선인민회가 해체되기 전에 여러 설명회와 출판 활동을 전개했는데, 1937년 이후 행정권이 만주국으로 이양되면서 만주 국내에서 취적운동을 적극 추진할 조직이 사라졌다는 것이다.[50] 복잡한 수속 절차를 안내할 만주국 기관이 없어진 것이다. 즉 필요한 거주증명서, 일본 제국 수입인지, 우편 우표 등을 어디에서 발급받아야 할지 선전하는 조직이 없어졌다. 결국 만주국의 행정기관들이 재만 조선인 취적 문제를 소극적으로 처리하자 조선총독부가 별도의 예산을 편성했다는 의미이다. 조선인의 취적 문제는 교육을 비롯해 각종 '조선인 보호' 문제 등과 연관이 있었지만, 여러 총독부 입장에서 가장 시급한 문제는 징병제의 실시였다. 1944년에 고이소(小磯) 총독은 조선 내의 징병제 실시에 재만 조선인 문제가 심각한 영향을 미치기 때문에 이를 해결하는 것이 급선무라고 선언하고, 취적 사무 파견 직원을 늘려 징병 적령자를 중점적으로 조사해 처리하도록 지침을 내렸다.[51] 그러나 식민지배가 끝날 때까지 재만 조선인의 취적 문제는 해결되지

---

48   李貞淳, 같은 글, 29쪽.

49   水田直昌, 「昭和十六年度 朝鮮總督府豫算」, ≪朝鮮財務≫, 1941.11, p.7.

50   尹相曦, 「在滿朝鮮人の就籍問題」, ≪春秋≫, 1940.9, p.108.

51   高宮太平「在外朝鮮人の就籍」, 『小磯統里の展望』(1944).

않았다. 광복 당시 200만 명 이상의 재만 조선인 중 약 80만 명이 조선으로 귀국했으나, 여전히 만주에 남아 있는 조선인의 국적 문제는 1945년 이후에도 여러 동아시아 지역에서 주요 과제로 남아 있었다.[52]

5. 맺음말

1932년 만주국이 설립된 이후 일부 조선인들의 이중국적 취득과 관련해 주목할 점은 당대 조선인들이 일본 이외의 국적을 취득할 수 없었다는 사실이다. 조선 말기에는 근대적인 국적 개념이 형성되기 전이었으며 식민지 조선에는 국적법이 채택되지 않았기 때문에 조선인은 합법적으로 일본 국적을 포기할 수 없었다. 더 나아가 해방 이후 한반도에 새로 제정된 '국적법'은 삼십팔도선 이남의 조선 호적 일부만을 대한민국의 국적으로 전환하게끔 했다. 현재 일본 본토에 체류하면서 일본 국적 취득을 거부하는 재일 조선인들은, 1948년 이후 법적으로 인정받지 못하는 식민지 조선 호적에 남는 것으로 자신들이 정체성을 규정했으므로, 실제 국적이 애매하다고 볼 수 있다. 그리고 해방 이후에도 만주와 연해주에 잔류해 있던 조선인들은 각각 중국과 러시아 국적을 취득하게 되었는데, 여기에는 주목해야 할 많은 현상이 있다. 박현옥은 한반도, 연변, 더 넓게는 연해주 일대에서 인구이동이 국경과 상관없이 현재도 활발하게 진행되고 있다는 사실에 주목하면서, 이 공간을 '트랜스내셔널 코리아(Transnational Korea)'로 지칭함이 적합하다고 제시한다.[53] 연

---

52 김춘선, 「광복후 중국 동북지역 한인들의 정착과 국내귀환」, ≪한국근현대사연구≫, 28집 (2004), 207쪽.

53 Hyun Ok Park, *The Capitalist Unconscious: From Korean Unification to Transnational Korea* (New York: Columbia University Press, 2015).

변에서 생활하던 조선족 상당수가 체류를 목적으로 한국으로 입국하고 북한 노동자들이 그들이 남긴 일자리를 대신 채우고 있다는 지적이다.

그러나 국내의 조선족들은 빈번히 불법체류자로 전락한다. 부모 양계 혈통주의를 취하는 현행 대한민국 '국적법'상 출생 당시 부모 중 어느 한쪽이 한국인이라면 출생과 동시에 한국 국적을 자동으로 취득할 수 있지만, 해외에 있는 많은 조선인들은 이 경로로 한국 국적을 취득할 수 없었기 때문이다. 영토에 기반을 둔 혈통주의는 자신의 '혈통'이 조선인이라고 주장한다 해도 자동적으로 대한민국의 국적을 취득할 수 없는 모호한 정체성을 만들어낸다. 비슷한 맥락으로, 재만 조선인들도 아무리 조선인이라고 주장해도 조선으로 귀국해 증명 서류를 제출하지 않으면 결코 조선에 입적할 수 없었으며, 만주국의 시민이 될 수도 없었다. 이런 복잡한 역사적인 배경 때문에 1999년 '재외동포법'이 제정되었을 당시 700만 명의 해외 동포 중 300만 명 정도 되는 중국의 조선족, 러시아의 고려인, 일본의 '조선적'자들은 F4 비자 즉 거소신고증을 발급받을 수 없게 되었다. 대한민국이 수립되기 전에 출국했기 때문에 그들은 '재외동포법' 대상자가 아니며, 대한민국의 '영주권'을 받을 자격이 없다고 규정한 것이다. 식민지 조선의 호적 등록을 근거로 이 문제를 풀어보려고 해도, 정체성과 국외 영토를 아우를 법적 근거를 모색하기란 쉬워 보이지 않을 것이다. 흥미롭게도 북한에서 탈출한 조선인들은 대한민국 국적을 자동으로 취득할 수 있기 때문에, 대한민국의 '국적법'은 더더욱 모순적일 수밖에 없다고 할 수 있다. 호적, 국적, 국가의 상호 관계를 분석함으로써 현재까지 쟁점이 되고 있는 모순적인 상황의 역사적 기원을 되짚어봄으로써, 앞으로 관련 문제를 거론할 때 어떤 요소를 고찰해야 할지 단서를 얻을 수 있을 것이다.

참고문헌

≪간도일보≫, ≪京城日報≫, ≪동아일보≫, ≪만선일보≫, ≪조선일보≫.

慶尙北道. 1942. 『邑面行政例規』.

高宮太平. 1944. 「在外朝鮮人の就籍」. 『小磯統里の展望』.

高等法院書記課. 1923. 「追錄」. 『朝鮮司法提要』.

權泰山. 1935.5. 「滿洲における無籍朝鮮人の悲哀」. ≪全滿朝鮮人民會聯合會會報≫.

朴準秉. 1937.10. 「過去業蹟」. ≪全滿朝鮮人民會聯合會會報≫.

森谷克己. 1937.4. 「鮮滿一如 ― その意味, と朝鮮の地位」. ≪滿洲評論≫.

松寺竹雄. 1922.7. 「朝鮮の戶籍制度に付て」. ≪朝鮮≫.

松葉秀文. 1936.8. 「滿洲國における治外法の撤廢と朝鮮」. ≪調査月報≫.

水田直昌. 1941.11. 「昭和十六年度 朝鮮總督府豫算」. 『朝鮮財務』.

尹相曦. 1940.9. 「在滿朝鮮人の就籍問題」. ≪春秋≫.

李貞淳. 1941.6. 「南總督滿洲國訪問記」. ≪新時代≫.

張白山. 1932.5. 「滿洲に在住する朝鮮人同胞の生活狀態」. 『朝鮮及滿洲』.

全滿朝鮮人民聯合會. 1936. 「在滿無籍朝鮮人同胞に告ぐ」. 『就籍事務便覽』.

朝鮮總督府. 1940. 『在滿朝鮮總督府施設記念帖』.

_____. 1944. 『朝鮮事情』.

朝鮮總督府法務局. 1939. ≪朝鮮總督府裁判所統計年報≫.

增永正一. 1935.3 「在滿鮮人の就籍問題に付て」. ≪朝鮮公論≫.

倉島至. 1941.10. 「滿洲國に於ける朝鮮人敎育に就きて」. ≪朝鮮≫.

김경일 외. 2004. 『동아시아의 민족이산과 도시』. 역사비평사.

김춘선. 2004. 「광복후 중국 동북지역 한인들의 정착과 국내귀환」. ≪한국근현대사연구≫, 28집, 181~218쪽.

손춘일 1997. 「만주국 성립후 토지상조권문제와 재만한인에 대한 토지정책(1932~1937)」. ≪아시아문화≫, 12호, 203~236쪽.

임성모. 2009. 「만주농업이민 정책을 둘러싼 관동군·조선총독부의 대립과 그 귀결: 우가키(宇垣) 총독의 구상 및 활동과 관련하여」. ≪일본역사연구≫, 29권, 133~162쪽.

임학성. 2009. 「20세기 초 西間島 거주 朝鮮人의 거주 양태: '邊界戶籍' 자료의 분석 사례」. ≪한국학연구≫, 21집, 33~69쪽.

정안기. 2015. 「1930년대 재만조선인, 이등국민론의 비판적 성찰: 교육정치사의 관점과 사례를 중심으로」. ≪동북아역사논총≫, 48호, 255~296쪽.

_____. 2011. 「1936년 鮮滿 首腦의 『圖們會談』과 『鮮滿一如』」. ≪만주연구≫, 12집, 181~209쪽.

정현수. 2006. 「戶籍制度의 변천과 새로운 身分登錄制度에 관한 고찰」. ≪가족법연구≫, 20권 2호, 1~36쪽.

崔長根. 2009. 「일제의 간도정책에 관한 성격 규명: 「조선 간도 경영 안」을 중심으로」. ≪일어일문학≫, 43권, 353~364쪽.

Brooks, Barbara. 1998. "Peopling in the Japanese Empire: Koreans in Manchuria and the Rhetoric of Inclusion." in Sharon Minichiello(ed.). *Japan's Competing Modernities: Issues in Culture and Democracy 1900-1930*, pp.25~44. Honolulu: University of Hawaii Press.

Park, Hyun Ok. *The Capitalist Unconscious: From Korean Unification to Transnational Korea*. New York: Columbia University Press, 2015.

_____. 2005. *Two Dreams in One Bed: Empire, Social Life, and the Origins of the North Korean Revolution*. Durham: Duke University Press.

Kim, Michael. 2016. "Re-Conceptualizing the Boundaries of Empire: The Imperial Politics of Chinese Labor Migration to Manchuria and Colonial Korea." *Sungkyun Journal of East Asian Studies*, Vol.16, No.1, pp.1~24.

_____. 2014. "Sub-nationality in the Japanese Empire: A Social History of the Koeski in Colonial Korea 1910~1945." in David Chapman and Karl Jakob Krogness(eds.). *Citizenship and Japan's Household Registry System: The State and Social Control*, pp.111~126. Routledge.

2장

냉전 시기 '만주국' 주재 타이완인의 회귀와 이산

| 쉬쉐지 許雪姬, 타이완 중앙연구원 타이완사연구소 소장 |

1. 머리말

1932년 3월 1일 '만주국(滿洲國)'은 일본의 비호 속에서 청나라의 마지막 황제 푸이(溥儀)의 집정으로 건립되었다. 정확히 2년 뒤인 1934년 3월 1일, 푸이는 제정(帝政)을 선포하고 황제에 즉위했다. 그렇지만 1945년 8월 18일, 도피처인 통화(通化) 다리쯔거우(大栗子溝)에서 퇴위식이 거행된 후 만주국은 역사에서 정식으로 사라졌다. 이러한 만주국에 대해 일본 학계에서는 1990년대부터 다방면에서의 연구가 시도되어, 경제사 방면에서는 이미 어느 정도 성과가 축적되었다. 그렇지만 만주국의 권력 체계와 중심 구조에 대한 연구는 아직 부족한 실정이다.[1]

---

[1] 田中隆一, 「滿洲國」における統治機構の形成と'國民'の創出 ― 在滿朝鮮人問題を中心に」, ≪日本史研究≫, 511(2005.3), pp.61~62.

2012년에 출판된『20세기 만주역사사전』[2]은 만주 연구가 이미 어느 정도 진전되었음을 보여주는 성과라 할 수 있다. 그러나 일본 학계의 만주 연구와 관련해서는, 그것이 '일본사'의 범주에서 파악된 것은 아닌지, 또 '황국사관' 혹은 '자학사관'을 만주국에 투영하고 있는 것은 아닌지 주의할 필요가 있다. 한편, 중국 학계에서는 오직 '위만주국(僞滿洲國)'이라는 시각만을 적용하고 있기는 하지만, 일본의 침략과 중국공산당 '동북인민해방군(東北人民解放軍)'에 대해 어느 정도 연구가 이루어졌다. 또한 한국 학계에서는 만주국 시기에 만주로 이주한 수많은 조선인들에 대해 적지 않은 연구가 진행되었다.

그러나 타이완에서는 만주국 관련 연구가 별로 진행되지 않았다. 1998년 추수빙(丘樹屛)이 중국 학계의 입장을 답습해『위만주국십사년사화(僞滿洲國十四年史話)』[3]를 편찬한 바 있고, 중앙연구원 근대사연구소(中央研究院 近代史研究所)의 린즈훙(林志宏)이 사회사적·학술사적 관점에서 만주에 남아 있는 일본인(遺華日僑)[4], 만몽학술조사연구단(滿蒙學術調查研究團), 만주국 시기의 고고학 조사 등을 연구한 정도다. 필자가 진행해온 재만주 타이완인에 대한 일련의 연구는 곧 책으로 편찬될 예정이다. 타이완인에 대해 직접적으로 언급하고 있는 만주국 관련 역사 자료는 극히 제한적이기 때문에, 20여 년 동안 필자는 먼저 만주으로 이주한 타이완인들을 인터뷰해 직접 구술 역사 자료를 구축해야 했다. 이 장은 타이완인이 만주에서 겪었던 전쟁 경험과 귀향, 재이산(再離散)이라는 몇 가지 관점에서 서술해보고자 한다.

---

2   貴志俊彦 外,『二〇世紀滿洲歷史事典』(東京: 株式會社吉川弘文館, 2012).

3   丘樹屛,『僞滿洲國十四年史話』(長春: 長者市政協文史和學習委員會, 1998).

4   林志宏,「兩個祖國的邊緣人: '遺華日僑'的戰爭·記憶與性別」, ≪近代中國婦女史研究≫, 24號(2014. 12), pp.1~45.

2. 만주국에서의 타이완인

1895년 청국이 타이완을 일본에 할양하면서, 이후 50년간 이어진 일본의 타이완 통치가 시작되었다. 타이완이 일본 제국의 식민지가 되면서 타이완인은 일본 국적을 취득했지만, 제국 밖의 타이완인들 특히 남양(南洋, 난양)과 화남(華南, 화난) 지역의 타이완인들은 일반적으로 '타이완적민(臺灣籍民)'으로 불렸다. 일본은 타이완에 타이완총독부를 설치하고, 타이완인들을 차별 대우하며 민족 운동을 탄압했다. 이 때문에 취직과 진학이 어려워진 타이완인들 중 일부는 숙명적으로 해외로 나가 발붙이고 살 곳을 찾기도 했다.

이러한 타이완인들에게 만주 이주는 매력적인 선택지였다. 만주/만주국이 타이완인들에게 매력적이었던 이유는 다음과 같다. 첫째, 만주국의 집정 황제가 청의 마지막 황제 푸이라는 사실이, 1895년 이전까지 청의 통치를 받았던 타이완인들에게는 만주로의 이주가 마치 귀향처럼 생각되도록 했다. 둘째, 푸이의 측근 중에는 천바오천(陳寶琛), 정샤오쉬(鄭孝胥) 등 타이완과 밀접한 관계를 맺고 있던 푸젠(福建) 지역 출신들이 적지 않았으며, 셰제스(謝介石)와 같이 당시 이미 만주에서 활약하고 있던 타이완인들의 존재도 타이완 사람들을 끌어들이기에 충분했다. 셋째, 건립 이후 많은 실무 관료가 필요했던 만주국에 타이완인은 '오족협화(五族協和)' 중 하나인 일본인 계통으로 간주되었으며, 같은 직급이라도 일본과 타이완에서보다 더 많은 봉급을 받았다. 이 또한 타이완인들에게는 무시할 수 없는 조건이었다. 넷째, 만주국 국무원(國務院) 직속의 홍보부(弘報部)에서 만주국을 '오족협화'하의 '왕도낙토(王道樂土)'라고 대대적으로 선전했을 뿐만 아니라, ≪타이완일일신보(臺灣日日新報)≫에서도 만주국에서의 생활상을 자주 보도했다. 타이완인들이 자체적으로 발행하고 있던 ≪타이완 민보(臺灣民報)≫에서도 만주에서 사업에 성공한 타이완인들을 중점적으로 보도하기도 했다. 게다가 황주탕(黃竹堂)은 직접 만주를 취재한 뒤

『신흥만주국견문기』라는 책을 출판해 만주국에 대한 정보를 제공해주었는데, 이 역시 타이완인들의 만주에 대한 호기심을 자극하기에 충분했다. 다섯째, 제2차 세계대전 말기에 일본 내에서 물자가 부족해지고 미군의 공습 위험이 높아지자, 일본에 거주하던 타이완인들 중에 만주로의 이주를 선택하는 이들이 생겨났다.[5]

만주의 타이완인 인구는 가장 많았을 때가 약 5000명 정도였다. 1908년에 만주 잉커우(營口) 동인회병원(同仁會醫院)에 이미 타이완인 의사가 일하고 있었지만, 타이완인의 만주 이주가 활기를 띤 것은 다음의 세 시기로 정리할수 있다. 첫 번째는 1932년 만주국이 성립되었을 당시이다. 두 번째는 세제스가 만주국 주일 대사의 신분으로 타이완을 방문해 타이완 시정 40년 기념박람회(臺灣始政四十年記念博覽會)에 참석했던 1935년이다. 세 번째는 1944년부터 1945년 사이로 연합군의 공습이 도쿄를 엄습했을 때이다.[6]

타이완인들은 주로 신징[新京, 현 장춘(長春)], 펑톈[奉天, 현 선양(瀋陽)], 다롄(大連)과 같은 대도시와 그 주변에 주로 거주하고 있었지만, 헤이룽장성(黑龍江省)에서 성 관의원(省官醫院) 원장을 맡고 있던 셰추관(謝秋涫)과 같이 중심부에서 멀리 떨어진 곳에 거주하던 타이완인도 있었다.[7] 직업별로는 공무원이 약 140명 정도로 가장 많았는데, 행정관, 기술관, 교관, 사법관 등의 고급 관료도 57명이나 되었다. 게다가 만주중앙은행(滿洲中央銀行), 만주전업주식회사(滿洲電業株式會社), 만주전신전화주식회사(滿洲電信電話株式會社)와 같은 국책 회사 근무자도 적지않았다. 관료로서 가장 높은 지위에 오른 타이완인은 만주국의 첫 외교부 총

---

5   許雪姬,「滿洲國政府中的臺籍公務人員」, 許雪姬 主編,『臺灣歷史的多元傳承與鑲嵌』(臺北: 中央研
     究院臺灣史研究所, 2014), pp.31~39.

6   許雪姬,「編者序」, 許雪姬 外 訪問·藍瑩如 外 紀錄,『日治時期臺灣人在滿洲的生活經驗』(臺北: 中
     央研究院臺灣史研究所, 2015, 初版二刷), p.V.

7   ≪盛京時報≫, 民國 10年 9月 30日, 第4466號, 第4版.

장과 첫 주일 대사를 역임한 셰제스로, 외교부 총장이라는 그의 지위 때문에
만주국 외교부에는 적지 않은 타이완인들이 일하고 있었다.[8] 또 만철(滿鐵: 남
만주철도주식회사) 계통 병원에서 근무하거나 직접 개업의로 일하는 의사가
100~200명 정도 있었으며, 상업에 종사하거나[9] 심지어 만주국 군대에 입대
한 타이완인들도 있었다.[10] 타이완인들이 가장 많이 재학하던 학교는 만주
의과대학(滿洲醫科大學)의 대학부(大學部)와 전문부(專門部)였다. 물론 신징 의과대
학(新京醫科大學), 하얼빈 의과대학(哈爾濱醫科大學) 등의 의과대학도 인기가 있었고,
뤼순 공과대학(旅順工科大學), 신징 공업대학(新京工業大學) 등에도 타이완인 학생이
있었다. 만주국에서 타이완인은 일본인과 마찬가지로 각종 특권을 누렸다.
만주국의 최고 학부인 건국대학(建國大學)은 매년 정원의 2%(3명)를 타이완인에
게 특별히 할당했고,[11] 배급이나 진학에서 모두 일본인과 동등한 대우를 받
았다.[12]

타이완인의 입장에서 보자면, 이들은 통치자 일본인의 식민 통치를 도와
만주 건설에 진력함으로써 자연스럽게 만주국의 특권 계층으로 진입해 일본
인의 보호 속에 생활할 수 있었다. 그렇다면 1945년 8월 만주국이 멸망했을
당시 타이완인의 처지는 어떠했을까?

8　셰제스(謝介石) 말고도 외교부 비서 주수허(朱叔河), 외교부 정무사(政務司) 구미정보과 과
　장 린징런(林景仁), 외교부 주'중화민국'지난총령사 우저진(吳左金), 외교부 주태국공사관
　일등 서기 양란저우(楊蘭洲), 외교부 주'중화민국'통상상대표부 고등관(高等官) 황칭투(黃淸
　塗), 외교부 주일상무관 양쑹(楊松) 등이 있었다.

9　郭瑋, 「大連地區建國前的臺灣人及其組織狀況」, ≪大連文史資料≫, 第6輯(1989.12), p.68. 1906년
　9월, 일본은 관동도독부 성립 후, 다롄을 자유무역항으로 선포했다. 이에 많은 타이완 상
　인들이 대련에서 소규모로 타이완 토산물을 도매해 생계를 유지하기도 했는데, 이들은 주
　로 시강(西崗) 상업구에 밀집되어 있었다.

10　花村一平, 『中國革命의 舞臺─北京. 岩元公館』(東京: 原書房, 1973).

11　"建國大學學生及格者", ≪滿洲國政府公報≫, 第1181號, 康德五年(1938.3.16), p.422.

12　郭瑋, 「大連地區建國前的臺灣人及其組織狀況」, p.69.

3. 타이완인의 전쟁 경험

제2차 세계대전 중인 1944년 7월부터 미군의 만주 공습이 시작되었다. 하지만 상황은 그다지 심각하지 않았을 뿐 아니라 제2차 세계대전 직후 3년 동안은 만주에서 직접적인 전투도 없었다. 그러나 1945년 8월 9일, 소련이 연합국과 약속한 대로 3개 부대를 만주에 출병시켜 8월 23일 만주 전역을 점령했다.[13] 그리고 소련군이 중국 동북 지역에서 철수하자마자 미국을 배후에 둔 국민당의 국부군(國府軍)과 소련으로부터 적극적으로 지원을 받고 있던 공산당의 인민해방군 사이에 국공내전이 이어졌다. 1946년 3월 4일에 시작된 쓰핑전(四平戰)에서 국부군은 5월 19일에 일단 쓰핑가(四平街)를 수복하기는 했지만, 관내(산하이관 이남)와 남만주에서 온 중공군의 견제로 여세를 몰아 북진을 계속할 수 없었다. 오히려 린뱌오(林彪)가 이끄는 중공군이 북만주 지역에서 계속 할거하게 함으로써, 1948년 11월 그들이 동북 지역 즉 만주를 장악할 빌미를 제공하고 말았다.[14]

일본 정부의 보호를 더는 기대할 수 없는 상황에서, 행동거지뿐만 아니라 복장까지도 일본인과 구분할 수 없었던 타이완인들은 '만주인(중국 동북 지역에 거주하던 만주족과 한족)'의 보복이라는 위험에 직면해야 했다. 또한 소련군에 노략질을 당하거나 국공군에 강압적으로 가담해야 할 상황에 처할 수도 있었다. 따라서 특별한 사유가 있어 만주에 머물러야 하는 경우를 제외하고는 대부분의 재만 타이완인들이 타이완으로 돌아가고자 했다. 그러나 동북 지역에서 타이완으로 돌아가는 길은 멀고도 험난했다. 그렇다면 그들은 어떻게 제2차 세계대전 이후 '소련군의 침공'과 '국공내전'에 대응했을까? 게다가 그

---

13   松井孝也, 『日本植民地史 2 滿州: 日露戰爭から建國·滅亡まて?』(東京: 每日新聞社, 1978), p.19, 「年表」.
14   楊奎松, 「一九四六年國共四平之戰及其幕後」, ≪歷史研究≫, 第4期(2004), p.133.

들은 전쟁을 어떻게 경험했고, 어떻게 기억하고 있을까?

전쟁이 발발하자, 일본인 거주지에서는 '집단 자결'이 강요되기도 했다.[15] 이렇게 한 치 앞도 예측할 수 없는 상황을 모면하기 위해, 예컨대 장춘(長春)의 타이완인들은 교외의 신리청(新立城)으로 도망가기도 했고,[16] 중국인 거주지에 거주하던 사람들은 문패를 중국어로 바꾸어 걸고 문과 창문을 걸어 잠근 채[17] 소련군의 가택 침입에 대비하기도 했다. 그 외에 비도시 지역의 타이완 인들은 인근 대도시로 피난하거나 만주족 친지의 집에 숨기도 했다.[18]

'해방자(解放者)'라는 미명 아래 만주와 동북 지역에 진주한 174만 명의 소련 군은 지역 주민은 물론 일본인과 타이완인 등에게 엄청난 피해를 입혔다. 이 런 역사를 들추는 것은 과거 중국과 소련 양국에서 모두 금기였기 때문에 중 국의 역사가들은 소련 해체 이후에야 이런 과거사를 연구할 수 있었다. 쉬엔 (徐焰)에 따르면, 소련군은 흡사 과거 파시즘에 대한 적개심으로 독일(동독)을 대했던 것처럼 만주를 다루었다고 한다. 게다가 유럽에서 전쟁을 치르면서 병력이 절대적으로 부족해지자 소련군은 형사범을 투입해 부족한 병력을 충당했다. 이 때문에 소련군이 악행을 자행해도 지휘부에서 쉽게 통제할 수 없었다.[19] 소련군의 폭행이 어느 정도 잦아들게 된 것은 9월 6일 스탄코비치

---

15 셰바오(謝報), 천비샤(陳碧霞) 부부의 예를 들면, 셰바오는 원래 펑톈성 정부 경제청에서 일 했는데, 전쟁 중에 성 정부원의 무리 1000명을 분산시켜 와팡뎬(瓦房店)에 이르렀다. 일본 이 투항한 후, 앞서 언급한 대로 이들은 집단 자결을 시도하려고 했지만, 사 씨는 타이완인 이었기 때문에 빠져나와 무사히 돌아올 수 있었다. 또, 소련군을 방어하는 자구책으로, 다 섯 집을 하나의 방위(防衛) 단위로 조직하여, 각 집마다 구슬이 달린 줄을 하나씩 매달아놓 고, 소련군의 침입이 있으면 그 줄을 흔들어 다른 집에 알려 방어하곤 했다. 許雪姬 訪問, 吳 美慧·丘慧君 紀錄, 「謝報先生訪問紀錄」, 『口述歷史(五)』(1994.6), pp.201~202·205~206.

16 徐水德, 「光復日記」(民國 34年 8月 9日 現在), 許雪姬 訪問, 鄭鳳凰 外 紀錄, 『日治時期在「滿洲」的臺 灣人』(臺北: 中央研究院近代史研究所, 2002, 初版2刷), pp.253~260.

17 許雪姬 訪問, 蔡說麗 紀錄, 「梁許春菊女士訪問紀錄」, 『口述歷史(五)』(1994.6), pp.303~305.

18 許雪姬 訪問, 王美雪 紀錄, 「黃陳波雲女士訪問紀錄」, 『日治時期在「滿洲」的臺灣人』, pp.286~287.

19 徐焰著·朱建榮 譯, 『一九四九年滿州進軍: 日ソ戰と毛沢東の戰略』(東京: 株式會社三五館, 1993),

(Каптон Станкович) 위수사령관(衛戍司令官)이 일본인의 생명과 재산에 대한 훼손을 금지하고, 그런 악행이 발각될 경우 현행범에 대해 즉결심판까지 강행한다고 선포하면서부터이다.[20] 당시 선양시 시장이던 둥원치(董文琦)는 소련군이 동북에서 자행한 폭행으로 부녀자 간음, 재물 약탈, 은행 강도, 공장 파손, 홍군표(紅軍票) 발행 등을 거론한 바 있다.[21] 타이완인들도 만주에서의 소련군의 폭행을 떠올릴 때마다 분노를 감추지 못했다.

샤오펑만(小豊滿) 발전소의 설비를 넘기라는 요청을 거절해 잔혹하게 살해당한 발전소 소장 대리인 황룽타이(黃榮泰), 소련군의 트럭에 치여 숨진 치과의사 루칭치(盧清池), 가택 침입으로 재산을 모두 잃은 세바오(謝報), 길에서 소련군에게 강도를 당해 속옷만 남기고 모든 것을 빼앗긴 궈하이밍(郭海鳴), 체포되던 도중에 탈출한 린융창(林永倉), 시베리아로 끌려간 린진덴(林金殿), 강간당할 뻔했던 량쉬춘주(梁許春菊), 젠런허(簡仁和)가 경영하던 런허 병원(仁和醫院)에서는 수술 도중 병원에 침입한 소련군에게 강간당한 부녀자를 비롯해 수많은 사례가 분노를 유발했다. 그런 반면 소련군에 협조해 푸신 화력 발전 공장(阜新火力發電廠)의 중기기(重機器)를 해체해 소련으로 운반하는 것을 도운 발전소 기술원 푸칭텅(傅慶騰)도 있었다.[22]

타이완인들이 소련군에게만 폭행을 당한 것은 아니다. 안타깝게도 국공내전 중에는 공산당과 국민당 모두의 포로가 되는 참상을 겪기도 했다. 1934년 만주국으로 간 셰다오룽(謝道隆)의 아들 셰추팅(謝秋汀)은[23] 전쟁 기간에

pp.221~227.

20 滿洲國史編纂刊行會, 『滿洲國史 總論』(東京: 財團法人滿蒙同胞援護會, 1970), pp.775~777.

21 張玉法·沈松僑 訪問, 沈松僑 紀錄, 『董文琦先生訪問紀錄』(臺北: 中央研究院近代史研究所, 1986), pp.73~74.

22 許雪姬, 「臺灣人在滿洲的戰爭經驗」, 『歷史臺灣 國立臺灣歷史博物館館刊』, 11期(2016.5), pp.104~114.

23 J,2,2,0 J13-7, '臺灣總督府核發臺灣旅券', 昭和 9年 7~9月, 旅109,2901 267.360.361(謝秋汀), 「昭和九年到滿洲國就職」, 日本外務部外交史料館 소장.

모두 네 차례나 감옥에 갇혔는데, 첫 번째는 자원 공급 명령에 불복해 소련 군에 이틀 동안 구류되었고, 두 번째와 세 번째는 단기간이기는 하지만 공산당에 붙잡혔다. 마지막으로 네 번째는 국민당에 의해 1년 4개월 동안 구금되었는데, 그 이유는 '물자 공급 혹은 뇌물 수수 미수와 같은 문제' 때문이었다.[24] 우진추안(吳金川), 쉬수이더(徐水德)와 같은 일부 타이완인들은 국민당 파의 임명을 받은 동북행영경제위원회(東北行營經濟委員會) 주임위원(主任委員) 장자아오(張嘉璈)의 부탁으로 재정 관련 경제 자료를 수집하고 번역하는 데 협조하기도 했다.[25]

4. 집결 후 회향

소련군의 폭행과 국공내전의 와중에서 거의 모든 재산을 상실한 타이완인들은 쓰핑전이 본격화되기 전에 이미 귀향 방법을 모색하기 시작했다. 먼저 이들은 서로 협력하면서, 타이완성 행정장관 공서(臺灣省 行政長官 公署)에 진정서를 보내 동북 지역에 체류 중인 타이완인들을 위해 선박 파견을 요청하는 압력 단체를 만들었다. 또한 타이완인들이 비교적 많이 거주하는 도시를 중심으로, 장춘 타이완 동향회(長春臺灣同鄉會), 선양 타이완 동향회(瀋陽臺灣同鄉會), 다롄 타이완 동향회(大連臺灣同鄉會) 등의 동향 조직을 만들었다. 여기서는 장춘 동향회를 예로 들어 설명하겠다. 장춘 동향회는 설립 이후, 신징 의과대학(新京醫科大學)의 교수였던 궈쑹건(郭松根)을 회장으로 내세운 뒤, 1945년 10월 천이(陳儀)에게 진정서를 보내 동북 지역에 거주하는 타이완인들을 위해 선편을 파

---

24   許雪姬 訪問, 藍瑩如 紀錄, 「謝文昌先生訪問紀錄」, 『日治時期臺灣人在滿洲的生活經驗』, p.357.

25   伊原澤周 編, 『戰後東北接收交涉紀實 — 以張嘉璈日記爲中心』(北京: 中國人民大學出版社, 2012), p.9; 徐水德, 「光復日記」, p.266, p.278.

견해줄 것을 요청했다. 하지만 행정장관 공서에서 회신이 없자, 1946년 2월 장춘에 거주하는 타이완인들 중 귀향을 희망하는 608명이 재차 천이에게 선편을 파견해줄 것을 요청했다. 이들은 이튿날 다시 행정원의 연합국 구제 부흥 기관(UNRRA) 타이완 공서(臺灣分署)의 서장(署長) 첸쭝치(錢宗起)에게 선박 파견과 함께 귀향할 타이완인들의 구직과 진학도 배려해달라고 것을 요구했고, 타이완의 친지들에게 그들이 무사하다는 것을 알려 부모, 형제들을 안심시켜달라고 요청했다.[26] 결국 기차 편과 선편을 마련하고 양식을 공급하면서 동북 지역의 타이완인들을 귀향시킨 것은 타이완 정부가 아니라 연합국 구제 부흥 기관이었다. 원래 각 국민의 귀향은 각 정부의 소임이기 때문에, 타이완인들이 동북 지역에서 타이완으로 귀향하는 것은 마땅히 중국 정부의 소관이었다. 그러나 당시 중국 정부는 무능했기 때문에, 결국 연합국 구제 부흥 기관이 이 일을 떠맡을 수밖에 없었던 것이다.

타이완으로 돌아갈 날을 기다리던 타이완인들은 이미 직장을 잃고 고정 수입을 기대할 수 없었기 때문에, 만주국 정부가 관리(官吏)와 공리(公吏)에게 지급한 견산비(遣散費)로 연명해야 했다.[27] 이 돈은 다른 동향인들을 구제하는 데 쓰이기도 했다. 이 밖에 소규모 장사로 얼마간 돈을 벌어 생계 문제를 얼마간 해결하거나, 적게나마 이익을 얻는 이들도 있었다. 새로 들어선 정부에 유임된 사람들은 모두 기술자이거나 의사들로서 경제적으로 걱정할 필요는 없었지만, 그들 역시 귀국하고 싶은 마음이 간절했다.

동북에서 타이완으로 귀향하는 사람들 대부분은 일단 선양에 집결해 기차를 타고 톈진(天津)으로 이동했다. 이후 톈진의 항구인 탕구(塘沽)에서 배편으로

---

26 長春臺灣同鄕會會長郭松根致臺灣省行政長官陳儀,「爲呈請指定輪便接回東北臺胞由」, 民國 35年 2月 23日, p.1, 中國南京第二歷史檔案館 소장.

27 「謝報先生訪問紀錄」,『口述歷史(五)』, p.203; 許雪姬 訪問, 鄭鳳凰 紀錄,「翁通楹先生訪問紀錄」,『日治時期在「滿洲」的臺灣人』(2002), p.420: 徐水德,「光復日記」, p.261.

상하이(上海)에 도착해 타이완행 배를 기다렸다. 전쟁이 끝난 뒤 타이완인들 대부분 진저우(錦州), 장춘, 카이위안(開原), 선양 등지에 머무르고 있었는데, 각지에서 상하이까지 거리와 소요 시간이 달랐기 때문에 귀향 노선이 모두 일치할 수는 없었다.

단체로 행동하는 사람들 외에 개인적으로 귀향을 시도한 사람들도 있었다. 이들 중에는 비행기로 상하이 혹은 베이징(北京)으로 이동해 그곳에서 타이완으로 돌아간 사람들도 있었고, 심지어는 마차를 고용해 육로로 남하한 이들도 있었다. 또한 부산(釜山)을 거쳐 홍콩으로 이동한 뒤 타이완으로 돌아간 사람들도 있었는데, 이는 모두 중국공산당 세력이 동북 전역을 석권하기 이전이었기에 가능했다.

타이완으로 돌아가는 길에도 각종 어려움은 도사리고 있었다. 귀향 도중에 분만을 한 부녀자들도 있었는데, 산후 조리가 끝나지 않은 상태에서 여행을 계속해야 했기 때문에 목숨을 걸고 귀향한 것이나 다름없었다. 이런 경우가 아니더라도 귀향길은 결코 안전하지 않았다. 일본인으로 오인받아 습격당할 위험도 있었는데, 약제사였던 린황쑤화(林黃素華)는 당시를 다음과 같이 회상했다.

타이완으로 돌아오기 위해 만주에서 상하이로 가던 도중, 내게 욕을 퍼붓는 만주인 및 중국인들과 맞닥뜨려야 했다. 그들은 나더러 안짱다리라고 한다거나 일본인과 같은 옷을 입고 있다고 또는 내가 중국인이 아니라고 줄곧 욕을 해댔다.[28]

또 쉬수이더(徐水德)는 다음과 같이 말한다.

---

28   許雪姬 訪問, 王美雪 紀錄, 「林黃淑麗女士訪問紀錄」, 『日治時期在「滿洲」的臺灣人』(2002), p.147. 林黃淑麗는 林黃素華이다.

우리가 가진 물건과 짐을 들추어내며 일본 것과 같다고 하는데, 그야말로 위험천만이었다.[29]

또 가족들 대부분은 중국어를 할 줄 몰랐는데, 신분이 발각되지 않으려면 일본어도 모르는 척해야 했다. 당시 언어는 민족과 정치적 문제를 규정하는 장치였기 때문에 오해와 비극은 끊이지 않았다. 타이완에 도착하기 전에 불행히도 목숨을 잃은 사람이 있었다. 만주건국대학(滿洲建國大學) 학생 우셴장(吳憲藏)은 1946년 상하이에서 '융펑위(永豊餘)'호로 타이완으로 돌아가던 도중 그러한 비극을 목격했다. 배는 바리번(八里坌)에 도착하면서 암초에 걸리고 말았다. 며칠 동안 만선인 상태로 폭풍우에 시달리던 배가 큰 파도에 흔들리자, 사람들은 전복을 막으려고 앞다투어 짐을 바다에 내던졌다. 구원을 요청하는 전보도 수차례 보냈지만, 구원선은 큰 풍랑 때문에 구조 작업을 중단할 수밖에 없었다. 진퇴양난의 상황에서 과거 일본군에 가담했던 타이완인 20여 명이 300미터 앞에 보이는 육지로 헤엄쳐가기 위해 물로 뛰어들었다. 하지만 썰물을 만난 데다 그곳의 해류도 잘 알지 못했기 때문에, 물에 빠져 죽어 영영 고향을 등지고 말았다.[30] 물론 만주인 친지들이나 타이완인들이 도움을 준 따뜻한 사연이 없는 것은 아니다.

5. 타이완으로 돌아온 후의 적응

동북 지역의 타이완인들 중 귀향하고자 했던 사람들 대부분은 1948년 말

29   許雪姬 訪問, 王美雪 紀錄, 「徐水德先生訪問紀錄」, 『日治時期在「滿洲」的臺灣人』(2002), p.246.
30   許雪姬 訪問, 黃自進・丘慧君 紀錄, 「吳憲藏先生訪問紀錄」, 『口述歷史(六)』(1994.6), pp.219~222.

중국공산당이 만주를 해방시키기 전에 타이완으로 돌아올 수 있었다. 타이완으로 돌아온 그들은 어떤 상황에 직면해야 했을까? 동북 지역으로 이주했던 타이완인들 중에는 그곳을 제2의 고향으로 삼아 상업 활동을 하거나 병원을 개업해 번 돈을 만주에 그대로 남겨둔 경우도 있었다. 이들은 전쟁과 귀향의 과정에서 부동산 등을 처분할 수 없었기 때문에, 타이완으로 돌아온 후 빈손으로 다시 시작할 수밖에 없었다.[31] 난양, 화베이(華北), 화중(華中), 화난 등지에 체류했던 이들과 비교해보면, 만주 지역에서 이주한 사람들은 기술자로서 '만주국' 관료를 지낸 자들이 적지 않았다. 이 때문에 전범 재판에서 '한간(漢奸)'으로 판결받은 사람은 만주국 주중화민국 지난 총영사(駐中華民國 濟南 總領事)였던 우저우진(吳左金)이 있었는데, 그마저도 선고받은 10개월을 다 채우지 않고 출소했다.[32] 또 만주국에서 일했던 사람들 중 많은 이들이 중국어를 구사할 수 있었기 때문에, 수월하게 새로운 직업을 얻기도 했다. 그렇다고 그들이 곤경을 겪지 않은 것은 아니다.

먼저 만주국에서의 학력은 건국대학을 제외하고는 대체로 심사를 거쳐야만 인정을 받았는데, 인정을 받아도 경력으로 쳐주지 않았다. 또 만주국 정부를 위해 일했던 이들은 국가고등고시에 응시할 자격이 박탈되었다. 설령 시험을 본다 하더라도 과거의 행적이 발각되면 바로 자격이 취소되었다.[33]

의사로서 개업할 수 있는 가능성도 희박했다. 따라서 고정 수입을 얻기 위해서는 인기 없는 위생소 같은 곳에서 일을 하면서 개업의 기회를 찾을 수밖

---

31 의사였던 천장저(陳章哲)는 만주에 있었던 13년 반 동안, 매년 100만 개의 사과를 수확할 수 있었던 4000그루의 사과나무 농장과 함께, 다롄에 51채의 건물을 임대하고 있었으며, 진저우(錦州) 부근에는 700갑의 농지까지 소유하고 있었다. 그는 만주에서 2년 동안 상황을 살피다가 결국 1947년 6월 빈손으로 타이완으로 돌아왔다. 陳章哲, 『養生之道』(필자 자비 출판), p.13, 「25. 爲什麼能從東北回臺」.

32 許雪姬·黃自進 訪問, 丘慧君 紀錄, 「吳憲藏先生訪問紀錄」, pp.116~117.

33 楊學爲總 主編, 『中國考試史文獻集成』(北京: 高等教育出版社, 2003), 第五冊, p.412.

에 없었다. 의사들 중에는 고향인 타이완에서 개업하기가 어려워 만주국으로 이주한 사람들이 많았는데, 귀향을 했다고 해서 상황이 크게 나아진 것은 아니었다. 게다가 이들이 귀향했을 때는 각 공공 의원의 일자리가 이미 다 채워진 상태였다.

그렇다고 해도 만주에서 귀환한 타이완인들 중에는 능력 있는 이들이 적지 않았기 때문에, 타이완에 돌아온 이후 어떻게든 일자리 하나씩은 구할 수 있었다. 예를 들어 만주의 대학에서 교편을 잡았거나 최고 연구기관인 대륙과학원에 재직했던 사람들은 타이완에서도 어렵지 않게 대학 강단에 설 수 있었다. 이들은 타이완으로 돌아온 베이징의 각 대학 전직 교수들과 함께 각 대학에서 타이완 학계를 재건하는 주역이 되었다. 또한 중고등학교에 취직한 이들도 있었다. 1950년경 타이베이시(臺北市) 정부에는 만주국 기관에서 근무한 적이 있는 공무원 10여 명이 일하고 있었다. 이들은 '동북방(東北幇)'이라 불리기도 했다.[34] 금융업계에서도 이들은 장화 은행(彰化銀行), 화난 은행(華南銀行), 제일은행(第一銀行), 합작금고(合作金庫)에서 대표이사, 관리 책임자 등을 맡았다. 지방에서 공무원이나 의원이 된 자는 부지기수였다. 100~200명에 이르던 의사들도 어떻게든 자리를 잡아 계속 의술을 펼쳤다.

그러나 이들이라고 해서 귀환한 타이완인들이 겪은 두 가지 중대한 정치적 사건을 피해갈 수는 없었다. 우선은 1947년에 일어난 2·28 사건이다. 건국대학 졸업생과 관동군 등 만주에서 군사 훈련을 받은 경험이 있는 이들이 앞장서 민중을 이끌고 정부에 대항하면서 많은 이들이 목숨을 잃었다. 이 때문에 건국대학 졸업생들은 정부의 삼엄한 감시를 받게 되었다. 다음은 1948년에 일어난 이른바 '애국청년회 사건(愛國靑年會案)'으로, 연루자 대부분이 건국대학 졸업생이었던 만큼 필자는 '만주건대 사건(滿洲建大案)'으로 부르곤 한다.

---

34 인터뷰와 함께 『臺北市各機關職員通訊錄』과 『臺北市暨所屬各機關學校職員通訊錄』을 참조했다.

다행히 '징치반란조례(懲治叛亂條例)'가 시행되기 전이었기 때문에 형량은 무겁지 않았다. 그러나 1949년에서 1991년에 이르는 이른바 '백색 공포 시기'에는 적지 않은 피해를 입었다. 사형을 당한 사람만 2명이었고, 구속되어 7년을 옥중에서 보낸 사람, 세 차례에 걸쳐 27년간 투옥된 사람, 심지어 감옥에서 33년을 보낸 사람마저 있었다. 결국 그들의 인생은 송두리째 망가지고 말았다. [35]

6. 재연계(再聯繫)와 재이산(再離散)

이 절에서는 로빈 코헨(Robin Cohen)이 언급한 '제국형 이산(帝國型離散)'이라는 개념을 적용해 타이완인들의 만주 이동 경로와 함께, 만주에 도착한 이후 그들이 식민지 모국인 일본과의 연결고리를 유지하면서 스스로를 제국 시스템의 일부로 자각해가는 과정을 분석해보기로 한다. [36] 물론 타이완인들이 만주로 이주해 이산되는 과정을 제국형 이산이라고 단언하기에는 무리가 있기는 하다. 이는 타이완인들의 정치적 지위의 특수성, 즉 이들이 스스로를 제국의 식민지이자 방대한 제국 시스템의 일원으로 인지하기에 앞서, 타이완인으로서의 동질감을 먼저 획득했다는 점 때문이다. 이들은 만주에 체류하는 중에도 각지에서 타이완인 동향회를 조직했고, 직장에서 서로를 보살폈을 뿐 아니라, 귀향길에도 서로를 위해 힘을 아끼지 않았으며, 타이완으로 돌아온 이후에도 계속 그 정을 이어가면서 난관을 함께 극복해갔다. 일례로, 전술한 건

---

35 許雪姬,「滿洲經驗與白色恐怖 — '滿洲建大等案'的實與虛」,『「戒嚴時期政治案件」專題研討會論文暨口述歷史紀錄』(臺北: 財團法人戒嚴時期不當叛亂暨匪諜審判案件補償基金會, 2003), pp.1~39.

36 Robin Cohen, *Global Diaspora: An introduction* (second edition: Routledge, 2008), pp.4~8, pp.61~68.

국대학 졸업생들을 들 수 있는데, 이들은 타이완에 돌아온 후 '동북회(東北會)'를 조직해 친목을 유지했다. 한 나라였던 식민 제국 일본이 한국, 일본, 타이완 등으로 나뉘어 서로 정치적으로 민감한 상태에 놓였을 때도 그랬고, 타이완에서 계엄령이 해제될 때까지 그들은 서로 왕래를 유지하며 교류를 이어갔다. 그러나 타이완의 정치 상황은 긴박하게 변해갔다. 계엄 중에는 국민당의 독재 정치, 계엄이 해제된 후에는 통일과 독립 문제, 중국의 위협 등 정치적 요소를 겪으면서, 만주에서 귀환한 타이완인들은 흩어져 갔다.

1) 해방 후 일본과 타이완인 사이의 연결

만주 경험자들 대부분에게 타이완으로의 귀향은 고생의 시작이었다. 만주에서 얻은 학연과 지연, 그리고 다른 인간관계들은 타이완으로 돌아온 후 그들의 인생에 어떻게 영향을 미쳤을까?

(1) '천중광 구상'의 실현

이른바 '천구상(陳構想)'은 만주 이주를 경험한 천중광(陳重光)이 해방 이후 만주국 실업부 차장을 역임했던 일본 수상 기시 노부스케(岸信介)에게 제안한 일본과 타이완의 협력안으로, 동남아시아 각국으로의 무역을 주요 내용으로 하고 있다. 이 제안을 긍정적으로 평가한 기시 노부스케는 천중광을 초청해 일본 국회에서 강연회를 열었는데, 이를 계기로 일본 상사(商社)들과 타이완 상공업자 사이에 수많은 협업이 이어질 수 있었다.[37] 바꾸어 말하면 일제 통치기에 일본인과 타이완인이 공유하고 있던 만주에서의 경험이야말로 해방 이후 일본·타이완 관계의 기초가 되었던 것이다.

---

37 許雪姬·黃自進 訪問, 丘慧君 紀錄, 「吳憲藏先生訪問紀錄」, pp.140~141.

(2) 각종 동창회(同窓會) 성립

해방 이후 만주의과대학, 건국대학, 대동학원(大同學院) 등은 모두 동창회 조직을 유지하고 있었고, 대륙과학원(大陸科學院), 만철(滿鐵) 등에 몸담았던 사람들도 회원 명부를 지속적으로 출간하고 있었다. 학연과 경력상 만주에서 인맥을 유지한 채 해방 이후 일본, 한국, 중국, 타이완, 몽골 등으로 흩어졌던 사람들이 정치적인 상황이 개선되자 서로의 우의를 더욱 공고히 다지고자 했다.[38]

2) '동북회'의 설립

이른바 '동북회(東北會)'는 일제 통치기에 '중국 동북 지역에서 거주하던 타이완인들이 귀향한 후 설립한 친목 조직'으로, 시기는 확실하지 않지만 양란저우(楊蘭洲)에 의해 조직되었다고 한다. 필자도 1993년에 열린 이 모임에 직접 참가할 기회가 있었다. 그때 『일치시기증부중국동북적타이완인명단(日治時期曾赴中國東北的臺灣人名單)』이라는 명단도 배부되었는데, 성황을 이룬 모임과 달리 명단에 이미 줄이 그어져 제명된 사람들도 적지 않았다. 양란저우 사후에는 린융캉(林永倉)이 회장직을 이어받았지만, 연로한 회원들 상당수가 이미 연락이 두절되거나 사망했기 때문에, 서로 잘 알지 못하는 2세들만으로 관계를 유지하기는 쉽지 않았던 듯하다. 그 결과 모임은 역사 속으로 사라지고 말았다. '동북회'의 설립으로 만주 경험자들 사이의 연대는 강화될 수 있었지만, 그들은 항상 정부의 감시를 받으며 활동할 수밖에 없었다. 이에 대해 양란저우는 "한 가지 큰 불만이 있다면, 타이완에 돌아온 이후 정부가 만주에서 돌아온 우리들을 항시 의심하고 있었다는 사실이다. 특히 동북회가 설립된 다음부터 나는 발기인이자 회장직을 맡았다는 이유만으로 때때로 보밀국

---

38   大同學院同窓會, 『友情の架橋—海外同窓の記錄』(東京: 創立五十五週年記念出版委員會, 1986).

(保密局)에 끌려가 취조를 받아야 했는데, 그 고통은 이루 형용할 수가 없다"고 회고한 바 있다.[39]

3) 귀환 후 재이산(再離散)

(1) 재이산의 원인

만주에서 타이완으로 귀환한 이들 중에는 공직에 자리를 잡거나, 의사로서 혹은 사업가로서 활동한 사람들이 적지 않았다. 그러나 만주에서의 경력은 인정받지 못했을 뿐 아니라, 그들 스스로도 국민당 통치하의 타이완에 위화감을 품고 있었기 때문에 뜻대로 활동을 하지 못했다. 그런 까닭에 일본, 미국, 캐나다, 브라질 등에서 또 다른 '왕도낙토(王道樂土)'를 찾고자 하는 사람들이 있었다. 둘째, 1949년 5월 국민당 정부가 유일한 근거지인 타이완을 사수하기 위해서 계엄령을 발포하면서 타이완은 백색 공포 시기로 접어들었다. 이 와중에 수난을 겪는 사람들이 끊이지 않았고, 억울함이 청산되기까지 얼마나 기다려야 할지 모르는 상황에서 사회적 오명과 중화민국의 계엄 체제를 피하기 위해서 또다시 타국으로 흩어졌다. 셋째, 1971년 중화민국이 UN에서 퇴출되고 타이완을 둘러싼 국제 정세가 급박해지자, 언제 중국이 바다를 건너 공격해올지 모르는 상황이 되었다. 게다가 일본과 미국 등이 차례로 타이완과의 단교를 선언하면서 타이완은 국제적 지위를 상실했다. 넷째, 만주와 비교하면 타이완은 자원이 풍부하고 기후가 온난하지만, 광대한 만주 땅과는 조건적으로 천양지차였다. 따라서 이들은 좀 더 광활한 땅에서 정부의 간섭을 걱정하지 않고 꿈을 펼칠 기회를 엿볼 수밖에 없었다.

---

[39]　許雪姬 訪問, 吳美慧·丘慧君 紀錄, 「楊蘭洲先生訪問紀錄」, 『口述歷史(五)』(1994.6), p.160.

(2) 재이산 지역

만주 1세대가 가장 먼저 고려한 것은 당연히 일본이다. 일본에서라면 언어적 장벽도 인맥도 걱정할 필요가 없었을 뿐 아니라, 외딴 시골 지역에는 타이완인 의사를 반기는 '무의촌(無醫村: 의사 없는 마을)'이 적지 않았다. 그다음이 미국이었다. 최강국 미국은 이민자들의 천국이었다. 미국에 유학을 간 만주 제2세대들은 그대로 미국에 남아 시민권을 취득한 후 부모, 형제들을 신천지로 초청했다. 그 외에 캐나다, 브라질, 아르헨티나, 뉴질랜드 등으로 이주한 이들도·있었지만, 수적으로 일본이나 미국만큼 많지는 않았다. 물론 이들이 다시 이민하면서 타이완과 완전히 연을 끊은 것은 아니다. 이들은 이민한 나라의 시민권을 취득한 후에도 타이완과의 왕래를 지속했고, 타이완인 동향회를 조직해 타이완의 존재를 국제 사회에 알리는 역할도 했다.

(3) 이산이라는 현상

이민을 하려면 생계를 이어갈 수 있는 기술이나 자산뿐 아니라, 상대국의 법규에 부합하는 자격도 필요했다. 그러나 이 부분은 이 장의 토론 대상이 아니므로 자세한 설명 대신, 만주의과대학 졸업생들과 다른 두 사례를 소개하고자 한다. 의사 류젠즈(劉建止)가 제공한 만주의과대학 출신 타이완인들의 명단 과 주소를 보면 126명 중 3명의 본적은 분명하지 않으나, 73명의 타이완인 중 14명이 해외로 이민을 갔다. 그중 왕뤄(王洛), 린친밍(林欽明)은 일본을 거쳐서 미국으로 다시 이민했고, 양위안퉁(楊元統)은 브라질을 거쳐 아르헨티나로,[40] 양진한(楊金涵)과 린자오저우(林肇周)는 캐나다로 재이민했다. 미국에서 노년을 보낸 사람으로는 전술한 왕뤄, 린친밍 외에도 천쑹링(陳松齡), 중바이칭

---

[40] 楊元統, 『滿洲醫科大學輔仁會 會員簿』(1978), p.590. 그는 브라질에 있었지만, 류젠즈가 제공한 『통신명부(劉通信名簿)』에는 아르헨티나의 부에노스아이레스에도 있었다고 기록되어 있다.

(鍾柏卿) 등이 있다. 왕뤄, 린친밍, 양쿤쑹(楊崑松), 홍리펑(洪禮峰), 홍훙루(洪鴻儒), 장 덩추안(張登川), 천유더(陳有德), 천융푸(陳永福) 등 8명은 일본에서 일한 바 있다. 즉, 타이완으로 돌아온 만주의과대학 졸업생 73명 중 대략 20%에 해당하는 14명이 재이민을 선택한 것이다. 이 외에도 뉴질랜드를 왕래하던 스이더(施義 德)나, 장덩차이(張登財)의 경우처럼 본인 사후에 가족 모두 미국으로 이민간 경 우도 있다. 물론 이 명단이 작성된 다음에 이민을 떠난 경우도 있다.

설명과 같이 만주 이주를 경험한 타이완인들 중 20% 정도가 재이민을 선 택한 것이다. 이들은 일생 동안 두 차례나 이민을 경험한 셈이다. 타이완인 으로서 한 번쯤 이민을 경험한 것은 일반적이라고 할 수 있겠지만, 두 번이나 이민한 경우는 비교적 특수한 사례라고 할 수 있다. 여기서 재이민의 실례 두 가지 소개해보고자 한다.

의사였던 린친밍은 타이완으로 돌아온 후 오랫동안 타이중(臺中)에서 개업 의로 일하다가, 1973년부터 일본의 '무의촌(無醫村)'에서 활동했다. '무의촌'이 란 일본이 1960년대에 전국적으로 국민건강보험제도를 실시하면서, 일시적 으로 의료 인력 수급에 불균형이 초래되어 의사가 없어진 오지 지역을 가리 킨다. 당시 타이완에서는 50세 정도가 되면 젊은 의사들과의 경쟁으로 자의 반 타의반으로 반퇴직 상태에 몰리곤 했는데, 이들 가운데는 일본의 '무의촌' 으로 건너가 의사로 생활하는 것을 선택하는 경우도 있었다.[41] 더욱이 60세 가 넘어 무의촌으로 간 의사들의 경우는 젊은 의사들과의 경쟁을 두려워했 다기보다는, 타이완의 정치적 상황에 염증을 느끼면서 어릴 적 식민지 교육 으로 언어 장벽을 느낄 필요도 없고, 봉급과 보너스(3개월치) 등 대우도 좋은 일본이 더 매력적으로 보였기 때문일 것이다.

린친밍은 규슈(九州) 고토시(五島市)의 오시마(黃島)에서 6년 정도 일한 후 오이

---

[41] 吳建輿, 「日本無醫村裡的太上皇 — 臺灣醫師」, ≪杏園≫, 24期(1977.3), pp.94~96.

타현(大分縣) 나카쓰(中津)의 야바 계곡(耶馬溪)으로 옮겨 가 3년간 일하다가, 1988년에 일본을 떠나 자녀들이 살고 있는 미국 워싱턴주의 스포캔(Spokan)시로 갔다. 미국 캘리포니아의 대학원에 유학한 장녀를 따라 가족 모두 미국으로 이민을 가 있었기 때문이다.[42]

양진한은 타이완으로 돌아온 후 타이난(臺南) 융캉(永康)에서 명덕의원(明德醫院)을 개업한 의사이다. 그의 큰아들 양정자오(楊正昭)는 타이완 대학 의과대학을 졸업한 후 학술 교류를 이유로 1950년에 미국으로 건너가 1964년에 캐나다로 이민했다. 양정자오가 1966년에 산부인과를 개업하자 양진한과 그 아내가 1967년과 1969년에 각각 캐나다로 이민했다. 양진한의 다른 자녀들 모두 일본과 미국 등지로 이민했다.[43]

이 밖에도 2세에 이르러 다시 이민을 떠난 경우가 적지 않지만, 여기서는 상술하지 않겠다.

7. 맺음말

이 글은 이제까지 학계의 주목을 받지 못했던 일제 통치기 타이완인들의 만주 경험에 주목해, 1945년 8월 9일 이후 그들이 어떻게 타이완에 돌아왔는지, 또 타이완에서는 어떤 경험을 했으며, 그 후 해외로 재이민한 경우는 어떠했는지를 살펴보았다. '만주국'에서 실제로 살았고, 해방과 함께 일본과 만주에서 타이완으로 돌아와서는 멸시를 받았다.[44] 건국대학 졸업이 학력으로

---

42   許雪姬 訪問, 林建廷·劉芳瑜 記錄, 「林江金素女士訪問紀錄」(2015.5.14~16), 미국 워싱턴주 스포캔시에서의 인터뷰 기록(미간행).

43   許雪姬 訪問, 劉芳瑜 紀錄, 「楊正昭醫師訪問紀錄」(2015.5.17·18), 캐나다 밴쿠버에서의 인터뷰 기록(미간행).

인정받지 못했고, '웨이만(僞滿)'(현재 중국에서 만주국을 가리키는 말)에서 관료로 일했다는 이유만으로 체포당해 매국노로 심판받을 수도 있었다는 점 등, 이들의 경험은 타이완에서 거의 주목받지 못한 채, 당사자들의 노령화로 자료마저 소실되어가고 있다. 연구가 더 늦어진다면 이런 역사적 기억은 연기 속으로 사라져 잊히고 말 것이다.

　소련의 만주 침공과 국공내전을 거치면서 만주에 살던 타이완인들은 순식간에 모든 것을 잃었다. 그들은 대도시로 모여들어 동향회를 조직해 연합국 구제기관에 협조를 구했다. 이들 대부분은 철도로 선양과 톈진으로 이동했다가, 다시 배를 타고 상하이를 거쳐 타이완에 돌아왔다. 불행히도 여행 중 목숨을 잃는 사람이 있었는가 하면, 아이를 출산한 사람도 있었다. 귀향을 위한 여정은 희로애락이 교차했고, 천신만고 끝에 겨우 마칠 수 있었다. 만주에 이민한 타이완인들 중에는 화난과 화중 이민자보다 우수한 인재들이 많았다. 이들은 먼저 돌아온 다른 지역의 타이완인들이 좋은 일자리를 거의 선점한 후에야 돌아올 수 있었다. 그러나 만주국에서 행정 업무상 적지 않은 경험을 쌓은 이들은 적응기를 거친 다음에는 타이완 대학 교수로, 또 타이베이시 행정부 내에서 이른바 '동북방'이라고 불리는 일꾼으로, 또 학업적인 성취를 이루면서 성공할 수 있었다. 그러나 정부는 만주를 경험한 타이완인들을 늘 주시하고 있었다. 이들은 2·28 사건 때 정부를 향해 용감하게 자기 목소리를 내는가 하면, 1948년 계엄 선포 전에는 '만주건대 사건'을 일으키기도 했으며, 백색 공포 시기에는 목숨을 잃거나 감옥에 갇히는 신세가 된 경우도 있었다. 이러한 정치적 상황 속에서도 이들은 학연 등 만주에서의 인맥을 이어가고자 '동북회'를 조직했다. 1987년 계엄 해제 후에는 일본과 중국 등지

44　일본에서도 외지에서 돌아온 일본인 및 그 후손들은 사회적으로 차별을 받았었다. 宮脇淳子著·郭婷玉 譯, 『這才是眞實的滿洲史一中日滿糾纏不已的「東北」如何左右近代中國』, 『眞實の滿洲史(1894~1956)』(臺北: 八旗文化/遠足文化事業股份有限公司, 2016), pp.30~31.

의 동창회를 통해 타지의 동창들과 정치적으로 새로운 연결 고리를 형성하기도 했다. 그러나 참가자들이 고령화되면서, 모임을 유지하기가 점점 어려워졌다.

1970년대에 '중화민국'이 UN에서의 역할을 중화인민공화국에 빼앗기게 되자, 외교 관계를 체결했던 나라들도 연이어 타이완과 단교를 선언하게 되었다. 이런 상황에서 만주 경험자들도 다른 타이완인들처럼 해외의 '왕도낙토'를 찾아, 다시 이민을 선택하게 된다. 적어도 10~20%의 만주 경험자들이 일생 중 두 번이나 이민을 경험했다는 점이야말로, '만주'를 경험한 타이완인들의 특징 중 하나라는 것을 기억해야 할 것이다.

참고문헌

「建國大學學生及格者」, ≪滿洲國政府公報≫, 第1181號. 康德五年(1938.3.16).

≪盛京時報≫, 第4466號, 第4版(民國 10年 9月 30日).

J,2,2,0 J13-7. 〈臺灣總督府核發臺灣旅券〉. 昭和 9年 7~9月. 旅109,2901 267.360.361(謝秋汀)「昭和九
    年到滿洲國就職」. 日本外務部外交史料館 소장.

郭埠. 1989.12. 「大連地區建國前的臺灣人及其組織狀況」, ≪大連文史資料≫, 第6輯.

丘樹屏. 1998. 『僞滿洲國十四年史話』. 長春: 長者市政協文史和學習委員會.

宮脇淳子. 2016. 『這才是眞實的滿洲史─中日滿糾纏不已的「東北」如何左右近代中國』. 郭婷玉 譯. 『眞實
    の滿洲史(1894~1956)』. 臺北: 八旗文化/遠足文化事業股份有限公司

徐水德. 2002. 「光復日記」(民國 34年 8月 9日 現在). 許雪姬 訪問・鄭鳳凰 外 紀錄. 『日治時期在「滿洲」
    的臺灣人』. 臺北: 中央研究院近代史研究所(初版2刷).

_____. 2002. 「徐水德先生訪問紀錄」. 『日治時期在「滿洲」的臺灣人』.

楊奎松. 2004. 「一九四六年國共四平之戰及其幕後」. ≪歷史研究≫, 第4期.

楊元統. 1978. 『滿洲醫科大學輔仁會 會員簿』.

楊學爲總 主編. 2003. 『中國考試史文獻集成』, 第五冊. 北京: 高等教育出版社.

吳建輿. 「日本無醫村裡的太上皇 ─ 臺灣醫師」. ≪杏園≫, 24期(1977.3).

伊原澤周 編. 2012. 『戰後東北接收交涉紀實 ─ 以張嘉璈日記爲中心』. 北京: 中國人民大學出版社.

林志宏. 2014.12. 「兩個祖國的邊緣人 ─ '遺華日僑'的戰爭・記憶與性別」. ≪近代中國婦女史研究≫, 24號,
    pp.1~45.

張玉法・沈松僑 訪問. 沈松僑 紀錄. 『董文琦先生訪問紀錄』. 臺北: 中央研究院近代史研究所.

長春臺灣同鄉會會長郭松根致臺灣省行政長官陳儀. 「爲呈請指定輪便接回東北臺胞由」, 民國 35年 2月 23日.
    中國南京第二歷史檔案館 소장.

陳章哲. 『養生之道』. 「25. 爲什麼能從東北回臺」.

許雪姬. 2003. 「滿洲經驗與白色恐怖─滿洲建大等案'的實與虛」. 「'戒嚴時期政治案件' 專題研討會論文
    暨口述歷史紀錄』. 臺北: 財團法人戒嚴時期不當叛亂暨匪諜審判案件補償基金會.

_____. 2014. 「滿洲國政府中的臺籍公務人員」. 許雪姬 主編. 『臺灣歷史的多元傳承與鑲嵌』. 臺北: 中央
    研究院臺灣史研究所.

_____. 2015. 「編者序」. 許雪姬 外 訪問・藍瑩如 外 紀錄. 『日治時期臺灣人在滿洲的生活經驗』(初版二
    刷). 臺北: 中央研究院臺灣史研究所.

_____. 2016.5. 「臺灣人在滿洲的戰爭經驗」. 『歷史臺灣 國立臺灣歷史博物館館刊』, 11期.

許雪姬 訪問. 2015.5.14~16. 林建廷・劉芳瑜 記錄. 「林江金素女士訪問紀錄」. 미국 워싱턴주 스포캔시
    에서의 인터뷰 기록(미간행).

許雪姬 訪問. 藍瑩如 紀錄. 2015. 「謝文昌先生訪問紀錄」. 『日治時期臺灣人在滿洲的生活經驗』.

許雪姬 訪問. 吳美慧・丘慧君 紀錄. 1994.6. 「謝報先生訪問紀錄」. 『口述歷史(五)』.

許雪姬 訪問. 王美雪 紀錄. 2002. 「林黃淑麗女士訪問紀錄」, 『日治時期在「滿洲」的臺灣人』.

_____. 2002. 「黃陳波雲女士訪問紀錄」, 『日治時期在「滿洲」的臺灣人』.

許雪姬 訪問. 劉芳瑜 紀錄. 2015.5.17·18. 「楊正昭醫師訪問紀錄」(미간행).

許雪姬 訪問. 吳美慧·丘慧君 紀錄. 1994.6. 「楊蘭洲先生訪問紀錄」, 『口述歷史(五)』.

許雪姬 訪問. 鄭鳳凰 紀錄. 2002. 「翁通楹先生訪問紀錄」, 『日治時期在「滿洲」的臺灣人』.

許雪姬 訪問. 蔡說麗 紀錄. 1994.6. 「梁許春菊女士訪問紀錄」, 『口述歷史(五)』.

許雪姬 訪問. 黃自進·丘慧君 紀錄. 1994.6. 「吳憲藏先生訪問紀錄」, 『口述歷史(五)』.

貴志俊彥 外. 2012. 『二〇世紀滿洲歷史事典』. 東京: 株式會社吉川弘文館.

大同學院同窓會. 1986. 『友情の架橋 — 海外同窓の記錄』. 東京: 創立五十五週年記念出版委員會.

滿州國史編纂刊行會. 1970. 『滿洲國史 總論』. 東京: 財團法人滿蒙同胞援護會.

徐焰著·朱建榮 譯. 1993. 『一九四九年滿州進軍: 日ソ戰と毛沢東の戰略』. 東京: 株式會社三五館.

松井孝也. 1978. 『日本植民地史 2 滿州: 日露戰爭から建國·滅亡まて?』. 東京: 每日新聞社.

田中隆一. 2005.3. 「滿洲國における統治機構の形成と'國民'の創出: 在滿朝鮮人問題を中心に」, ≪日本史硏究≫, 511.

花村一平. 1973. 『中國革命の舞臺一北京, 岩元公館』. 東京: 原書房.

Cohen, Robin. 2008. *Global Diaspora: An introduction*. second edition: Routledge.

2부

식민정치와 가족·공창 제도

3장

'만들어진 전통'으로서의
동성동본금혼제와 식민정치

| **소현숙** 한양대학교 비교역사문화연구소 HK연구교수 |

1. 머리말

일제의 식민지배는 한국 사회에 어떤 변화를 초래했는가? 수탈과 근대화라는 이분법에서 벗어나 근대성을 매개로 하여 작동했던 식민지배의 효과와 탈식민 이후의 영향을 좀 더 다면적으로 이해하는 것이 최근 식민지 시기 연구의 주된 관심사가 되어왔다. 이른바 '식민지 근대성'의 형성과 특질을 이해하고자 하는 이러한 연구들은 '가족법'의 변동과 관련해 주로 천황을 정점으로 한 근대 일본 사회를 아래로부터 떠받쳤던 일본의 이에(家) 제도가 어떻게 조선의 가족제도 속으로 이식되어갔는지를 해명하는 데 집중되었다. 이를 통해 '한국적 전통'이라는 민족주의적 수사 속에서 해방 이후 반세기가 지나도록 강고하게 존속되어온 호주제가 사실은 근대 일본의 이에 제도가 조선 가족제도에 삼투하는 과정에서 만들어진 식민지배의 부산물이었음을 밝혔다.[1] 해방 이후 법학자들이 금과옥조로 여겼던 한국의 '관습'이 사실은 식민지 시기에 일제의 관습 조사 과정에서 '만들어진 관습'이며, 이와 같은 개입으로 조선식 가부장적 가족제도와 일본의 이에 제도가 혼종된 호주제라는 제3의 산물이 탄생했다는 것이다.

이처럼 최근 연구들은 식민지 시기에 일어난 가족의 변화가 단순히 '전통에서 근대로'라는 단선적인 발전 경로를 지나온 것이 아님을 지적한다. 근대 권력이 '전통'의 구성 과정에 개입되었다는 점을 문제로 제기하는 것이다. 에릭 홉스봄(Eric Hobsbawm)이 지적했듯이, 우리가 흔히 오래된 전통이라고 생각하는 것은 실은 상당히 최근에 만들어졌으며, 특정한 공동체의 사회 통합이나 소속감을 구축하는 등의 정치적 의도 속에 조작되거나 통제되어왔다.[2] 근대사회로의 전환 과정에서 식민통치를 경험한 한국에서의 이러한 '전통'의 발명은 호주제 연구에서도 드러나듯이 식민주의의 문제와 깊숙이 연루되어 있다. 따라서 전통의 새로운 구축에 식민정치가 어떻게 개입되었는지를 이해하는 것은 한국의 근현대 가족의 변화, 나아가 이를 바탕으로 한 사회 변화를 조망하기 위해 반드시 필요한 과정이라고 할 수 있다.

그런데 식민지 시기 가족 '전통'의 구성 과정을 고찰하면서, 기존 연구가 지나치게 정책사적인 차원에서 일제 측의 의도나 실천에만 초점을 맞춰온 것은 아닌가라는 의문이 든다. 정책사적인 차원으로만 이해하면 식민지 시기의 역사 해석에서 일제의 영향력을 지나치게 과대평가하게 되고, 조선인들의 역할은 늘 수동적인 것에 머물게 된다. 식민지배의 효과라는 것이 지배

---

1   양현아, 『한국가족법 읽기』(창비, 2011); 홍양희·양현아, 「식민지 사법관료의 가족 '관습' 인식과 젠더 질서: 『관습조사보고서』의 호주권에 대한 인식을 중심으로」, ≪사회와 역사≫, 79호(2008).
2   에릭 홉스봄(Eric Hobsbawm) 외, 『만들어진 전통』, 박지향·장문석 옮김(휴머니스트, 2004), 「서장」 참조.

권력의 일방적인 힘의 행사로 발휘되는 것이 아니라 지배 권력과 피지배 민족 간의 상호관계 속에서, 나아가 피지배 민족 내부의 다양한 세력 사이의 경합 속에서 작동한다고 할 때 '전통'의 구성 과정은 정책사를 벗어나 좀 더 다면적으로 이해될 필요가 있다.

이러한 문제의식 속에서 이 장에서는 일제 당국과 조선인 간에, 그리고 조선인 내부에서도 서로 의견이 달라 논쟁거리가 되었던 '동성동본금혼제(同姓同本禁婚制)' 개정 문제를 주목해보고자 한다. 오랫동안 '한국의 가족 전통'으로서 자리매김되어온 '동성동본금혼제'가 식민지 시기에 어떤 과정을 거쳐 '전통'으로서 거듭나게 되었는지를 분석함으로써 '전통'의 구성에 녹아 있는 식민정치의 혼적을 들춰내고자 한다.

동성동본금혼제는 성과 본관이 같은 사람은 혈족으로 여겨 결혼을 금하는 제도를 말한다. 이 제도는 유교의 보급과 더불어 조선 시대를 거치며 점차 정착되어갔고, 해방 이후 '민법' 제정 당시 '전통'으로 인식되어 법조문으로 존치되었으나, '가족법' 개정 운동의 첨예한 쟁점으로 부상하면서 1999년 헌법 불합치 판정을 받아 폐지되었다. 부계 혈통주의 원칙을 무너뜨렸다는 점에서 '동성동본금혼법'의 폐지는 '호주제' 폐지와 더불어 한국 근현대 가족법 역사에서 일어난 가장 큰 변화 중 하나라고 할 수 있다.

그런데 호주제가 식민지배의 근대적 산물로 지적되어온 데 비해, 동성동본금혼제를 이해하는 데는 '전통론'의 위력이 여전히 막강하다. 동성동본금혼제는 적어도 조선 전기까지 거슬러 올라가는 역사적 산물로, 애초에 부계 혈통의 표식인 성(姓)이 존재하지 않았던 일본의 가족제도와는 근본적으로 다른[3] 조선의 '고유한'(물론 중국으로부터 유래하기는 했다) 전통임이 분명해 보이기 때

---

3   일본의 씨는 부계 혈통이 아닌 이에(家)의 표시이며, 사촌 남매간부터 혼인할 수 있다. '일본구민법' 제769조, '신민법' 제734조.

문이다. 이로 인해 동성동본금혼제가 '조선의 전통' 혹은 '미풍양속'으로 거듭나는 과정에서 식민지배가 어떤 효과나 영향을 미쳤는지는 거의 주목하지 못했다.

그러나 해방 이후 압축적 근대화라는 급격한 사회변동 속에서도 동성동본금혼제가 법률로 고착되고 유지될 수 있었던 것은 단순히 조선 이래의 유교적 유제(遺制)가 잔존한 것이라고 설명될 수 없다. 씨(氏)제도에 기반을 둔 일본식 가족제도를 조선에 이식하려는 동화주의적 식민정책 아래 동성동본금혼제가 일제에 의해 법 개정의 대상이 되었던 한편, 우생학(優生學)이 동성동본금혼제를 정당화하는 논리로 새롭게 나타났던 식민지하의 정황을 감안할 때, 식민주의와 민족주의, 근대주의가 교차했던 식민정치의 상황이 동성동본금혼제의 존치와 '전통'으로서의 자리매김에 어떻게 개입되어 있는지 주목해볼 필요가 있다.

이와 관련해 조선총독부의 '민사령' 개정 과정을 분석한 이승일은 조선총독부가 1930년대에 양자제도, 상속제도와 더불어 동성동본 금혼 제도의 폐지를 시도했으나, 중추원과 조선인들의 반발에 부딪혀 좌절되었다고 지적했다.[4] 그러나 법 개정 논의 과정을 간략히 서술하는 데 그치고 있기 때문에, 식민지 시기 동성동본금혼제가 어떤 정치적·사회적 맥락 속에서 나타나고 변형되어갔는지는 여전히 연구의 공백으로 남아 있다.

이 장에서는 동성동본금혼과 같이 명백히 '한국적 전통'으로 간주되는 가족구성 원리가 식민지배하에서 어떻게 취급되고 강화되어갔는가 하는 점을 식민지배 권력과 거기에 저항하거나 협력했던 조선인들과의 관계 속에서 고찰해보고자 한다. 특히 신분제가 철폐된 시대에 오히려 '양반 되기'를 자처하

---

4   이승일, 『조선총독부 법제정책: 일제의 식민통치와 조선민사령』(역사비평사, 2008), 254~278쪽.

며 신분 상승을 꿈꾸었던 하층 조선인들의 열망과 유림들의 반발, 가족 개혁을 통해 '근대화'를 이루고자 했던 조선인 엘리트들의 욕망, 그리고 제국의 문화를 이식시키려는 식민주의 동화 정책과 그에 대한 민족주의적 반발이 중첩되는 가운데 동성동본금혼제가 어떻게 새로운 의미를 획득하고 '미풍양속'이라는 '전통'으로 거듭나게 되었는지를 분석할 것이다.

2. 동성동본 금혼 관행의 형성과 일제하의 변형

1) 동성동본 금혼 관행의 형성

한국 사회에서 동성동본 금혼 관행이 본격적으로 형성되기 시작한 것은 16~17세기로 알려져 있다. 신라 시대와 고려 시대에는 왕실을 중심으로 근친혼과 동성혼이 성행했고, 고려 왕실에서는 심지어 이복형제 간의 혼인도 행해졌다. 그러나 고려 중기 이후 점차 동성혼을 금하기 시작해, 유학이 지배 이념으로 본격 수용된 조선 시대에는 동성불혼(同姓不婚) 관념이 강화되어 갔다. 조선왕조는 초기부터 동성혼을 엄금한 『대명률(大明律)』의 규정을 준용해 동성혼을 법적으로 금했다. 그러나 이러한 금제(禁制)에도 동성이본이 많았던 조선에서는 중국과 달리 동성불혼이 아닌 동성동본 금혼이 관행으로 자리잡아갔다. 17세기 이후에는 동성이본혼(同姓異本婚)에 대해서도 규제하려는 시도가 나타나 『속대전(續大典)』, 『대전회통(大典會通)』 등의 법전에는 이본(異本)이라 하더라도 동성자는 혼인할 수 없다고 규정하기에 이른다.[5]

---

5   김두헌, 『한국가족제도 연구』(서울대출판부, 1969); 이광규, 「동성동본금혼의 사적 고찰」, ≪한국문화인류학≫, 8호(1976); 박용숙, 「조선후기 향촌사회구조에 관한 연구: 18, 19세기 동성혼을 중심으로」, ≪역사와 세계≫, 8호(1984).

그러나 호적대장에 대한 최근 연구들에 따르면, 조선 후기까지도 동성이본간의 혼인은 빈번해 조선에서 규범으로 자리 잡은 것은 동성동본 금혼 원칙이었다. 동성동본 금혼 관념은 조선 후기에 이르면 양반층을 넘어 일반 상민들에게까지 유포되어갔지만, 19세기까지도 상민층 일부에서는 동성동본혼이 나타나고 있어 신분에 따른 인식과 관행의 차이가 있었다.[6]

더욱이 조선 후기까지도 무성층(無姓層)이 상당수 존재했다는 사실은 동성동본 금혼 관행이 하층에서는 실천하기 어려웠던 것임을 보여준다. 조선 후기까지도 호적에는 성만 있고 본관이 없거나 성은 없이 본관만 있거나 또는 성과 본관이 모두 없는 인구가 상당수 존재했다. 17세기 말까지 성관을 갖춘 인구 비율은 대략 50% 내외였던 것으로 알려져 있다. 조선 후기에 이르러서야 노비를 비롯해 하층에 속했던 무성층이 신분 상승을 이뤄내면서 급격하게 성관을 획득해갔던 것으로 보인다.[7]

흥미롭게도 오늘날처럼 전 인구가 최종적으로 성과 본을 획득하게 된 것은 일본에 의해 '민적법'이 도입되는 과정에서였다. 이 시기까지도 상당수 존재했던 무성층이 1909년 시행된 '민적법'에 의해 성과 본관을 갖게 되었다. 일부 지방에서는 민적 조사의 과정에서 성이 없는 사람에게 본인의 희망에 따라 호적 서기나 경찰이 마음대로 성을 지어주기도 했고, 노비의 경우에는 상전의 성과 본관을 따르기도 했다. 또 주변에 김씨, 이씨, 박씨가 많은 곳에서는 그러한 대성을 모방해 성을 정함으로써 종전의 대성 명문들의 인구수가 더욱 증가하게 되었다.[8]

---

6 이경희, 「17세기 울산지역 동성동본혼의 추이」(울산대학교 석사 학위논문, 2005); 박용숙, 「조선후기 향촌사회구조에 관한 연구: 18, 19세기 동성혼을 중심으로」.

7 김경란, 「조선후기 무성층의 존재형태와 성관획득 경로」, ≪사학연구≫, 110호(2013).

8 이수건, 『한국의 성씨와 족보』(서울대출판부, 2003), 334쪽; 미즈노 나오키(水野直樹) 외, 『생활 속의 식민지주의』, 정선태 옮김(산처럼, 2007), 48~51쪽.

이렇게 식민 초기까지도 모든 인구가 성과 본관을 갖고 있지 않았다는 사실은 동성동본 금혼이 모든 인구 층에서 실현되기는 어려운 관행이었음을 말해준다. 더욱이 족보 편찬이 활성화된 지금까지도 족보에 이름을 올리지 못한 인구가 상당하다는 사실을 생각해보면,[9] 동성동본 금혼이 조선 후기를 거치며 지배적인 관행으로 자리잡아갔지만, 하층을 중심으로 이런 관행과 무관하게 살았던 계층 또한 존재하고 있었음을 알 수 있다.

2) '조선민사령'하에서의 동성동본금혼제 고착

1912년 '조선민사령(朝鮮民事令)'을 제정한 조선총독부는 그 11조에서 "능력, 친족 상속에 관한 사항은 관습에 의거한다"라고 규정했다. 이렇게 가족에 관해 '관습주의'를 표방한 일제는 조선의 관습을 대대적으로 조사해 『관습조사보고서』를 간행했다. 그리고 조선 후기의 법전이던 『속대전』과 1905년 간행된 『형법대전』의 규정을 들어 동성동본 금혼을 '관습'으로 규정했다.[10] 이로써 동성동본 금혼 제도는 식민지하에서도 법적 효력을 갖게 되었으며, 신분이나 계층을 떠나 전 인구에게 동일하게 적용되는 보편적인 효력을 지니게 되었다.

이렇게 총독부가 법적으로 조선의 관습을 인정한다고 했지만, 점차 결혼, 이혼을 비롯한 몇몇 조항을 변경하기 시작했다. 그중 1923년 7월 1일부터 시행된 개정 '민사령'으로 도입된 법률혼주의는 동성동본금혼제와 관련해 주목할 필요가 있다. 혼인에 대해 부윤 또는 면장에게 신고해야만 혼인의 효력이 발생하는 법률혼제도의 도입으로 동성동본 금혼 관습의 법적 효력이 더욱

---

9 밀양 박씨는 현재 약 300만 명이 넘지만 이 중 족보에 오른 이들은 약 13%에 불과하다. 박홍갑, 『우리 성씨와 족보 이야기: 족보를 통해 본 한국인의 정체성』(산처럼, 2002), 193쪽.
10 정긍식 편역, 『관습조사보고서(개정판)』(한국법제연구원, 2000), 313~314쪽.

강화되었기 때문이다. 조선 시대에는 동성동본혼자가 관습적인 차별 대상이 되었다고 해도, 그 차별의 적용은 신분에 따라 다르게 나타났을 것이다. 하지만 혼인신고를 해야만 법적 부부로 인정받을 수 있고 낳은 자녀의 출생신고가 가능하도록 '혼인법'이 변경된 상황에서, 동성동본혼자는 신분을 불문하고 법적 차별의 대상이 되었다.

한편, 동성동본 금혼 제도가 이렇게 관습법으로 인정되었다고 해서, 조선시대 이래의 관습적인 금혼/허혼의 범위가 법적으로 그대로 이어졌다는 것을 의미하는 것은 아니다. 우선 동성동본이라 하더라도 성씨에 따라서는 시조가 다를 경우, 같은 혈족으로 인식하지 않아 통혼하는 경우가 조선 시대부터 관습상 인정되어왔으나, 식민지 시기에는 혼인신고를 위해 반드시 혈족이 다르다는 것을 증명할 서류가 요구되었다. 신분제의 붕괴로 모두가 양반을 자처하며 족보 편찬이 가열되는 상황이 연출되었지만,[11] 여전히 하층민 중에는 족보에 이름을 올리지 않은 경우도 많았다. 이 때문에 족보가 없는 상황에서 혈족이 다르다는 것을 증명하기란 쉬운 일이 아니었다. 예컨대 1926년 함흥지방법원 강릉지청에서 법무국장 마쓰데라 다케오(松寺竹雄) 앞으로 보낸 문서를 보면, 강릉 최씨의 경우 3파가 있고 각기 시조가 다르지만 그 시조가 다름을 구별할 수 있는 족보가 없는 상황에서 혼인하는 것을 인정해야 하는지 묻고 있다.[12] 또 김해 김씨의 경우도 가락국 수로왕을 시조로 하는 선김과 신라 경순왕을 시조로 하는 후김이 있어서 같은 김해 김씨라 해도 선김과 후김으로 다르다는 것이 판명될 때는 혼인이 가능했지만, 이를 위해서는 재판소에 혈족이 다르다는 것을 입증해야만 했다.[13] 이렇게 혈족의 다름을 입증하라는 요구는 전례 없었던 것으로, 이전에는 관습적으로 혼인이 용

---

11   당시 출판물 대부분이 족보였다.
12   「同姓同本ノ婚姻ニ關スル疑義ノ件」(1926.6.21), CJA0004039.
13   "가정고문", 《동아일보》, 1934.3.29; "가정고문", 《동아일보》, 1934.4.13.

인되어온 혈족이 다른 동성동본의 혼인도 절차적으로 쉽지 않게 되었음을 의미한다.

둘째, 동성동본이 아님에도 집안 사이의 역사적 내력이나 신화 등에 의해 혼인하지 않는 경우도 있었는데, 이러한 관습에는 법적 효력이 부여되지 않았다. 예컨대 고(高)·양(梁)·부(夫)의 3성은 제주 탐라국 삼성혈(三姓穴)에서 비롯되었고, 안동의 권(權)·김(金)·장(張) 3성은 태사공 자손이며, 또 가락국 수로왕이 일곱 아들 중 한 아들을 어머니의 성인 김해 허를 성으로 쓰게 했기에 김해 김씨와 김해 허씨는 뿌리가 같다는 등의 신화적 유래를 이유로 동성동본이 아닌데도 혼인하지 않는 경우가 있었다.[14] 이러한 종래의 관습은 '관습'으로 인정되지 않았기 때문에, 혼인을 하더라도 법률상 수속에는 전혀 문제가 없었다. 이러한 의미에서 종래의 관습적인 금혼과 허혼의 범위는 동성동본 금혼이라는 원칙으로 고착되어갔다고 할 수 있다.

법률혼 제도의 도입에 따라 동성동본 금혼 제도로 인해 법적 차별을 겪게 된 이들이 등장했다는 점도 새로운 현상이었다. 1920년대부터 동성동본 금혼제도에 의한 피해를 다룬 기사가 보도되고 있다. 이를테면 신문의 독자 상담란에는 혼인계를 제출했는데 동성동본이라 수리가 안 되니 어떻게 하면 될지를 묻는다거나, 연애하고 보니 동성동본인데 결혼할 수 있는지를 묻는 등 이 문제와 관련된 법적인 문의들이 등장하고 있다.[15] 또 혼인해 장남까지 낳은 마당에 혼인계를 내고 보니 같은 김해 김씨라고 인천부 호적계에서 수리를 거부한 사건 등이 보도되고 있다.[16] 1936년에는 남편이 동성동본인 아

---

14 "가정고문", 《동아일보》, 1934.4.13.
15 "질의응답", 《동아일보》, 1925.5.31; "여성상담", 《조선중앙일보》, 1933.8.30; "가정고문", 《동아일보》, 1934.3.25; "가정고문", 《동아일보》, 1934.3.29; "가정고문", 《동아일보》, 1934.4.13; "응접실", 《동아일보》, 1936.7.1; "답답한 사정", 《조선중앙일보》, 1936.7.16.
16 "동성동본의 결혼은 근친결혼이라고 불허", 《매일신보》, 1926.5.3.

| 표 3-1 | 동본동성 간의 혼인에 관한 조사표(1936)

(단위: 명)

	동본동성 간의 혼인계가 수리된 경우	본관을 정정해 이본으로 혼인계를 내어 인정받은 경우	사실상 아내를 서자의 모로 친족 입적시키거나 혹은 다른 방법으로 입적시킨 경우	혼인계를 냈지만 수리되지 않고, 단지 사실혼임을 부윤 또는 읍면장이 인정한 경우	합계
계	3,437	59	33	339	3,868

자료: 「同本同姓間ノ婚姻ニ關スル件(1936.4.22. 法務局長 → 高等法院長)」, 『慣習ニ關スル照會回答綴(1936~1938)』.

내와 혼인신고를 하지 못해 두 딸이 사생아 취급을 받게 되자, 가공의 인물을 만들어 마치 호적에서 누적된 것처럼 꾸며 입적 수속을 하고 일가를 창립한 후, 그 가공의 인물과 혼인신고를 한 후 두 딸을 그의 소생으로 신고하는 사건이 발생했다.[17]

이렇게 현실적인 문제가 서서히 나타나고 있었지만, 식민지 시기 동안에 동성동본 금혼 제도가 커다란 사회문제가 되었다고 말하기는 어렵다. 결혼 관행에서의 큰 변화로 동성동본혼 자체가 증가했다고 보기 어렵고, 법률혼주의가 시행되었음에도 혼인신고가 일반 사회에 정착되지 않았기 때문에, 사실혼으로 산다고 해도 크게 문제되는 경우가 드물었기 때문이다.[18] 이는 총독부 당국의 통계에서도 드러난다.

1936년 법무과에서 조사한 〈표 3-1〉의 통계를 보면, 당시 당국에서 파악

---

17 "동성동본결혼의 비극, 가공인물 창작 허위의 호적", ≪매일신보≫, 1936.5.24.
18 동성동본금혼제의 피해자들이 집단적으로 가시화되면서 사회문제로 비화되었던 것은 도시화와 이촌향도에 따른 전통적 통혼권의 해체와 연애결혼의 확산, 국민학교 의무교육 보급에 따른 혼인신고의 필요성 증대라는 사회변화, 그리고 무엇보다 이러한 피해자들의 조직화와 활동을 가능케 했던 사회운동이 존재했던 1960년대 이후였다. 소현숙, 「부계혈통주의와 '건전한' 국민 사이의 균열: 1950~70년대 동성동본금혼제를 둘러싼 법과 현실」, ≪법과 사회≫, 51호(2016), 209~213쪽.

한 동성동본혼 총수는 3868명이었다. 그중 총 3437명이 수리되었고, 나머지 431명은 본관을 정정해 혼인 신고를 하거나 아내를 서자의 모(母)로 입적시키는 등의 편법을 썼고, 혼인신고 없이 사실혼 상태로 남아 있는 경우도 있었다. 이 통계로만 보면, 동성동본 간의 혼인이 상당수 존재했던 것으로 보인다. 하지만 그 뒤에 이어지는 성씨별 통계를 보면, 김해 김씨가 2488명에 달하는데[19] 이는 시조가 달라, 동성동본처럼 보이더라도 혈족 관계가 없는 경우로 통혼이 인정되어왔기에 이 시기에 새로 나타난 동성동본혼이라 보기 어렵다.

　현실적인 문제도 일각에서 서서히 나타나고 있었지만, 총독부가 동성동본 금혼 제도를 법 개정의 대상으로 삼았던 것은 조선의 가족·친족 제도를 개편해 일본식 씨제도를 도입하겠다는 일제의 동화주의 정책[20]이 주된 원인이었던 것으로 보인다. '민사령' 11조의 개정을 둘러싸고 조선총독부와 일본 정부 사이에 입장 차이도 있었지만,[21] 천황을 종가로 해 그 아래에 신민인 가장이 이끄는 각 가(家)가 분가(分家)로서 존재한다고 보았던 일본의 국가·사회 체제의 입장에서 조선 사회의 강고한 종족 집단의 존재는 천황을 정점으로 한 식민지 통치 체제에 불안 요소로 인식되었다.[22] 이 때문에 부계의 혈연 집단을 유지하는 원리로서의 동성동본 금혼 제도는 관습법이라는 형식상의 한계로 인해 법적 안정성을 해칠 뿐만 아니라 일본식으로 식민지 가족제도를 변경한다는 지배 정책적 맥락에서도 중요한 관심의 대상이 되었다. 따라서

19　「同本同姓間ノ婚姻ニ關スル件(1936.4.22. 法務局長 → 高等法院長)」, 『慣習ニ關スル照會回答綴(1936~1938)』.

20　홍양희, 「조선총독부의 가족정책 연구: '家'제도와 가정 이데올로기를 중심으로」(한양대학교 박사 학위논문, 2004), 73~117쪽.

21　이승일, 『조선총독부 법제정책: 일제의 식민통치와 조선민사령』, 제2부, 2장 3장 참조.

22　미즈노 나오키(水野直樹), 『창씨 개명: 일본의 조선지배와 이름의 정치학』, 정선태 옮김(산처럼, 2008), 49쪽.

1920년대부터 1930년대에 걸쳐 나타나기 시작한 동성동본 금혼 제도에서 비롯된 문제들은 친족 및 상속법 개정을 추구했던 일제의 입장에서는 동성동본 금혼 제도의 폐지 혹은 완화를 통해 일본 '민법'의 적용이라는 정책으로 나아가는 데 좋은 구실이 될 수 있었다.

3. 일제의 동성동본 금혼 개정 시도와 조선인들의 반응

1) 혈족결혼에 대한 비판과 동성동본 금혼 제도 옹호

조선총독부가 일본과는 이질적이던 동성동본 금혼 제도를 문제 삼으며 변경을 고려하기 시작한 것은 1920년대부터였다. 1924년 11월 19일 고등법원 판례조사회는 "조선인의 친족 범위(혈족유복친) 외에는 자유롭게 혼인을 할 수 있도록 하는 것이 가하다"[23]라고 하여 금혼의 범위를 축소하고 동성동본 혼을 인정하는 방향으로 결의했다. 자료의 부족으로 이러한 결의가 실제로 얼마나 현실에 적용되었는지는 아직까지 명확히 규명되지 않았다.

결의의 수준에서 벗어나 조선총독부가 본격적으로 동성동본 금혼 문제를 법 개정 대상으로 검토하기 시작한 것은 1930년 무렵부터였다. 1930년 민사령개정안을 심의하기 위해 사법법규개정조사위원회를 설치한 조선총독부는 '은거법',[24] '서양자법', '상속법' 등과 더불어 동성동본 금혼 문제를 심의했

---

23 「裁判所及檢事局監督官會議諮問事項答申要項」, 『諸會議關係書類』(1937).
24 은거(隱居)는 일본 '민법'상의 제도로, 호주가 사망하지 않은 상태에서 호주 지위를 다른 사람에게 양도하는 것인데, 조선의 관습에서는 호주가 사망하지 않은 상태에서는 호주의 변경이 발행하지 않는다고 조사되고 있었다. 그러나 '조선민사령' 개정안은 일본 민법적 개념의 은거 제도를 제한적으로 수용해 조선에서 60세 이상 된 호주에 대해 은거 제도를 도입하려고 했다. 이승일, 『조선총독부 법제정책』, 260쪽.

다. 동성동본 혼인이 적지 않으며 이런 경향은 늘어갈 것이므로 어느 정도까지는 법률로 인정하자는 것이 심의의 이유였다.[25] 그러나 1932년 행정 정리의 일환으로 사법법규개정조사위원회가 폐지됨으로써 이러한 논의는 성과 없이 흐지부지되었다.[26]

당시 신문에는 동성동본혼 인정에 대해 법관과 민간에서 찬성하는 이들이 있었으나, 조선인 '고로(古老) 계급'과 중추원 다수가 반대하고 있다고 보도했다. 그들은 '상속법' 개정에는 이의를 제기하지 않았으나 '친족법'에 대해서는 조선 재래의 순풍양속을 파괴하고, 일본의 관습을 조선에 강제하는 듯 보여 민심에 좋지 않은 영향을 준다고 반대했다. 이에 따라 총독부 법무국은 형세를 관망하는 형국이었다.[27]

흥미롭게도 일제의 법 개정 시도는 조선인에게 혈족결혼에 대한 관심을 불러일으켰다. 당시 조선인들에게 동성동본 금혼의 개정 혹은 폐지는 근친결혼이라 할 수 있는 '혈족결혼(血族結婚)'의 도입으로 간주되었다. 1931년 6월 ≪삼천리≫에 실린 「형매 간 연애와 혈족결혼 불가론(兄妹間 戀愛와 血族結婚 否可論)」에는 이런 인식이 잘 나타나 있다.[28] "요즘 심의 중인 조선민법개정위원회의 손으로 친족법이 다소 변개(變改)될 듯하다는 데 그 결과로 혈족결혼에 대한 어느 정도의 자유가 인정되게 되리라 합니다. 여기에 따라서 우리가 문제 삼아 좋을 것이 즉 형매 간(兄妹間)의 연애문제일 것이외다. 오빠와 누이 사이에 연애를 하고 결혼하는 것이 과연 죄악일까 아닐까. 또는 모녀(母女)가 같은 한 사나이와 사랑하는 것도 죄악일까 자유일까. (삼대의 사랑) 모양으로"라

25 "동성동본의 결혼, 법률상으론 용허?", ≪동아일보≫, 1930.3.25; "동성동본의 결혼도 인허! 서양자제 등 채용", ≪동아일보≫, 1930.12.12.
26 이승일, 『조선총독부 법제정책』, 261~266쪽.
27 "민사령 개정은 부지하세월", ≪동아일보≫, 1932.6.29.
28 「兄妹間 戀愛와 血族結婚 否可論」, ≪삼천리≫ 16, 1931.6.

며 각계인사들의 의견을 묻고 있다.

답변에 나선 인사들은 대체로 혈족결혼에 대해 비판적인 태도를 보였으며, 쉽게 조선사회에 받아들여지지 않을 것으로 전망했다. 정칠성은 사회주의의 관점에서도 형매 간의 연애 등은 '난륜(亂倫)'이라며 도덕적으로 비판했고, 여성을 규방에 가두어온 결과 조선 사회에서는 규방을 출입할 수 있는 가까운 친척과 정을 통해 불의하게 낳은 아이를 죽이는 영아 살해 같은 난륜이 많다고 지적하면서, 혈족상혼이 사실상 낯선 것이 아님을 환기시켰다. 정칠성이 도덕적 비판에 중점을 두었다면, 의사였던 허영숙과 박창훈은 도덕적 관점뿐만 아니라 우생학적 관점에서 혈족결혼을 비판했다. 혈족결혼에 의해 낳은 자식은 몸집이 작고 선천적으로 기력이 약하며 저능아가 많기 때문에 거부되어야 한다는 것이다. 이를 근거로 박창훈은 "혈족결혼을 피해오던 조선 재래의 윤리, 도덕은 옳았던 것"이라며 동성동본 금혼 제도를 옹호하고 있다. 해방 이후 동성동본 금혼 제도의 존치에 중요한 역할을 한 법조인 김병로도 이 설문에 참여했는데, 의외로 그는 동성동본 금혼 제도를 '봉건적 가족제도'로 보아 자본주의적 경제제도하에서 "어느 정도까지 계속되어갈지 흥미 있는 일"이라고 답변해, 시대의 변화에 따라 동성동본 금혼 제도는 사라져갈 것으로 전망하고 있다.

이처럼 당대 조선인들에게 동성동본 금혼 제도의 개정 혹은 폐지는 '일본의 결혼 풍습'으로 알려진 '혈족결혼'의 도입으로 인식되었는데, 이러한 혈족결혼에 대해서는 우생학의 확산과 더불어 부정적 이미지가 형성되고 있었다. 조선 사회에서는 1920년대를 거치며 우생학과 유전학적 지식이 본격적으로 유포되기 시작했고, 1933년에는 조선우생협회가 결성되었다.[29] 이에

---

29 식민지 시기 우생학의 전파에 대해서는 소현숙, 「일제시기 출산통제담론 연구」, ≪역사와
현실≫, 38호(2000); 신영전, 「식민지 조선에서 우생운동의 전개와 성격」, ≪의사학≫, 15권
2호(2006); 장성근, 「1920~30년대 조선 우생주의자의 유전담론 연구」(성공회대학교 석사

따라 혈족결혼이 '나쁜 자녀'를 낳는다는 계몽적 기사들이 다수 보도되었다.[30] 결혼할 때 중요한 것은 가문이나 문벌 혹은 재산이 아니라 유전 관계인데,[31] 다행히 조선에서는 혈족결혼이 관습으로 피하도록 되어 있어 문제가 없다는 식의 담론이 유포되고 있었다.[32]

그러나 혈족결혼의 범위가 구체적으로 제시되었던 것은 아니었다. 이는 일본 쪽의 사정도 마찬가지였는데, 이미 1880년대부터 1900년대 초에 걸쳐 혈족결혼이 불임, 유산, 정신병 등 심신 장애의 원인이 된다는 비판이 있었지만, 그 범위가 어디까지인지, 실제로 심신 장애의 원인이 되는지에 대해서 명확한 과학적 근거가 제시되지 않았다. 그런데도 혈족결혼에 대한 기피는 사실에 기반을 두지 않은 채 통설이 되어 유포되어갔다.[33]

이러한 우생학적 지식은 민족적 우월감을 강화하며 동성동본 금혼 제도를 정당화하는 데 크게 기여했다. 일본이 혈족결혼을 한다는 논리는 혈족결혼이 장애의 원인이며, 조선은 일본에 비해 혈족결혼을 결단코 피하는 관습 때문에 장애가 적다는 논리로 이어졌다.[34] 이를 테면 1924년 5월 7일 ≪동아일보≫에 보도된 "조선의 맹자 급 아자의 총계"라는 기사는 시각장애인(盲者)

학위논문, 2015) 참고.

30 "가정위생에 대하야", ≪동아일보≫, 1928.1.6; "조혼 자식을 나흐려면(2)", ≪매일신보≫, 1930.7.6; "가튼 혈족간 결혼은 병신자녀를 나허", ≪매일신보≫, 1930.10.30.

31 "결혼할 때는 우선 컷 속보다 유전병 정신병이 가장 무서워", ≪동아일보≫, 1930.12.3.

32 "결혼 하는 데는 어떠한 조건을?", ≪동아일보≫, 1933.11.14.

33 혈족결혼에 대해서는 의사들 내에서도 의견이 엇갈렸다. 1910년 '혈족결혼'이 많은 것으로 알려진 일본 니가타현(新潟縣) 이와후네군(岩船郡) 미오모테촌(三面村) 내의 평가(平家) 낙인집락(落人集落)의 전승을 유지하고 있는 촌락을 조사한 도쿄 제국대학 의과대학 정신병학 교실의 의사 나카무라 조(中村讓)는 그 조사 결과를 기반으로 실제 혈족결혼의 폐해가 없다고 지적했다. 그러나 같은 시기 나카무라와 같이 근무한 도쿄 제국대학 의과대학 정신병학 교실의 의사 스기에(杉江董)는 혈족결혼으로 백치, 치우, 농아, 저능아가 많이 생긴다고 발언했다. 藤野豊, 『日本ファシズムト優生思想』(東京: かもがわ出版, 1998), pp.390~391.

34 "과학적으로 본 음주문제 (7) 양조업 전성시대", ≪동아일보≫, 1927.6.25; "결혼의학의 지식(8)", ≪동아일보≫, 1928.11.7; "응접실", ≪동아일보≫, 1929.11.15.

과 언어장애인(啞者)의 인구수를 보도했다. 즉 조선의 시각장애인은 8782명, 언어장애인은 6847명으로 시각장애인이 언어장애인보다 많은데, 인구 1만에 대한 비율을 살펴보면 일본 내지의 학령 아동 1만 명 중 시각장애인이 3.93, 언어장애인이 6.72인 데 비해 조선은 시각장애인은 1.16이 많고 언어장애인은 2.76이 적다면서 "일본과 비교하여 맹자가 많음은 위생 사상이 아직 유치함 때문이고 아자에 심한 차이가 있음은 조선에서는 혈족결혼을 절대로 피하는 관습이 있음과 일부는 아자의 조사가 가장 곤란하여 이 조사에 누설된 아자가 적지 않은 관계"라고 보도하고 있다.[35]

그러나 우생학상으로 볼 때 동성동본 금혼이 온전히 정당화될 수 있는 것은 아니었다. 부계 혈통만을 문제 삼는 동성동본 금혼은 우생학과 논리적으로 어긋나는 지점이 있었다. 이에 대해서는 일찍이 우생학을 신봉하고 1930년대 조선우생협회의 이사로 활동했던 의사 이갑수의 지적이 있었다. 그는 유전적인 악영향을 들어 혈족결혼을 피할 것을 제기하면서 "우리 조선에서는 아주 동성동본에 한해서는 서로 결혼치 아니하나 혈족적 관계가 있을지라도 동성동본이 아닌 때에는 결혼하는 일이 있다"라고 지적했다. 부계 혈통만 따지고 모계 혈통을 따지지 않기 때문에 동성동본 금혼을 피하더라도 혈족결혼에 이르는 경우가 발생한다는 점을 지적한 것이다.[36] 그러나 1930년대 '통속적' 우생학이 일반인들에게 광범하게 유포되는 가운데 우생학으로 동성동본 금혼을 정당화하는 시각은 점차 강화되어갔다.[37] 조선 시대 동성동본혼이 '비례(非禮)' 즉 예가 아니라는 점에서 비판의 대상이 되었고, 동성동본 금혼

---

35   "조선맹아총수", ≪동아일보≫, 1924.5.7. 이와 유사하게 일본과 비교하며 혈족결혼의 관련성을 언급한 기사로는 "아자 칠천명 평북경기 최다 맹인보다 대개 단명", ≪동아일보≫, 1927.3.15.
36   "가정위생에 대하야", ≪동아일보≫, 1928.1.6.
37   심지어 의사들 사이에서도 동성동본 금혼은 우생학적으로 지지되어야 할 과학적인 관습으로 인식되었다. 「座談會記」, ≪우생≫, 1호(1934).

은 풍교의 교화상 필요하다는 이유에서 정당화되었다면,[38] 1920~1930년대 동성동본 금혼은 '미풍양속'이라는 이유뿐만 아니라 우생학이라는 근대적 과학지식의 견지에서도 필요한 것으로 정당화됨으로써 새로운 의미를 획득하게 되었다.

2) 가족개혁론과 동성동본금혼제에 대한 비판

우생학적 옹호에도 불구하고 조선인 내부에서 동성동본금혼제의 폐지를 근친결혼의 허용으로 인식하는 시선만 있었던 것은 아니다. 1910년대 후반부터 나타났던 신지식인층의 가족개혁론의 연장선상에서 일제의 '가족법' 개정 시도가 긍정적으로 인식되기도 했다. 이를테면 변호사 이인은 1931년 새롭게 개정될 예정인 법률들을 소개하면서 서양자법(婿養子法), 은거법(隱居法), 동성동본혼 인정을 긍정적으로 평가했다.[39] 1933년 ≪동아일보≫ 역시 사설을 통해 동성동본금혼제 폐지를 문벌주의 타파라는 가족개혁의 입장에서 긍정적으로 보고, 개정의 필요성을 제기했다. 즉, "당국이 조선의 관습을 존중한다 하는 점에 있어서는 무조건으로 찬의를 표하고 싶으나", 양자(養子), 입부제도(入夫制度)와 함께 동성동본 금혼 제도는 개정이 필요하다는 것이다. 동성동본인이 100만 명에 달하는 종중이 많은 조선에서 이를 고집하는 것은 우생학적으로도 효과가 없으며, 오히려 "문벌관념, 가족주의"만 팽창시킬 뿐이라면서 "근친을 제한 원격한 친척간의 결혼을 허하는 정도로 완화"해야 한다고 주장하고 있다.[40] 문벌주의와 가족주의에 기반을 둔 조선적 가족제도에 대

---

38 李睟光, 『芝峯類說』 卷17, 「人事部 婚娶條」; 丁若鏞, 『與猶堂全書』, 補遺 雜纂 編 雜著, 『餛飩錄』, 「同姓不婚條」; 박용숙, 「조선후기 향촌사회구조에 관한 연구: 18, 19세기 동성혼을 중심으로」, ≪역사와 세계≫, 8호(1984), 133쪽 재인용.

39 李仁, "新法律漫評", ≪新民≫, 新年號(1931), 40~42쪽.

한 비판의식은 이를 떠받치는 제도로서 동성동본금혼제에 대한 개혁 요구로 이어지고 있음을 알 수 있다.

그러나 이러한 지식인층의 인식이 대중에게 얼마나 지지를 얻을 수 있었는지는 의문이다. 법적으로 신분제는 철폐되었지만, 일상에서는 신분적 차별이 여전했던 사회 분위기 속에 양반이 되고자 하는 일반인들의 바람은 더 커져갔던 것으로 보인다. 20세기 초반의 '족보 편찬의 붐'으로 상징되는[41] 이러한 사회 분위기는 신지식인층에 의해 봉건적이고 낡은 것으로 비판되었지만, 민간에서는 신분 차별에서 벗어나 양반이 되고자 하는 열망 속에서 족보 편찬과 문중 활동이 더욱 활발해졌다.[42] 더욱이 일제가 보수층을 회유하기 위해 만든 경학원(經學院)을 중심으로 유림들이 집결하면서, 가족개혁 문제에 보수파의 목소리가 조직적으로 결집되기 시작한 것도 주목된다. 앞서 언급한 이인의 글에 대한 유림들의 집단적 반발은 이를 상징적으로 보여준다. 이인은 동성동본금혼제를 언급하면서 "때에 맞지 않은 구관(舊慣)과 공구(孔仇)의 편견협사(偏見狹思)로 안출된 예법강륜(禮法綱倫)을 본받는 사회가 얼마나 불합리 부자연한 생활을 하게 되며 그 독소가 얼마나 사회에 유포되었음을 생각할 때 그 죄악이 중대함을 말하지 아니할 수 없으며 전율치 아니할 수 없다"고 강한 어조로 유교문화를 비판했다.[43] 그러자 경학원을 중심으로 한 전국의 유림들은 공자를 모욕했다며 이인에 대해 성토대회와 법적 고소, 조선총독에게 건의서 제출 등으로 맞서며 집단적으로 반발했다.[44] 당시 유림 측의 반발이 법 개정 문제 자체에 초점을 맞췄던 것은 아니지만, 이 사건은 후에 있

---

40 "(사설) 민사령 개정에 제하야", ≪동아일보≫, 1933.2.17.

41 이정화, 「일제시대 간행족보의 연구」(성균관대학교 석사 학위논문, 2000).

42 손병규, 「20세기 전반의 족보편찬 붐이 말하는 것」, ≪사림≫, 47호(2014).

43 李仁, "新法律漫評", 40~42쪽.

44 권희영, 「일제시기 조선의 유학담론-공자명예훼손사건을 중심으로」, ≪한국민족운동사연구≫, 63호(2010), 135~136쪽.

을 가족법 개정 문제를 둘러싼 보수와 혁신 세력의 지난한 싸움의 전초전처럼 보인다.

이러한 분위기 속에서 동성동본 금혼에 대한 비판은 이를테면 조혼에 대한 비판처럼 가족개혁의 상징적 요구 사항으로 대중화하는 데까지 나아가지는 못했다. 양반이 되기를 꿈꾸었던 일반인들의 열망, 유교적 규범을 유지하고자 했던 유림들의 반발, 그리고 무엇보다 조혼이 문명론적 입장에서 분명한 비판의 대상이 되었던 데 반해, 동성동본 금혼이 우생학이라는 근대 지식을 통해 정당화되던 상황에 신지식층의 동성동본금혼 개혁론은 대중적 지지를 확보하기 어려웠던 것으로 보인다.

4. 동성동본금혼제의 '민족적 전통화'와 협력의 역설

'민사령' 개정이 다시 본격적으로 논의된 것은 1930년대 후반에 이르러서였다. 1936년부터 언론에서는 중추원에서 인정만 한다면 재판소에서는 동성동본의 결혼 수속을 접수할 것이라고 보도되고 있었다.[45] 1937년 조선총독부는 사법법규개정조사위원회를 설치하고 '친족상속법' 개정을 준비해나갔다. 당시 총독부는 조선인의 친족 및 상속에 관해서도 일본 '민법'의 의용을 원칙으로 하고, 일본의 제도를 의용하기 어려운 사항에 관해 특례 조항을 설치하는 쪽으로 성문화한다는 정책을 확립하고 있었다.[46]

이에 따라 1937년 조선총독부는 각 지방법원장들에게 조선의 친족 및 상속에 관해 자문을 구했다.[47] "조선인의 친족 상속에 관한 관습을 성문화하는

45 　"호적상 엄금되는 동성동본혼, 재래의 관습타파 호적에도 의젓한 부부로", 《동아일보》, 1936.4.22; "동성동본의 결혼이 해마다 늘어간다", 《매일신보》, 1936.4.22.
46 　이승일, 『조선총독부 법제정책』, 268~269쪽.

경우에 민법에 의하게 한다면 어떤 정도로 특례를 둘 것인가"라고 질문했다. 재판장들 중에는 일본 '민법'의 의용을 강하게 주장하는 입장과 조선의 관습을 성문화하는 입장, 그리고 그 절충안으로 일본 '민법'의 의용을 원칙으로 하면서도 두세 가지 정도 특례로서 관습에 따르자는 입장 등이 제시되었다.

그렇다면 동성동본금혼제는 특례 사항에 포함되어야 할 것인가? 자문에 응한 14명의 법원장 중 동성동본금혼제에 대해서는 12명이 언급했는데, 특례를 두어 성문화하자는 의견은 1명뿐이었고, 7명은 일본의 '민법' 조항을 그대로 적용하자는 의견, 나머지 4명은 관습을 인정하되 시대의 변화에 맞춰 그 범위를 축소하자는 의견을 제시했다. 전반적으로 동성동본금혼제를 폐지하고 일본 '민법'을 적용하거나 범위를 축소하자는 의견이 많았다는 것을 알수 있다.

특례를 두자는 입장을 피력한 노무라 조타로(野村調太郎) 평양복심법원장은 그 이유를 특별히 설명하지 않아, 무엇 때문에 그러한 입장을 취했는지는 명확히 알 수 없다. 다만 후에 그가 쓴 조선가족제도의 변화에 관한 글에서 동성동본 금혼에 대해 비판적 태도를 견지하고 있었던 것으로 미루어,[48] 동성동본 금혼을 폐지할 경우 당면하게 될 조선인들의 반발을 고려한 것으로 추측된다. 금혼 범위의 축소를 주장한 마쓰시타 나오히데(松下直英) 청진지방법원장 역시 조선인의 반발을 고려해 혼인과 같은 문제에 대해 "민족적 정서를 도외시하기에는 반드시 화근을 초래할 것이므로" 시대의 요구를 인정하면서 직계 혈족 및 6친등(親等) 내 방계 혈족의 혼인을 금지할 것을 주장했다. 한편 특례의 설정을 반대하고 일본 '민법'의 적용을 주장한 하라 마사카나에(原正鼎)

---

47 이하 자문 사항의 내용은「裁判所及檢事局監督官會議諮問事項答申書」, 『諸會議關係書類』(1937) 참조.

48 野村調太郎,「朝鮮家族制度の推移」, ≪朝鮮≫, 296號(1940)[홍양희,「조선총독부 판사, 노무라 초타로(野村調太郎)의 조선사회 인식」, ≪가족법연구≫, 23권 1호(2009), 81쪽 재인용].

대구복심법원장은 "내선법제의 통일주의로 관철하여 특수 관습을 모두 폐기함으로써 국가 백년의 대계가 된다"고 전제하고 동성동본 금혼 제도를 유지할 합리적 근거가 없고, 조선인 중에 이를 고수하려는 사람은 일부 소수에 불과하며 서민들은 관습에 집착하지 않고 오히려 무관심하다고 주장했다.[49] 대체로 동성동본 금혼이 시대의 변화에 맞지 않은 제도일 뿐만 아니라 중류 이하의 민중은 이를 고수하지 않으므로 이 제도 때문에 불필요하게 사실혼과 사생아를 양산하고 있다는 비판적 관점이 드러난다.

조선총독부 법무국은 같은 해 6월 중추원에 이 문제에 대해 자문했다. 이 제도를 인정해야 하는지, 금혼의 범위를 축소하는 것은 어떤지를 물었다.[50] 당시 중추원에는 명망과 학식이 있는 지역 엘리트들이 다수 포진해 있었다. 조선총독부는 조선인의 '민의(民意)'가 정치에 반영된다는 인상을 주고자 1920~1930년대에 걸쳐 면회, 읍회, 도(협의)회, 부회 등의 의원이나 금융조합, 산업조합 출신 등 지역적 기반이 있는 인사를 참의로 대폭 발탁했다.[51] 따라서 이 시기 중추원 참의의 답신서 내용을 보면, 이 문제에 대한 지역 지배 엘리트들의 견해를 확인할 수 있다. 답신서를 제출한 63명 중 대다수는 동성동본 금혼을 '미풍양속' 혹은 오랜 관습으로 보고 이를 타파하는 것은 시기상조이자, 시급히 처리할 일이 아니라는 이유로, 폐지를 반대하거나 축소하는 데 그칠 것을 주장했다. 반면에 시대착오적 '누습'이며 현실적인 불편을 야기하는 제도이므로 폐지하거나 축소할 필요가 있다고 적극적으로 주장한 이는 14명에 불과했다.[52]

---

49 「裁判所及檢事局監督官會議諮問事項答申書」, 『諸會議關係書類』(1937).

50 朝鮮總督府 中樞院, 『第18回 中樞院會議參議答申書』(1937).

51 이승렬, 「1930년대 중추원 주임참의의 지역사회활동과 식민지배체제」, ≪역사문제연구≫, 22호(2009), 188~194쪽.

52 朝鮮總督府 中樞院, 『第18回 中樞院會議參議答申書』(1937).

답변 내용을 보면 흥미롭게도 일본이나 미국에서 유학하며 근대적인 교육을 받은 새로운 세대와 한학을 공부한 세대 사이에 의견 차이가 분명하게 나타나지 않는다는 점이다. 미풍양속으로서 고수해야 한다고 주장한 이들 중에는 미국 콜로라도 대학 출신 김윤창, 일본 와세다 대학 출신 김영진, 관립일어학교 출신 박용구, 일본 메이지 대학 출신 현준호, 경성전수학교 출신 유태설 등 근대 교육을 받은 사람들도 포함되어 있었다. 또 축소나 폐지를 주장한 이들 중에는 한학 교육만 받은 이겸제, 서병조 등이 포함되어 있다.

동성동본금혼제의 인정을 요구한 이들의 근거는 다음과 같다. 첫째, "세계 유일의 미풍" 혹은 "조선 유일의 미풍양속"으로, 이를 폐지할 경우 사회 풍교상 폐해가 일어날 것이다. 둘째, 종전대로 금혼제를 유지한다고 해도 결혼 범위가 협소해 불편한 일이 일어나지는 않을 것이다. 셋째, 역사가 오래되었고 상층부터 하층까지 종교적인 관념처럼 인식되어 법적으로 상혼을 실행한다고 해도 민중 다수는 이를 실행하지 않을 것이다. 넷째, 동성동본혼을 허락하면 우생학상 폐해가 일어날 것이다. 일본에서도 혈족결혼을 점차 기피하고 있으므로 동성동본 금혼을 유지하는 것이 좋다 등으로 요약된다. 사회 풍교상 폐해로는 남녀의 풍기문란과 그로 인해 발생할 동족 내의 질서 붕괴를 들었다. 이를테면 박철희는 법이 동성동본혼을 허용한다면 "불량 남녀 사이에 악용"될 것이라고 우려했고, 허혼은 "조고모의 열에 있는 자와 결혼해 조모라 존칭할 여자가 손자와 부부가 되고 남편은 방계 숙모를 자부라고 부르고 숙모는 조카를 아비라 부르며"와 같이 동성동본혼의 허용이 동족 집단 내의 소목(昭穆) 질서를 교란시킬 것을 염려했다. 한편, 성원경은 조선의 동성동본 결혼의 금지는 "강고한 가족 관념의 표현"으로, 이와 같은 가족 관념은 "일민족의 국민단결력의 근원을 삼을 만한 것인 고로 이를 변경하는 것은 적당하지 않다"라고 주장했다. 이런 주장에서 신분제의 유지와 보존을 위해 기능한 양반적 관습 동성동본금혼제가 조선 민족의 관습이자 '미풍양속'으로, 나아가 '민족단결력의 근원'으로 적극 의미화되는 점이 주목된다.

이와 달리 동성동본 금혼의 폐지 혹은 점진적 축소를 피력한 이들은 동성동본금혼제가 '미풍양속'이 아닌 '누습(陋習)'이라고 규정했다. 첫째, 동성동본 금혼은 오늘날과 같이 민족 구성이 복잡해진 상황에 적합하지 않은 '시대착오'이자 '비문명' 혹은 '원시문화의 잔재'이다. 둘째, 민족의 발전으로 동성동본이 수천 명에 이르는 오늘날 동성동본이라 해도 동족이 아닌 자가 많다. 셋째, 유전학적 문제를 고려한다면 남계와 여계를 따지지 말아야 하지만, 오직 남계만 따지는 것은 과학적이지 않다. 넷째, 일부 양반계급에서만 엄수해온 관습에 지나지 않는다. 하급 사회에서는 혈연의 존부가 부정확한 경우가 많아 동성동본혼을 하는 자가 많고 앞으로 증가할 것인데, 이 제도로 인해 실제 부부생활을 하면서도 내연 관계에 머물러 폐해가 발생하고 있다. 다섯째, 다른 나라와 비교해봐도 이 원칙을 지속할 필요가 없으며, 심지어 이 제도가 유래한 중국에서도 이미 이 제도는 개정되었다[53] 등을 그 이유로 제시했다. 문명론의 입장에서 시대착오성을 강조하고, 민족적인 것이 아니라 양반계급이라는 특정 계급의 문화일 뿐이라고 해석함으로써 민족적 전통화에 제동을 걸고 있음을 알 수 있다.

소수에 불과했지만, 중추원의 폐지론자들이 내세웠던 이런 근거들은 당대 재조 일본인이 지적한 비판론의 근거와 일맥상통한다. 후지무라 사토루(藤村曉)는 "조선인은 성의 종류가 겨우 250종 정도에 지나지 않아 김(金)·이(李)·박(朴), 최(崔)·정(鄭)·조(趙)·강(姜) 등으로 불리는 이가 수백만인데, 상대방의 선조를 확인한 후가 아니라면 달콤한 속삭임도 섞지 못하게 한다. 설령 연애관계에 빠지더라도 동성동본이면 결실을 맺지 못한다"고 하면서, 이런 관습

---

53 중화민국은 구관습을 지속하는 것은 국가 발전상 해롭다는 견지에서 동성불혼을 동종불혼으로 개정했다. 1930년 제정된 '민법' 친족 편에서는 금혼 범위를 축소해 9촌등부터는 상호 혼인이 용인되었다.

은 "내지인의 사고방식으로는 매우 우스꽝스러운 이야기"라며 일본인으로서 이해할 수 없다는 감상을 드러냈다. 그리고 일본 '민법'에서는 친족 통혼 금지의 범위를 혈족은 직계혈족과 3친등 이내의 방계혈족, 인족은 직계혈족만을 제한하고 "다수의 문명 제국" 역시 직계혈족과 인족 및 형제자매 간의 혼인을 금지하거나 직계혈족, 직계인족 및 3친등 내의 방계혈족 방계인족의 금혼을 제정하고 있다며, 일본 '민법'을 '문명'한 것으로 위치시킴으로써 동성동본 금혼이 문명이 아니라는 점을 암시했다. 이어서 동성 상혼을 허용하게 되면 조선의 가족제도가 근본적으로 파괴될 것인데, 이는 이 제도의 유지로 이익을 얻는 양반계급이 고수하고 강제했던 것으로 그에 억압되었던 이들에게는 속박일 뿐이다, 양반계급이 아닌 일반인 사이에서는 동성 간 상혼이 암묵리에 용인되어왔다면서, 자본주의의 완성을 위해서는 봉건적 가족제도를 파괴해 일반 민중을 노동시장에 동원해야 한다고 주장하고 있다.[54] 일본인 법관들이 가족 관습의 내선일체 입장에서 동성동본금혼제를 비판했다면, 상공인으로 추측되는 후지무라는 동성동본 금혼 관습을 깨드리는 것이야말로 봉건적인 가족제도의 구속으로부터 일반 민중을 해방시키는 것이며, 이를 통해 자본주의 사회로 이행해야 한다고 촉구하고 있다.

이상에서 동성동본 금혼 관습을 미풍양속으로서 민족적인 차원의 것으로 자리매김하는 논리에 대항해, 비판론은 조선인, 일본인을 막론하고 이를 특정계급의 이해에 기반을 둔 제한적인 관습이며 과학적으로 근거가 없고 현실적으로도 이익이 없는 것이라 주장하고 있음을 알 수 있다. 존치론자들이 양반의 문화였던 동성동본금혼제를 조선적인 것, 상층에서 하층에 이르기까지 공유하는 관습으로 해석하며 이 제도를 매개로 조선이라는 '상상된 공동체'를 만들어내고자 했다면, 이에 맞서 폐지 혹은 축소론자들은 그것이 특권계급의

---

54   藤村曉, 「朝鮮の同姓禁婚制」, ≪朝鮮及滿洲≫, 1937.7.

문화에 지나지 않음을 강조하면서 '조선적인 것'임을 부정하고 있었다.

이렇듯 일제의 법 개정의 대상이 됨으로써, 동성동본 금혼 관습은 '조선 대 일본', '미풍양속 대 누습', '과학적 대 비과학적', '민족적 대 양반적'이라는 대립선에 놓인 논쟁점으로 부상했다. 그러나 미풍양속론이 대다수를 차지했던 중추원에서의 자문 내용에 이어 ≪매일신보≫에서 실시한 일반 여론조사에서도 동성동본 금혼은 '좋은 풍습'으로 고칠 필요가 없다는 주장이 대세를 이룬 데서도 알 수 있듯이[55], 동성동본 금혼을 '미풍양속'으로 보는 시각이 조선인 내에서도 지배적이었다.

이렇게 보면, 개정 시도의 주체가 일본이었다는 점에서 동성동본 금혼이 민족주의적 반감의 근거가 되고, 가족 개혁의 일환으로서 동성동본금혼제를 성찰하는 시각이 설 자리를 상실해갔던 것이 아닌가 한다. 1930년대 초반, 문벌주의 타파라는 가족 개혁의 관점에서 동성동본금혼제 폐지에 긍정적인 견해를 피력했던 ≪동아일보≫의 논조가 1937년의 법 개정 논의 과정에서 부정적으로 변화한 것은 이를 단적으로 보여준다. 1937년 10월 28일 자 ≪동아일보≫는 "동성상혼의 가부"라는 사설에서 사법법규개정조사위원회에서 개정을 논의 중이던 서양자 제도와 동성동본의 상혼, 여자상속제의 확충에 대해 의견을 피력했는데, 그중 여성의 상속권을 인정하는 것은 "사회적 필요"이며, "사회적 정의가 요청하는 바"라고 긍정하면서도, 동성동본 상혼에 대해서는 "조선의 씨족제도의 근간을 흔들어놓는 대문제"로서 "진보"가 아니라면서 멘델의 법칙에 따르면 근족 상혼은 체질을 저하시키고 악질을 유전시킬 위험이 있다고 지적하고, 조선의 이성 상혼(異姓相婚)은 "근대적인 과학에 비추어볼 때 가장 좋은 것"이니 "모처럼 진보된 것을 구태여 후퇴시킬 필요

---

55 "관습법 개정에 대한 동본동성 상혼 시비", ≪매일신보≫, 1937.6.11. 양주삼, 권동진, 의사 임명재 등이 답했다.

가 없다"라고 하여 우생학적 관점에서 분명히 반대하고 있다.[56] 우생학적 근거로 강하게 어필했지만, 핵심은 조선의 씨족제도로 표현된 가족제도의 근간을 일본이 흔드는 것에 대한 반발임을 알 수 있다.

결국 이와 같은 조선인들의 반발 속에 1939년 '민사령' 개정을 통해 조선총독부는 서양자와 창씨개명을 관철시키는 한편, '조선의 관습이라도 순풍미속(醇風美俗)이면 인정한다는 식의 자세'를 보여주기 위해 동성동본 금혼의 존치를 결정한 것으로 보인다. 서양자와 창씨개명처럼 이질적인 제도를 조선에 무리하게 적용함으로써 여론이 악화되는 데 대한 안전판으로 동성동본 금혼을 미풍양속으로 인정해 존중하는 제스처를 취하고자 했던 것이다.

이와 같은 정치적 계산에는 일본에 협력하는 조선인 단체들의 입김도 한몫했다. 1938년 미나미 지로(南次郞) 총독을 회견한 대동민우회의 안준, 차재정, 이승원, 이각종 등은 내선일체를 실현하는 과정에서 내선일원화가 "일본의 문화적 정복, 조선민족의 소멸을 의미함과 같은 오해를 초치(招致)하지 않기를 요한다. 즉 풍속 습관 기타 생활양식상 차이 조건은 전체적 국민생활의 향상발전을 저해치 않는 한 그 단일화를 강요치 말고 조선의 특수문화, 순풍미속(醇風美俗)으로 국민생활에 비익(裨益)될 만한 것은 도리어 차를 앙양 발전시킬 것"을 요구하고 있다.[57] 이처럼 동화주의를 기반으로 일제의 무리한 조선가족제도의 변경 과정에서 민족주의적 반발에 대한 완충제로서 동성동본 금혼에 '미풍양속'으로서 의미가 부여되고, 일제 협력자가 민중의 반발을 우려해 문화적 민족주의의 대변자로서 역할을 하는 역설적 상황이 나타났던 것이다. 그리고 이를 통해 동성동본 금혼은 '민족적 전통'이자 '원형적 가족 이념'으로서의 지위를 획득했다.

---

56   "(사설) 동성상혼의 가부", 《동아일보》, 1937.10.28.
57   「總督會見記」, 《삼천리》, 10권 5호(1938.5)

5. 맺음말

식민지 시기 동성동본 금혼을 둘러싼 일제의 법 개정 시도와 그에 대한 조선인들과 일본인들의 인식을 살펴보았다. 1912년 일제가 도입한 '민사령'에 의해 조선의 친족과 상속에 관한 사항은 관습에 의거하게 되었다. 이로써 조선 이래 동성동본금혼 관습은 근대적 법체계하에서 신분에 관계없이 모두에게 적용되는 '관습'으로서 법적 효력을 갖게 되었다. 더욱이 1923년 법률혼주의의 도입으로 동성동본혼자는 혼인신고와 자녀의 출생신고를 할 수 없게 됨으로써 실제적인 법적 차별의 대상이 되었다.

조선총독부는 사실혼과 사생자의 발생이라는 법적 혼란을 명분으로 1920년대부터 동성동본금혼제의 변경을 추진하기 시작했다. 나아가 1930년대에는 직접적인 법 개정의 대상으로 삼기 시작했다. 법적 혼란이라는 현실적인 문제도 있었지만, 조선총독부의 법 개정 시도는 기본적으로 조선의 가족·친족 제도를 개편해 일본식 씨제도를 도입한다는 일제의 동화주의 정책에 기반을 둔 것이었다. 조선총독부 측의 이러한 시도는 가족 개혁을 주창했던 일부 조선인 신지식층에 의해 긍정적으로 받아들여졌다. 그러나 다수의 조선인들은 이와 같은 법 개정을 근친혼이라 할 일본식 '혈족결혼'의 도입으로 받아들여 반발했다. 우생학적·유전학적 지식이 대중적으로 계몽되었던 1920년대 이후 '혈족결혼이 열성 자손을 낳는다'는 인식이 '과학적 상식'으로 유포되면서, 혈족결혼을 피했던 조선의 동성동본 금혼 관습이 도덕적인 면뿐만 아니라 과학적 면에서도 일본의 관습보다 우월한 것으로 정당화되었다. 조선 시대 동성동본혼이 '비례(非禮)' 즉 예가 아니라는 점에서 비판되고, 금혼은 풍교의 교화상 필요하다는 도덕적 차원에서 정당화되었다면, 1920~1930년대 동성동본 금혼은 우생학이라는 근대적 문명 담론의 활용 속에서 '미풍양속'이자 일본적 혈족결혼에 대비되는 우월한 '민족적 전통'으로 거듭난 것이다.

이런 미풍양속론은 1937년 조선총독부가 법 개정을 본격적으로 심의하면서 더욱 강화되었다. 중추원 관리 대다수는 동성동본금혼제를 "조선 유일의 미풍양속"으로 자리매김해 사회 풍교상의 폐해, 우생학적 폐해 등을 근거로 존치를 옹호했다. 그러나 일각에서는 동성동본금혼제를 미풍양속이 아닌 '누습'으로 보고 시대착오성과 현실적 폐해를 강조하며 폐지 혹은 축소를 주장하는 이들도 있었다. 전자가 양반 계층뿐만 아니라 하층에게까지도 신앙화한 '민족적 전통'으로서 동성동본 금혼 관습의 의미를 강조했다면, 후자는 소수의 특권 지배층인 양반층의 문화에 불과할 뿐만 아니라 부계 혈통만 강조해 우생학적인 근거도 충분하지 않다는 점을 강조하면서 '민족적 전통화'에 이의를 제기했다. 이처럼 일제의 법 개정 대상이 됨으로써 동성동본 금혼 관습은 조선 대 일본, 미풍양속 대 누습, 과학적 대 비과학적, 민족적 대 양반적이라는 대립선에 놓인 논쟁점으로 부상했다. 법 개정의 주체가 일본이었다는 점에서 동성동본 금혼은 조선적 가족제도의 상징이자 민족주의적 반감의 근거지가 되었다. 이로써 가족 개혁의 일환으로 이를 성찰하고자 했던 소수의 시각은 그 동력을 상실해갔던 것으로 보인다.

조선총독부는 1939년 조선인들의 반발에도 서양자와 창씨개명 등 조선과는 이질적인 일본식 가족제도를 조선에 강제로 이식하고자 했다. 이 과정에서 조선인들의 반발을 무마하기 위해 '조선의 관습이라도 순풍미속이면 인정한다는 식의 자세'를 보여 내선일체가 '일본의 문화적 정복' 혹은 '조선 민족의 소멸' 등으로 비치는 것을 방지하기 위해 동성동본 금혼의 존치를 결정했다. 이는 동성동본 금혼이 민족주의적 반발에 대한 완충제가 되어, 일제 협력자들이 문화적 민족주의의 대변자로 역할을 하는 역설 속에 동성동본금혼제가 조선인뿐만 아니라 조선총독부에 의해서도 이른바 '미풍양속'으로 최종 승인되기에 이르렀음을 보여준다. 이로써 동성동본금혼제는 역사상이 소거된 채 조선 민족의 원형적 가족 이념이라는 지위를 획득하게 되었다.

해방 이후 신민법 제정 과정에서 동성동본 금혼은 '일제도 감히 건드릴 수 없었던 전통'으로 자리매김 되었다. 나아가 '선조의 계통이 분명치 아니한 경우에는 이를 따르지 않는다'는 단서 조항마저 삭제됨으로써 식민지 시기보다 더 완고한 제도로 성문화되었다. 이처럼 '민족적 전통'으로서의 동성동본금혼제의 출현에는 조선 시대 이래의 종법주의적 가부장제의 역사뿐만 아니라 식민주의와 민족주의, 근대주의가 교차했던 일제하 식민정치의 흔적이 남아 있다.

참고문헌

≪동아일보≫, ≪조선중앙일보≫, ≪매일신보≫.

「同本同姓間ノ婚姻ニ關スル件」(1936.4.22. 法務局長 → 高等法院長). 『慣習ニ關スル照會回答綴(1936~1938)』.

「同姓同本ノ婚姻ニ關スル疑義ノ件」(1926.6.21), CJA0004039.

「裁判所及檢事局監督官會議諮問事項答申要項」, 『諸會議關係書類』, 1937.

「座談會記」, ≪優生≫, 제1호. 1934.

「總督會見記」, ≪三千里≫, 10-5. 1938.5.

藤村曉. 1937.7. 「朝鮮の同姓禁婚制」, 『朝鮮及滿洲』.

李仁. 1931. "新法律漫評", ≪新民≫, 新年號.

朝鮮總督府 中樞院. 1937. 『第18回 中樞院會議參議答申書』.

권희영. 2010. 「일제시기 조선의 유학담론: 공자명예훼손사건을 중심으로」. ≪한국민족운동사연구≫, 63호, 121~154쪽.

김경란. 2013. 「조선후기 무성층의 존재형태와 성관획득 경로」. ≪사학연구≫, 110호, 247~283쪽.

김두헌. 1969. 『한국가족제도 연구』. 서울대출판부.

김윤정. 2011. 『조선총독부 중추원 연구』. 경인문화사.

류미나. 2010. 「일본의 '조선 신민화'정책과 유림 동원의 실태」. ≪일본학≫, 31호, 7~42쪽.

미즈노 나오키(水野直樹). 2008. 『창씨 개명-일본의 조선지배와 이름의 정치학』. 정선태 옮김. 산처럼.

박용숙. 1984. 「조선후기 향촌사회구조에 관한 연구-18. 19세기 동성혼을 중심으로」. ≪역사와 세계≫, 8호, 125~160쪽.

박홍갑. 2002. 『우리 성씨와 족보 이야기- 족보를 통해 본 한국인의 정체성』. 산처럼.

세치야마 가쿠(瀨地山角). 2006. 「동성동본 금혼제도를 둘러싼 민족주의와 가족」. 김문조·핫토리 타미오(服部民夫) 공편. 『한국사회와 일본사회의 변용』(한일공동연구총서 10). 아연출판부.

소현숙. 2000. 「일제시기 출산통제담론 연구」. ≪역사와현실≫, 38호, 221~253쪽.

_____. 2016. 「부계혈통주의와 '건전한'국민 사이의 균열: 1950~70년대 동성동본금혼제를 둘러싼 법과 현실」. ≪법과 사회≫, 51호, 201~227쪽.

손병규. 2014. 「20세기 전반의 족보편찬 붐이 말하는 것」. ≪사림≫, 47호, 155~180쪽.

신영전. 2006. 「식민지 조선에서 우생운동의 전개와 성격」. ≪의사학≫, 15권 2호, 133~155쪽.

양현아. 2011. 『한국가족법 읽기』. 창비.

이경희. 2005. 「17세기 울산지역 동성동본혼의 추이」. 울산대학교 석사 학위논문.

이광규. 1976. 「동성동본금혼의 사적 고찰」. ≪한국문화인류학≫, 8호, 1~29쪽.

이수건. 2003. 『한국의 성씨와 족보』. 서울대출판부.

이승렬. 2009. 「1930년대 중추원 주임참의의 지역사회활동과 식민지배체제」. ≪역사문제연구≫, 22호, 185~225쪽.

이승일. 2008. 『조선총독부 법제정책-일제의 식민통치와 조선민사령』. 역사비평사.

이정화. 2000. 「일제시대 간행족보의 연구」. 성균관대학교 석사 학위논문.

장성근. 2015. 「1920~30년대 조선 우생주의자의 유전담론 연구」. 성공회대학교 석사 학위논문.

홉스봄, 에릭(Eric Hobsbawm) 외. 2004. 『만들어진 전통』. 박지향·장문석 옮김. 휴머니스트.

홍양희. 2004. 「조선총독부의 가족정책 연구: '家'제도와 가정 이데올로기를 중심으로」. 한양대학교 박사 학위논문.

_____. 2009. 「조선총독부 판사. 노무라 초타로(野村調太郞)의 조선사회 인식」. ≪가족법연구≫, 23권 1호, 61~86쪽.

홍양희·양현아. 2008. 「식민지 사법관료의 가족 '관습' 인식과 젠더 질서: 『관습조사보고서』의 호주권에 대한 인식을 중심으로」. ≪사회와 역사≫, 79호. 161~195쪽.

藤野豊. 1998. 『日本ファシズムト優生思想』. 東京: かもがわ出版.

4장

일제 통치기 타이완에서의 성병 관리

펑후를 중심으로

│ **진정원** 타이완 중앙연구원 타이완사연구소 부연구원 │

1. 머리말

타이완 학자 장샤오민(張曉旻)은 일제 통치기 타이완에서의 성병 관리 정책의 변화 과정을 다음과 같이 정리한 바 있다.[1]

일제 통치기 (타이완에서의 _인용자) 성병 예방 및 치료 정책의 변화 과정은 다음과 같이 세 시기로 구분할 수 있다.

① 1896년에서 1923년까지: 공창(公娼)에 제한된 성병 예방 및 치료

---

[1] 성감염증(STD: sexually transmitted disease)은 성교나 성적 접촉으로 전염될 수 있는 각종 증상의 총칭으로, 매독, 임질, 후천성면역결핍증후군, 헤르페스 감염증 외에 일부 B형 간염 등도 포함된다. 이 장에서는 일제 통치기 일본과 타이완 그리고 다른 식민지에서의 법규와 실정에 따라 성감염증 중에서 매독, 임질, 연성하감만을 다루었다.

② 1923년에서 1937년까지: 사창(私娼)을 포함한 성병 예방 및 치료

③ 1937년부터 1945년까지: 일반인 전체를 대상으로 한 예방과 치료

이러한 시기 구분에서 알 수 있듯이 일제 통치기(타이완의 _인용자) 성병 예방 정책은 '성병 감염원은 바로 창기(娼妓)'라는 근대 일본의 입장에 입각해 '공창'을 대상으로 제한적인 성병 예방과 치료를 시행하는 것에서 시작해, 점진적으로 '사창'과 다른 모든 일반인까지 관리 대상을 확대시켰다고 정리할 수 있다.[2]

이 연구 결과에 따르면, 식민지 타이완에서의 성병 관리에 대한 법규와 그에 따른 예방 및 치료 범위, 또 담당 조직의 변화를 〈표 4-1〉과 같이 정리할 수 있다.

즉, 성매매업 종사자를 제외한 일반 민중의 경우 1940년 5월 '화류병예방법'이 타이완에서 효력을 갖게 된 후에야, 식민 정부의 성병 예방 시스템 안으로 포함될 수 있었다. 그렇다면 '화류병예방법'의 발효에 따라, 일반 민중을 성병으로부터 예방하고 치료하기 위해 구체적으로 어떠한 조치가 마련되었던 것일까.

'화류병예방법'에 따르면, 이 시기 성병 예방 및 치료의 핵심은 성병 치료 전문 기관을 설치하는 것이었다. '화류병진료소'가 그것이다. …… 총독은 각 지방의 수장에게 '화류병진료소'를 설립하거나, 상황에 따라서는 대용 기관을 지정하도록 명령할 수 있었으며, 그 비용은 국고에서 보조받을 수 있었다.[3]

---

2   張曉旻,「日治時期臺灣性病防治政策的展開」,≪臺灣史研究≫, 20卷 2期(2013), p.82.

3   張曉旻, 같은 글, p.104.

| 표 4-1 | 일제 통치기 타이완의 성병 관리

시기	역사적 배경	예방 및 치료 범위와 방법	법적 근거	관리 조직
1896~1923	일본군의 위생을 위해 공창제도가 도입된 시기	'창기'만을 대상으로, 강제 검진과 강제 치료를 시행	1906년 4월 1일 총독부에 의해 각 지방행정기관에 '창기검사급치료규칙표준(娼妓檢査及治療規則標準)'이 하달	구매원(驅黴院)이 1920년 이후 부인병원(婦人病院)으로 개칭
1923~1937	'행정집행법' 발효로 일본 내지법이 타이완에서 효력을 갖게 됨	'작부(酌婦)', '예기(藝妓)', '여급(女給)' 등 강제 검사 및 강제 치료 대상이 사창으로 확대	1923년 1월 1일부터, 1900년 법률 제84호 '행정집행법'이 타이완에 발효	부인병원
1937~1945	중일전쟁과 함께 우생학적 지식이 도입됨	성매매 종사자뿐 아니라 일반 민중까지 예방과 치료의 대상에 포함	1940년 5월부터 1927년 법률 제48호 '화류병예방법'이 타이완에 발효	화류병진료소

주: 일제 통치기 일본 내지와 타이완, 조선 등에서 '부인병원'이라고 불리던 시설은 부인과나 산과를 전문으로 하는 일반 의료 시설과는 구별된다. 공창제도 내에서 일반적으로 성매매 여성에 대해 강제적으로 실시하던 성병 검진과 격리 치료를 담당하던 기관은 1900년대까지 일반적으로 구매원(驅黴院)으로 불리다가 점진적으로 부인병원으로 개칭되었다. 그 의료 업무의 대상에는 성매매 여성 외에 다른 일반 여성은 포함되지 않았다.

자료: 張曉旻, 「日治時期臺灣性病防治政策的展開」를 참고해 필자가 정리했다.

다시 말해 '화류병예방법'은 이제까지 일부 성매매업 종사자만을 대상으로, 강제로 실시되고 있었던 성병 검진 및 진료 서비스의 범위를 일반 민중에게까지 확대하는 동시에, '화류병진료소'를 성매매업 허가 지역이 아닌 지방으로까지 확대 설치하는 것이었다. 실제로 〈표 4-2〉에서 볼 수 있듯이 '화류병예방법'에 의해 '화류병진료소'가 설치된 지방행정구역은 공창제도가 실시되고 있지 않았기 때문에, 성매매 여성을 강제로 검진하는 '부인병원' 또한 설치되어 있지 않은 곳이 대부분이었다.

이렇게 살펴보면 '화류병예방법'이 타이완에 발효되면서, 이제까지 성매매 여성의 강제 검진 기관으로만 운영되고 있었던 '부인병원'이 일반 성병 진료 기관으로 재정비되었을 뿐 아니라, 공창제도가 도입되지 않아 '부인병원'

| 표 4-2 | 일제 통치기 타이완의 성매매 여성 강제 검진 기관과 일반 법정 성병 진료 기관

행정구역	성매매 여성 강제 검진 기관	일반 법정 성병 진료 기관
타이베이주(臺北州)	타이베이 부인병원 (臺北婦人病院, 1904.1)	1941년 12월 기존의 부인병원을 대용 기관으로 지정
	지룽 부인병원 (基隆婦人病院, 1906.5)	1941년 12월 기존의 부인병원을 대용 기관으로 지정
신주주(新竹州)		1942년 신주 화류병진료소(新竹花柳病診療所) 설치
타이중주(臺中州)	타이중 부인병원 (臺中婦人病院, 1906.5)	1942년 12월 기존의 부인병원을 대용 기관으로 지정
타이난주(臺南州)	타이난 부인병원 (臺南婦人病院, 1904.10)	1940년 기존의 부인병원을 대용 기관으로 지정
	자이 부인병원 (嘉義婦人病院, 1906.7)	1940년 기존의 부인병원을 대용 기관으로 지정
가오슝주(高雄州)	가오슝 부인병원 (高雄婦人病院, 1907.8)	1943년 화류병진료소 신설이 허가되었으나, 실제로는 설립이 연기
화롄항청(花蓮港廳)	화롄항 부인병원 (花蓮港婦人病院, 1910)	1941년 8월 화롄항 화류병진료소(花蓮港花柳病診療所) 건립
타이둥청(臺東廳)		1942년 타이둥 화류병진료소(臺東花柳病診療所) 설치
펑후청(澎湖廳)	마궁 부인병원 (馬公婦人病院, 1913.5)	1942년 마궁 화류병진료소(馬公花柳病診療所) 건립

자료: 『臺灣總督府公文類纂』, 《臺灣日日新報》, 《府報》 등을 참고해 필자가 정리했다.

이 설치되어 있지 않았던 일부 지방에도 성병 진료 기관이 신설되면서, 타이완의 성병 검진과 예방, 치료 체계가 일반 민중 전체를 대상으로 완비될 수 있었다. 여기서 눈길을 끄는 곳은 화롄항청(花蓮港廳)과 펑후청(澎湖廳)이다. 펑후청에는 1896년부터, 화롄항청에는 1910년부터 각각 공창제도가 도입되어 있었기 때문에,[4] 타이완에 '화류병예방법'이 발효되었던 1940년 당시 성매매

---

4   陳姃湲, 「洄瀾花娘, 後來居上─日治時期花蓮港遊廓的形成與發展」, 《近代中國婦女史研究》, 21 (2013), pp.49~119; 陳姃湲, 「從澎湖遊廓制定過程看: 殖民地邊緣的行政運作(1896~1913)」,

여성에 대한 강제 검진 및 격리 치료를 담당하는 '부인병원' 또한 운영 중이었다.

당시 '화류병예방법'이 일본 내지 및 각 식민지에 도입되었던 배경에는, 중일 전쟁과 함께 미래의 우수한 군사력의 기본이 될 토대로서 국민의 건강과 위생 상태를 향상시킬 필요성이 대두하면서, 의학계와 보건 정책 담당자들 사이에서 우생학적 지식이 널리 유행하는 등 지성사적 흐름이 있다.[5] 다만 장기화되는 전쟁으로 재정 적자가 심각해지고 있던 당시에, 최소의 예산을 지출해 만연하는 성병을 효과적으로 제어할 방법이 고안되어야만 했다. 기존의 '부인병원'을 대용 기관으로 지정해 화류병진료소로 활용하는 것은 일종의 궁여지책이었던 셈이다. 그런데 평후청과 화롄항청에서는 대용 기관으로 활용할 수 있는 부인병원을 이미 운영 중이었을 뿐만 아니라, 재정적으로도 넉넉한 상황이 아니었음에도, 화류병진료소를 별도로 설치했다. 그렇다면 이러한 흐름의 배후에는 어떤 특수한 역사적 조건과 배경이 있었던 것일까.

이 장에서는 화롄항청과 평후청 중 특히 후자에 주목해,[6] 당시 타이완의

陳姃湲 編, 『日本殖民統治下的地層社會史: 臺灣與朝鮮』(臺北: 中央研究院臺灣史研究所, 2018).

5   예를 들어 당시 타이완에서의 '화류병예방법' 조기 실시를 주장했던 논자들은 대부분 우생학을 그 근거로 제시했다. 曾田長宗, 「花柳病預防に就いて」, ≪臺灣警察時報≫, 273(1938), p.77; 於保乙彦, 「文化は黴化する: 黴毒亡國論」, ≪臺灣日日新報≫, 1926.1.2.

6   일본 내지나 식민지 조선과 마찬가지로, 타이완에서도 공창제도와 관련된 법규들은 총독부 법령이 아닌 지방행정 관청의 재량으로 효력이 발효되는 지방 법령이었다. 따라서 지방행정 구역마다 법령의 세부 내용과 실질적인 운영 상황에 차이가 있었다. 張曉旻, 「植民地における公娼制の確立過程(1896年~1906年):「貸座敷・娼妓取締規則」を中心に」, ≪現代臺灣研究≫, 34(2008). 특히, 타이완에서 유일하게 1890년대 이후인 1910년에 공창제도가 도입된 화롄항청이나, 한때 일시적으로 성매매 영업 허가 지역을 지정하지 않은 채 공창제도를 유지하고 있던 평후청은 매우 예외적인 경우에 속한다. 陳姃湲, 「洄瀾花娘, 後來居上: 日治時期花蓮港遊廓的形成與發展」; 陳姃湲, 「從澎湖遊廓制定過程看: 殖民地邊緣的行政運作(1896~1913)」. 따라서 이 장에서는 화롄항청과 평후청의 경우를 일반화해 함께 논의하기보다 먼저 평후청에 대

주요 군항 도시였던 마궁에 주둔 중인 일본군을 대상으로 하여, 독특한 공창 제도를 운영하고 있던 펑후청이, 타이완 전역에 동일하게 적용되었던 '화류병예방법'에 어떻게 대응하고, 더 나아가 이 기회를 어떻게 지역적 실정에 따라 활용했는지 살펴보기로 한다.

2. 타이완의 '화류병예방법' 도입과 화류병진료소의 설치

일본에서의 '화류병예방법'의 역사는 1927년에 제정된 법률 제48호로 거슬러 올라간다. 다만 당시에 효력이 발효된 조항은 "이 법에서 말하는 화류병이란, 매독, 임질과 연성하감을 가리킨다"라고 규정한 제1조, '대용 진료소'를 지정할 수 있다는 제4조, '화류병' 감염이 의심되는 자의 성매매 종사를 금지한 제5조, 감염을 진단하는 의사의 의무와 약품 취급 방법을 규정한 제6조와 제7조, 마지막으로 처벌 조항인 제8조뿐이었다.[7] '화류병진료소'의 설치와 그에 필요한 예산 지원을 규정한 제2조와 제3조는 그로부터 10여 년이 지난 1938년 4월에야 비로소 효력이 인정되었다. 다시 말해 1938년까지 일본에서조차 '화류병예방법'은 법 시행에 필요한 실무를 담당할 기관의 설치조차 유보되어 있었던 유명무실한 법조항이었다고 할 수 있다.

이뿐만이 아니었다. 1927년 당시 발효가 유보되었던 제2조에 의하면, "업무상 화류병 전파가 의심되는 자"만을 진료 대상으로 규정하고 있었다. 부연할 것도 없이, 이 조항은 사실상 '창기(娼妓)' 등의 성매매 종사자, 또 '예기(藝妓)'나 '작부(酌婦)' 등 '접대업'에 종사해 성매매에 연루될 가능성이 농후한 일부

해서만 그 내용을 살펴보고, 화롄항청의 화류병진료소 건립과 운영에 대해서는 다음 과제로 남겨두기로 한다.

7   山本俊一, 『日本公娼史』(東京: 中央大學出版部, 1983), p.759.

에 종사하는 여성만으로, '화류병 예방법'의 규제 대상을 제한하고 있었다. 성병 통제 대상을 법적으로 성매매를 허가받은 '창기'만으로 제한하고 있는 공창제도에서조차, '예기(藝妓)'나 '작부(酌婦)'까지 성병 검진 대상으로 포함시켰던 것을 상기하면, '화류병진료소'의 설치로 성병 예방 효과가 나아지리라고 기대하기는 어려웠다. '화류병예방법'의 적용 대상이 '화류병을 전파할 가능성이 있다고 의심되는 모든 사람', 즉 일반 민중 전체로 확대된 것은 1939년 3월 법률43호로 제2조가 개정된 이후부터였다.[8] 이렇게 살펴보면 일본 내지에서의 성병 방역 체계가 과거의 공창 제도에서 탈피해, 남성까지 아우르게 된 것은 1939년 이후였다고 볼 수 있다.

그리고 이런 변화는 일본뿐 아니라, 식민지 타이완에도 곧바로 영향을 미쳤다. 일본 내지에 '화류병예방법'이 발효된 지 반년 만에, 타이완 총독부가 '화류병예방법'의 타이완 실시를 검토하기 시작한 것이다. 1939년 7월 타이완 총독부가 마련한 '화류병예방법'의 실시 초안은, 1940년 5월 총독부 심의를 무사히 통과할 수 있었다. 당시 타이완 총독 명의로 척무대신(拓務大臣) 고이소 구니아키(小磯國昭)에게 제출된 보고서에 따르면, 타이완에서 '화류병예방법'을 실시해야 하는 이유와 함께 구체적인 방안이 다음과 같이 설명되고 있었다.

화류병은 그 특성상 유행과 만연의 실정을 상세히 알 수 있는 것은 아니지만, 어느 민족을 막론하고 그 뿌리가 깊고 일반적으로 침윤되어 있다는 사실은 어렵지 않게 확인할 수 있다. 이 병이 청장년자의 건강을 해치고 활동력을 감퇴시킬 뿐 아니라, 정신병 문제, 맹인, 농아, 불구 등 자손의 우생 문제와도 깊이 관련되어 있다는 점에서 사회위생학적으로 우려할 만한 질환일 뿐 아니라, 나아

---

8   藤野豊, 『性の國家管理: 買売春の近現代史』(東京: 不二出版, 2001), pp.120~127.

가서는 국력의 소장, 민족의 흥망에 밀접하게 연관되는 질병이라고 할 수 있다. 특히 전시 전장에서 화류병이 격증하기 쉽다는 것은 고금의 전쟁사에 명백히 전해지는 사실이다. 유럽 대전 당시 교전 각국이 이를 예방하고 박멸하기 위해 얼마나 고심했는지를 생각해보면, 본국의 현 시국에 시사하는 바는 이를 반드시 예방 박멸해야 한다는 사실을 통감해야 한다는 것이다.

본국 내지에서는 이미 쇼와 2년 '화류병예방법'을 제정하고, 화류병 전파의 위험도가 크다고 인정되는 특수 업종 종사자가 쉽게 진료를 받을 수 있는 기관을 건립하고, 또 화류병 환자로서 매음에 종사하거나 그를 중개한 자에 대해 엄중한 제재를 가해 병자의 매음을 억제했으며, 동시에 감염 방지를 위해서도 그와 같은 방법을 구사할 수 있는 자의 형량을 경감해주는 대신, 예방 방법을 숙지시키는 관습을 정착시키는 등, 병독 전파의 주요 근원지에 대해, 예방법을 강구함으로써, 화류병 박멸에 힘써왔다. 사변(중일전쟁 _인용자)이 발생한 현재는, 한층 이러한 예방 박멸에 한층 철저를 기하기 위해, 쇼와 13년 4월부터 종래 발효되지 않았던 '화류병예방법' 제2조, 제3조를 적용했다. 전국 주요 도시에 공립 화류병진료소를 창설하고, 이어서 쇼와 14년 법률 제43호로 '화류병예방법'을 부분적으로 개정하고 공립 진료소에서 치료 대상자의 범위를 특종 업종 종사자에 제한하지 않고, 일반 화류병 환자도 진료를 받을 수 있도록 하여, 이 병의 예방 박멸에 모자람이 없도록 만반의 준비를 했다. 비록 이 섬(타이완 _인용자)에서의 화류병 만연에 대해 현재 정확한 것은 알려진 바가 없지만, 별지(別紙, 이 장에서는 별지 내용을 생략했다 _인용자)의 창기, 예기, 작부의 검진 결과로 그 전제적인 상황을 알 수 있는데, 거주하는 자의 건강을 고려하더라도 이 문제가 등한시될 수 없다는 것만은 확실하다. 그러나 이 섬에서는 아직 '화류병예방법'이 시행되지 않고 있었다. 그저 '행정집행법'에 근거해 밀매음 범인에 대한 검거와 각종 음식업과 접대 영업 통제에 대한 법령의 일부로서, 화류병 예방에 관한 규정이 포함되어 있고, 환자를 수용할 수 있는 곳도 창기에 대한 검진 치료 기관인 부인병원이 8곳 있을 뿐이기 때문에, 창기 이외의 특종 업종 종사자는 한번 이 병에 걸리기만 하면 적당한 치료를 받을 길이 없다. 따라서 그동안 병독이 점차 퍼져나가 전염되어 환자가 증가할 것이라는 의심의 여지가 없으므로, 당장 적절한 예방 방책을 강구하지 않는다면 결국 수습할 수 없는 결과를 초래할 것이며, 장래가 매우 우려스럽다고 할 수 있다. 특히 타이완은 사변의 진전에 따라 남중국 방면에 대한 군사·경제적 거점으로서 남중국 방면과의 왕래가 빈번할 뿐 아니라, 화류병 예방상 특종 시설의 정비 또한 절실히 필요한 부분이 있다. 따라서 '화류병예방법'을 이 섬에 시행해 특종 업종 종사자가 많은 곳에 화류병 진료소를 설치하고, 이러한 업무 종사자 전반에 걸쳐서 진료를 시행함과 동시에 병독 전파가 우려되는 일반 화류병 환자에 대해서도 저렴한 진료의 길을 열어줌으로써, 철저한 진료와 동시에 화류병을 앓는 자의 매음 행위를 엄금하는 등, 이 병의 예방 박멸을 기해야 할 것이다. '화류병예방법' 중 제7조와 제8조를 제외하는 것은 타이완에서는 매약법(賣藥法)이 적용되는 대신에, 다이쇼 9년 부령 제16호 '타이완매약영업취체규칙(臺灣賣藥營業取締規則)'에 의거해 약품 판매를 통제하고 있어 총독부령으로 같은 취지의 규정을 마련해 통제하는 것이 타당하다고 인정되기 때문이다. '화류병예방법' 제2조 제1항의 규정에 따른 진료소의 설치에 대해서는 화류병이 퍼져 있는 정도와 지방공공단체의 재정 상태를 고려해 운용하는데, 현 상황에서 이 법 제4조의 규정에 따라 임시적으로 대용 진료소를 지정하는 것을 방침으로 하며, 이에 필요한 국고보조비 1000엔을 쇼와 15년도 예산으로 요청하고 있는 중이다.[9]

이 보고서에서 타이완 총독부는 일본 내지뿐 아니라 타이완에서도 적극적

9   「敕令第三四九號花柳病預防法ヲ臺灣ニ施行スルノ件」, 『臺灣總督府公文類纂』第10418冊, 文號 17, 1939年 1月 1日.

인 '화류병' 통제가 시급한 과제라는 것을 전쟁 시국이라는 이유를 빌려 설명하는 동시에, 관련 법규나 시설이 정비되어 있지 않은 타이완의 현 상황을 구체적으로 열거하고 있다. 그리고 '화류병예방법'을 타이완에도 실시하는데, 그중에서도 '특종 업종 종사자가 많은 곳'에 우선적으로 '화류병진료소'를 확충해 이 문제를 해결하고자 한다고 매듭짓고 있다. 결국 보고서 내용에만 의거해 말하자면, 타이완 총독부는 일반 민중의 성병 예방보다는 이른바 '특종 업종'에 종사하는 여성들, 즉 창기, 예기, 작부에 대한 불완전한 검역을 보완하는 보충적 시설로서 '화류병진료소'를 이해하고 있었던 것으로 보인다. 결론적으로 말하면, 화류병진료소 신설에 필요한 자금 1000엔을, 일본 국고로부터 지원받은 것이야말로, 타이완 총독부가 이 법을 실시하고자 한 가장 궁극적인 목적이었다고 할 수 있을 것이다.

척무대신에게 보고가 이루어진 지 한 달 만인 1940년 6월 8일, 타이완 총독부는 칙령 제349호로 '행정제법타이완시행령(行政諸法臺灣施行令)'의 일부를 개정하고, '화류병예방법'을 포함시켰다.[10] 그리고 부령 제80호 '화류병예방법 시행규칙(花柳病預防法施行規則)'을 제정하고,[11] '화류병진료소'를 신설하거나 '대용 화류병진료소'를 지정해 화류병진료소를 대체할 수 있다고 규정했다.

현재 남아 있는 자료만으로는 그 구체적인 과정과 내용까지 확인할 수는 없지만, '화류병예방법'이 실시된 이후 타이완 총독부와 각 지방 관청 사이에서는 '화류병진료소'의 신설을 위한 사전 신청과 실제 답사 등의 협의가 이루어진 것으로 보인다.[12] 현존하는 총독부 자료를 통해 확인할 수 있는 것은,

---

10 ≪府報≫, 3907, 1940.6.18.

11 「府令第八〇號花柳病預防法施行規則制定ノ件」, 『臺灣總督府公文類纂』 第10442冊, 文號3, 1940 年 1月 1日; ≪府報≫, 3907, 1940.6.18.

12 「花柳病預防法施行ニ關スル件」, 『臺灣總督府公文類纂』 第10442冊, 文號4, 1940年 1月 1日; 「廳立 花柳病診療所設計其他認可ノ件」, 『臺灣總督府公文類纂』 第10442冊, 文號5, 1940年 1月 1日; 「花柳病診療所設置命令方ニ關スル件·昭和十五年總警第一六八號ヲ一括」, 『臺灣總督府公文類纂』

이런 과정을 거쳐, 1943년까지 신주주, 타이둥청, 가오슝주, 화롄항청, 펑후 청의 다섯 곳에 화류병진료소 설치가 허가되었다는 점이다. 이 결정을 근거로, 총독부는 보고서에 이미 예고한 대로 진료소 건설과 운영에 필요한 예산 지원을 국고에 신청했다.[13] 1945년까지 보조금 지급이 결정된 신주주, 타이 둥청, 화롄항청, 펑후청 등 네 곳이었다.[14]

아쉽게도 전후 상황을 직접적으로 파악할 수 있는 자료가 남아 있지 않기 때문에 최종적으로 이 네 곳이 '화류병진료소' 설치 지역으로 낙점되기까지 총독부의 구체적인 선정 기준과 고려 사항을 정확히 확인할 수는 없다. 다만 〈표 4-2〉에서 살펴본 대로 '화류병진료소' 설치가 허가되지 않은 곳에 대해 서는, 기존의 '부인병원'이 '대용 화류병진료소'로 지정되어 임시적으로 화류 병진료소로 기능하도록 조치되었다. 즉 타이베이주, 타이중주, 타이난주, 가 오슝주에서는 공창제도 내에서 합법적으로 성매매에 종사하고 있던 여성을 상대로 한 강제 성병만의 성병 감염 여부를 강제적으로 검역하던 '부인병원' 이, 다른 '특종 업종 종사자'는 물론 검역과 치료를 비롯해, 필요에 따라서는 일반 민중의 성병 진료 업무까지 떠맡게 된 것이다.

第10442冊, 文號9, 1940年 1月 1日. 이 세 문건은 목록만 남아 있고, 본문은 모두 유실되어 버려, 현재 그 구체적인 내용을 확인할 길이 없다.

13 「指令第一六二七五號花柳病預防費補助ノ件(臺東廳)」, 『臺灣總督府公文類纂』 第10974冊, 文號 3, 1943年 11月 1日;「指令第一五八一號澎湖廳花柳病診療所創設費國庫補助申請ノ件」, 『臺灣總督府公文類纂』 第11028冊, 文號12, 1944年 2月 1日;「指令第一五七九號澎湖廳花柳病預防費國庫補助申請ノ件」, 『臺灣總督府公文類纂』 第11028冊, 文號13, 1944年 2月 1日;「指令第二九六三號新竹州花柳病預防費國庫補助申請ノ件」, 『臺灣總督府公文類纂』 第11028冊, 文號15, 1944年 3月 1日;「指令第七三四一號臺中州花柳病預防費國庫補助申請ニ關スル件」, 『臺灣總督府公文類纂』, 第11060冊, 文號8, 1945年 9月 1日;「指令第六六八六號高雄州花柳病診療所設置延期認可申請ノ件」, 『臺灣總督府公文類纂』 第11067冊, 文號15, 1944年 5月 1日.

14 가오슝주의 경우 '화류병진료소'를 건립할 토지 비용을 마련할 수 없어 연기되었던 것으로 보아, 예산 비준 등 자금 마련에 문제가 있었던 것으로 보인다.「指令第六六八六號高雄州花柳病診療所設置延期認可申請ノ件」, 『臺灣總督府公文類纂』, 第11067冊, 文號15, 1944年 5月 1日.

다시 말해 화류병진료소의 설립 여부는 기존의 부인병원 운영 상황과 무관할 수 없었다. 더군다나 총독부가 명시하고 있듯이, 총독부가 화류병 진료소 설치로 얻고자 한 실질적인 효과는, 일반 민중의 성병 예방과 진료라기보다는, 기존의 '부인병원'의 창기에 대한 성병 강제 검진 업무를, 예기와 작부 등, 모든 '특종 업무 종사자'로 확대하는 데 있었다. 눈길을 끄는 사실은 '화류병진료소'가 신설된 네 곳 중에서 화련항청과 평후청에는, 임시적으로 '화류병진료소'로 이용될 수 있는 부인병원이 이미 운영 중이었다는 점이다. 신주주나 타이둥청과 같이 대체할 수 있는 시설이 없었던 곳에 화류병진료소 설립이 허가된 것은 어쩌면 당연하다고 해야 할 것이다. 한편, 전쟁이라는 긴축 재정 상황하에서, 이미 부인병원을 운영 중이던 지방에서는, 화류병진료소의 설치가 허가되지 않았다. 다만 예외적으로 화련강청과 평후청만이 예산 심의까지 무사히 통과해 '화류병진료소'를 따로 마련할 수 있었다.

그렇다면 이 장에서는 이 두 곳 가운데 특히 평후청에 주목해 '화류병예방법'이 시행되기까지 평후청 성매매 여성의 강제 검역 기관이던 '마궁 부인병원'의 운영 상황을 돌아봄으로써 앞의 문제에 대한 해답을 찾고자 한다.[15] 그에 앞서 다음 절에서는 먼저, 1895년 평후 제도가 청으로부터 일본에 할양된 이후 1913년 성매매 허가 구역인 '유곽(遊廓)'이 설치되기까지 일련의 과정을 살펴보기로 한다.[16]

---

15 마궁화류병진료소(馬公花柳病診療所)는 1941년 2월 공사를 개시해 이듬해 5월 준공되었는데, 8800엔에 달하는 건설 비용 중 절반에 해당하는 4400엔을 국고에서 지원받아 충당했다. 「指令第一五八一號澎湖廳花柳病診療所創設費國庫補助申請ノ件」, 『臺灣總督府公文類纂』 第11028冊, 文號12, 1944年 2月 1日.

16 3절의 내용은 주로 필자의 다음 논문을 요약한 것이다. 陳姃湲, 「從澎湖遊廓制定過程看: 殖民地邊緣的行政運作1896~1913)」, 陳姃湲 編, 『日本殖民統治下的地層社會史: 臺灣與朝鮮』(臺北: 中央研究院臺灣史研究所, 2018).

3. 평후청의 공창제도와 마궁 부인병원의 설치

타이완에서 서쪽으로 50km나 떨어져 있는 90여 개의 외딴 섬들로 이루어진 평후 제도는, 제한된 자연 자원과 불편한 교통이라는 입지 조건 때문에 경제활동이 유리한 곳은 아니었다. 일제 통치기가 되어서도 이러한 상황은 크게 달라지지 않았다. 실제로 평후청은 일제 통치기를 통틀어서 타이완에서 일본인 거주자는 물론이고, 섬을 왕래하는 일본인 유동 인구수도 가장 적은 행정구역이었다.

다시 말해 교통도 불편하고, 남성 유동 인구의 수도 많지 않았던 평후청은, 일반적으로 성매매가 활발히 이루어질 수 있는 사회적 조건을 갖춘 곳은 아니었다. 실제로 평후청의 사회 경제적 지표는 일본 식민 통치자들이 제시한 공창제도의 도입 기준과는 거리가 멀었다. 그러나 예상과는 달리, 타이완 할양 후 얼마 지나지 않아 평후청에는 곧바로 공창제도가 도입되었을 뿐 아니라, 식민 통치가 끝날 때까지 유지되었다. 그 배후에는 일본 제국 내에서 평후청이 갖는 지정학적 중요성이 있었다.

평후청은 중국 대륙과 타이완 사이에 위치해 역사적으로 중국 세력이 타이완에 진출하기 위해서는 반드시 거쳐야 하는 관문으로 여겨져 왔다. 게다가 청의 타이완 지배가 시작되면서부터, 평후청은 타이완을 수비하는 해상 요새로서의 기능까지 맡게 되었다. 1887년에 축조된 마궁성(媽宮城)은,[17] 청의 지배와 함께 평온하던 평후청 사회가 어떻게 급변했는지를 가장 잘 보여준다. 이와 같은 상황은 1895년 타이완이 청으로부터 일본에 할양된 이후에도 달라지기는커녕, 오히려 더 심각해졌다. 평후청은 일본 제국 측에서 보면 타

---

[17]　청대부터 마궁의 공식적인 표기는 '媽宮'이었다. 그런데 현재 사용하는 '馬公'으로 표기가 바뀐 것은 일제강점기인 1920년이었다.

이완뿐 아니라 제국의 서남단을 지키는 중요한 군사적 요새였기 때문이다. 일본은 평후청과 타이완을 할양한 지 채 반 년도 지나지 않은 1895년 9월, 정규군을 평후청에 주둔시키고, 나아가 1901년 7월에는 마궁을 일본 해군의 요항(要港)으로 지정해, 평후청의 군사 요새화에 박차를 가했다. 이러한 군사 요새화 과정에서 평후청 사회가 겪은 가장 급격한 변화 중 하나는 성매매, 특히 일본인 성매매의 활성화였다.

　총독부의 통계 자료가 밝히고 있는 평후청의 일본인 남성 인구는 식민지배가 시작된 이후 거의 변화가 없었다. 늘어난 것은 오로지 일본인 여성이었다. 다만 공식적인 통계 자료에는 포함되지 않았지만, 1895년 이후 마궁에 대규모 일본군이 주둔하기 시작했을 뿐 아니라, 요항 지정과 함께 이곳을 드나드는 해군 또한 크게 늘면서 성매매 수요가 자연스럽게 급증했고, 돈벌이 기회를 노린 업자에게 끌려온 일본인 여성의 도항이 끊이지 않았기 때문이다. 식민 통치자의 입장에서 성매매업의 급격한 증가는 치안 악화뿐 아니라 성병 만연으로 군사력 저하까지 야기할 수 있는 문제였다. 결국 타이완 내 대부분의 지방에서 아직 공창제도가 시행되지 않았을 1896년 10월, 평후청은 식민 통치가 시작된 지 1년 만에 공창제도 도입을 서둘러 결정했다.

　이런 결정이 얼마나 급박했었는지는, 실제로 평후청이 공창제도를 운영했던 방식에서도 드러난다. 일본의 근대 공창제도는 일반적으로 세 종류의 서로 다른 법령으로 이루어진다. 성매매업자와 성매매 여성에 대한 규정에 관한, 그리고 이들에 대한 성병 검진 규칙, 세 번째는 일반적으로 '유곽'이라 불리던 성매매업 허가 구역에 대한 선포가 그것이다. 그러나 1896년 10월 평후청이 새로 반포한 법령은 '대좌부및창기영업취체규칙(貸座敷及娼妓營業取締規則)'과 '검매규칙(檢黴規則)' 두 가지뿐이었다. 즉, 성매매 특별 구역을 따로 선포하지 않은 채 공창제도를 도입해버렸던 것이다. 성매매 만연으로 병력이 약화되는 것을 두고 볼 수만은 없었던 평후청은, 8만 평이 채 안 되는 비좁은 마궁

| 그림 4-1 | 1907년 당시 마궁성과 푸쯔웨이 유곽 위치도

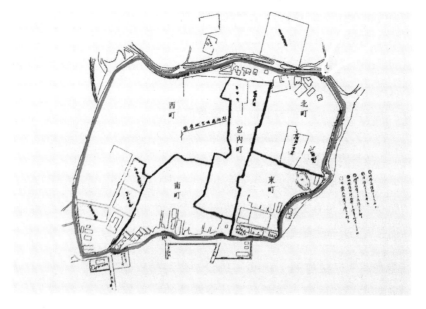

주: 회색 선이 마궁성 성곽이고, 오른쪽 위쪽의 흰 선이 대략적으로 표시한 푸쯔웨이의 위치이다. 다음 문
   헌에 수록된 1907년 당시의 지도를 차용해, 필자가 위치를 표시했다.
자료: 張玉璜, 『媽宮(1604-1945) ― 一個臺灣傳統城鎮空間現代化變遷之研究』(澎湖: 澎湖縣立文化中心, 1998), p.97.

성 안에 따로 구획을 정리하고 부지를 마련해 유곽을 설치하는 것도 기다릴
수 없을 만큼 시간이 없었다. 문제는 이렇게 파행적으로 시작된 공창제도가
무려 10년 이상이나 유지되었다는 사실이다. 다시 말해 1896년부터 1906년
까지 10여 년 동안, 업자들은 평후청에서 장소에 구애받지 않고 어디서나 성
매매 업소를 개업해 영업할 수 있었다. 그렇다면 평후청이 유곽을 지정하는
데 10년이라는 시간을 허비해야 했던 이유는 무엇일까?

공창제도 도입 당시 총독부의 공문서에 따르면, 평후청은 임시방편으로
유곽 지정을 당분간 유보한다는 조건을 달아 파행적인 공창제도 실시를 허
가받았고, 이 때문에 실제로 매년 유곽 지정 유보 기한을 갱신해야 했다. 다
시 말하면, 유곽 지정을 어렵게 하는 특정 요인이 도사리고 있었던 것이다.

결론부터 말하면 그것은 펑후청이 감당해야 했던 재정적인 문제였다.

이미 언급한 대로 펑후는 각종 산업을 발전시키기에는 자연 조건이 불리했다. 불리한 토양 조건과 기후 조건 때문에 농작물 재배는 거의 기대할 수 없었고, 어업 수확량도 기대에 미치지 못해 펑후 사람들은 당시에도 생계유지를 위해 값싼 임시직 노동자로 타이완이나 중국으로 두어 계절씩 팔려가곤 했다. 펑후청은 타이완 내의 다른 지방과 같은 방식으로는 이렇게 빈궁한 섬 사람들을 상대로 지방세를 거둘 수 없었기 때문에, 지조(地租) 대신 인두세를 적용했을 정도이다. 일본인이라고 해서 상황이 다르지는 않았다. 펑후청 관료이거나 주둔군 소속 군속이 아닌 이상, 열악한 환경 속에서 일본인이 생계를 유지할 수 있는 방법은 일본군을 상대로 그들이 필요한 물건이나 서비스를 제공하는 일뿐이었다. 그중에서도 성매매업은 일본인 민간인들이 가장 안정적으로 수입을 기대할 수 있는 방법이었고, 자연스럽게 펑후청의 세수에서 성매매업자를 비롯한 각종 접객업자들이 차지하는 부분을 결코 무시할 수 없었다.[18] 다시 말해 펑후청은 성매매업자들의 경제적 이익을 위협할 수 있는 정책을 시도하기가 결코 쉽지 않았을 것이다. 펑후청과 같은 특수한 재정적 상황에 놓여 있지 않은 타이완 본도의 다른 지방에서도 유곽의 재정비로 업소 이전이 불가피해지면, 아예 폐업을 신청하는 성매매업자가 줄을 이어 성매매업 자체가 그 지방에서 종적을 감추어버리는 경우마저 종종 있었을 정도로, 성매매업자들에게 업소를 이동시키는 일은 결코 용이하지 않았다.[19]

이런 국면을 타개할 결정적인 계기는, 1906년 2월 타이완 총독부가 각 지

---

18 널리 알려져 있듯이, 당시 합법적인 성매매는 '대좌부(貸座敷)'라고 불리는 업소에서 '창기 (娼妓)'가 제공하는 성매매에 제한되어 있었다. 이와는 별도로 '요리옥(料理屋)'이나 '음식점 (飮食店)'이라고 불리는 업소에서도, 예기나 작부 등의 여성 종업원의 접대를 받을 수 있었지만, 이들은 원칙적으로 성매매에 종사할 수 없었다.

19 陳姃湲, 「洄瀾花娘, 後來居上 ― 日治時期花蓮港遊廓的形成與發展」, pp.80~83.

방에서 서로 다르게 운영되고 있던 공창제도의 내용을 정비하기로 결정한 것이다.[20] 총독부의 결정에 따르기 위해 펑후청은 1906년 7월 서둘러 마궁성 성 밖의 허허벌판인 '푸쯔웨이(埔仔尾)'에 유곽을 지정했다. 유예 기간 1년이 끝나는 1907년 7월이 되면, 마궁성 내에서는 더는 성매매 업소를 운영할 수 없게 된 것이다. 이제 성매매업자들은 요리옥 등, 영업 구역의 제한을 받지 않는 다른 업종으로 변경해 마궁성 안에서 가게를 지속할 것인지, 아니면 거금을 들여 마궁성 밖의 신천지에 건물을 새로 세워 업소를 이전할 것인지를 1년 안에 결정해야만 했다. 새로운 유곽이 영업을 운영하는 1907년 7월부터는 마궁성 안에서 성매매업소를 개업하는 것은 불법이 되기 때문이었다. 1907년 이후 대좌부 면허를 받기 위해서는 마궁성 안에서 개업할 수 없었다. 마궁성 안에서는 음식점이나 요리옥으로만 영업을 허가받을 수 있었다. 흥미로운 점은 1907년 이후 마궁성 성곽을 경계로 하여 이루어진 접대업소 사이의 업종 분리가, 면허증에 기재된 대로 성매매 서비스의 유무를 의미하지 않았다는 것이다.

앞서 설명했듯이 재정적인 기반이 취약했던 펑후청의 행정 역량으로는 성매매업자나 다른 접대업자를 규정대로 규제하기 힘들었으며, 사실상 그들과 타협점을 찾아야만 했다. 이 때문에 유곽이 따로 지정된 후에도 성안의 '요리옥'이나 '음식점'에서 '작부'와 '예기'가 펑후청의 묵인 아래 성매매에 종사하고 있었다. 그렇다고 해서 이러한 묵인이 경제적 손실을 감수하고 성 밖의 새 유곽으로 이전한 일부 성매매업자들의 불이익으로 이어진 것은 아니다. 유곽을 개설한 이후로 펑후청에 요구되었던 것은, 성안의 성매매를 엄금해 성안의 접대업소들을 폐업으로 내모는 것이 아니라 성안의 업자와 성 밖의

---

20   張曉旻, 「植民地臺灣における公娼制の確立過程(1896~1906年): 「貸座敷・娼妓取締規則」を中心に」, pp.56~60.

업자의 이익을 모두 보장해, 그들로부터 거두어들일 수 있는 세수를 지속적으로 확보하는 것이었을 것이다. 이와 같은 펑후청의 의도는, 성안의 성매매를 암묵적으로 계속 허용하면서, 성 밖과 성안의 영업을 구별하는 방법으로 실현되었다. 구체적으로는 이용객에 차이를 두는 것이었다.

1910년대에 들어서면 성매매 종사자뿐만 아니라 관리 단속을 담당하는 경찰 관료의 입장에서도,[21] 성 밖 유곽과 성안의 요리옥을 구별하는 것은 성매매 여부가 아니었다. 그들은 두 곳 모두에서 성매매가 이루어진다고 알고 있었다. 다만 성 밖은 '해군 전용'이었고, 성안은 펑후청 관료와 같은 일본 민간인이 이용하는 곳이라는 구별이 있을 뿐이었다. 여기서 주목해야 할 점은, 이러한 관행이 펑후청의 성병 관리 정책에도 필연적으로 영향을 미쳤다는 사실이다.

4. '마궁 부인병원'의 성병 관리 업무와 와타나베 유

1907년 개업 이후 푸쯔웨이 유곽 내의 업소들은 성공적으로 영업을 안정시킬 수 있었을 뿐 아니라, 이들의 성공을 보고 새로 개업을 신청하는 업자도 뒤가 끊이지 않을 정도였다. 이들의 청원이 펑후청에 받아들여져, 1913년에는 유곽 규모가 대폭 확장되었다. 또한 이를 계기로 그때까지 성안에 있었던 구매원을 폐지하고, 확장된 유곽 부지 안에 '마궁 부인병원'을 새로 건립해, 1913년 5월에 개원했다. [22]

이미 설명한 대로 '부인병원'이란 유곽 내에서 성매매에 종사하는 '창기'의 강제 검진과 격리 치료를 전담하는 기관을 가리키는데, 그 점은 '마궁 부인병

---

21 城田すず子, 『マリヤの讃歌』(東京: 日本基督教團出版局, 1971); 渡邊裕, 『馬公に於ける花柳病預防(昭和10年·11年二箇年間分臺灣澎湖廳馬公街花柳界の槪況)』(馬公: 渡邊裕, 1937).

22 "澎湖島通信(八日發)女院開築", ≪臺灣日日新報≫, 1912.12.13.

110 2부 식민정치와 가족·공창 제도

| 그림 4-2 | 1932년 '마궁 부인병원'

자료: 井原伊三太郞, 『澎湖島大觀』(馬公: 井原伊三太郞, 1932).

원'도 마찬가지였다.[23] 다만 다른 지방과 달리, 펑후청은 성매매업을 유곽 안의 '대좌부'와 '창기'에게만 제한적으로 허용할 수 없었다. 성안의 요리옥에서 '예기'와 '작부'들이 성매매에 종사하는

것을 펑후청이 암묵적으로 허용했음은 이미 살펴본 바와 같다. 이 때문에 마궁의 성병 유행을 효과적으로 통제하기 위해서는 창기뿐 아니라 예기와 작부도 강제 검진과 격리 치료 대상에 포함시킬 필요가 있었다. 그러나 일반적으로 공창제도 시스템에서는 '예기'와 '작부'에게 성병 검진과 치료를 강제할 수 있는 법적 근거가 존재하지 않았다. 펑후청도 예외는 아니어서, 1929년 4월 펑후청이 수정 반포한 '부인병원규정(婦人病院規程)'에도 업무 대상을 '창기'에서 '예기'와 '작부'까지로 확대시킬 수는 있었지만, 부인병원에 예기와 작부의 정기 검진과 격리 치료를 강제할 권한을 부여할 수 없었고, 예기와 작부는 그들이 직접 요구했을 경우에만 치료할 수 있었다.[24] 이 규정대로라면 '화류병예방법'이 지정하는 '업종상 화류병 전파가 의심되는 자'라든지, 1938년 타이완 총독부가 우려하고 있던 '특종 업종 종사자'들은 공창제도 아래에서 강제 성병 검진과 치료로부터 자유로웠던 셈이다. 그러나 1930년대' 중반 '마궁 부인병원'에서 원장을 맡고 있었던 와타나베 유(渡邊裕)에 따르면,[25] 그곳은

23   「澎湖廳訓令第五號澎湖婦人病院規定」, 『臺灣總督府公文類纂』, 第2119冊, 文號135, 1913年 5月
      1日; 「澎湖廳訓令第七號澎湖婦人病院入院患者ノ治療費取扱」, 『臺灣總督府公文類纂』, 第2119冊,
      文號138, 1913年 6月 1日.
24   「昭和4年澎湖廳訓令第22號馬公婦人病院規程」, 『澎湖廳報』, 1929年 7月 22日.

실제로 창기만을 업무 대상으로 하지는 않았다.

1943년 "지금까지 9년 동안 타이완에서 성병 예방 및 치료 분야에 종사해온" 성병 전문가라고 스스로 소개한 바 있는 와타나베가,[26] 성병 전문가로서의 경력을 시작한 곳이 바로 '마궁 부인병원'이었다.[27] 1908년 나가사키에서 태어난 와타나베는, 1931년 니혼 대학(日本大學) 전문부 의학과를 졸업하고, 얼마 지나지 않아 1933년 타이완으로 이주했다.[28] 먼저 타이완 총독부 위생과에서 반년 정도 근무한 후, 이듬해 1월 경찰의(警察醫)로 펑후청에 배속되었다.[29] 그 후 1938년 3월 핑둥시(屛東市)에 전임 발령을 받을 때까지 4년 반에 걸쳐, 펑후청에서 그가 담당한 구체적인 업무는 '마궁 부인병원' 원장으로서, 성매매 종사자들의 정기 성병 검진을 시행하고, 감염자들을 치료하는 일이었다.[30] 특기할 만한 점은 그가 부인병원에서의 업무 내용을 상세히 기록한

---

25   渡邊裕, 『馬公に於ける花柳病預防(昭和10年·11年二箇年間分臺灣澎湖廳馬公街花柳界の槪況)』.

26   和多奈邊生, 「性病預防雜感」, 『臺灣の醫界』 2~3(1943), p.171.

27   「渡邊裕臺灣衛生技生技師ニ任ス·高等官七等ヲ以テ待遇セラル·屛東市衛生技師ニ補ス」, 『臺灣總督府公文類纂』 第10094冊, 文號96, 1938年 8月 1日;「(臺灣衛生技師)渡邊裕臺灣總督府州警察醫ニ任ス·高等官六等ヲ以テ待遇セラル」, 『臺灣總督府公文類纂』 第10108冊, 文號21, 1940年 11月 1日.

28   그가 타이완 이주를 결정하기까지는, 당시 펑후 해군병원에서 근무하고 있던 친형의 영향이 있었던 것 같다. "新任警察醫", ≪臺灣日日新報≫, 1934.2.4.

29   "辭令", ≪澎湖廳報≫, 325, 1934.2.3.

30   마궁을 떠날 당시 그는 핑둥시 위생과에서 위생 기사로 발령되어 있었다. 渡邊裕, 「「市民の衛生」刊行の趣旨」, ≪市民の衛生≫, 1-1(1939), p.6. 그러나 성병 전문가로서의 자부심이 있었는지 곧 근처의 또 다른 부인병원인 '가오슝 부인병원'으로 일터를 옮겨, 1943년 3월 타이완을 떠날 때까지 성병 관련 업무를 지속했다. 谷元二, 『大衆0人事錄外地滿支海外篇』(東京: 帝國秘密探偵社·國勢協會, 1941), p.58. 그의 타이완에서의 성병 관련 업무와 관련해 또 하나 주목할 만한 점은, 이와 같은 실전 경험과 지식을 바탕으로, 타이완의 공창제도와 성병 문제에 대해 나름의 의견을 몇 편의 논문으로 발표했다는 사실이다. 渡邊裕, 「高雄市內に於ける保甲壯丁團員の性病調査成績に就て」, ≪日本公衆保健協會雜誌≫, 18-8(1942), pp.354~384; 渡邊裕, 「本島人靑壯年層に於ける性病瞥見」, ≪臺灣の醫界≫, 1-8(1942), pp.367~382; 渡邊裕, 「本島人靑壯年層に於ける性病瞥見(續)」, ≪臺灣の醫界≫, 1-9(1942), pp.433~440; 和多奈邊生, 「性病預防雜感」.

업무 일지를 남겼다는 사실이다.[31] 이 자료는 타이완에서 성병 관리 업무를 담당하고 있던 당사자가 직접 남긴 유일한 자료라는 점에서뿐 아니라, 당시 상황을 총독부 정책이나 법령 차원에서가 아니라, 현장에서 매일 성매매 종사자를 마주하고 있던 사람의 시각에서 법령이 실제로 어떻게 적용되었는지를 재조명한다는 점에서, 특히 의미가 있다. 그렇다면 와타나베의 업무일지는, 법령 차원에서 드러나지 않는 어떤 구체적인 실상을 담고 있을까?

마궁 유곽은 당시 타이완에서 타이베이 유곽과 타이난 유곽 다음으로 규모가 큰 유곽이었다. 와타나베에 따르면 마궁 유곽이 이 정도로 번성할 수 있었던 것은, 펑후청이 타이완을 대표하는 군사 요새였을 뿐 아니라, 당시 각광받기 시작한 산호 산업의 근거지였기 때문이기도 했다.

> 마궁은 펑후섬의 중심지이다. 지리적으로 지극히 교통이 불편한 외딴섬이라 고밖에는 묘사할 방법이 없는 데다가, 특히 겨울에 몰아치는 계절풍은, 문화 시설 전반에 적지 않은 피해를 초래하는 불리한 조건이다. 그렇다고 해서 신이 마궁을 철두철미하게 괴롭히고만 있는 것은 아니다. 다시 말해 사방으로 자연의 보고가 널려 있는 것이다. 이곳에서 자활의 길이란 이 보고를 이용해 불리함을 메우는 것뿐이다. 또 이곳은 서쪽으로는 중국 대륙과 남중국을 맞대고 있으며 동쪽으로는 타이완 본도의 서안과 마주보고 있어, 중국과 타이완을 이어주고 있다. 또 관점을 달리해 제국의 국방 문제라는 면에서 보면, 남방 생명선의 제일선을 지키는 거점으로, 장래가 기대되는 대중국·대남양의 디딤돌이기도 하다. 즉 펑후 지방행정의 중심지로서 독립된 관청을 두고 있을 뿐 아니라, 군사상 요지로서 요새가 설치되어 육군중포대(陸軍重砲隊)가 주둔하고 요항부(要港部)

---

31   현존하는 것은 1935년과 1936년 2년간의 분량뿐이다. 渡邊裕, 『馬公に於ける花柳病預防(昭和10年·11年二箇年間分臺灣澎湖廳馬公街花柳界の槪況)』.

가 설치되어 있으며, 경비대(警備艦)와 방비대(防備隊) 또한 두고 있으므로, 타이완과 중국 방면 경비의 중책을 도맡고 있는 제국 함선들의 쉼터이다. 현재 세계적으로 비상사태가 도래함에 따라 그 중요성이 나날이 더해지면서, 중포대대(重砲大隊)는 연대로 개편되고, 군비 제한 조약으로부터의 탈퇴도 효력을 나타내자, 요항부 시설이 급격히 증가하고 있는 상황이다. 한편 한때 번성을 거듭하면서 이곳의 중요 자원의 하나로 여겨져 왔던 중국과의 정크 무역이 7월부터 금지되고 말았다. 그러나 남쪽 바다에서 산호 어장이 발견됨에 따라 많은 흥미를 불러일으켜 산업 발전의 디딤돌이 되면서, 대규모 어항을 건설하려는 움직임도 있다. 이곳이 이렇듯 많은 중요성을 지니고 있다고는 해도, 자연 조건을 인간의 지혜로 완전히 극복하기란 불가능했기 때문에, 외딴섬으로서의 불편함과 계절풍의 맹위는 문화 시설의 지연을 초래했다. 따라서 정착하고자 하는 마음이 생기다가도 무미건조함과 오락 시설의 결핍은 타지에 대한 선망을 조장한다. 결국 화류계가 오락 장소로는 유일하다고 해야 할 정도로, 없어서는 안 되는 존재가 되었다. 그러나 화류계는 곧 '성병의 발상지'라는 말도 과장이 아니어서, 이처럼 긴요한 마궁에서 화류병 예방만큼 중요한 것도 없으니, 이것이 이 지역 예방 위생 사무상 가장 신경 써야 할 부분이라고 해야 할 것이다.[32]

평후청의 자연적·인문적 제반 조건으로 볼 때, 와타나베에게 성매매 산업은 일종의 필요악이었다. 더군다나 식민 통치 초기와는 달리, 이제 현재 마궁의 '화류계'가 상대해야 하는 것은 일본군뿐이 아니었다. 1930년대에 들어서면 평후는 중국이나 동남아시아와의 교역을 중개하는 역할도 하게 되었을 뿐 아니라 부근에서 산호 어장까지 발견되면서, 평후를 찾는 중국인과 다른 외국인도 급증하게 되었던 것이다. 세계대전으로 치달아가는 상황에서 평후

32   渡邊裕, 『馬公に於ける花柳病預防(昭和10年·11年二箇年間分臺灣澎湖廳馬公街花柳界の槪況)』.

청은 이러한 위험 인자로부터 주둔 중인 일본군 병력을 보호한다는 측면에서도, 성병 예방 업무에 만반의 태세를 취할 필요가 있었다. 그리고 와타나베는 부인병원의 수장으로서, 그런 중요한 업무를 총괄하고 있었던 셈이다.

한편 와타나베에 따르면, 자신이 성병 관리를 담당하고 있던 이른바 '화류계' 여성에 정식으로 성매매를 허가받은 '창기'만이 포함된 것은 아니었다. 부인병원에서 강제로 관리하는 대상에는 '창기', '예창기(藝娼妓)',[33] '예기', '작부' 등 네 부류가 있었다. 다시 말해 법률상의 '부인병원 규정'과는 별도로, 실제로는 예기와 작부도 강제 검진과 격리 치료의 대상이었다. 더욱 눈길을 끄는 점은 와타나베가 법 규정과는 다른 방식으로 이들을 설명하고 있다는 사실이다.

마궁에서의 종사자의 근무 상황을 보면 앞에서 살펴본 것처럼, 마궁에서도 다른 곳과 마찬가지로 민족적으로는 내지인(일본인 _인용자), 타이완인, 조선인 세 그룹의 여성이 창기, 예기, 작부 세 가지 업종에서 일하고 있다. 각각의 업종에 대한 규정은 다음과 같다.

① 창기: 내지인만 될 수 있는데, 이른바 '공창(公娼)'으로서 일정한 가업 지역(즉 지정지)에서만 취업할 수 있다.

② 예창기: 내지인으로만 구성되며, 창기와 예기를 겸하는 자로서 창기와 마찬가지로 지정지 안에서만 일할 수 있다.

③ 예기: 1935년 무렵까지는 내지인과 타이완인으로 구성되어 있었지만, 이듬해부터는 타이완인 예기가 모두 사라졌다. 지정지 안팎에서 모두 취업할 수 있으며, 주로 가무를 연출한다.

---

[33] 창기 면허와 함께 예기 면허도 소지한 여성 접대부들을 가리키며, 성매매에 종사할 수 있었기 때문에 법률적으로는 창기로 간주된다.

④ 작부: 내지인, 타이완인, 조선인이 있으며, 지정지에서는 취업하지 않는다.[34]

물론 '창기', '예창기', '예기', '작부'라는 네 가지 종류의 서로 다른 면허가 있었다는 사실 만큼은, 와타나베의 인식도 법률 규정과 같았다. 문제는 실무 담당자로서 와타나베가 네 직종을 성매매 허가 여부에 따라 구분하지 않았다는 사실이다. 이것은 이들 모두의 성병 관리를 도맡고 있었던 그가, 사실상 이들을 모두 같은 성매매 종사자로 인식하고 있었음을 암시한다고 할 수 있다. 같은 성매매 종사자로서 이들을 구분하는 기준은, 오로지 영업장소가 지정지, 즉 유곽에 제한되는지 뿐이었다. 펑후청에서 창기는 단지 성매매 여성이라기보다 유곽 안에서 일하는 성매매 여성이었으며, 작부와 예기 또한 성매매에 종사할 수 없기 때문에 유곽 밖에서 일하는 것이 아니라, 그저 유곽 밖에서 일하는 성매매 여성이었던 것이다.[35]

이는 실제로는 공창 제도의 법규가 펑후청에 그대로 적용되지 않았으며, 창기뿐 아니라 작부나 예기도 성매매에 종사하고 있었으며, 펑후청에서도 이런 상황을 묵인하고 있었다는 것을 의미한다. 따라서, 적극적으로 성병을 예방하기 위해서는[36] 창기만을 관리 대상으로 하는 공창제도의 부인병원 규

---

34 渡邊裕, 『馬公に於ける花柳病預防(昭和10年・11年二箇年間分臺灣澎湖廳馬公街花柳界の槪況)』

35 당시 마궁에서 유곽을 경계로 그 안팎의 성매매 종사자가 구별되고 있었던 이유는, 주된 고객층이 서로 달랐기 때문이었다. 앞에서도 잠시 언급했듯이, 마궁 유곽은 일본 해군의 전용 시설이라고 해도 무방할 정도였기 때문에, 일반 이용자는 합법적인 성 밖의 유곽이 아니라, 마궁성 안의 요리옥을 이용하기 마련이었다. 이 점 또한 와타나베의 업무 일지에서 확인할 수 있다.

36 여기서 공창제도 시스템 내의 성병 방역 구상 자체가 성병을 예방하기에는 역부족이었다는 사실을 언급해둘 필요가 있다. 널리 알려져 있듯이, 공창제도는 성을 사는 남성에게는 어떠한 제재도 가하지 않은 채 성매매 여성만을 관리해 성병 유행을 차단하고자 했다. 물론 효과적으로 성병을 통제하기 위해서는 관리를 받는 성매매 여성의 범위를 확대하기보다는 먼저 공창제도 자체를 타파하고, 남성을 성병 방역 시스템 안으로 포함시키는 것이 우선되어야 했다.

정을 그대로 따를 수 없었다. 와타나베가 남긴 업무 내용은 성병 방역상 생길 수 있는 치명적인 허점을 현장에서 어떻게 보완하고 있었는지를 보여준다고 할 수 있다. 타이완의 다른 지역에서 창기에게만 강요되었던 강제 검진은, 펑후청에서는 '각 업종의 실제 업무 형태'를 고려해[37] 예기와 작부에게까지 확대되었다. "마궁의 가업자(창기, 예기, 작부 등의 여성 _인용자)들은 가업 실태에서 사실상 동일한 존재라고 할 수 있다"는 말에서 알 수 있듯이,[38] 사실상 모두 성매매 종사자라는 인식 아래 강제 검진과 격리 치료 대상에 포함되었던 것이다.

> 본래의 규정에는 창기나 예창기에 대해 강제 성병 검진을 실시하고, 그 밖에 이른바 '사창'으로 불리는 예기와 작부는 자발적으로 검사받을 수 있다고 되어 있었다. 그러나 마궁에서는 지역적 특수성을 고려해, 후자도 '공창'으로 보아, 강제 성병 검진을 실시한 지 이미 3년이 되었다. 각 업종의 실질적인 형태에 비추어볼 때, 합리적이라고 할 수 있을 것이다.[39]

좀 더 구체적으로 살펴보면, '마궁 부인병원'은 각 업종의 종사자들을 다시 민족별로 세분해 검사 날짜를 배당했다. 그에 따르면 면허증 종류를 막론하고 이들은 매주 한 번 강제 검진을 받아야 했는데, 목요일에는 타이완인 작부, 금요일에는 일본인 창기와 예창기, 토요일에는 일본인과 조선인 예기와 작부를 검진했다. 요약하면 1930년대 펑후청에서는 법률 규정과는 별도로, 창기뿐 아니라 예기와 작부에게도 사실상 성매매가 허가되어 있었고, 따라서 모두 부인병원의 관리 대상이었다고 할 수 있다. 여기서 1940년 '화류병

---

[37]　渡邊裕, 『馬公に於ける花柳病預防(昭和10年·11年二箇年間分臺灣澎湖廳馬公街花柳界の概況)』.

[38]　渡邊裕, 같은 책.

[39]　渡邊裕, 같은 책.

|그림 4-3| 평후의 각종 접대업 종사 여성 인구(1926~1942)

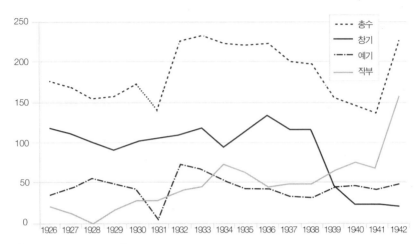

자료: 臺灣總督官房調査課 編, 『臺灣總督府第三十~四十六統計書』(臺北: 臺灣總督官房調査課, 1928~1944).

예방법' 시행 문제를 되짚어서, 1941년 마궁에도 화류병진료소가 신설되었 었다는 사실을 상기해보자.

평후청에는 1940년 이전에도 '마궁 부인병원'에서 창기뿐 아니라 '예기'와 '작부'의 성병을 관리하고 있었다. 다시 말해 평후청에서는 '창기 이외의 특 종 업종 종사자가 한번 이 병에 걸리면 적당한 치료를 받을 길이 없어서, 병 독이 점차 퍼져 나가 환자가 점점 증가하는 것' [40]같은 상황에 대해 일찌감치 조치가 취해졌다. 그런데도 전쟁 중 긴축 재정인 상황에서 평후청에 화류병 진료소 신설이 허가된 이유는 무엇이었을까? 그 배후를 밝히기 위해서는 마 궁 부인병원의 경영 체계와 함께, 1930년대 후반부터 마궁 '화류계' 전체가 겪은 일련의 변화를 살펴볼 필요가 있다.

---

[40] 「敕令第三四九號花柳病預防法ヲ臺灣ニ施行スルノ件」, 『臺灣總督府公文類纂』, 第10418冊, 文 號17, 1939年 1月 1日.

〈그림 4-3〉에서 보듯이 1938년부터 마궁에서 접대업에 종사하는 여성 인구는 감소 추세로 돌아선다. 그중에서도 창기 수의 급속한 감소가 두드러졌다. 1938년에 116명을 헤아리던 평후청의 창기 수는 1년 만인 1939년에 절반 이하로 감소해 47명이 되더니, 이듬해에는 겨우 24명만이 남았다. 이러한 급격한 감소의 구체적인 이유를 단정하기는 어렵다고 하더라도, 수치상으로 볼 때 1938년을 기점으로 평후청 대좌부 업계가 심각한 경영난에 빠졌음은 분명해 보인다. 그런데 '마궁 화류병진료소'가 건립되기 직전인 1941년에 작부 수가 급격히 상승하며 평후청의 전체 접대 업종 여성 종사자 수를 다시 한 번 끌어올린다.

다시 말해 1940년 '화류병예방법' 시행 전까지 부인병원이 관리·치료하던 여성 수는 감소 추세에 있었다. 다만 이런 추세를 초래한 것은 창기 부분의 급격한 감소였을 뿐, 작부나 예기 수는 별다른 변화를 보이지 않았다. 즉, 법률 규정으로는 '창기' 전담 방역 기관이었음에도, 1938년 이후가 되면 부인병원의 관리 업무 대부분을 작부와 예기가 차지하고 있었던 셈이다. 문제는 이 비용을 누가 부담했느냐는 것이다.

변칙적으로 예기와 작부까지 관리했다고는 해도, 부인병원은 법률상 엄연히 창기를 치료·검진하는 기관이었을 뿐, 예기와 작부의 검역 의무는 없었다. 그리고 마궁 부인병원에서의 검진과 치료 비용은 '유곽' 내의 성매매 업자인 '대좌부'들로 이루어진 '마궁 대좌부조합(馬公貸座敷組合)'에서 부담하고 있었다. 1912년에 조직된 마궁 대좌부조합은 유곽 안의 모든 성매매 업자들의 가입을 의무화하고 있었는데, 회비로 충당하는 경비에 부인병원 운영비 일부와 창기 치료 비용이 포함되어 있었다.[41] 이와 같은 운영 방식은 부인병원이 대좌부에서 일하고 있는 창기들만을 관리한다는 법률 규정에 근거한 것

---

41   「味志次平貸座敷組合費用徵收認可」, 『臺灣總督府公文類纂』, 第5590冊, 文號22, 1912年 6月 1日.

이었다. 물론 작부와 예기를 관리 대상에 포함시킨다고 하더라도, 그들이 일부에 지나지 않았다면 크게 문제될 것은 없었다.

문제는 창기 수와 그 밖의 예기 및 작부 수의 균형이 깨지면서 불거졌다. 2년 만에 창기 수가 4분의 1 정도로 줄어들면서, 마궁 대좌부조합이 지원할 수 있는 부인병원 운영비도 급감했으리라는 것은 말할 필요가 없다.[42] 그러나 그 와중에 예기와 작부 수는 오히려 급증했기 때문에, 부인병원의 업무 부담과 필요경비는 오히려 가중되어갔을 것이다. 이러한 곤경을 타개할 수 있었던 것은, '부인병원'이 재정적으로 제 기능을 하기 어려웠을 1940년 당시에 '창기 외의 특종 업종 종사자' 즉 예기와 작부를 관리하기 위한 법령인 '화류병예방법'이 타이완에서도 채택되어, 비용을 국고에서 보조받을 수 있는 길이 열렸기 때문이다. 부인병원이 이미 있는 평후청에 1941년 화류병진료소의 추가 설립이 예외적으로 허가될 수 배후에는, 평후청이 성매매를 둘러싸고 반세기 동안 겪어온 결코 평범하지 않은 역사적 흐름이 있었던 것을 기억해야 할 것이다.[43]

---

[42] 당시 자료에 따르면, 당시 마궁 대좌부조합의 회비는 업소당 동일한 금액이 부가되었기 때문에 창기 수나 영업 규모와는 직접적으로 관련이 없다고도 할 수 있다. 「味志次平貸座敷組合費用徵收認可」, 『臺灣總督府公文類纂』, 第5590冊, 文號 22, 1912年 6月 1日. 그러나 창기 수가 줄면서 각 업소의 영업 소득도 줄어들었을 것이기 때문에, 정상적으로 회비를 징수하기 힘들었을 것이다. 이뿐만 아니라 실제로 평후청에 등록된 대좌부의 수도, 1926년에는 13곳, 1927년부터 1933년까지는 14곳으로 거의 변화가 없이 유지되었지만, 1934년과 1935년에는 12곳, 1926년과 1938년에는 14곳, 그리고 1939년에는 10곳, 1940년과 1941년에는 9곳, 1942년에는 8곳 등으로 급격히 감소하기 시작해 회비가 모두 징수되었다고 하더라도, 대좌부조합의 수입은 감소할 수밖에 없었다. 臺灣總督官房調査課 編, 『臺灣總督府第三十-四十六統計書』.

[43] 다만 평후청의 '화류병진료소' 운영 규정을 구체적으로 알 수 있는 자료는, 현재 목록만 남아 있을 뿐 그 내용을 확인할 수 없다. 「昭和17年澎湖廳訓令第8號花柳病診療所規程」, ≪澎湖廳報≫, 1942年 5月 27日. 따라서 실제로 화류병진료소가 유명무실해진 부인병원을 대신해 창기의 관리까지 도맡았는지는 현재 확인할 수 없다.

참고문헌

≪臺灣日日新報≫, ≪府報≫, ≪澎湖廳報≫.
『臺灣總督府公文類纂』.

張玉瑛. 1998. 『媽宮(1604-1945) ── 一個臺灣傳統城鎮空間現代化變遷之研究』. 澎湖: 澎湖縣立文化中心.
張曉旻. 2013. 「日治時期臺灣性病防治政策的展開」. ≪臺灣史研究≫, 20卷 2期, pp.77~122.
井原伊三太郎. 1932. 『澎湖島大觀』. 馬公: 井原伊三太郎.
曾田長宗. 1938. 「花柳病預防に就いて」. ≪臺灣警察時報≫, 273.
陳姃湲. 2013. 「洄瀾花娘, 後來居上 ── 日治時期花蓮港遊廓的形成與發展」. ≪近代中國婦女史研究≫, 21, pp.49~119.
_____. 2018. 「從澎湖遊廓制定過程看: 殖民地邊緣的行政運作(1896-1913)」. 陳姃湲 編. 『日本殖民統治下的地層社會史: 臺灣與朝鮮』. 臺北: 中央研究院臺灣史研究所.

谷元二. 1941. 『大衆人事録 ; 外地滿支海外篇』. 東京: 帝國秘密探偵社. 國勢協會.
渡邊裕. 1937. 『馬公に於ける花柳病預防 昭和10年~11年二箇年間分臺灣澎湖廳馬公街花柳界の概況』. 馬公: 渡邊裕.
_____. 1939. 「「市民の衛生」刊行の趣旨」. ≪市民の衛生≫, 1-1.
_____. 1942. 「高雄市内に於ける保甲壯丁團員の性病調査成績に就て」. ≪日本公衆保健協会雜誌≫, 18-8, pp.354~384.
_____. 1942. 「本島人青壯年層に於ける性病瞥見」. ≪臺灣の醫界≫, 1-8, pp.367~382.
_____. 1942. 「本島人青壯年層に於ける性病瞥見(續)」. ≪臺灣の醫界≫, 1-9, pp.433~440.
藤野豊. 2001. 『性の國家管理 ── 買賣春の近現代史』. 東京: 不二出版.
山本俊一. 1983. 『日本公娼史』. 東京: 中央大學出版部.
城田すず子. 1971. 『マリヤの讚歌』. 東京: 日本基督教團出版局.
張曉旻. 2008. 「植民地臺灣における公娼制の確立過程(1896年-1906年): 「貸座敷・娼妓取締規則」を中心に」. ≪現代臺灣研究≫, 34, pp.101~124.
和多奈邊生. 1943. 「性病預防雜感」. ≪臺灣の醫界≫, 2-3, p.171.

5장

누구, 무엇을 위한 '친권'인가

식민지 시기 '친권'의 법제화와 가족정치학

| **홍양희** 한양대학교 비교역사문화연구소 HK연구교수 |

1. 머리말

2015년 12월 어느 추운 겨울날 아침, 신발도 신지 않은 반바지 차림의 꼬마가 한 슈퍼마켓으로 들어왔다. 바구니에 과자를 잔뜩 집어넣고 나가려는 초췌한 모습의 아이는 굶주림을 못 이겨 집을 탈출한 아이였다. 대여섯 살로 보이던 아이의 실제 나이는 11살이었다. 아이의 모습은 가정에서 부모에 의해 자행되는 아동 학대의 실상을 여실히 보여주었다. 이 사건을 계기로 취학 연령대의 아동 중, 학교에 나오지 않는 아이들을 대상으로 전국적인 조사가 이루어졌다. 조사 결과는 놀라웠다. 부모에게 맞아 백골 시신으로 발견되는 아이들이 생겨나면서, 부모에 의한 아동 학대 문제가 수면 위로 떠올랐다. "부모는 자신의 아이를 위해 최선의 노력을 다한다"는 '자명한(?)' 명제를 무색하게 만드는 사건들이었다. 아동 학대의 주범인 부모들은 법정 구속과 함께 친권이 박탈되었지만, 이와 같은 사회 현실은 미성년 자녀를 둔 부모가 '당연히' 가지고 있는 '친권'이 '과연 누구/무엇을 위한 것'인지, 재고하게 하는 하나의 계기가 되었다.

그렇다면 지금껏 '친권'이 목표로 한 것은 무엇이었는가. 영어로 parental authority 혹은 parental rights로 표기되는 이 용어, 즉 자녀에 대한 '부모의 권위' 혹은 '부모의 권한'이 의미하는 바는 무엇인가. 한국 사회에서 친권 문제는 이혼의 급증, 혼인외자의 증가와 함께 사회적인 문제로 가시화되었다. 최근에는 가족의 변용과 사회의 변화에 수반해 친권이 '아이들의 복리'라는 측면에서 접근되기 시작했고, 한국 또한 세계적인 추세에 따라 '자녀를 위한 친권'으로 법 개정이 이루어졌다.[1] 이 같은 변화는 특정한 법 개념 또한, 사회적·역사적 맥락에 따라 끊임없이 재구성되고 재해석된다는 것을 드러낸다.

지금까지 한국에서 이루어진 친권에 대한 대부분의 논의는 법학 분야에서 나왔으며, 민법상의 친권이 가진 법적 한계 혹은 그것의 개정 방향과 관련된 것들이다. 자녀에 대한 최우선 복리(the best interest of the child)가 부모와 미성년 자녀 사이의 관계를 지배하는 최고의 법이념이라는 점에는 이견이 없지만, 친권을 둘러싸고 다양한 문제가 제기되는 것 또한 사실이다. 자녀의 생

---

1   친권과 관련된 조항은 '민법' 제909조 "미성년 자녀에 대한 친권 행사는 부가 하고 부가 없거나 기타 친권을 행사할 수 없을 때에는 모가 한다"[양현아, 『한국 가족법 읽기』(창작과비평사, 2011), 485쪽]이다. 이는 1977년 개정에서 부모의 친권으로 변화한다. 부모는 친권을 공동으로 행사한다. 그러나 부모의 의견이 일치하지 않을 때는 아버지가 친권을 행사한다. 이뿐만 아니라 이혼할 경우 아버지가 친권을 행사했다. 1989년의 개정에서는 친권제도에 큰 변화가 있었는데, 부모 공동 친권과 함께 이혼 후 어머니도 친권자가 될 수 있게 되었다. 2005년 개정에서는 가정법원의 역할이 더욱 커져 친권자가 될 부부 당사자의 청구가 없어도 직권으로 친권자를 지정할 수 있었다. 또한 2005년 개정으로 친권자에 대한 자의 복종 개념이 사라지고 '자의 복리'가 친권 행사의 중요 원칙이 되었다. 더욱이 2011년에는 친권행사에는 자의 복리를 우선적으로 고려해야 한다는 것을 명시했다. 친권 법 개정에 관한 논의는 양현아, 같은 책, 408~409쪽, 484~487쪽 참조.

명, 성장 발달의 사회적 보장과 지원이라는 측면에서 획기적인 것으로 평가받는 일본의 2011년 '민법' 개정에 대한 사례와 유럽의 친권법을 거울삼아 한국의 친권법에 대한 재정비의 필요성을 주장하는 논의부터[2] 친권에 대한 국가의 개입과 통제가 미치는 범위에 대한 성찰적 접근,[3] 친권폐지론 혹은 친권후견통일론 논쟁에 대한 소개에 이르기까지,[4] 현행 친권법의 법 운용이나 그것의 개정 방향에 대한 논의들이 진행되었다.

그런 반면 한국에서 친권이 언제 어떻게 법제화되었는지, 그 역사적 맥락에 대한 연구는 전혀 존재하지 않는다. 특히 친권 문제는 가족제도의 근간을 이루는 친자 관계와 부부 관계를 함축하고 있다는 점에서 가족원 사이에서 작동하는 권력 관계와 젠더 문제를 핵심적으로 담고 있다. 친권법에는 부모와 자녀, 남편과 아내 사이의 평등권 관계가 내재되어 있기 때문에, 당대 '친권'이 법제화되고 해석되는 방식은 그 시대의 가족정치학과 젠더정치학이 작동하는 사회적 맥락을 적나라하게 드러낸다. 그렇다면 식민지 조선에서 처음 법제화된 '친권'의 내용은 무엇이며, 그것은 가족 정치 및 식민지 정치와 어떠한 관계에 있는가.

지금까지 식민지 가족법에 대한 연구는 많은 성과를 거두었으며 논점도 다양하게 형성되었다. 특히 일본 '민법'이 조선의 '관습'과 맺는 관계성을 중심으로 한, 친족법 및 상속법과 식민정치 문제는 가장 뜨거운 논쟁의 지점이었다.

---

2 김상용, 「2011년 가족법의 개정 동향」, ≪법조≫, 60권 12호(2011); 정현수, 「일본의 가정 친권법에 관한 소고」, ≪법학연구≫, 37집(전북대 법학연구소, 2012); 윤혜란, 「친권에 관한 비교법적 고찰」, ≪가족법연구≫, 26권 2호(2012); 박성호, 「유럽연합 친권법 원칙과 한국 친권법 비교연구」, ≪법학논고≫, 42집(경북대 법학연구원, 2013); 박주영, 「개정 민법상 친권제한제도의 평가 및 향후 과제: 일본과의 비교를 중심으로」, ≪성균관 법학≫, 27권 3호(2015).

3 이동진, 「부모의 자녀에 대한 친권행사와 국가의 통제」, ≪가족법연구≫, 30권 3호(2016).

4 김유미, 「친권폐지론의 한국친권법에 대한 의의」, ≪울산대학교 사회과학논집≫, 8권 1호(1998).

조선총독부가 1912년 3월 「조선민사령」을 공포해 식민지 가족법에 '관습법'을 채택한 후, 시간 차이를 두면서 항목별로 일본 '민법'을 적용하는 방식을 취했기 때문이다. 가장 오랫동안 법사학계의 주류를 점해왔던 '관습 왜곡론', 이에 대항하는 '관습변화론' 등의 연구가 있다.[5] 그러나 비교적 최근의 포스트 콜로니얼리즘(post colonialism) 계열의 연구들은 선행 연구들이 조선 시대의 다양한 관행을 지나치게 정형화할 뿐만 아니라 가족법이 가진 포스트 식민성 문제를 해명하기 어렵다는 문제를 제기하면서, 식민지 시기 관습 조사와 관습법 체계에 의해 오히려 조선의 '관습'이 발명·창출되었다는 논의로 나아갔다.[6] 이 연구들은 식민지 조선의 전통·관습의 구성에 개입한 식민지 근대법 체계에 대한 근본적인 성찰과 재고를 제기한다.

이 장에서는 이러한 논의와 인식을 같이하면서 '친권'이 법제화되는 과정을 통해 식민지 시기 '가족'이 조직화되는 방식과 그것이 수행한 가족 및 젠더 정치의 실상을 고찰하고자 한다. 식민지 시기에 가장 먼저 일본 '민법'의 적용 대상이 된 '친권' 부분은 식민지 조선에서 어떤 방식으로 조선의 '관습'이 발명되는지, 그리고 이것이 가진 포스트 식민성의 문제를 잘 드러내기 때문이다. 이를 통해 이후 '법'으로서의 '친권'이 '인권' 차원에서 재사유될 수 있는 하나의 자원이 되기를 기대한다. 특히 식민지 법제는 탈식민 후 한국 가족법의 원형이 되기 때문에, 가족법에 내재한 포스트 식민성의 문제를 성찰할 수 있는 원천이라는 점에서 그 연구사적 의미를 더한다.

이 연구를 위해 이 장에서는 먼저, 친권 개념이 처음 등장해 '조선의 관습'

---

5   일제강점기 가족 관습법 연구 경향에 대한 자세한 논의는 홍양희, 「식민지시기 상속 관습법과 '관습'의 창출」, ≪법사학연구≫, 34호(2006)를 참조.
6   양현아, 「식민지시기 한국 가족법의 관습문제 I」, ≪사회와 역사≫, 58집(2000); 홍양희, 「식민지시기 친족관습의 창출과 일본민법」, ≪정신문화연구≫, 28권 3호(2005); 홍양희·양현아, 「식민지 사법관료의 가족 '관습'인식과 젠더 질서」, ≪사회와 역사≫, 79집(2008).

으로 발명되는 맥락을 살펴본다. 다음으로 식민지 정치 상황 속에서 친권이 법제화되고, 마침내 일본 '민법'의 적용 대상이 되는 과정, 그리고 친권 법제가 가진 특징을 고찰할 것이다. 끝으로 식민지 조선에서 친권 법제가 실천되는 양상을 추적해, 그것이 식민지 조선에서 가족을 통해 수행한 정치학을 탐구할 것이다. 여기에 사용된 기본 사료는 일본인 사법 관료들이 조사·작성해 조선총독부에서 발행된『관습조사보고서』, 조선의 관습이 무엇인지를 문의하는 법원의 조회에 대한 정무총감의 회답이 담긴『민사관습회답휘집(民事慣習回答彙集)』그리고『조선고등법원판결록(朝鮮高等法院判決錄)』등이다. 이 외에 ≪동아일보≫와 같은 신문을 참고했다.

2. 식민지 관습 조사와 '친권' '관습'의 발명

'친권'이라는 개념이 한국에 유통되기 시작한 것은 일본인 통감부 관료들에 의해 조선의 관습이 조사되면서부터였다. 조선 시대 문헌에서 친권 개념을 찾기 어려운 것도 이 때문이다. 관습 조사는 1908년 법전조사국 관제가 시행되면서 시작되었는데, 당시 법전조사국의 주요 임무는 법전 편찬과 관습 조사였다. 관습 조사는 법전조사국 고문이자 실질적 책임자였던 우메 겐지로(梅謙次郎)가 작성한『관습조사문제(慣習調査問題)』를 기초로 이루어졌다. 민법 편, 상법 편을 합한 총 206문항의 질문 중 민법 편은 일본 민법의 편별 구성에 따라 작성되었다. 즉 일본 '민법'의 기본 원리들로 질문지가 만들어졌으며, 그것을 기준으로 조선에 그와 같은 관습이 존재하는지 어떤지에 우선적으로 조사의 초점을 맞췄다.[7]

---

7   『관습조사문제』(법전조사국, 1908).

이와 같은 조사 항목을 통해 일본인 조사관들이 조선의 관습으로 파악한 내용을 정리해 편찬한 것이 바로 1910년 12월에 간행된『조선관습조사보고서(朝鮮慣習調査報告書)』이다.[8] 이 보고서의 조사 문항 중 제140번부터 145번까지가 '친권'에 관한 질문이었다. "제140 친권을 인정하는가?", "제141 친권자는 자(子)에 대해 어떤 권리를 갖는가?", "제142 친권자는 자의 재산을 관리하는가, 아닌가?", "제143 친권에 복종하는 여자에게 부(夫)가 있는 경우에 부의 권리와 친권은 어떻게 조화하는가?", "제144 친권자는 자(子)를 대리해 호주권과 친권을 행사하는가?", "제145 친권 상실의 원인은 무엇인가?" 등이다. 특히 조사 문항 제140은 조선에 친권이라는 관습의 존재 여부와 그와 관련된 부속 질문이었다. 이에 맞추어 '조선의 관습'은 다음과 같이 정리되었다.

제140 친권을 인정하는가? 또는 호주권 외에 친권을 인정하는가. 만약 이를 인정한다면 부가 행사해야 하는가. 부가 없으면 모가 행사해야 하는가. 또 친족회의 의견에 따르는 경우 등은 없는가. 또 가에 있지 않는 부모도 친권을 행사하는 예가 있는가. 또 자의 연령과 관계없이 행사하는가.

한국의 풍속에는 자식은 절대적으로 어버이의 명령에 복종하는 것이다. 어버이는 자식을 교육하고 직업을 선정하거나 거소를 지정하고 감호·징계를 한다. 또 재산을 관리하고 재산상의 행위에 자를 대표하는 관습이므로 친권을 인정하는 것은 애당초 말할 것이 없다. …… 친권은 부가 있으면 부가 행사하고 부가 없으면 모가 행사하는 것이 상례이다. 부가 행사하는 경우와 모가 행사하는 경우에 따라 그 범위에 차이가 있지 않다. 다만 실제로 여자는 내실에 칩거

---

8   『조선관습조사보고서』는 1910년 12월 처음 간행된 이래 1912년, 1913년에 약간의 수정을 거쳐 개정판이 발행되었다. 이 보고서는 법제연구원에서 이 판본들을 포함해 번역서를 1992년에 처음 출간하고 2000년 다시 개역서를 출간했다. 이 논문에서는 정긍식 옮김, 『개역판 관습조사보고서』(법제연구원, 2000, 이하 『관습조사보고서』)를 참고했다.

해 외부와의 교섭을 꺼리는 풍습이 있을 뿐만 아니라, 대개 세상살이에 어두워 모가 친권을 행사하는 경우에 중요 행위에 대해서는 자의 백·숙부 등에게 협의하는 일이 있다. 그러나 이러한 협의는 친권을 행사하는 모가 임의로 하는 것으로 관습상 모가 친권을 행사함에 동의를 얻어야 하는 것은 아니다. 특히 친족회의 동의를 얻는 등을 절대로 볼 수 없다. 그리고 부나 모가 친권을 행사함에는 재가(在家)하는 경우만으로서 비재가자는 친권을 행사할 수 없다. 또 자가 친권에 복종하는 연령에는 정한이 없다. 그래서 자는 재가한 부나 모가 생존 중에는 친권에서 벗어날 수 없다. 그렇지만 성년이 된 후에는 저절로 친권 행사에 제한을 가져올 뿐만 아니라 사실상 친권이 행사되지 않게 되어 마침내 징계권만이 남게 되는 것이다.[9]

『관습조사보고서』에 나타난 조선의 '친권' 관련 '관습'은 사실상 후술할 일본 '민법' 조항의 내용과 상당히 닮아 있다. 이를 일본 '민법'과 자세히 비교해 보면 양자 사이에는 일정한 차이가 있기는 하지만, 결국에는 상당 부분 일본 '민법'의 내용으로 수렴되는 방향으로 논의가 전개되고 있다. 몇 가지 예를 들면 첫째, 일본 '민법' 제877조에 "자(子)는 그 가(家)에 있는 부(父)의 친권에 복종한다. 단지 독립의 생계를 세운 성년자는 이 한에 있지 않다"고 하여 친권 행사를 미성년 자녀만으로 한정했다. 이에 비해 『관습조사보고서』는 조선에서 "친권에 복종하는 연령에는 정한이 없다. 그래서 자는 재가한 부나 모가 생존 중에는 친권에서 벗어날 수 없다"라고 하면서도, "성년이 된 후에는 저절로 친권 행사에 제한을 가져올 뿐만 아니라 사실상 친권이 행사되지 않게" 된다고 규정했다. '민법'의 방향으로 한발 다가서는 방식으로 기술해, 결국은 친권 행사가 사실상 미성년에 한정되는 것으로 정리되었다.

---

9   『관습조사보고서』, 336~337쪽.

둘째, 친권 행사의 일차적 주체가 '부'이고, 부가 친권을 행사할 수 없는 경우에 '모'가 이를 대신한다는 점은 일본 '민법'과 동일했다. 그렇지만 조선의 관습에서는 어머니가 친권을 행사하는데 친족 회의 동의를 얻는 일은 절대 없다고 보았다. "제142, 친권자는 자의 재산을 관리하는가, 아닌가?"라는 조사 문항에 대해 "호주인 자가 유년이면 상당한 연령이 될 때까지 모가 친권자로서 그 재산을 관리하는 것이 관례"이고, 그 "관리 권한이 매우 넓어 자기의 재산과 조금도 차이가 없어 처분 행위와 같은 것도 자유로이 할 수 있다"라고 했기 때문이다. 그러나 "여자는 세상살이에 어둡고 외부와 교섭하기도 불편하므로 대체로 자의 백부 등과 협의해 보조를 받는다"고 부언함으로써, 어머니가 자식의 재산과 관련해 행하는 법률행위의 자율성을 상당 부분 후퇴시킨 것을 확인할 수 있다. 이 점은 일본 '민법' 886조, 즉 친권자로서 모의 재산상 법률 행위가 친족 회의 동의를 필요로 한다는 규정이 의식된 것으로도 보인다.

셋째, 친권의 제한 혹은 상실과 관련된 내용이다. 『관습조사보고서』가 "친권자가 친권을 남용하거나 현저한 불법을 행하거나 자의 재산을 위태롭게 하더라도 …… 관이나 친족회에서 친권의 전부 또는 일부를 박탈할 수 없다"고 하면서, "다만 과부인 모가 현저한 불법을 행하고 나아가 호주인 자의 재산을 위태롭게 한 경우에는 친족의 협의를 거쳐 간섭하는 예가 있다"고 정리했다. 일본 '민법'이 부와 모 모두에게 친권 상실의 가능성을 열어두었다면, 조선에서는 어머니에게만 실권의 원인을 찾는다는 점이 상이했다.[10] 특

---

10 이와 관련해 일본 '민법' 제896조와 제897조에는 다음과 같이 규정되어 있다.
제896조 부 또는 모가 친권을 남용하고 또는 현저한 불행적을 할 때는 재판소는 자의 친족 또는 검사의 청구로 인해 그 친권 상실을 선고할 수 있다.
제897조 친권을 행하는 부 또는 모가 관리의 부당으로 인해 그 子의 재산을 위태롭게 할 경우에는 재판소가 자의 친족 또는 검사의 청구로 관리권의 상실을 선고할 수 있다.

히 "현저한 불행적(不行蹟)"과 "자의 재산을 위태롭게" 한다는 이 두 조항은 거의 여성, 즉 어머니에게만 해당되는 조항이었다. 전자가 어머니(여성)의 섹슈얼리티(sexuality)의 문제라면, 후자는 미성년 자녀가 재산이 있는 경우였다. 후자는 아버지의 사망에 따라 미성년자가 호주 상속과 함께 재산상속을 받아 성립되는 경우가 대부분이었기 때문에, 아버지의 친권 행사에서는 이것이 거의 문제가 되지 않았다.

결국 『관습조사보고서』의 조선 관습은 일본 '민법'과 내용에서 일정한 차이가 있었지만, 궁극적으로는 일본 '민법'으로 수렴될 수 있게 서술된 것이라 판단된다. 이는 사실상 관습의 조사 방식에서 이미 예견된 일이기도 했다. 조사 방식이 조선의 관행을 '있는 그대로' 조사하는 것이 아니라, 일본 '민법'의 항목에 맞추어 조선의 관행을 조사하는 방식을 취했기 때문이다. 이것은 조선의 여러 관행이 일본 '민법'의 용어로, 그리고 그것이 나타내는 관계 속으로 분류되고 재정리·재배치되었다는 것을 의미했다. 부모와 자식 사이에 존재하는 기존의 여러 관행이 '친권'이라는 용어에 의해 하나의 '관습'으로 발명되어갔던 것이다.

『관습조사보고서』의 이와 같은 내용은 일본인 판사 아사미 린타로(淺見倫太郎)에게도 포착되었다. 도쿄 제국대학에서 『한국법제사고(韓國法制史考)』로 박사학위를 받은 그에게 보고서 내용은 아주 기이한 것이었다. 그에게 『관습조사보고서』의 내용은 일본 '민법'을 그대로 조선에 시행해도 좋을 만큼, 일본과 상당히 동일해 보였기 때문이다. 그래서 그는 내심 기쁘다고 했지만, 이는 거의 조소에 가까웠다.

보고서가 간행된 것을 보니 속대전(續大典)의 문(文)과 명률(明律) 및 형법대전(刑法大全)의 문(文)은 일단 조사에 있을지라도 내가 이른바 구기 문서(舊記文書)라 하는 것은 하나도 인용한 곳이 없고, 틀린 청률(清律)을 대조한 부분이 있다. 그리고 그

전부는 거의 우리 현행법 중 민사(民事)·상사(商事) 사항을 소직(燒直)한 관(觀)이 있어 조선에는 종래 우리 '민법'과 동일한 관습이 있다고 인정한 것과 같다. 이것은 참으로 내가 의외라고 생각한 바이고 또 마음속으로 기뻐한 바이다. 이것을 기뻐한 까닭은 조선의 구관(舊慣)이 과연 이 책과 같다고 한다면 조선인은 우리와 동일한 '민법'을 가지는 데 조금도 불가한 것이 아니라는 것이 된다.[11]

아사미는 조사 방식과 조사 내용의 양 측면에서 『관습조사보고서』를 신랄하게 비판했다. 방식 면에서는 법전류(法典類)만 인용되었을 뿐, 구기 문서가 전혀 이용되지 않았다는 것이 그 이유였다. 관습 조사를 위해서는 조선인들이 실생활에서 사용했던 고문서를 조사·분석하는 것이 더 합리적이기 때문이다. 따라서 조선의 구관에 일가견이 있다고 믿었던 아사미에게 보고서의 내용은 일본 '민법'의 '소직(燒直)', 즉 일본 '민법'을 약간 손질해 마치 조선의 것인 양 발표한 것에 불과했던 것이다.

이렇게 보면, 당시 조선의 관습이라는 것은 일본인 관리와 학자들이 그들의 시각에서 바라본 한국의 관습이었다. 이를 단순히 관습의 의도된 '왜곡' 혹은 관습의 '변화'로 보기보다, '조선 관습'의 발명이라고 주장하는 이유도 이 때문이다. 서양 제국이 그들의 기법을 이용해 동양을 재구성했듯이, 일본의 사법 관료들 역시 자신의 법률 지식으로 조선의 관습을 재구성했던 것이다.[12] 결국 조선인의 가족과 관련된 관행들은 처음부터 일본의 메이지 시

---

11   淺見倫太郎, 「朝鮮法系の歷史的研究」, ≪法學協會雜誌≫, 39-8(1921), p.34.
12   홍양희·양현아, 「식민지 사법관료의 가족 "관습" 인식과 젠더 질서」, ≪사회와 역사≫, 79집 (2008), 161~195쪽. 이런 예는 영국의 식민지였던 아프리카에서도 찾을 수 있다. 즉 아프리카의 관습법, 관습적인 통치 구조들이 사실상 모두 식민지 법제화에 의해 창출된 것인 이유도 여기에 있다고 하겠다. Terence Ranger, "The Invention of Tradition in Colonial Africa", Eric Hobsbawm and Terence Ranger(eds.), *The Invention of Tradition* (Cambridge: Cambridge University Press, 1985).

기 '가족법'과 일본인 사법 관료들의 법적 지식 체계에 맞춰 재배치의 과정을 겪은 '조선의 관습'이었고, '친권' 또한 그런 방식으로 발명된 관습적 내용이었다.

3. 「조선민사령」과 '친권'의 법제화

식민지 '가족법'은 조선 총독이 발한 제령(制令)인 '조선민사령'에 의해 규율되었다. 1912년 3월 18일 제령 7호 '조선민사령'의 공포는 병합 직후부터 조선총독부가 취조국을 두고 심의·입안에 착수한 지 1년여 만에 이루어진 것이다. 1912년 4월 1일부터 시행된 이 법령에 의해 민사에 관한 대부분의 사항이 일본 '민법'의 적용을 받았다. 그렇지만 '가족법'에는 예외적인 규정을 두었는데, '조선민사령' 제11조가 바로 그것이다. "제1조의 법률 중 능력, 친족 및 상속에 관한 규정은 조선인에게 적용하지 않는다. 조선인에 관한 전(前)항의 사항에 대해서는 관습에 의한다."[13] 다시 말해 조선인의 '가족법'에는 일본 '민법'이 아닌 조선의 '관습'을 적용하겠다는 뜻이다. 그 이유는 병합 직후 1910년 9월 조선 총독이 천황에게 올린 상주서에 명시되어 있다.

조선인의 친족 및 상속 관계에 대해서는 장래에는 내지와 동일 법규 아래 두어야만 한다. 그럴지라도 당분간은 종래의 예에 의한다. 그럼으로써 현 정세에 대해 현저한 변동을 주어 인민으로 하여금 생각지 못한 번누(繁累)를 끼치는 해를 피할 수 있다. 조선인과의 사이에서는 당분간 내지의 예에 의하기보다는 오히려 종래대로 하는 것이 시의적절하다고 생각한다.[14]

---

13 ≪조선총독부 관보≫, 1912.3.18.
14 「朝鮮總督上奏犯罪卽決例, 民事爭訟調停ニ關スル件及辯護士規則ノ件」, ≪公文類聚≫, 第34編 卷21(1910).

인용문에서 보듯이 조선 총독은 '친족법'과 '상속법'은 원칙적으로 내지 법규 즉 일본 '민법'과 동일한 법규이어야 하지만, 당분간은 조선 "종래의 예"를 따르겠다는 의사를 밝혔다. 조선인의 실생활과 관련된 법규에 큰 변동을 줄 경우, 안정적인 식민 통치에 장해로 작용할 우려 때문이었다.

관습법이 채택되면서 법원은 '가족'과 관련된 조선의 관습이 무엇인지를 명확히 해야만 했다. 여기에서 관습에 대한 최종적인 판단은 법원이 내렸지만, 『관습조사보고서』, 관통첩, 사법협회 결의, 법원의 조회에 대한 정무총감의 회답 등이 주요한 법원(法源)으로 작용했다. 특히 실질적으로 재판을 해야만 하는 법원이 조선의 관습이 무엇인지를 판단하기란 상당히 어려웠다. 이 때문에 정무총감에게 문의해 그 회답에 따라 관습이 결정되는 '기이한' 구조가 만들어지기도 했다. 이것은 당시 조선에서 '관습'이 얼마나 정치적인 방식으로 결정되었는지를 적나라하게 드러내는 지점이기도 했다.

그러나 '친권'에는, '조선민사령'이 공포된 지 10년이 채 지나지 않아 일본 '민법'이 직접 적용되었다. 1921년 11월 14일, 제령 14호 '조선민사령' 제11조가 1차 개정을 맞았기 때문이다. 이 개정안은 12월 1일부터 바로 시행되었는데 개정 조항은 다음과 같다. "제1조의 법률 중 친족 및 상속에 관한 규정은 조선인에 적용하지 않는다. 단 친권, 후견, 보좌인, 무능력자를 위해 설치되는 친족회는 이 한에 있지 아니하다."[15] 이는 관습법의 적용 대상이던 능력, 친권, 후견 및 보좌인, 무능력자를 위해 설치되는 친족회 등의 조항이 일본 '민법'의 직접 적용 대상이 된다는 것을 의미했다. 이 조항들은 인간의 법률 행위 능력과 관련된 것으로, 이 중 '친권'은 행위 무능력자인 미성년자의 법률행위 관련 조항이었다.[16] 따라서 친권자는 일본 '민법'에 따라 자신의 자녀

---

15   이승일, 『조선총독부 법제정책』(역사비평사, 2008), 179쪽.

16   '조선민사령' 제11조의 제1차 개정은 모두 법률 행위의 주체와 관련된 내용으로, 궁극적으로 재산권 문제였다. 이것이 가장 빠른 이 시기에 '민법'의 대상이 되는 것은 근대적 방식으

가 독립적으로 법률행위를 할 수 있는 만 20세가 될 때까지 미성년 자녀를 대신하는 법률적 행위 주체였던 것이다. 이런 일련의 과정 속에서 '친권'은 법적 제도로 기능했다.

그렇다면 당시 식민지 조선에서 시행된 '친권'은 어떠한 내용이었는가. 이를 조선총독부 사법 관료들이 인정한 조선의 관습과 일본 '민법'을 통해 살펴보도록 하겠다. "법률이 자의 신분 및 재산에 관해 그 가에 있는 부 또는 모에게 부여한 권리의무의 집합"이라고[17] 정의되는 '친권'은 일본 '민법'상 크게 세 가지 내용으로 구성되었다.

먼저 '친권의 주체'에 대한 규정이다. 당시 일본 '민법'과『관습조사보고서』에 따르면 친권의 주체는 일차적으로 '부'였고, 부가 친권을 행사할 수 없는 경우에만 '모'가 친권을 행사할 수 있었다.『관습조사보고서』가 "친권은 부가 있으면 부가 행사하고, 부가 없으면 모가 행사하는 것이 상례"라고 조선의 관습을 파악했다면, 일본 '민법' 제877조는 "자는 그 가에 있는 부의 친권에 복종한다. …… 부를 알지 못할 때, 사망한 때, 가를 떠났을 때, 또는 친권을 행할 수 없는 때는 가에 있는 모가 이를 행한다"라고 규정했다.

이뿐만 아니라 친권자는 '동일가적(同一家籍)'을 기준으로 선정되었다. 서자의 경우에도 아버지 부재 시 친권자는 호적상의 어머니인 '적모(嫡母)'였다. 이것은 1916년 공주지방법원장의 조회에 대해 정무총감이 회답함으로써 명시되었다. 당시 정무총감의 회답은 "적모 및 생모와 가를 같이 하는 서자의 친권자는 적모이다", "가를 같이 한다는 것은 동일가적에 있다는 것을 이르고, 이 경우에는 동일한 민적에 있어야만 한다"[18]고 했다. 아울러 조선에서는 계

　　　　　로 사적 소유 관계를 명확히 하기 위한 조처로 보인다.
17　　和田干城, 『(改正)日本民法講義』(東京: 精華堂), p.604.
18　　"親權에 關한 件"(1916년 1월 25일 공주지방법원재판장 조회, 동년 2월 16일 조추발 제52호 政務總監回答), 『民事慣習回答彙集』(조선총독부 중추원, 1933), p.270 이후, 『民事慣習

모나 적모의 친권이 생모가 가진 친권과 다를 것이 없다고 했는데,[19] 이것은 일본 '민법'이 생모와 계모 및 적모를 구별해 계모 및 적모는 '친권'이 아닌 '후견'의 조항을 준용하도록 한 것과 비교되었다.[20] 이런 차이는 자식에 대한 애정의 후박(厚薄)이 도저히 실부모와 동일할 수 없다는 것이 그 이유였다.[21]

다음은 '친권의 효력'이다. 친권자가 실질적으로 가지는 권리, 의무 내용 중 중요한 것은 첫째, 미성년인 자의 감호 및 교육이다('민법' 제879조). "감호는 소극적으로 자의 불이익을 방위하는 것이고, 교육은 적극적으로 자의 이익을 증진시키는 것"으로, 미성년인 자녀가 무탈하게 성년이 될 수 있도록 관리·감독하고 교육시키는 것이다. 둘째, 필요한 범위에서 징계할 권리가 있다('민법' 제882조). 더욱이 재판소의 허가를 얻어 6개월 내에 징계장(懲戒場)에 넣을 수 있는 권리도 있었다. 이것은 친권이 이름하여 '부권(父權)', 그리고 강력한 '가부장권'에 다름 아닌 절대성을 가지고 있었다는 것을 의미했다. 따라서 이 조항들은 이후 "자는 친권에 '복종'해야만 한다"는 '민법' 877조와 함께 가정 내의 민주주의, 아동의 인권 차원에서 문제시되었다.

셋째, 친권자는 자녀의 재산을 관리하고 그들을 대신해 법률행위를 한다. 그런데 여기에서 주목되는 중요한 사실은 어머니의 친권이 아버지의 친권에 비해 상당히 불완전하다는 점이다. 일본 '민법' 제886조는 어머니가 친권 행위, 특히 재산상의 법률행위를 하기 위해서는 '친족회'의 승인을 받아야만 한다고 규정하고 있기 때문이다. "친권을 행하는 모가 미성년인 자를 대신해 다음에 열거한 행위를 하고 또는 자가 이것을 하는 것에 동의하는 데는 친족

回答彙集』.

19 「관습조사보고서」.

20 일본 '민법' 제878조. 계부, 계모, 또는 적모가 친권을 행하는 경우에는 다음 장의 규정을 준용한다.

21 和田干城, 『(改正)日本民法講義』, p.606.

회의 동의가 필요하다"라고 하여,[22] 아버지가 자식에게 친권을 행하는 데는 아무런 제약이 없음에도 여성에게는 일정한 제한을 두었다. 친족회가 "특정한 사람의 보호 혹은 특정한 가의 유지 존속"을 위해 구성된 합의체라는 점에서,[23] 어머니의 친권 행위가 가를 위험에 빠뜨리지 않게 감독한다는 의미였다. 아버지와 어머니의 친권 사이에 존재하는 이런 차별은 일본의 가제도를 유지한다는 명분으로 정당화되었다. 이는 여성은 타가(他家)에서 들어온 사람이지, 그 가의 사람이 아니라는 당시 일본 법 제정자들의 인식과 결을 같이하는 법조항이었다.[24]

끝으로 '친권의 제한 및 상실'에 관한 조항이다. 친권은 자녀의 자유를 제한할 수 있는 강력한 권리이지만, 자의 이익을 증진하기 위한 것으로 인정되었다. 그렇지만 그 권리의 남용은 오히려 자를 구속할 뿐만 아니라 위험에 빠지게 할 우려 또한 있기 때문에 만들어진 조항이었다.[25] 부 또는 모가 "친권을 남용하거나 또는 현저한 불행적을 할 때(민법 제896조)"는 친권의 상실을, "관리의 부당으로 인해 자의 재산을 위태롭게 할 경우(민법 제897조)"에는 재산 관리권의 상실을 자의 친족 또는 검사의 청구로 재판소가 선고할 수 있었다. 그리고 이런 원인이 제거되었을 경우에는 본인 또는 친족의 청구로 실권 선고를 취소할 수 있었다('민법' 제898조). 이뿐만 아니라 친권자로서 어머니는 자의 재산 관리를 사임할 수 있었다('민법' 제899조). 친권자는 재산 관리를 사임할 수 없는 것이 원칙이지만, "여자는 자연의 성질과 우리나라 실제의 상태로는 부인으로서 재산 관리의 임무에 적합하지 않은 점이 왕왕 있는 고로 법률은

---

22 1. 영업을 할 것, 2. 借財 또는 보증을 할 것, 3. 부동산 또는 중요한 동산에 대한 권리의 상실을 목적으로 하는 행위를 할 것, 4. 부동산 또는 중요한 동산에 관한 화해 또는 중재 계약을 할 것, 5. 상속을 處棄할 것, 6. 증여 또는 유증을 거절할 것.

23 板垣市太郎, 『司法硏究 報告書 21輯 11 ― 親族會に付て』(東京: 司法省調査課, 1936), p.1.

24 『(秘)諮問第1號(民法改正)臨時法制審議會總會速記錄』, p.245.

25 和田干城, 『(改正)日本民法講義』, p.617.

모에 한해 재산의 관리를 사임할 수 있게" 했다는 것이다.[26] 기본적으로 여성을 법률행위 무능력자로 전제하고 있음이 드러난다 .[27]

그 때문인지 '조선민사령'이 개정된 1921년 이전, 관습법을 시행하고 있던 당시에는 '어머니의 친권 상실'과 관련된 관습에 대한 조회가 가장 많았다. 여기에서 어머니의 친권 중 재산관리권은 상당히 제한받는 것이 '관습'으로 인정되었다.

최초의 사례는 1912년 8월 경성지방법원장의 조회에 대한 정무총감의 회답이다. "부(父)가 유언으로 자(子)의 재산에 대한 모(母)의 관리를 제한하고 다른 사람에게 위임하거나 그 선정을 문회(門會)에 위임하는 것"이[28] 관습이라는 것이다. 1915년에는 '조선에 친권을 상실시키는 관습은 없지만, 모가 자의 재산을 관리할 경우 조모(祖母)가 이것을 제한하고 관리하지 못하게 하는 관습이 존재'[29]한다고 인정했다. 이와 비슷한 회답이 1915년 3월에도 재차 확인된다. "친권자가 친권을 남용하거나 혹은 현저한 불행적을 하여 자의 재산을 위태롭게 할 때는 그 관리권을 제한할 수 있는 것은 관습이 인정하는바"라는 것이다. 1917년에도 법원의 조회에 동일한 회답이 있었다. 조선에는 친권 상실을 인정하는 관습이 없지만, "모가 자의 재산을 관리하는 경우에 현저한 불행적이 있고 재산을 위험하게 할 우려가 있을 때, 친족회는 관리를 못하게 하고 타인에게 대신 관리시킬 수 있다",[30] "과부인 모가 현저한 불행적을 하

26 和田干城, 같은 책, p.619.
27 김은경, 「탈식민기 가족법에서 민주주의 의제와 여성의 국민화: '처의 행위능력'을 중심으로」, ≪사림(성대사림)≫, 57호(2016), 269~294쪽.
28 "親權의 制限에 關한 件"(1912년 8월 19일 경성지방법원 민사제2부 재판장조회, 동년 9월 12일 참 제4호 政務總監回答), 『民事慣習回答彙集』, pp.105~106.
29 "親權의 喪失에 관한 件"(대정 4년 2월 24일 경성지방법원장조회, 동년 4월 28일 참 제16호 政務總監回答), 『民事慣習回答彙集』, pp.233~234.
30 "親權喪失에 關한 件"(1917년 11월 13일 대구복심법원 민사 제1부 재판장 조회, 동년 12월 7일 조추발 제281호 政務總監回答), 『民事慣習回答彙集』, pp.335~336.

여 호주인 자의 재산을 위태롭게 할 때 문회는 관리를 제한하고 관리인을 선정하는 관습이 있다"[31]는 것이다. 이런 '관습' 내용은 여성의 친권을 불안정하게 만드는 결정적인 요인인 동시에 식민지 시기 내내 법정 다툼을 생산한 주요 원인이었다.

이뿐만 아니라 과부가 재혼할 경우, 전남편과의 사이에서 태어난 자녀에 대한 친권은 자동적으로 상실되었다. 1917년 4월의 조회에 대해 '개가(改嫁)'는 "유부(有夫) 여자의 중혼(重婚)"을 이르지만, "과부가 남의 첩이 될 경우에도 개가로 칭한다"라고[32] 하여, '개가'가 여성 섹슈얼리티 문제로 광범위하게 설정되었다. 이후 1919년 2월 평양 복심법원장의 조회에서는 이를 더 분명히 했다. 재혼했던 과부가 실가(實家)로 돌아오더라도 친권은 회복될 수 없었다. "'민적법' 시행 후 전남편의 가(家)에 들어가는 것을 인정한 경우도 없고, 그리고 재가했던 자는 관습상 어떠한 경우라도 전남편의 자의 친권자 또는 후견인이 될 수 없다"[33]고 회답한 것이다. 이는 1922년 5월에 또다시 확인되었다. "부의 사망 후 자를 남겨두고 재가(再嫁)하거나 또는 남의 첩이 된 부녀는 죽은 전남편의 가에 복귀한 경우라도 자에 대해 친권자가 될 수 없는 것이 관습"[34]이다. 한 번 재혼했던 여성은 어떤 경우라도 전남편과의 사이에서 태어난 자녀의 친권자나 후견인이 결코 될 수 없었다.

결국 식민지 조선에 시행된 이러한 '친권' 규정은 당시 법 운영에 담긴 젠

---

31 "寡婦의 改嫁 및 親權喪失에 關한 件"(1917년 4월 23일 광주지방법원 장흥지청 조회, 동년 5월 24일 조추발127호 政務總監回答), 『民事慣習回答彙集』, pp.312~313.

32 "寡婦의 改嫁 및 親權喪失에 關한 件"(1917년 4월 23일 광주지방법원 장흥지청 조회, 동년 5월 24일 조추발 제127호 政務總監回答), 『民事慣習回答彙集』, pp.312~313.

33 "親權에 關한 件"(1919년 2월 26일 평양복심법원장 조회, 동년 6월 3일 조추발 제148호 政務總監回答), 『民事慣習回答彙集』, pp.362~363.

34 "再嫁한 者의 親權行使에 關한 件"(1922년 5월 10일 대구복심법원 형사제일부조회, 동년 6월 26일 조추발 제184호 政務總監回答), 『民事慣習回答彙集』, pp.413~414.

더 차별과 여성의 섹슈얼리티에 대한 시각을 분명하게 드러낸다. 남성과 달리 친권자로서 여성은 과부임에도 자신의 자식을 포기하지 않으면 다른 남성을 만나기 어려웠던 젠더 불균형을 함축하고 있었다. 이는 친권이 여성의 섹슈얼리티를 통제하는 기능을 동시에 수행하고 있었다는 것을 의미한다. 그리고 후술하겠지만, 그 반대급부로 여성의 섹슈얼리티를 통해 여성의 친권을 박탈하려는 시도 또한 심심치 않게 발생했다.

4. '친권'의 가족정치학

식민지 시기 내내 가장 논란이 되었던 것은 아버지 부재 시에 주어지는 '어머니의 친권'이었다. 아버지의 친권이 거의 문제가 되지 않았던 반면, 법정 사건의 대부분은 어머니의 친권 문제였다. 이것은 어머니의 친권이 가진 특수성에서 비롯되었다. 아버지의 친권이 부권이자 가부장권이었다면, 어머니의 친권은 거의 자식의 '재산관리권'에 다름 아니었기 때문이다. 이는 당시 식민지 '가족법'이 기반을 두고 있던 호주 상속과 재산 상속 제도의 불합리성, 그리고 그들 법제의 젠더 차별적인 성격에서 파생되었다. 어머니의 친권은 그만큼 불안정했다.

이것을 가장 함축적으로 보여주는 사건이 경성의 "이름 있는 부호 이근홍 씨 가"의 재산 분쟁이다.[35] 고등법원까지 간 이 사건은 서자의 '친자 관계 부존재 청구 소송'에서 시작해 적모의 '친권 상실 청구 소송'으로까지 번졌다. 소송의 발단은 남편의 적출자로 호적에 올라 있는 첩자(妾子)의 친생자(親生子)와의 관계를 적모가 부인하며, '상속개시무효(相續開始無效) 및 친생자관계 부존

---

35   《동아일보》, 1927.12.3.

재 확인(親生子關係不存在確認) 및 민적상 신위 말소 절차 이행(民籍上身位抹消節次移行)'
소송을 제기하면서 시작되었다.[36] 고등법원 판결록에 실린 사건 요지에 따
르면 사건의 전말은 이렇다.

상고인 정희경은 피고 이위용의 법률상 어머니였다. 정희경의 죽은 남편
이 생전에 자신의 첩 최병란이 타인과 사통해 난 자식을 자기 아들로 잘못 알
고 1918년 6월 26일 고용인에게 서자로 신고하라 시켰는데, 그가 실수를 해
적장자로 신고했다. 그 후 1919년 음력 윤 7월에 이 사실을 알고 피상고인을
민적부에서 말소하려 했으나 질병 등의 사정으로 하지 못한 채, 그 뜻만을 유
언으로 남기고 사망했다. 그리하여 적모가 남편 이근홍과 피고 이위용 사이
의 친자 관계를 부정하고 상속을 무효화하기 위해 소송을 청구했다. 그렇지
만 원고 정희경은 소기의 성과를 이룰 수가 없었다. 이근홍의 이위용에 대한
'생전인지(生前認知)'가 인정되었기 때문이다.[37]

그로부터 몇 년 뒤 적모 정희경은 오히려 '친권 상실 소송'에 연루된다. 첩
자 이위용의 외조부가 사망한 그의 딸 최병란을 대신해 정희경의 친권을 상
실시켜달라고 소송하며 반격을 가했기 때문이다. 적모의 '친권 상실 청구 사
건'으로 고등법원까지 간 이 사건의 내막을 고등법원의 판결문을 통해 확인
할 수 있다.

이위용은 이근홍과 그 첩 최병란 사이에 출생한 미성년의 서자남이지만 호

---

36 "相續開始無效及親生子關係不存在確認及民籍上身位抹消節次移行請求事件"(1924년 민상 제26
    호. 1924년 4월 11일 민사부판결 파기환송), 『國譯高等法院判決錄』 11권(民·刑事 編),
    pp.36~40.
37 복심법원은 이근홍과 이위용의 관계를 부첩 관계에 따른 '친자 관계'로 판결했다. 그러나
    부첩 관계 중에 낳은 아이라는 이유로 실자 관계를 인정한 원심과 달리, 고등법원은 부첩
    관계를 사통 관계와 동일한 것으로 간주해 이를 파기환송 했다. 그런데도 이는 생전인지
    로 판결되었다. 이뿐만 아니라 인지 혹은 인지의 부정은 아버지만 할 수 있었기 때문에, 이
    근홍이 사망한 상황에서 적모가 더는 할 수 있는 일은 없었다.

적부상에는 이근홍과 그 처 피고와의 사이에 출생한 적출자로 되어 있다. 그런데 생모 최병란은 1919년 중 사망하고 실부 이근홍은 1922년 중 사망함으로써 호주인 신분을 취득하고 현재 적모인 피고의 친권에 복종하고 있다. 그런데 친권자인 피고는 이위용의 감호 교육을 돌보지 않을 뿐만 아니라 관리해야 할 상속재산 수십만 원을 영득할 것을 꾀해 1922년 4월 중 이위용은 이근홍의 자가 아니라고 주장하며 확인 소송을 제기하고, 또한 이위용 명의의 수만 원의 예금을 인출해 소비하는 등 친권을 남용하고 현저한 불행적이 있으므로, 이위용의 생모 최병란의 실부인 원고가 본소를 제기했다.[38]

정리하자면, 경성의 갑부 이근홍은 아내 정희경과 결혼생활을 하면서 최병란이라는 첩에게서 서자 이위용을 낳았다. 아들이 없던 이근홍은 그를 적출자로 호적에 올렸다. 그 와중에 이위용의 생모 최병란이 1919년 먼저 사망하고 그로부터 3년 후 이근홍도 사망했다. 그러자 당시 법제에 따라 사실상의 서자이자 호적상의 적출인 이위용이 호주의 지위를 획득함과 동시에 이근홍의 모든 재산을 상속받았고, 적모 정희경은 미성년자인 이위용의 친권자가 되었다. 그러나 정희경은 자신과 자신의 시집간 딸에게는 재산 한 푼 돌아오지 않고 모든 재산이 첩자인 이위용에게 상속되자, 이에 불만을 품고 이위용이 이근홍의 자식이 아니라고 주장하며 '친자 관계 부존재 청구' 소송을 진행했다. 그러자 서자 이위용의 생모인 최병란의 아버지, 즉 외조부 최인영은 적모 정희경이 친권을 남용하고 자의 재산을 위태롭게 할 뿐만 아니라 현저한 불행적이 있다는 이유로, 적모의 친권 박탈 소송을 제기했던 것이다.

이 소송에서 정희경은 서자의 외조부는 친족이 아니라는 점을 이유로 소송 자체가 불가함을 역설했다. 그리고 제2심 법원까지는 "서자가 부의 사망

---

38 "親權喪失事件"(1927년 민상 제367호, 1927년 10월 25일 민사부판결 파기환송), 『國譯高等法院判決錄』14권(民·刑事 編), pp.247~250.

에 의해 가독상속을 한 때는 서자의 모의 부는 서자의 친족이 아니라는 점은 관습상 명확하다"라며 피고 정희경의 손을 들어주었다.[39] 그렇지만 고등법원은 '서자의 외조부 역시 친족'이라고 판시해 원고 최인영의 손을 들어주었다. "조선에서 서자와 그 생모의 실부는 혈족으로서 생모의 실부는 서자의 외조부에 해당하고, 둘 사이에 친족 관계가 있는 것은 뚜렷한 관습이다. 그리고 서자가 일단 상속으로 호주가 된 때는 생모의 실부와의 사이에 존재하는 친족 관계가 소멸한다는 관습은 존재하지 않는다"라고 판시했다. 그리하여 "원심이 원고를 이위용의 친족이 아니라고 판정한 것은 필경 관습법의 적용을 잘못한 위법"이라고 판결 이유를 밝힘으로써, 적모에 대한 외조부의 친권 상실 청구가 받아들여질 수 있었다.[40]

이렇게 하여 이근홍의 본처인 정희경은 앞선 '친자 관계 부존재 소송'에서 패하고, 친권 상실 소송으로 피소되어 친권마저 상실될 지경이 되었다. 사실상 적모 정희경의 입장에서 친권자로서 첩자의 재산 관리, 그것도 '친족회'의 동의를 얻어가며 재산 관리만 해주기에는 억울했을 터이다. 따라서 전자의 소송은 남편의 혼외 자식에게 모든 재산이 넘어가는 것에 대한 본처의 '재산 수호 투쟁'이라고 명명할 수도 있겠다.[41] 이 소송은 실질적으로 첩자와 적모 사이의 재산권 다툼으로서, 친권 및 상속 법제 때문에 발생한 재산 분쟁이었던 것이다.[42]

식민지 조선에 시행된 '친족법'과 '상속법'에 따르면, 호주가 사망할 경우

---

39 ≪동아일보≫, 1928.12.24.

40 "親權喪失事件"(1927년 민상 제367호, 1927년 10월 25일 민사부판결 파기환송), 『國譯 高等 法院判決錄』 14권(民·刑事 編), pp.247~250.

41 홍양희, 「법과 혈의 모순적 이중주: 식민지시기 사생아 제도의 실천과 그 균열들」, ≪역사 문제연구≫, 31호(2014), pp.345~375.

42 이 사건은 어떤 면에서는 적모와 죽은 서모를 대신한 그녀의 아버지가 적모에 대항해 자신의 이해관계를 관철시킨 예라고 할 수 있다. 그런 점에서 아들 있는 실모이자 서모는 법리상으로는 친권 개념을 이용해 아들 없는 적모를 대상으로 자신의 이해를 관철시키는 경우도 존재할 수 있었다.

에는 호주 상속과 재산 상속이 동시에 진행된다. 그리고 전 호주의 재산은 일단 호주를 승계한 장남이 모두 상속받은 후, 가적(家籍)을 같이 하고 있는 아들들이 분가할 경우 일정한 비율의 재산을 분배해주는 것이다. 당시 재산상속에서 재산은 '가적'을 같이 하는 아들들에게만 상속되고, 아내와 딸의 상속분은 전혀 없었다. 특히 남편의 재산 형성에 기여한 아내에게조차 아무런 재산상의 권리가 없는 극도로 젠더 불평등한 규정이었다.[43]

이에 전자의 소송은 자신에게 아들이 없는 상황에서 서자남에게 호주상속과 함께 모든 재산이 상속되자, '친자 관계 부존재 소송'으로 대응한 것이었다. 그러나 당시 적출자로 신고한 이상, 그에 대한 법적 부인은 아버지만이 할 수 있었기 때문에 적모가 소기의 성과를 이루기는 어려웠고, 그녀가 할 수 있는 것이라고는 미성년 호주의 친권자 역할뿐이었다.

후자의 소송은 적모의 친권자로서의 행위가 불성실하고 가산을 탕진한다는 이유로 친권을 박탈하기 위한 것이었다. 사실상 부의 친권과 달리 모의 친권은 상당히 불안정한 것이었다. 여성이 행실이 '불행적'하다는 낙인찍히면 친권을 박탈당했고, 자의 재산을 위태롭게 할 경우에는 재산관리권을 빼앗겼기 때문이다. 특히나 불행적은 거의 대부분 여성의 섹슈얼리티를 의미하는 것으로 전환되어, 친권 박탈의 주요한 메커니즘으로 작동했다. 그리하여 이를 빌미로 어머니/여성의 친권을 빼앗기 위한 친권 상실 소송이 비일비재하게 일어났다. 특히 재산이 상당한 부호 집안에서 호주가 사망하고 미성년자가 호주가 되면, 그 집안에는 '친권의 경제학'이 작동되었다.

당시 신문에 오르내리던 친권 관련 기사는 거의 대부분이 이런 사례들이었다. 며느리, 형수, 심지어는 어머니를 상대로 친권을 빼앗기 위한 소송이

---

43   양현아, 「식민지시기 한국 가족법의 관습문제 I」, ≪사회와 역사≫, 58집(2000), 35~72쪽; 홍양희, 「식민지시기 상속 관습법과 '관습'의 창출」, ≪법사학연구≫, 34호(2006), 99~132쪽.

줄을 이었다. 경성 시내의 어떤 여성은 남편의 장례식을 치른 다음 날부터 다른 남자와 동거하면서 죽은 남편의 재산을 낭비하고, 자식을 박대한다는 이유로 시어머니로부터 친권 상실 소송을 당했다. 형수에 대해 소송을 제기하는 경우도 있었다. 양평군에서는 남편이 세상을 떠나고 10살 된 아들을 둔 여성이 간부(姦夫)와 함께 소유한 전답을 팔아 재산을 남용했다는 이유로 피소되었다.[44] 자기 어머니에게 소송을 제기하는 아들도 있었다. 평안남도 덕천군에서는 자신의 모친이 동네에 사는 남성에게 재산을 주고 시집가기로 밀약을 맺었다는 소문을 들은 아들이 소송을 제기했다고 한다.[45]

그러나 과부의 친권을 빼앗기 위한 음해도 상당했다. 옥천(沃川)의 부호 집안에서는 며느리의 품행이 방정하지 못해 남의 자식을 낳고 재산을 횡령·소비한다고 시어머니가 친권 상실 소송을 제기했는데, 이는 모두 허위 사실로 판명되었다. 무고로 며느리의 친권을 빼앗고 재산을 몰수하려는 계략이었음이 만천하에 밝혀진 것이다.[46] 여성 친권의 불완전성·불안정성을 이용해 그것을 빼앗으려는 불온한 시선이 도처에 존재했던 것이다. 특히 '불행적'과 '재산 남용'은 친권 상실 소송에 항상 쌍을 이루어 등장하는 단골 메뉴였다. 더욱이 여성의 친권에 대한 감시는 '가'제도의 유지 및 '가'의 계승성이라는 측면에서 정당화되고 합리화되었다.

5. 맺음말

이 장에서는 식민지 조선에서 '친권'이 법제화되어 실천되는 과정을 통해

---

44   ≪동아일보≫, 1925.1.19.

45   ≪동아일보≫, 1926.2.27.

46   ≪동아일보≫, 1929.11.16.

그것이 식민지 조선에서 행한 가족정치학에 관해 논의했다. 한국에서 친권 개념이 만들어지기 시작한 것은 일본인 사법 관료들에 의해 조선의 관습이 조사·정리되면서부터였다. 일본인 사법 관료의 지식 체계와 인식론 안에서 만들어진 친권 관습은 조선의 다양한 관행이 일본 '민법'의 언어로 재배치되고, 통일된 하나의 관습으로 정리되었다는 점에서 '조선의 관습'이 발명되는 과정에 다름 아니었다. 더욱이 1921년 11월 14일 '조선민사령' 제11조가 개정됨으로써 '친권'은 관습법이 아닌 일본 '민법'의 직접 적용 대상이 되었다.

당시 '친권' 법제가 가진 특성은 다음과 같이 정리될 수 있다. 첫째, 친권 법제는 부모 사이에 편파적으로 적용되어 전적으로 젠더 차별적이었다. 친권의 주체가 일차적으로 '부'이고, '모'의 친권은 부가 그것을 행사할 수 없는 경우에 한해 비로소 행사되는 권리였기 때문이다. 이 점에서 친권은 사실상 '부권'이자 '가부장권'이었다. 이에 비해 어머니의 친권은 불안정한 것이어서, 특히 재산상의 법률행위는 친족회의 견제를 받았다. 친족회의 동의를 받지 않은 재산상의 법률행위는 즉각 취소될 수 있었기 때문이다. 이뿐만 아니라 아버지의 친권과 달리 어머니의 친권은 사임할 수도 있었다. 이는 여성이 무능력자라는 것을 전제로 하는 규정이었다.

둘째, 어머니의 친권에는 '친권의 경제학'이 작동되었다. 어느 정도 재산이 있는 집에서 어머니의 친권은 거의 재산관리권으로 치환되었기 때문이다. 특히 호주 사망 시 발생하는 호주 상속과 재산 상속이라는 식민지 상속 법제에 의해, 아버지(호주)의 지위와 재산은 모두 우선적으로 장남인 아들에게 상속되었다. 장남이 미성년자일 경우에는 어머니가 죽은 아버지를 대신해 친권자가 되기 때문에 자동적으로 아들의 재산을 관리하고 처분하는 법률행위의 주체가 되었다. 여기에서 어머니가 가진 재산관리권에 대한 쟁탈 또한 심심치 않게 일어났다. 더욱이 서자가 호주 상속을 받은 경우 적모의 친권자로서의 지위는 특히 불안했다. 아버지의 친권과 달리 어머니의 친권이 지닌 특수성을 이용해 적모나 며느리 혹은 형수가 가진 친권을 제한하거나 상실시키려는 일들이 비일비재하게 일어났기 때문이다.

셋째, 당시 친권 법제는 여성의 '섹슈얼리티'를 통제했다. 친권 법제는 어머니의 섹슈얼리티에 상당히 민감하게 반응했고, 마침내 친권 상실로 이어지기도 했다. 이것은 두 가지 방향에서 일어났는데, 하나는 친권자인 여성이 개가할 경우이다. 즉 어머니가 재혼을 하면 전남편의 자식에 대한 친권은 자동적으로 박탈되었다. 친권은 '동일가적'의 원칙이 있었기 때문에 이혼을 하고 자신의 친정인 실가(實家)로 복적(復籍)하더라도 친권은 회복되지 않아 어떠한 경우라도 전남편 아이의 친권자가 될 수 없었다. 다른 하나는 친권자인 여성/과부가 다른 남성을 만날 경우이다. 과부의 '불행적'은 섹슈얼리티 문제였고, 이것을 이유로 친권이 박탈되었다. 특히 '불행적'은 '재산 남용'과 항상 쌍을 이루며 어머니/여성이 친권을 상실하는 데 가장 큰 원인으로 작용했다.

친권법의 이런 특징은 사실상 근대 일본이 기반을 두고 있는 '가'제도를 유지·계승시키기 위한 것들이었다. 아버지의 친권이 '부권'이면서 '호주권'으로 쉽게 전환될 수 있는 강력한 가부장권이었다면, 이에 비해 어머니의 친권에는 호주의 재산, 그리하여 가의 재산을 해체하는 원심력이 될 수 있다는 가능성과 의심이 따라다녔다. 부계 혈통으로 이어지는 '가'의 유지와 계승에 가장 핵심적인 '호주', 그리고 그의 재산 즉 '가산(家産)'을 지키기 위해 여성의 친권은 늘 감시의 대상이 되었다. 재산 처분 행위는 항상 친족회의 동의하에 이루어져야 했고, 과부의 섹슈얼리티는 통제되었다. 여성이 타가(他家)의 남성과 정분이 나거나 재혼을 하는 것은 '가'를 '위험'에 빠뜨린다고 인식되었기 때문이다. 따라서 '친권'은 근대 일본을 움직이는 가족정치학 그 자체였고, 일본에서 작동하는 가족정치학이었으며, 이것은 일본 제국의 판도에 식민지로 존재하는 조선에 '관습'이라는 이름으로 발명되어 거의 그대로 이전되었다.

참고문헌

「朝鮮總督上奏犯罪卽決例, 民事爭訟調停ニ關スル件及辯護士規則ノ件」. ≪公文類聚≫, 第34編 卷21 1910.

≪朝鮮總督府 官報≫, 1912.3.18.

"故李根洪事件 本妻側에서 勝訴". ≪동아일보≫. 1928.12.24.

"母, 親權喪失? 子, 身位消滅?". ≪동아일보≫. 1927.12.3.

"모친이 부정하다고 친권상실로 제소". ≪동아일보≫. 1926.2.27.

"沃川富豪 五十萬圓 爭訴". ≪동아일보≫. 1929.11.16.

"親權喪失訴訟". ≪동아일보≫. 1925.1.19.

法典調査局. 1908. 『慣習調査問題』.

사법협회. 2010. "相續開始無效及親生子關係不存在確認及民籍上身位抹消節次移行請求事件"(1924년 민상 제26호. 1924년 4월 11일 민사부판결), 『國譯高等法院判決錄』 11권(民·刑事 編). 법원도서관 옮김. 서울: 법원도서관.

_____. 2011. "親權喪失事件"(1927년 민상 제367호, 1927년 10월 25일 민사부판결), 『國譯 高等法院判決錄』 14권(民·刑事 編). 법원도서관 옮김. 서울: 법원도서관.

조선총독부. 1933. "寡婦의 改嫁 및 親權喪失에 關한 件"(1917년 4월 23일 광주지방법원 장흥지청 조회, 동년 5월 24일 조추발 제127호 政務總監回答), 『民事慣習回答彙集』.

_____. 1933. "再嫁한 者의 親權行使에 關한 件"(1922년 5월 10일 대구복심법원 형사제일부조회, 동년 6월 26일 조추발 제184호 政務總監回答), 『民事慣習回答彙集』.

_____. 1933. "親權喪失에 關한 件"(1917년 11월 13일 대구복심법원 민사 제1부 재판장 조회, 동년 12월 7일 조추발 제281호 政務總監回答), 『民事慣習回答彙集』.

_____. 1933. "親權에 關한 件"(1916년 1월 25일 공주지방법원재판장 조회, 동년 2월 16일 조추발 제52호 政務總監回答), 『民事慣習回答彙集』.

_____. 1933. "親權에 關한 件"(1916년 1월 25일 공주지방법원재판장 조회, 동년 2월 16일 조추발 제52호 政務總監回答), 『民事慣習回答彙集』.

_____. 1933. "親權에 關한 件"(1919년 2월 26일 평양복심법원장 조회, 동년 6월 3일 조추발 제148호 政務總監回答), 『民事慣習回答彙集』.

_____. 1933. "親權의 喪失에 관한 件"(대정 4년 2월 24일 경성지방법원장조회, 동년 4월 28일 참 제16호 政務總監回答), 『民事慣習回答彙集』.

_____. 1933. "親權의 制限에 關한 件"(1912년 8월 19일 경성지방법원민사제2부 재판장조회, 동년 9월 12일 참 제4호 政務總監回答), 『民事慣習回答彙集』.

板垣市太郎. 1936. 『司法硏究 報告書 21輯 11-親族會에 付て』, 東京: 司法省調査課.

和田干城. 1923. 『(改正)日本民法講義』, 東京: 精華堂.

『(秘)諮問第1號(民法改正)臨時法制審議會總會速記錄』.

김상용. 2011. 「2011년 가족법의 개정 동향」. ≪법조≫, 60권 12호, 5~86쪽.

김유미. 1998. 「친권폐지론의 한국친권법에 대한 의의」. ≪울산대학교 사회과학논집≫, 8권 1호, 13~24쪽.

김은경. 2016. 「탈식민기 가족법에서 민주주의 의제와 여성의 국민화: "처의 행위능력"을 중심으로」. ≪사림(성대사림)≫, 57호, 269~294쪽.

박성호. 2013. 「유럽연합 친권법 원칙과 한국 친권법 비교연구」. ≪법학논고≫, 42집, 219~246쪽. 경북대 법학연구원.

박주영. 2015. 「개정 민법상 친권제한제도의 평가 및 향후 과제: 일본과의 비교를 중심으로」. ≪성균관 법학≫, 27권 3호, 127~153쪽.

양현아. 2000. 「식민지시기 한국 가족법의 관습문제 I」. ≪사회와 역사≫, 58집, 35~72쪽.

_____. 2011. 『한국가족법읽기』. 파주: 창작과비평사.

윤혜란. 2012. 「친권에 관한 비교법적 고찰」. ≪가족법연구≫, 26권 2호, 37~84쪽.

이동진. 2016. 「부모의 자녀에 대한 친권행사와 국가의 통제」. ≪가족법연구≫ 30권 3호, 83~146쪽.

이승일. 2008. 『조선총독부 법제정책』. 역사비평사.

정현수. 2012. 「일본의 가정 친권법에 관한 소고」. ≪법학연구≫, 37집, 전북대법학연구소, 313~333쪽.

조선총독부. 2000. 『개역판 조선관습조사보고서』. 정긍식 편역. 세종: 한국법제연구원.

홍양희. 2005. 「식민지시기 친족관습의 창출과 일본민법」. ≪정신문화연구≫, 28권 3호, 121~145쪽.

_____. 2006. 「식민지시기 상속 관습법과 '관습'의 창출」. ≪법사학연구≫, 34호, 99~132쪽.

_____. 2014. 「법과 혈의 모순적 이중주: 식민지시기 사생아 제도의 실천과 그 균열들」. ≪역사문제연구≫, 31호, 345~375쪽.

홍양희·양현아. 2008. 「식민지 사법관료의 가족 "관습"인식과 젠더 질서」. ≪사회와 역사≫, 79집, 161~195쪽.

Hobsbawm, Eric and Ranger Terence(eds.). 1985. *The Invention of Tradition*. Cambridge: Cambridge University Press.

3부

식민지 교육과 저항

6장

'압축된 시간'과 '열광'

3·1 운동 연구를 위한 시론

| **윤해동** 한양대학교 비교역사문화연구소 HK교수 |

1. 머리말

20세기 오스트리아 최고의 인문주의자 중 한 사람으로 평가되는 슈테판 츠바이크(Stefan Zweig, 1881~1942)는 1942년 자살하기 전에 『어제의 세계(Die Welt von Gestern)』라는 제목의 회고록을 유저로 남겼다. 그 책에서 자신이 살았던 삶과 세계를 다음과 같이 묘사했다. "우리는 모든 것을 돌이킬 수 없게끔 살았던 것이며, 이전 것은 아무 것도 남지 않았고 아무 것도 다시는 돌아오지 않았다."[1] 그는 제1차 세계대전이 자신의 삶을 돌이킬 수 없는 방식으로 변화시켰다고 주장했다.

---

[1] 슈테판 츠바이크(Stefan Zweig), 『어제의 세계』, 곽복록 옮김(지식공작소, 2014), 「서문」.

우리 세대에게는 이전 세대와 같은 도피도 방관도 없었다. 시대를 항상 동시에 체험하게 만드는 우리의 새로운 체제 덕분에 우리는 언제나 시대에 휘말려 들어갔고 또 그래야만 했다. 포탄이 중국 상하이에 떨어져 집들을 파괴하면 부상자가 그 속에서 운반되어 나오기도 전에 우리는 유럽의 자기 방에 앉아 있으면서 그것을 알 수 있었다. 해상 수천 마일이나 떨어진 곳에서 일어난 일들이 몽땅 그대로 영상화되어 우리가 있는 곳으로 날아 들어왔다. 언제나 알려지게 되고 함께 휘말려 들어간다는 사실에 대해서는 어떤 방어도 안전도 없었다. 사람이 도망갈 수 있는 땅이라는 것도 남아 있지 않았고 사람이 사들일 수 있는 고요함이나 정적 같은 것은 더군다나 없었다.[2]

그는 제1차 세계대전을 계기로 만들어진 '새로운 체제'가 전 지구의 모든 사람을 하나의 '세계'로 끌고 들어가 그것을 동시대적으로 경험하게 만들었다고 주장했다. 이 새로운 경험으로부터는 어떠한 도피도 방관도 가능하지 않았다고, 자신의 삶과 세계를 고통스럽게 회고하고 있는 것이다.

이런 방향으로의 세계 변화는 일찍이 한국에서도 예감되었고, 또 그것은 큰 소리로 강조되었다. 1919년 3월 1일 아침, 「3·1 독립선언서」는 다음과 같이 세계 변화를 직시하고 그 변화와 함께할 것을 선언하고 있다.

아아 新天地가 眼前에 展開되도다. 威力의 시대가 去하고 道義의 시대가 來하도다. 過去 全世紀에 練磨長養된 人道的 精神이 바야흐로 新文明의 曙光을 人類의 歷史에 投射하기 始하도다. 新春이 世界에 來하여 萬物의 回蘇를 催促하는도다. 凍氷寒雪에 呼吸을 閉蟄한 것이 彼一時의 勢라 하면, 和風暖陽에 氣脈을 振舒함은 此一時의 勢이니, 天地의 復運에 際하고 世界의 變潮를 乘한 吾

---

2   슈테판 츠바이크, 같은 책.

人은 아모 躊躇할 것이 없으며 아모 꺼림할 것 없도다. …… 3

도의(道義)에 기반을 둔 '새로운 세계' 곧 신천지(新天地)가 도래하고 있는바, 그것은 마치 새봄[新春]이 온 것처럼 만물의 탄생을 재촉하고 있다는 것이다. 이처럼 1919년에 이미 한국인들은 새로운 천지의 기운과 세계의 변화에 함께 동승(同乘)할 것임을 선언했다. 이것은 세계의 '동시대성(同時代性)'에 대한 자각이었다.4 그것은 이전의 제국주의가 그랬던 것처럼 세계의 공간을 시간(혹은 진보)의 전후에 따라 위계적으로 나누는 것이 아니라, '하나의 세계'가 동시대적으로 만들어지고 있다는 감각을 환기하고 있는 것이다. 슈테판 츠바이크는 세계의 동시대성을 자신이 거기에 "휘말려 들어간다"고 묘사했다. 이런 자각은 제국주의가 실현했던 시간에 대한 감각을 일거에 뒤집어엎는 것이었다.

시간에 대한 이런 새로운 감각은 압도적으로 제1차 세계대전이 가져다준 것이었다. 제1차 세계대전은 여러 종류의 시간이 '교차'하고, '중첩'하며, '압축'하도록 만들었다. 시간의 교차와 중첩, 그리고 그것을 통한 '시간의 압축'이 없었더라면 3·1 운동은 가능하지 않았을지도 모른다. 이런 점에서 3·1 운동은 제1차 세계대전과 함께 다가온 새로운 시간이 만들어낸 산물이었다고 해도 좋다. 이 장에서 사용하는 '시간'이라는 용어는 다음 두 가지 전제를 바탕으로 구축한 개념이다. 첫째, '다수인이 시대를 의식하는 감각 혹은 에토스'를 지칭하는 개념으로 시간이라는 용어를 사용할 것이다. 물론 서구의 근대적 시간관으로의 변화가 이런 시간 개념의 바탕에 자리 잡고 있다고 본

---

3   국가보훈처, 『3·1 운동 독립선언서와 격문』(국가보훈처, 2002) 참조.
4   동시대성에 대한 감각은 다양한 차원에서 의식되는 것이라고 볼 수 있다. 이 장에서 거론하는 동시대성은 '식민지 근대' 혹은 근대성에 대한 감각을 지칭하는 것으로, 어떤 하나의 계기를 통해 형성되었다고 볼 수는 없을 것이다. 하지만 3·1 운동을 계기로 세계사적 동시대성이 특별히 강하게 의식되기 시작했다고 보아도 무리는 없을 것이다. 윤해동, 「식민지근대와 대중사회의 등장」, 『식민지근대의 패러독스』(휴머니스트, 2007), 67~95쪽 참조.

다.[5] 즉 양화(量化)되고 직선적인 시간관을 바탕으로 그 시대를 의식하는 감각 혹은 에토스를 '시간'이라는 개념에 담아 사용할 것을 전제해둔다.

다음으로 이 장에서의 시간 개념은 미국의 역사사회학자 윌리엄 슈얼 (William H. Sewell)이 말하는 '사건사적 시간성(eventful temporality)'에 의해 구축된 것이다. 슈얼은 역사사회학에 필요한 시간성을 새로 개념화할 필요가 있다고 강력히 주장한다. 기존의 주류 역사사회학에서 사용해온 목적론적 시간성(teleological temporality)이나 실험적 시간성(experimental temporality)과는 달리, 우연적인 사건의 연쇄에 의해 역사의 경로가 결정된다고 보는 사건사적 시간성을 채택할 필요가 있다고 주장한다. 그는 사건사적 시간성이 사회적 인과관계를 바꿈으로써 사회구조의 변화를 초래할 수 있다고 본다. 이런 맥락에서 그는 사회관계가 경로 의존적일 뿐만 아니라, 복잡한 인과관계와 전 지구적인 우연성에 의해 결정된다고 주장한다.[6] 이 시간 개념은 3·1 운동의 열광을 압축된 시간의 폭발로 해석하는 데 유용하다.

요약컨대, 우연적인 사건의 연쇄에 의해 역사의 경로가 결정된다고 보는 사건사적 시간성을 바탕으로 형성된, 다수인이 그 시대를 의식하는 감각 혹은 에토스를 시간이라는 개념에 담아 사용할 것이다. 여기에서는 '제국시간'과 '조선시간'이라는 두 가지 시간을 집중적으로 분석할 것이다. 제국시간은 당시 내정 혹은 대외 정책 등으로 드러나던 여러 제국의 국제주의적 시간성

---

5 19세기 후반부터 20세기 초반 사이 시간 의식의 변화에 대해서는 정근식, 「한국의 근대적 시간체제의 형성과 일상생활의 변화 I」, ≪사회와 역사≫, 58집(한국사회사학회, 2000); 이창익, 「근대적 시간과 일상의 표준화」, ≪역사비평≫, 59호(역사비평사, 2002); 구수경, 「근대적 시간규율의 도입과정과 그 의미」, ≪교육사회학연구≫, 17권 3호(교육사회학회, 2007); 안주영, 「시간에 대한 인류학적 연구 고찰」, ≪비교문화연구≫, 19집 1호(서울대학교 비교문화연구소, 2013) 참조.

6 William H. Sewell Jr. *Logics of History*(Chicago: University of Chicago Press, 2005), pp.81~123.

을 지칭하는 것이고, 조선시간은 당시 조선에 거주하던 조선인과 일본인들이 드러내던 시대에 대한 감각 혹은 에토스를 말하는 것으로 사용한다.[7]

'제국시간'과 관련해서는, 당시에 현존했던 제국의 시간을 3개로 나누어 살펴볼 것이다. 후진(後進) 제국 독일의 시간, 세계 체제의 헤게모니를 교대(交代)하고 있던 영국과 미국의 시간을 대상으로 삼아, 또 다른 후진 제국 일본이 어떤 방식으로 여기에 조응하고, 수용하며, 대응하고자 했는지를 중심으로 분석할 것이다. 한편 '조선시간'과 관련해서는 조선에서 기능하던 일본 제국의 시간과 조선인들의 시간을 상하층으로 나누어 살펴봄으로써, 조선시간이 중층적(重層的)으로 형성되고 변화하던 방식을 해부해볼 것이다.

또 3·1 운동이 전개될 때 드러난 대중의 '열광'이란 '다수인의 열정이 무매개적으로 폭발하는 것 혹은 이를 통한 시간 감각의 비약'을 가리키는 용어로 사용한다. 지금까지 정치적 '열광'은 주로 파시즘 연구의 주요한 분석 대상으로 간주되어왔다. 대중의 지지를 이끌어내기 위한 중요한 문화적 메커니즘으로 '정치의 미학화' 과정이 부각되었으며, 파시즘의 각종 의례나 폭력이 미적인 호기심의 대상이 되는 과정이 분석의 대상이 되었다. 이를 통해 정치적 열광이 이른바 '정치종교' 혹은 '시민종교'의 동원 메커니즘으로 작동하는 과정을 이해할 수 있게 되었다.[8] 3·1 운동의 열광이 그를 계기로 본격적으로 나타나게 되는 한국 근대 민족주의의 형성에 크게 기여했다는 가정이, 이런 개념적 전제의 바탕을 이루고 있다는 점을 밝혀둔다.

이는 '세계사적 시간'과 '일본 제국의 시간' 그리고 '식민지 조선시간'이 상

---

7   이 장에서 사용하는 '세계사적 시간', '헤게모니 시간', '하층의 시간', '중층의 시간' 등의 용어도 본문의 개념어들과 동일한 맥락에서 구성한 개념이다. 예컨대 세계사적 시간이란 세계사적 사건을 구성하는 시간성이라는 차원에서 이용할 것이다.

8   나인호, 「정치종교로서의 나치즘」, ≪역사문화연구≫, 20집(외국어대학교 역사문화연구소, 2004) 참조.

호 갈등, 조정, 억압, 변용하는 과정을 살펴보는 일이 될 것이다. 이런 두 종류의 시간을 살펴봄으로써 조선과 세계에서 시간은 어떤 방식으로 압축되었으며, 또 시간의 압축은 어떤 열광을 불러왔는지 이해하게 되기를 기대한다.

그러나 아직도 3·1 운동의 '열광'이 후세대들에게 남겨놓은 '경이(驚異)'는 다분히 '수수께끼'의 영역으로 남아 있다. 후세대들은 3·1 운동의 경이를 해석할 방법을 찾지 못했다. '시간의 압축'이라는 키워드를 통해 3·1 운동의 경이에 접근하는 데 도움을 주는 것이 이 장의 목표이다.

2. 제국시간

1910년대의 제국시간은 크게 3개로 나누어 살펴볼 수 있다. 특히 후진 제국주의 국가 일본에 '세계사적 시간'으로서의 제국시간은 제1차 세계대전을 전후해 급속히 교체되고 중첩되면서 밀려들었다. 요컨대 일본의 제국시간은 연속되는 또 다른 3개의 '제국시간'을 통해 현실화되고 있었던바, 이는 다음과 같은 세 시기로 나누어 살펴볼 수 있다. 첫 번째 시기는 1910년 8월 한국을 병합하는 시기부터 1914년 8월 제1차 세계대전이 발발하는 시기까지이다. 두 번째 시기는 제1차 세계대전이 발발한 이후 1918년 11월 종전되기까지의 시기이다. 세 번째 시기는 1918년 11월 종전 이후 파리 근교 베르사유에서 강화회의가 열리면서 시작되었다고 할 수 있다. 물론 3개의 시기가 '두부 모를 자르듯' 명확한 계선이 있었다고 할 수는 없다. 단지 제국시간의 변화를 설명하기 위한 편의적인 시기 구분일 따름이다.

우선 첫 번째 시기(1910년 8월~1914년 8월)의 제국시간에 대해 살펴보자. 일본은 1905년 러일전쟁을 거치면서 본격적인 산업혁명의 시기에 접어들었다. 또 남만주철도를 중심으로 한 '만주 경영'을 강화하고, 팽창주의적인 '제국국방방침(帝國國防方針)'을 확정(1907년)했으며, 조선을 식민지로 병합함으로써 군국주의적 확장을 지속했다. 1911년에는 '미일 통상항해조약'을 체결해 관세자주권(이른바 稅權)을 회복했으며, 제3차 영일동맹을 체결해 미국을 동맹의 협약 대상국에서 제외했다. 일본은 1894년 청일전쟁 시기에 치외법권을 철폐함으로써 이른바 '법권(法權)'을 회복한 바 있다. 따라서 1911년의 '세권' 회복은 '불평등조약 철폐'라는 메이지 초기부터의 오래된 염원을 이룬 것이었다. 이는 일본인에게 드디어 구미의 선진 제국과 어깨를 나란히 하게 되었다는 자부심을 느끼게 해주는 것이었다. 그러나 제3차 영일동맹에는 일본의 부상에 대한 영국의 견제와 미국의 헤게모니 국가로의 부상이라는 사태가 반영되어 있었다.

이 시기에는 일본 국내에서도 메이지(明治) 시대가 종언을 고하고 이른바 '다이쇼 데모크라시(大正 Democracy)' 시대가 싹을 틔우고 있었다. 1913년 '호헌운동(護憲運動)'이 일어나 번벌(藩閥) 내각이 붕괴했다(大正政變). 이어 독일의 지멘스(Siemens)사를 둘러싸고 의혹 사건이 불거지자, 1914년 오쿠마 시게노부(大隈重信) 내각이 탄생했다.[9] 이를 뒷받침했던 것은 러일전쟁 이후 정치의 전면에 부상하고 있던 대중의 정치적인 힘이었다.

한편 이 시기의 일본 사회는 '따라잡기(catch-up)'를 위한 '문화의 시기'라는 시각에서 볼 수도 있다. 선진 제국을 따라잡고자 하는 일본인들에게 후진 제국주의 국가 독일의 경험은 크나큰 도움과 위안이 되었다. 이 시기의 일본 사회에 가장 큰 영향을 준 이데올로기는 '신칸트주의'에 기반을 둔 독일의 '문화' 이론이었다. 신칸트주의는 당위와 존재를 준별하는 철학으로서, 과학의 급속한 발전을 뒷받침하려는 것이었다. 학문을 기본적으로 '정신'의 '객관

---

9   하라 아키라(原朗), 『청일·러일전쟁 어떻게 볼 것인가』, 김연옥 옮김(살림, 2015), 112~190쪽 참조.

화'라는 관점에서 파악함으로써, 이를 '문화'의 산물로 이해하고 있었다. 이에 문화 개념은 정신생활을 민족적 차원에서 파악하고, 또 기술 문명을 보완하는 것으로 정착하게 되었다.[10] 자연과학이 갖는 법칙성과는 달리 문화과학의 개성을 강조하는 가치론을 전면에 내세운 신칸트학파 철학[11]은 독일의 문화론과 접합해 일본의 지식인과 대중에게 심대한 영향을 미치고 있었다. 일본에서도 독일의 문화론이 영향을 미친 '개성의 시간'이 대두하고 있었던 것이다.[12]

이 시기의 데모크라시 이론이 주권의 소재를 문제로 삼는 법률론이 아니라 헌정(憲政) 운용의 목적을 논의하는 정치론에 초점을 두고, 이를 통해 군주주권(君主主權) 아래서의 일본 데모크라시의 가능성을 모색했던 것[13]도 바로 이런 문화론의 차원에서 이해할 수 있을 것이다. 다이쇼 데모크라시가 민주주의가 아니라 '민본주의(民本主義)'가 되었던 것을, 독일의 제국시간과 관련시켜 볼 수도 있을 것이라는 말이다. 그런데도 다이쇼 데모크라시 초기의 문화적 개성의 시간은 일본뿐만 아니라 조선에서도 깊은 영향을 미쳤다. 이처럼 제1차 세계대전이 발발하기 이전의 이 시기는, 후진 제국주의 국가 일본의 시간과 독일의 제국시간이 '동조'하는 시기였다.

다음으로 두 번째 시기(1914년 8월~1918년 11월)의 제국시간은 어떠했는가?

---

10 베르너 슈나이더스(Werner Schneiders), 『20세기 독일철학』, 박중목 옮김(동문선, 2005), 59~71쪽.

11 대표적으로 하인리히 리케르트(Heinrich Rickert), 『문화과학과 자연과학』, 이상엽 옮김(책세상, 2004), 7~245쪽.

12 1913년 연말에 출간된 『1913년』은 독일에서 문화가치가 과다해 대중의 둔감성과 피상성이 심화되고 있음을 지적한 책이라고 한다. 독일 사람들은 '진보'를 이미 오래전 이야기라고 간주하고 있었다[플로리안 일리스(Florian Illies), 『1913년 세기의 여름』, 한경희 옮김(문학동네, 2013), 356쪽]. 여기에서 독일 문화론의 수용자였던 일본과의 차이를 확인할 수 있을 것이다.

13 이수열, 「1910년대 大山郁夫의 정치사상」, ≪일본역사연구≫, 28집(일본사학회, 2008) 참조.

1914년 8월 유럽에서 제1차 세계대전이 발발하자 일본은 곧바로 참전을 결정했고, 이어 산둥 반도(山東半島)의 독일 조차지와 함께 적도 이북의 독일령 남양군도(南洋群島)를 점령했다. 일본의 참전을 주도한 것은 오쿠마 시게노부 내각의 외상 가토 다카아키(加藤高明)였다. 당시 일본 외교의 주류는 '친영파'가 장악하고 있었는데, 그 정점에 있던 사람이 바로 가토였다. 가토가 영국의 권유를 넘어 거의 자발적으로 참전 결정을 내린 것은 일본의 '만주 권익'을 공고히 하기 위해서였다. 1915년 연초에 일본이 중국 정부에 내밀었던 이른바 '21개조 요구'는 너무나도 가혹하고 고압적인 것이었다. 이 요구는 주로 '관동주'의 조차권과 '만철' 경영권을 공고히 하고, 만몽(滿蒙)에 관한 권익을 확보하는 데 중점을 두고 있었다. 이에 대해 중국은 강력히 반발했고, 일본에 대한 미국의 불신도 고조되었다.[14]

1915년부터 일본 경제는 전쟁 특수로 호황을 누리게 되었다. 일본은 제1차 세계대전을 통해 경제적으로 큰 혜택을 입어 가장 빠르게 성장한 국가가 되었다. 이 시기에 중화학공업화가 본격적으로 시작되었고, 수출이 수입을 초과함으로써 처음으로 채권국이 되었다. 1919년 1월 베르사유에서 강화 회담이 시작될 때 일본은 이른바 세계 '5대국'의 일원으로 인정되었다.[15] 일본은 전쟁을 거치면서 많은 식민지를 보유하고 있던 영국과 프랑스와 같은 선발 제국주의 국가와 어깨를 겨루려 했다. 이 시기는 영국의 제국시간과 일본의 제국시간이 동조하는 시기였다고 할 수 있다.

그러나 1916년부터 상황은 변하기 시작했다. 전쟁이 장기화되면서 전시 물가는 폭등했으며, 대중국 정책을 둘러싼 갈등으로 1916년 10월 오쿠마 내각이 붕괴하고 데라우치 마사다케(寺內正毅) 조선 총독이 수상으로 취임했다.

---

14   北岡伸一, 『なぜ・欧米列強とならぶ「一等國」にならえたか』(東京: NHK出版, 2012), pp.8~53.

15   하라 아키라, 『청일·러일전쟁 어떻게 볼 것인가』 참조.

데라우치는 영국을 비롯한 연합국과의 전쟁 협력을 강화하고, 미국 및 중국과의 관계를 개선하는 데 노력을 경주했다. 데라우치는 메이지 시대를 마감하는 역할을 조선과 일본을 오가면서 수행하고 있었던 것이리라.

한편 1917년 들어 제1차 세계대전의 상황도 변화하기 시작했다. 3월 러시아에서 혁명이 발생했으며, 4월 미국이 독일에 선전포고를 했다. 독일의 '무제한 잠수함 작전'과 이른바 '짐머만(Zimmerman) 사건'이 미국의 참전을 독촉하는 요인이 되었다. 짐머만 사건은 독일이 독일-멕시코-일본 간의 '반미동맹'을 공작한 것으로, 이로써 미국과 일본 사이에도 긴장이 고조되었다.[16] 1917년 러시아에서 볼셰비키 혁명이 성공하자 레닌은 종전을 결의하고 1918년 3월 독일과의 강화조약을 체결했다. 소련혁명을 좌절시키기 위한 '간섭 전쟁'은 1918년 8월 일본의 시베리아 출병으로 이어졌다. 하지만 일본의 출병은 대실패로 끝났으며, 미가(米價)의 극심한 등귀를 초래해 이른바 '미소동(米騷動)'이 발발하는 계기가 되었다.

제1차 세계대전이 진행되던 이 두 번째 시기는, 영국 제국을 중심으로 한 헤게모니적 제국시간이 미국이 이끄는 또 다른 헤게모니적 제국시간과 경쟁하는 시기였다. 일본은 영국의 제국시간에 편승하려는 시도로 어느 정도 성공을 거두었으나, 새로운 헤게모니적 제국시간에 대해서는 잘 이해하지 못하고 있었다. 이런 상황이 제1차 세계대전의 전후 처리 과정에서 일본을 또다시 좌절하게 만드는 요인이 되었다.

마지막으로 세 번째 시기(1918년 11월 이후~1921년으로 '워싱턴 조약' 이전)의 제국시간을 살펴보자. 1918년 11월 독일이 항복함으로써 전쟁을 종결하는 방식에 대해 논의가 시작되었고, 1차적으로 베르사유에서의 강화조약을 거쳐 최종적으로는 1921년 미국에서 개최된 워싱턴 회담을 통해 전후 처리는 공식

---

16   北岡伸一, 『なぜ·欧米列強とならぶ「一等國」にならえたか』 참조.

적으로 종결되었다. 이 기간은 제국시간 사이의 심각한 갈등이 배태되어 점점 확대되고 있던 시기였다. 일본에서는 시베리아 출병과 '미소동'의 여파로, 1918년 9월 데라우치 내각이 물러나고 하라 다카시(原敬)를 중심으로 한 정당 내각이 처음으로 성립했다. 한편 일본의 물가는 폭등했고, 노동쟁의도 대폭 증가하고 있었다. 1917~1919년 시기가 '대쟁의(大爭議) 단계'로 불릴 정도였다. 광범위한 대중운동이 발흥했고, 민본주의를 계기로 보통선거 운동이 크게 일어나고 있었다. 이른바 '다이쇼 데모크라시'가 만개하는 시기였다.[17]

한편 미국 대통령 윌슨이 참전 조건으로 내건 명분은 '승리 없는 평화'라는 것이었다. 윌슨은 전쟁에서의 승리는 패자에게 평화를 강요하는 것이라고 보았으며, 이는 용납될 수 없는 것이라는 점을 분명히 했다. 1918년 1월 윌슨은 '14개 조항(fourteen point)'을 통해 '승리 없는 평화'의 세 가지 원칙을 제시했다. 자유무역주의, 집단안전보장, 민족자결주의가 바로 그것이었는데, 이는 칸트의 '영구평화론' 이후 자유주의 평화 기획의 연장선 위에 놓인 것이었다. 윌슨에게 '세력균형'에 입각한 국제 질서는 극복해야 할 대상에 지나지 않았다. 나아가 한 국가 내에서 개인들이 독립적인 권리를 갖듯이, 개별 국가도 국제사회에서 동등한 자기결정권을 가져야 하며 이는 신생국이나 약소국에도 적용되어야 한다고 보았다. 이것이 바로 '민족자결주의'라는 이름으로 선포되었다.[18]

1919년 1월부터 6월 사이에 진행된 강화회의를 통해 '베르사유 강화조약'이 체결되었으나, 이는 패전국에 막대한 배상을 지우고 또 민족자결의 요건을 동유럽에 한정하는 불완전한 것이었다. 또 윌슨은 국제연맹의 결성 과정에서도 원래의 이상을 밀고 나가지 못했다. 그런데도 이제 세계의 시간은 변하고 있었다. '자결'과 '개조'의 시간이 새롭게 다가오고 있는 것처럼 보였다.

---

17   하라 아키라, 『청일·러일전쟁 어떻게 볼 것인가』 참조.
18   김학재, 『판문점체제의 기원』(후마니타스, 2015), 65~119쪽 참조.

게다가 전쟁을 종결시킨 미국의 힘은 민족자결주의라는 이름으로 포장되어 있었다. 물론 민족자결주의는 스스로 혼란을 감추고 있었지만, 특히 약소국과 식민지에서 강력한 힘을 발휘했다.[19]

한편 영국과 미국 중심의 제국시간을 위협하는 사회주의 국가 소련의 사회주의 시간은, 제국시간의 견지에서 볼 때 하위 협력자로서 배제되거나 추방되어야 할 대상에 지나지 않았다. 또 소비에트 이데올로기 속에서 '자결'은 부분적인 특징에 지나지 않았고, 게다가 1919년 3월 코민테른이 결성되기 전까지는 그다지 강조되지도 않았다. 동아시아 지역에 소비에트 이데올로기가 본격적으로 전파된 것도 1919년 3월 이후의 일이다.[20]

이제 미국의 제국시간과 일본의 제국시간 사이에는 커다란 괴리가 가로놓이게 되었다. 하라 다카시의 정당 내각도 윌슨이 주도하는 제국시간을 넘어설 수는 없었다. 전승국 일본은 '아시아 먼로주의'를 인정받음으로써 식민지를 보유할 수 있었으나, '인종 평등 결의안'을 채택해 민족자결주의를 견제하려는 시도는 성공하지 못했다.[21]

1910년 일본의 제국시간은 이처럼 각기 다른 3개의 제국시간과 만나면서 변화해나갔다. 제1차 세계대전 발발 이전에는 주로 독일의 제국시간과 동조하는 방식으로 자신의 시간을 조절했으나, 전쟁이 발발하면서 영국의 제국시간과의 적극적인 조응을 시도한다. 전쟁 종결 이후 미국의 제국시간이 헤게모니적 시간으로 부상하면서 일본의 제국시간은 곤혹스러운 갈등 상황과 조우하게 되었다. 1910년대에 3개의 제국시간은 중첩되어 있었으나, 차츰

---

19 윤해동, 「혼란과 열광 사이: 베르사유 강화조약과 조선」, 『한국을 만든 국제회의』(대한민국역사박물관, 2016), 15~50쪽.

20 캐빈 맥더모트(Kevin McDermott)·제레미 애그뉴(Jeremy Agnew), 『코민테른』, 황동하 옮김(서해문집, 2009) 참조.

21 김승배·김명섭, 「베르사유 평화체제의 '보편적 표준'과 한국과 일본의 異夢」, ≪국제정치논총≫, 52집 2호(국제정치학회, 2012) 참조.

이전 시기의 제국시간은 약화·소멸되고, 미국을 중심으로 한 새로운 헤게모니적 제국시간에 조응하거나 갈등하는 상황으로 나아가게 되었다.

3. 조선시간

이와 같은 제국시간의 변화에 조선은 어떤 방식으로 대응하고 있었는가? 이제 조선시간을 3개의 중층적인 시간으로 나누어 살펴보고자 한다. 첫 번째는 하층의 시간이고, 두 번째는 중층의 시간이며, 세 번째는 조선에서의 제국시간이다. 하층과 중층의 구분은 사회적 계층의 차이'만'을 의미하지는 않는다. 하층은 전통적·전근대적 시간 감각에 기반을 둔 계층을 의미하며, 중층은 근대적 시간 감각을 익혀가게 된 새로운 계층을 의미한다. 따라서 하층에는 전통적 맥락의 사회적 하층계급이 많이 포함되겠지만, 농촌 상층민 다수도 포함될 수 있다. 중층에도 마찬가지로 도시 지역 하층민이 포함될 수 있을 것이다.

첫째, 조선 내의 제국시간은 어떻게 작동하고 있었는가? 1910년대 일본 제국 내의 정치권력은 번벌 내각에서 정당 내각으로 이행하는 과정에 있었다. 그러나 식민지 조선에는 육군 군벌의 대표성을 가진 데라우치 마사다케와 하세가와 요시미치(長谷川好道)가 총독으로 파견되어 있었다. 이들이 대표하는 제국시간은 조선 내의 각기 다른 두 가지 제국시간과 갈등하고 있었다. 하나는 선교사로 대표되는 구미의 제국시간이었으며, 다른 하나는 문관 관료들의 제국시간이었다. 먼저, 조선총독부는 미국의 개신교 선교 세력과 식민지배의 헤게모니를 놓고 경쟁하고 있었다. 헤게모니 경쟁은 주로 비정치적 영역에서 근대성의 도입을 둘러싸고 진행되고 있었으며, 선교 활동이라는 측면에서 본 1910년대에는 아직 그 적대성이 충분히 드러나지는 않고 있었다.[22] 두 번째로, 대륙 경영을 주장하는 데라우치 마사타케 총독의 '군사관료'와 조선통치의 안정을 우선하는 '문관관료' 혹은 재조선 일본인 사이의 정책적 차이가 만들어내는 갈등이 존재하고 있었다. 이 시기 조선총독부의 무관들은 조선인의 동화(同化)를 낙관적으로 전망하면서, 제1차 세계대전이 발발하자 민적령을 고쳐 징병령을 시행하는 데 적극적이었다. 이런 점에서 그들은 문관관료와 날카롭게 대립하고 있었지만, 양자 모두 조선인에게 참정권을 부여하는 데는 거부반응을 보이고 있었다. 본국 중심의 무관관료의 제국시간과 식민지 현지의 문관관료들의 제국시간이 갈등하고 있었던 것이다.[23] 게다가 이 시기 재조선 일본인은 조선총독부의 '속지주의 정책'에 강력히 반발하고 있었다. 조선총독부 정책이 띠고 있던 '무단성(武斷性)'은 먼저 재조선 일본인의 비판에 직면했다.[24] 이들 사이의 갈등은 제국시간의 취약성을 더욱 강화하고 있었다.

1910년대 조선 내의 제국시간은 대체로 다음과 같은 방식으로 구조화·제도화되고 있었다. 지방제도를 중심으로 이 과정의 성격을 살펴보자.

우선 1914년 이전에는 주로 기본적인 제도화 작업이 수행되었다. 1914년에는 도시 지역을 중심으로 부제(府制)가 시행되었고, 군(郡)의 통폐합 작업이 단행되었다. 이를 통해 지방제도의 기본적인 틀이 성립되었다. 이후 1918년까지는 이 제도가 구체화하는 시기였다. 1917년 조선에서는 '면제(面制)'가 시행되었는데, 면 구역을 통폐합하고 문서 행정을 도입하는 방식으로 진행되었다. 이를 통해 서구적 합리성과 양화된 표준적 시공간 관념이 확산·정착

---

22 박명규·김백영, 「식민지배와 헤게모니 경쟁」, 《사회와 역사》, 82집(사회사학회, 2009) 참조.
23 李炯植, 『朝鮮總督府官僚の統治構想』(東京: 吉川弘文館, 2013), pp.14~95.
24 기유정, 「식민지 초기 조선총독부의 재조선일본인 정책 연구」, 《한국정치연구》, 20권 3호 (서울대학교 한국정치연구소, 2011), 189~212쪽 참조.

하게 되었다.[25] 1918년 이후 시기는 식민지에서 근대적 지방제도와 시공간 관념이 일상 속으로 침투하기 시작하는 시기였다. 토지조사사업이 마감되면서 근대적 소유권이 확정되었으며, 산림의 소유권을 확정하는 임야조사사업도 본격적으로 착수되었다. 서구의 근대적 소유권의 확립과 아울러 양화된 표준적 시공간 관념이 식민지 내의 제국시간과 함께 정착해갔던 것이다.[26]

둘째, 식민지 내의 중층 혹은 지식인의 시간을 살펴보려 한다. 1910년대 중층의 시간은 민족과 근대성 사이를 오가면서 동요하고 있었다. 이런 시간 감각의 교차와 동요는 이 시기 지식인들을 통해 적나라하게 드러나고 있었거니와, 최남선과 이광수 그리고 일본 유학생들이 펴내던 잡지 ≪학지광≫을 통해 그 흥미로운 면모를 살펴볼 수 있다.

최남선은 1908년에 잡지 ≪소년≫을 발간하기 시작했고 1910년에 결성된 조선광문회에 주도적으로 참여했으며,[27] 제1차 세계대전이 발발한 직후인 1914년 10월부터 1918년 9월까지는 잡지 ≪청춘≫을 발간했다.[28] 그는 우선 조선의 고전을 발간하거나 번역하는 작업을 진행했는데, 그것은 조선의 '부유한 시간'과 그로부터 축적되어온 무형의 자산을 당대로 불러내는 의미를 갖고 있었다. 그는 조선의 시간을 온축한 고서의 수집과 번역 활동을 통해, 근대의 '진조선(眞朝鮮)'을 새롭게 구성하려는 목표를 세우고 있었던 것이다.[29] 또 최남선은 ≪청춘≫의 발간과 함께 조선의 '신청년'을 위해 새무얼 스마일스(Samuel Smiles)의 *Self-help*를 '자조론'이라는 제목으로 번역해 출간했다. 그

---

25 윤해동, 『지배와 자치』(역사비평사, 2006), 39~190쪽 참조.
26 윤해동, 「식민지 근대와 대중사회의 등장」, 임지현·이성시 엮음, 『국사의 신화를 넘어서』 (휴머니스트, 2004) 참조.
27 오영섭, 「조선광문회 연구」, ≪한국사학사학보≫, 3집(한국사학사학회, 2001) 참조.
28 한기형, 「근대잡지와 근대문학 형성의 제도적 연관」, ≪대동문화연구≫, 48집(성균관대 대동문화연구원, 2004) 참조.
29 김남이, 「1900~1910년대 최남선의 '고전/번역' 활동과 전통에 대한 인식」, ≪동양고전연구≫, 39집(동양고전학회, 2010), 57~79쪽.

는 이 책에서 경제적 영웅을 내세워 조선의 경제적 자립을 강조했다. 이처럼 최남선은, 물질문명에서는 일본의 우위를 인정하지 않을 도리는 없으므로, 정신적이거나 문화적인 영역에서의 우위를 강조하는 방법을 창안하기 위해 노력했다.[30] 독일의 문화론적 제국시간이 일본을 거쳐 조선으로 유입됨으로써, 조선의 독자적인 전통과 문화적 우위를 강조하는 논리적 기반이 마련되고 있었던 것이다.

이광수의 경우는 어떠했는가? 그는 1917년 1월부터 조선총독부 기관지 ≪매일신보≫에 최초의 한글소설이자 근대 소설(novel)로 평가되는 『무정』을 연재하기 시작했다. 이 소설에는 1916년 여름 조선의 풍경이 핍진(逼眞)하게 묘사되었는데, 이는 바로 '시대의 그림'이었다. 이 소설의 중심적인 슬로건은 "문명을 배우라!"는 것이었다. 이어 ≪매일신보≫와 ≪경성일보(京城日報)≫에 한국어와 일본어 두 가지 언어로 쓴 「오도답파여행」이라는 조선여행기를 연재했다. 그는 총독부의 신정(新政)이 거둔 성과를 인정한 반면, 조선의 빈궁과 착취를 고발했다.[31] 이광수에게는 조선의 '후진성'을 변화시키는 것이 긴급한 과제였다. 이광수는 이를 모색하는 가운데 제1차 세계대전을 '세계사의 영도(零度)'로 상상함으로써, 오히려 후진성을 세계사적 동시성으로 도약하는 발판으로 삼으려 했다.[32] 1919년 1월 민족자결주의에 기초한 조선인의 행동을 촉구하는 「2·8 독립선언서」를 기초한 뒤, 이광수는 상하이로 망명의 길을 떠났다. 이런 이광수의 인식과 행동이 어색하지 않은 것은 조선의 중층시간이 '문화'와 '개조'로 수렴·도약하고 있었기 때문이다.

---

30 류시현, 『최남선 연구』(역사비평사, 2010), 1~147쪽 참조.
31 하타노 세츠코(波田野節子), 『이광수, 일본을 만나다』, 최주한 옮김(푸른역사, 2016), 148~177쪽 참조.
32 김동식, 『진화·후진성·2차 세계대전』, ≪한국학연구≫, 37집(인하대학교 한국학연구소, 2015) 참조. 김동식은 후진성이라는 개념을 사용해 시간 감각의 도약을 훌륭하게 분석하고 있다.

일본 유학생들도 제1차 세계대전을 계기로 새로운 시간 감각을 익혀가고 있었다. 그들의 《학지광》에는 유학생들의 시간을 둘러싼 고투(苦鬪)가 적나라하게 드러나 있다. 그들에게 조선의 후진성과 진화론이 드러내는 괴리는 선뜻 조화시키기 힘든 난제였다. 후진성과 진화론 사이에서 자아의 자리를 찾으려는 노력이 지속되었는데, 르네상스를 조선 근대의 기원으로 설정하거나 자아를 혁명적으로 변화시키려는 노력이 수행되었다. 3·1 운동의 경험을 통해 그들은 비로소 세계사적 동시성으로 도약할 수 있었다.[33] 이처럼 조선의 중층 시간은 민족과 근대성 사이를 오가며 동시대성으로의 도약을 꿈꾸고 있었다.

셋째, 조선의 하층 시간이란 어떤 것이었는가? 1910년대 조선 농촌사회의 시간은 급속히 변화하고 있었다. 앞에서 말한 지방행정을 중심으로 근대적 시공간 관념이 새로 형성되고 있었다는 데 다시 한번 주목할 필요가 있다. 식민국가를 통해 도입되고 있던 이런 균질적이고 양화된 시공간관은, 사회의 분화를 통해 공동체 내부의 개인들에게 침투하고 있었다. 병합을 전후한 시기부터 촌락 단위의 전통적 공동체 조직인 '동계류(洞契類) 조직'은 급속히 약화·쇠퇴하는 모습을 보인 반면, 동질적인 계층 사이의 상호부조 조직이 증가하고 있었다. 근대적 '조합'의 성격을 지닌 이와 같은 촌락의 내부 조직은, 이 시기 촌락 안에서 계층 분화가 상당히 빠르게 진행되고 있었음을 보여주는 지표이다. 또 이렇게 만들어지고 있던 촌락 내부의 '개인'들도 근대적 표준시간을 수용하고 있었던 것이다.[34] 요컨대 촌락 속에서 전근대적 '순환시간'은 서서히 서구의 근대적 '시계시간'으로 변화하고 있었다. 게다가 촌락의 분화는 빠르게 진행되어 근대적 시공간관을 체화한 개인이 등장하고 있었던

---

33   김동식, 같은 글.
34   윤해동, 『지배와 자치』, 269~305쪽.

것이다.

1910년대 조선인들은 식민국가가 만든 일상의 통제망 속으로 급속히 편입되고 있었다. 1912년 공포된 '경찰범처벌규칙'은 가장 폭넓고 빠르게 일상생활을 통제하던 법령이었다. '경찰범' 혹은 '경범죄' 처벌을 지원하는 법령으로는 '범죄즉결령'(1910년)과 '조선태형령'(1912년)이 있었다. 이와 같은 법령은 공간과 시간에 대한 식민국가의 강압적인 통제를 통해, 이른바 '문명인'을 주조해내려는 의도가 있는 것이다.[35] 이제 공적 공간에서의 시간과 일상은 촘촘하게 통제되었으며, 이를 통해 근대적이고 '민도' 높은 '문명인'으로 새로 탄생하도록 강제되고 있었다.

조선인들 역시 근대인 혹은 문명인을 양성하기 위해 계몽운동을 주도적으로 전개했다. 예를 들어 천도교의 청년 교육과 여성 교육은 주로 근대인들이 갖추어야 할 식산흥업과 자연과학에 대한 소개와 계몽으로 구성되어 있었다. 이와 아울러 근대인이 갖추어야 할 각종 덕목은 근대적인 시공간관을 습득하고 체화하는 데서 출발하는 것으로 간주되었다.[36]

조선 내의 헌병경찰이 1910년대 조선의 '민정(民情)'을 탐문해 기록한 『주막담총(酒幕談叢)』이라는 자료를 통해 하층시간의 일면을 엿볼 수 있다. 조선인들은 예로부터 내려온 '양반 지배'가 사라진 것을 반기면서, 일본 제국주의의 '문명'적 지배를 어느 정도 인정하는 모습을 보여주기도 한다. 하지만 이와 같은 근대적 지배가 경찰이나 행정 권력의 일상에 대한 간섭 혹은 침투를 통해 수행되고 있는 데 대해서는 계속 불만을 토로하고 있었다. 일반 조선인들

---

35 이종민, 「1910년대 경성주민들의 '죄'와 '벌'」, ≪서울학연구≫, 17집(서울시립대학교 서울학연구소, 2001), 95~130쪽; 이종민, 「가벼운 범죄·무거운 처벌」, ≪사회와 역사≫, 107집(한국사회사학회, 2015), 7~40쪽.

36 김정인, 「1910년대 『천도교회월보』를 통해서 본 민중의 삶」, ≪한국문화≫, 30집(서울대학교 한국문화연구소, 2002), 309~332쪽.

은 신해혁명이나 제1차 세계대전 등 국제적인 사건에 대해서도 예민하게 관심을 기울이고 있었다. 그들은 자신들의 생활에 대한 이해를 기준으로 소박하게나마 국제정세를 이해하려 했다.[37]

일반 조선인들이 겪는 이런 시공간 관념의 변화는 단시간에 이루어진 것으로서 갑작스럽고 급격한 것이었다. 그 변화는 주로 사회적 분화와 관련된 것이었으며, 이를 단절적인 '문명'적 변화로 이해하고 있었다. 따라서 사회적 분화와 관련된 지배 권력의 폭력이나 억압이 자신들의 일상으로 침투해 들어올 때는 불만이 폭발할 가능성이 높았다. 게다가 제1차 세계대전의 호경기가 후퇴하면서 일본 본국에서 초래된 불황과 사회적 혼란은, 식민지 조선에서도 예외 없이 재현되고 있었다. 1918년 조선에서도 미가가 폭발적으로 등귀했으며, 궁민들의 쌀 배급을 둘러싼 저항이 발생하기도 했다. 더욱이 전 세계를 휩쓴 유행성 독감이 식민지 조선을 비켜 갈 리도 없었다.[38]

1910년대 조선총독부는 '준군정(準軍政)'적 통치 체제[39]를 구축하여, '문명화' 시책을 강압적이고 무단적인 방식으로 시행하고 있었다. 무단적인 '문명화' 통치는 한편으로 사회적 분화를 급속히 진행시켜 사회를 재편했으며, 이는 동시에 서구적 합리성과 양화된 시공간 관념을 급속히 확산시키는 과정이었

---

37 마쓰다 도시히코(松田利彦), 「『주막담총』을 통해 본 1910년대 조선의 사회상황과 민중」, 김동노 엮음, 『일제 식민지시기의 통치체제 형성』(혜안, 2006), 357~397쪽. 이 논문에서는 1912년, 1914년, 1915년에 간행된 『주막담총』(전 3권)을 분석하고 있다.

38 이정은, 「『매일신보』에 나타난 3·1 운동 직전의 사회상」, ≪한국독립운동사연구≫, 제4집 (독립기념관 독립운동사연구소, 1990), 193~220쪽.

39 1910년대 조선총독부가 시행한 식민통치의 특징을 드러내기 위해 일반적으로 '무단통치' 라는 용어가 학계에서 사용되고 있다. 앞에서도 말했지만 1910년대 조선총독부의 통치를 무단통치로 개념화해 비판하기 시작한 사람들은 재조선 일본인들이었다. 하지만 무단통치 혹은 무단성이라는 용어는 대단히 모호한 개념이다. 헌병경찰 제도를 중심으로 한 식민통치의 특성을 군정 개념을 중심으로 재개념화할 필요가 절실하다. 같은 맥락에서 이 장에서는 1910년대 식민통치에 대해 일단 '준군정'이라는 용어를 사용한다.

다. 이런 방식으로 확대되고 있던 조선의 제국시간은 근대성이라는 측면에서 조선의 중층시간과 부합하는 측면이 있었다. 그러나 제국시간의 근대성이 일상으로까지 침투할 때는, 조선의 하층시간과 대립할 가능성이 있었다. 다른 한편으로 제1차 세계대전이 종결되면서 조선의 제국시간은 '자결'과 '개조'를 내세운 또 다른 헤게모니적 제국시간과 날카롭게 갈등하고 있었다. 조선의 제국시간은 식민지인, 곧 조선인의 동의나 자결에 기반을 두지 않은 개조 혹은 근대성을 지향하는 것이었다. 이는 조선의 중층시간과 하층시간이 자결과 개조에 기반을 둔 헤게모니적 제국시간과 만날 때 터져 나올 열광을 결코 제어할 수 없을 것이었다.

4. 맺음말

제1차 세계대전이 끝나는 1918년 하반기부터 새로운 헤게모니 시간으로 부상하는 미국의 제국시간과 일본의 제국시간은 갈등하고 있었다. 미국의 제국시간이 민족자결주의로 포장되어 있었기 때문에, 식민지 조선에서 이 두 제국시간은 더욱 첨예하게 부딪칠 가능성이 높았다. 한편 조선 내에서 일본의 제국시간은 양화된 시공간 관념을 통해 조선의 중하층 시간과 부합하거나 날카롭게 부딪치고 있었다. 조선의 중층 시간은 민족과 근대성 사이에서 동요하며 동시대성 혹은 세계사적 동시성으로의 비약을 꿈꾸고 있었다. 조선의 하층시간은 제국주의 지배를 통해 급속한 사회적 분화를 경험했으며, 양화된 시간의 압박으로부터 벗어날 것을 상상하고 있었다. 조선의 중하층 시간은 이처럼 동요하고 있었으며, 조선의 중하층들은 급속하게 '압축된 시간'을 경험하고 있었다. 조선의 중하층 시간이 '자결'과 '개조'라는 세계사적 동시성과 만나게 될 경우, 그것은 쉽사리 '열광'으로 변하게 될 것이었다.

'불꽃'과 같았던 3·1 운동의 열광은 '압축된 시간'의 폭발에 의한 것이었다. 그러나 그 '열광'은 시간이 압축된 방식과 강도에 따라, 그것이 폭발하는 공간에 따라 각기 모양이 다를 수밖에 없었다.

제1차 세계대전을 전후로 다양한 차원의 우연적인 사건사적 시간성이 연쇄적으로 작용해 발생한 것이 3·1 운동이었다고 할 수 있다. 다시 말하면 여러 갈래의 제국시간과 중층적인 조선시간이 복잡하게 얽혀 동조하고 갈등하는 가운데, 파리강화회의와 민족자결주의라는 우연적 요소에 의해 폭발한 것이 바로 3·1 운동의 열광이었던 것이다. 그런 점에서 경로 의존적인 성격을 띠고 있었지만, 그럼에도 그 인과성은 결코 단순하지 않았다. 조선시간은 중층적으로 누적되고 있었으며, 그 시간들은 조선시간 내부에서 상호 영향을 주고받았을 뿐만 아니라, 여러 제국시간과 동조하거나 갈등하면서 그 시간성을 변화시키고 있었다.

이러한 3·1 운동의 '열광'은 '직접성의 형식'을 매개로 해석될 수도 있다. 3·1 운동은 말과 행동 사이에서, 현재와 미래 사이에서, 그리고 인민과 대표성 사이의 세 가지 차원에서 직접성의 형식을 띠고 있었다는 지적은 상당히 현실적 의미를 가질 수 있다.[40] 열광은 일종의 비약이었으므로 매개가 없는 것이었다. 따라서 이런 직접성의 형식이 아니면 해석할 수 없는 것이 아니겠는가?

여기서 기술한 3개 층의 조선시간은 대표성을 띠는 시간이 아니다. 그것은 단지 몇 가지 경향성에 대한 수사에 지나지 않는 것이다. 그런 점에서 이 장에서 설정한 3개의 제국시간과 조선에서의 3개 층의 중층적 시간 사이에는 각기 다른 무수한 종류의 시간이 존재한다. 그 무수한 시간은 각기 다른

---

40 권보드래, 「미래로의 도약, 3·1 운동 속 직접성의 형식」, ≪한국학연구≫, 33집(인하대학교 한국학연구소, 2014) 참조.

방식으로 교차하거나 결합되어 있었으며, 독자적인 방식으로 압축되어 있었다. 따라서 '열광'의 방식과 내용도 모두 달랐다. 3·1 운동의 열광 속에 다양한 차원의 모호함이 담겨 있다는 지적은 이를 두고 하는 말이 아니겠는가? 그럼에도 3·1 운동에는 '위대한 정신의 비약'이 담겨 있음은 분명하다.[41]

이광수는 1919년 국치일(8월 29일)을 맞이해 상하이 임시정부의 ≪독립신문≫을 통해 다음과 같이 선언했다.

> 대한강산 3천리에 忍辱하던 2천만 衆生이 일제히 외치는 자유의 叫號에 일본이 전율하고 세계가 경동(驚動)하다. …… 그러나 원수의 혹독한 채찍 밑에 우리민족은 그가 희망하고 계획한 바와는 정반대의 방향으로 자각하고 진보하고 준비하다. …… 內地人이라고 부르지 아니치 못할 때마다 자유를 생각하고, 천황의 은택에 감사하기를 강제될 때마다 일본에게 대한 원한이 커지도다.[42]

조선시간과 제국시간의 어긋남이 초래한 자유에의 절규에 일본이 두려워하고 전 세계가 놀랐던 사실의 바탕에는, 조선인들의 자각과 진보가 자리하고 있다는 지적이다. 이것이야말로 사건사적 시간성이 초래한 정신의 비약을 지적한 것이 아니겠는가?

그 후에도 3·1 운동은 한국인들에게 언제나 새로운 지적 자극의 연원이 되어주었다. 시간을 압축하는 경험을 통해 3·1 운동의 열광에 접근하고자 하는 모색 역시 필자에게는 커다란 지적 모험이었다. 이런 모색이 조금이라도 성과를 거둔다면, 각기 다른 시공간에서 일어났던 역사적인 '열광'의 경험을 해석하는 데도 도움을 줄 수 있을 것이다.

---

41 권보드래, 「'만세'의 유토피아」, ≪한국학연구≫, 38집(인하대학교 한국학연구소, 2015) 참조.
42 김원모 편역, 『춘원의 광복론, 독립신문』(단국대학교 출판부, 2009), 59~60쪽 재인용.

참고문헌

구수경. 2007. 「근대적 시간규율의 도입과정과 그 의미」. ≪교육사회학연구≫, 17권 3호. 교육사회학회. 1~26쪽.

국가보훈처. 2002. 『3·1 운동 독립선언서와 격문』. 국가보훈처.

권보드래. 2015. 「'만세'의 유토피아」. ≪한국학연구≫, 38집, 193~226쪽. 인하대학교 한국학연구소.

권보드래. 2014. 「미래로의 도약. 3·1 운동 속 직접성의 형식」. ≪한국학연구≫, 33집, 51~78쪽. 인하대학교 한국학연구소.

기유정. 2011. 「식민지 초기 조선총독부의 재조선일본인 정책 연구」. ≪한국정치연구≫, 20권 3호. 189~212쪽. 서울대학교 한국정치연구소.

김남이. 2010. 「1900~1910년대 최남선의 '고전/번역' 활동과 전통에 대한 인식」. ≪동양고전연구≫, 39집, 57~79쪽. 동양고전학회.

김동식. 『진화·후진성·2차 세계대전』. 2015. ≪한국학연구≫, 37집. 인하대학교 한국학연구소.

김승배·김명섭. 2012. 「베르사유 평화체제의 '보편적 표준'과 한국과 일본의 異夢」. ≪국제정치논총≫, 52집 2호, 37~68쪽. 국제정치학회

김정인. 2002. 「1910년대 『천도교회월보』를 통해서 본 민중의 삶」. ≪한국문화≫, 30집, 309~332쪽. 서울대학교 한국문화연구소.

김학재. 2015. 『판문점체제의 기원』. 후마니타스.

나인호. 2004. 「정치종교로서의 나치즘」. ≪역사문화연구≫, 20집, 379~412쪽. 외국어대학교 역사문화연구소.

류시현. 2010. 『최남선 연구』. 역사비평사.

리케르트. 하인리히(Heinrich Rickert). 2004. 『문화과학과 자연과학』. 이상엽 옮김. 책세상.

마쓰다 도시히코(松田利彦). 2006. 「『주막담총』을 통해 본 1910년대 조선의 사회상황과 민중」. 김동노 엮음. 『일제 식민지시기의 통치체제 형성』, 357~397쪽. 혜안.

맥더모트. 캐빈(Kevin McDermott)·제레미 애그뉴(Jeremy Agnew). 2009. 『코민테른』. 황동하 옮김. 서해문집.

박명규·김백영. 2009. 「식민지배와 헤게모니 경쟁」. ≪사회와 역사≫, 82집, 5~39쪽. 사회사학회.

베르너 슈나이더스(Werner Schneiders). 2005. 『20세기 독일철학』. 박중목 옮김. 동문선.

슈테판 츠바이크(Stefan Zweig). 2014. 『어제의 세계』. 곽복록 옮김. 지식공작소.

안주영. 2013. 「시간에 대한 인류학적 연구 고찰: 전통적 시간과 근대적 시간의 대조를 중심으로」. ≪비교문화연구≫, 19집 1호, 41~82. 서울대학교 비교문화연구소.

오영섭. 2001. 「조선광문회 연구」. ≪한국사학사학보≫, 3집, 79~140. 한국사학사학회.

윤해동. 2004. 「식민지 근대와 대중사회의 등장」. 임지현·이성시 엮음. 『국사의 신화를 넘어서』. 휴머니스트.

_____. 2007. 「식민지 근대와 대중사회의 등장」. 『식민지근대의 패러독스』, 67~95쪽. 휴머니스트.

_____. 2016. 「혼란과 열광 사이: 베르사유 강화조약과 조선」. 『한국을 만든 국제회의』, 15~50쪽. 대한민국역사박물관.

_____. 2006. 『지배와 자치』. 역사비평사.

이수열. 2008. 「1910년대 大山郁夫의 정치사상」. ≪일본역사연구≫, 28집, 85~107쪽. 일본사학회.

이정은. 1990. 「『매일신보』에 나타난 3·1 운동 직전의 사회상」. ≪한국독립운동사연구≫, 4집, 193~220쪽. 독립기념관 독립운동사연구소.

이종민. 2001. 「1910년대 경성주민들의 '죄'와 '벌'」. ≪서울학연구≫, 17집, 95~130쪽. 서울시립대학교 서울학연구소.

_____. 2015. 「가벼운 범죄·무거운 처벌: 1910년대의 즉결처분 대상을 중심으로」. ≪사회와 역사≫, 107집, 7~40쪽. 한국사회사학회.

이창익. 2002. 「근대적 시간과 일상의 표준화」. ≪역사비평≫, 59호, 405~420쪽. 역사비평사.

일리스, 플로리안(Florian Illies). 2013. 『1913년 세기의 여름』. 한경희 옮김. 문학동네.

정근식. 2000. 「한국의 근대적 시간체제의 형성과 일상생활의 변화 I : 대한 제국기를 중심으로」. ≪사회와 역사≫, 58집, 161~197쪽. 한국사회사학회.

하라 아키라(原朗). 2015. 『청일·러일전쟁 어떻게 볼 것인가』. 김연옥 옮김. 살림.

하타노 세츠코(波田野節子). 2016. 『이광수, 일본을 만나다』. 최주한 옮김(푸른역사).

한기형. 2004. 「근대잡지와 근대문학 형성의 제도적 연관: 1910년대 최남선과 竹内錄之助의 활동을 중심으로」. ≪대동문화연구≫, 48집, 33~71쪽. 성균관대학교 대동문화연구원.

北岡伸一. 2012. 『なぜ·欧米列強とならぶ「一等國」にならえたか』. 東京: NHK出版.

李炯植. 2013. 『朝鮮總督府官僚の統治構想』. 東京: 吉川弘文館.

Sewell Jr., William H. 2005. *Logics of History*. Chicago: University of Chicago Press. pp.81~123.

7장

1920년대 보통학교 학생들의 교원 배척 동맹휴학*

| 박찬승 한양대학교 비교역사문화연구소 소장 |

1. 머리말

식민지 조선의 교육사는 그동안 주로 제도사 내지는 정책사 측면에서 이루어져 왔고, 이제는 상당한 성과를 축적한 것으로 보인다. 그러나 당시 학교의 실제 상황이 어떠했는지는 이와 같은 정책사나 제도사를 통해서는 잘 드러나지 않는다. 그렇기 때문에 식민지 시기의 조선 교육의 실상이 어떠했는지를 밝히는 문제는 여전히 숙제로 남아 있다. 따라서 이제는 이 시기의 교육사를 학교 현장을 중심으로 연구할 필요가 있다고 생각한다. 이 장은 이

---

* 이 장은 《역사와현실》, 10집(2017.6)에 같은 제목으로 수록된 것을 상당 부분 수정·보완한 것이다. 이 글이 발표된 뒤 김광규, 「일제강점기 직원록과 신문자료를 통해 본 교원 배척 동맹휴학」, 《역사교육》, 143(2017.9)이 발표되었다. 이 장은 김광규의 글도 참고해 수정·보완했음을 밝힌다.

런 시도의 하나로 1920년대 각급 학교의 현장에서 발생한 동맹휴학, 그중에서도 보통학교의 동맹휴학 문제를 다루어보고자 한다. 당시 보통학교의 동맹휴학은 학교의 설비 개선이나 조선 역사 교수 요구 등을 내걸고 발생하기도 했지만, 교사의 배척을 내걸고 발생한 동맹휴학[이하 맹휴(盟休)]가 가장 많았다. 당시 주로 10대 중반 이하의 보통학교 학생들은 왜 교사나 교장을 배척하며 맹휴를 벌였을까. 이 장은 이러한 물음에서 출발한다.

우선 교원 배척과 관련된 초등학교와 중등 이상 학교의 맹휴 양상을 통계를 통해 살펴보고자 한다. 그리고 이를 통해 초등학교에서의 맹휴의 특징이 무엇인지 알아보고자 한다. 이어 초등학교 맹휴의 발생 원인 중 가장 많은 비중을 차지하는 교원 배척과 관련된 맹휴 사례를 신문기사를 통해 살펴보고자 한다. 그리고 마지막으로 이와 같은 보통학교 학생들의 교원 배척 운동의 원인과 배경을 당시 교원들이 처했던 주객관적 상황과 관련해 정리해보고자 한다.

보통학교 교원의 양성제도와 관련해서는 김영우, 이원필, 임후남, 박영규, 김광규 등에 의해 이미 상당한 연구가 축적되어 있다.[1] 박영규의 연구는 식민지 조선의 교사 양성 제도, 특히 사범학교의 변천 과정을 시기별로 일목요연하게 정리하고 있으며, 이 글을 작성하는 데 배경지식으로 큰 도움이 되었다. 또 조선인 교원과 일본인 교원의 구성, 임용 과정, 차별 대우 등에 대해서는 사노 미치오(佐野通夫), 야마시타 다쓰야(山下達也), 혼마 지카게(本間千景) 등의 연구가 있다.[2] 특히 야마시타 다쓰야, 혼마 지카게의 연구는 식민지 조선의

---

1   金英宇, 『韓國近代敎員敎育史 1: 初等學校 敎員養成敎育史』(正民社, 1987); 李元必, 「일제하 교원양성제도 연구」(부산대학교 박사논문, 1987); 林後男, 「大韓帝國期에 있어서의 初等敎員의 양성」(서울대학교 박사논문, 2002); 朴永奎, 「植民地朝鮮における敎員養成に關する硏究」(九州大學 博士論文, 2005); 金廣珪, 「日帝强占期 朝鮮人 初等敎員 施策 硏究」(서울대학교 박사논문, 2013).

2   佐野通夫, 『近代日本の敎育と朝鮮』(社會評論社, 1996); 山下達也, 『植民地朝鮮の學校敎員』(九州大學出版會, 2011); 本間千景, 『韓國'倂合'前後の敎育政策と日本』(思文閣出版, 2010).

일본인 교원에 대한 상세한 연구로서, 역시 이 글에 큰 도움이 되었다. 한편 학생들의 동맹휴학과 관련해서는 중등학교를 중심으로 한 맹휴 연구는 얼마간 있지만,[3] 보통학교의 맹휴에 대한 연구는 거의 없는 실정이다.

이 장에서는 앞에서 설명한 기존 연구와 당시 교육 당국자들의 글, 각종 신문(≪동아일보≫, ≪조선일보≫, ≪시대일보≫, ≪중외일보≫)의 기사 등을 인용하면서 논의를 전개해나가고자 한다.

2. 통계로 본 교원 배척 맹휴의 양상

3·1 운동 이후 향학열이 폭발한 가운데 총독부도 3면 1교 정책을 펴서 보통학교의 학교 수와 학생 수가 크게 늘어났다. 또 1920년대 말에는 1면 1교 정책을 시작해 학교 수는 더욱더 증가하기 시작했다. 그 결과 1920년 641개 교이던 보통학교 수는 1935년에 2274개교로 증가했다. 그러나 중등학교의 숫자는 크게 늘어나지 않았다. 고등보통학교는 공사립, 남녀 모두 포함해 1920년 23개교에서 1935년 45개교로 두 배 정도 늘어나는 데 그쳤다. 그러나 학생 수는 1920년 3727명에서 1935년 2만 431명으로 5.5배 정도 늘어났다.[4]

초등학교와 중등학교의 학생 수가 이와 같이 증가하는 가운데, 1920년대에는 학생들의 동맹휴학이 자주 발생했다. 조선총독부 경무국이 1929년 3월에 발간한 『조선에서의 동맹휴교의 고찰』이라는 자료의 앞부분에 1921년부터 1929년 사이에 발생한 동맹휴교의 연도별 건수가 기록되어 있다. 이 기록에 의하면 이 시기에 발생한 맹휴는 모두 404건으로, 초등학교가 192건, 중

---

3   金淇周, 「光州學生運動 以前 同盟休學의 性格」, ≪韓國獨立運動史研究≫, 35(2010); 金性玟, 『1929년 광주학생운동』(역사공간, 2013).
4   『朝鮮總督府統計年報』, 각 연판 참조.

등학교가 200건, 전문학교가 12건으로 되어 있다.[5] 그런데 이 자료의 뒷부분을 보면, 맹휴의 발생 원인을 ① 학교 설비, 교규(校規), 교칙(校則), 학과(學科) 기타에 기인한 맹휴, ② 교원 배척과 관련한 맹휴, ③ 학교 내부의 사건과 관련한 맹휴, ④ 생도 간에 발생한 사건에 기인한 맹휴, ⑤ 지방 문제에 관련된 맹휴, ⑥ 민족의식 및 좌경 사상이 반영된 맹휴 등 여섯 가지로 나누어, 각각의 경우에 해당되는 맹휴 사건의 통계표를 자세히 제시했다. 이 통계표에 의하면, 같은 시기에 발생한 맹휴 사건은 초등학교의 맹휴가 342건, 중등 이상 학교의 맹휴가 460건이었다고 한다. 이를 합하면 802건이 된다. 물론 이 중에는 발생 원인이 여럿이어서 중복 계산된 사례도 있을 수 있다. 그러나 802건은 앞의 404건의 거의 두 배가 된다. 따라서 앞의 통계는 부정확한 통계였다고 볼 수밖에 없을 것 같다. 뒷부분의 통계표가 더 신뢰할 만하다고 보고, 이를 중심으로 논의를 전개하고자 한다.

『조선에서의 동맹휴교의 고찰』이라는 자료의 뒷부분에 나오는 발생 원인별 맹휴 사건을 중등 이상 학교와 초등학교(보통학교)로 나누어보면 〈표 7-1〉, 〈표 7-2〉와 같다.

〈표 7-1〉, 〈표 7-2〉에서 우선 주목되는 것은 초등학교에서의 맹휴가 중등 이상 학교에서의 맹휴에 못지않게 많았다는 것이다. 초등학교에서 발생한 맹휴 342건은 전체 맹휴 802건의 42.6%를 차지한다. 그리고 1926년까지는 초등학교에서의 맹휴 발생 건수가 중등 이상 학교에서의 맹휴 발생 건수보다 약간 많았다. 그것은 아마도 초등학교의 숫자가 중등 이상 학교의 숫자보다 월등히 많았기 때문일 것이다. 또 초등학교 맹휴의 발생 건수는 1920년대 전반과 후반에 큰 차이가 없으나, 중등 이상 학교의 경우에는 1927~1928년 들어서 크게 늘어났다는 점이 주목된다. 이는 중등 이상 학교에 독서회와 같

---

5   朝鮮總督府警務局, 『朝鮮における同盟休校の考察』(1929), p.9.

| 표 7-1 | 중등 이상 학교의 맹휴 발생 건수와 발생 이유

맹휴 이유	1921	1922	1923	1924	1925	1926	1927	1928	계	백분비
설비 개선	8	15	9	3	3	6	26	17	87	18.9
학과 시간	2	6	2	2	0	1	2	7	22	4.8
훈육 교칙	1	1	1	2	0	2	1	11	19	4.1
교원 배척	11	26	28	9	14	29	75	59	251	54.6
교내 사건	0	5	0	1	3	1	0	5	15	3.3
생도 충돌	0	0	0	0	0	0	0	0	0	0.0
지방 문제	0	0	1	0	0	0	0	0	1	0.2
사상 문제	3	4	1	1	1	2	17	36	65	14.1
계	25	57	42	18	21	41	121	135	460	100.0

자료: 조선총독부경무국, 『조선에서의 동맹휴교의 고찰』(1929.3), 21~46쪽.

| 표 7-2 | 초등학교의 맹휴 발생 건수와 발생 이유

맹휴 이유	1921	1922	1923	1924	1925	1926	1927	1928	계	백분비
설비 개선	2	10	12	1	0	7	12	2	46	13.4
학과 시간	0	9	2	0	2	2	4	0	19	5.6
훈육 교칙	0	7	6	1	5	6	4	10	39	11.4
교원 배척	7	23	18	8	38	32	36	21	183	53.5
교내 사건	1	5	6	1	4	6	3	3	29	8.5
생도 충돌	1	3	2	0	2	2	3	0	13	3.8
지방 문제	0	0	1	0	1	1	1	0	4	1.2
사상 문제	1	0	2	2	0	1	2	1	9	2.6
계	12	57	49	13	52	57	65	37	342	100.0

자료: 조선총독부경무국, 『조선에서의 동맹휴교의 고찰』(1929.3), 21~46쪽.

은 각종 동아리가 만들어지고 있었던 것과 관련이 있을 것이다.

다음으로 주목할 것은 맹휴의 이유이다. 중등 이상의 학교에서는 교원 배척이 54.6%, 학교 설비 개선 요구가 18.9%, 사상 문제(민족의식 및 좌경적 사상의 영향)가 14.1%를 차지했다. 그리고 초등학교에서는 교원 배척이 53.5%, 학교

	1921	1922	1923	1924	1925	1926	1927	1928	계(백분비)
중등 이상	11	26	28	9	14	29	73	59	249(57.4)
초등	7	23	18	8	38	32	38	21	185(42.6)
계	18	49	46	17	52	61	111	80	434(100)

자료: 조선총독부경무국, 『조선에서의 동맹휴교의 고찰』(1929.3), 26~27쪽.

설비 개선 요구가 13.4%, 엄격한 훈육과 교칙에 대한 반발이 11.4%를 차지했고, 사상 문제는 2.6%에 지나지 않았다. 즉 초등학교에서는 아직 민족의식이나 좌경적 사상의 영향을 받은 맹휴 건수가 적었던 것으로 나타난다. 그러나 교원 배척의 이유 중에 민족적인 모욕 등이 포함되어 있었던 점을 감안하면, 맹휴와 민족의식 간의 관계는 재검토를 요한다.

맹휴 발생 이유와 관련해 가장 주목되는 것은 '교원 배척'이 중등 이상의 학교나 초등학교를 막론하고 가장 많았으며, 전체 발생 건수 가운데 50% 이상을 차지했다는 점이다. 따라서 중등 이상 학교나 초등학교를 막론하고 학생들의 맹휴를 분석할 때는 교원 배척과 관련된 맹휴를 분석하는 것이 매우 중요하다고 하겠다. 교원 배척이 이유가 된 맹휴의 발생 건수를 연도별·학교급별로 다시 정리하면 〈표 7-3〉과 같다.

〈표 7-3〉에서 보면 교원 배척과 관련된 맹휴는 중등 이상 학교에서 좀 더 많이 발생했지만, 초등학교에서 발생한 경우가 전체의 42.6%를 차지할 만큼 많았다는 것을 알 수 있으며, 1925~1926년에는 초등학교의 경우가 중등 이상 학교의 경우보다 더 많았다는 것도 알 수 있다. 또 초등, 중등 이상을 막론하고 1920년대 후반에 더 많이 발생했다는 것도 확인할 수 있다.

이제 교원 배척과 관련된 맹휴의 원인을 좀 더 구체적으로 나누고, 이를 다시 초등학교, 중등 이상 학교, 관공립과 사립학교, 배척당한 교원의 민족별 구분 등과 관련해 나누어보면 〈표 7-4〉와 같다.

| 표 7-4 | 교원 배척의 원인 분석

교원 배척의 원인	학교 구분		배척당한 교원			계	합계	백분비*
			일본인	조선인	외국인			
인격과 소행, 언행에 대한 불만	중등 이상	관공립	26	4	0	30	60	24.1
		사립	6	19	5	30		
	초등	관공립	31	24	0	55	63	34.1
		사립	2	6	0	8		
교수법에 대한 불만	중등 이상	관공립	29	6	0	35	82	32.9
		사립	17	30	0	47		
	초등	관공립	18	11	0	29	38	20.5
		사립	2	7	0	9		
교원의 자격에 대한 불만	중등 이상	관공립	10	1	0	11	38	15.3
		사립	4	23	0	27		
	초등	관공립	1	1	0	2	3	1.6
		사립	0	1	0	1		
교원의 엄격함에 대한 불만	중등 이상	관공립	5	1	0	6	9	3.6
		사립	0	3	0	3		
	초등	관공립	9	2	0	11	12	6.5
		사립	0	1	0	1		
생도의 처우에 대한 불만	중등 이상	관공립	3	0	0	3	8	3.2
		사립	2	2	1	5		
	초등	관공립	13	9	0	22	28	15.1
		사립	0	6	0	6		
(문제)교사의 처치에 대한 불만	중등 이상	관공립	1	0	0	1	1	0.4
		사립	0	0	0	0		
	초등	관공립	6	3	0	9	11	6.0
		사립	0	2	0	2		
교사의 훈계와 처벌에 대한 불만	중등 이상	관공립	0	0	0	0	0	0
		사립	0	0	0	0		
	초등	관공립	4	5	0	9	9	4.9
		사립	0	0	0	0		
민족적 의식에 기인	중등 이상	관공립	4	0	0	4	7	2.8
		사립	1	2	0	3		
	초등	관공립	0	1	0	1	1	0.5
		사립	0	0	0	0		

교원 간의 불화에 기인	중등 이상	관공립	1	0	0	1	4	1.6
		사립	0	3	0	3		
	초등	관공립	1	3	0	4	4	2.2
		사립	0	0	0	0		
계급 의식에 기인	중등 이상	관공립	0	0	0	0	0	0
		사립	0	0	0	0		
	초등	관공립	0	1	0	1	1	0.5
		사립	0	0	0	0		
기타	중등 이상	관공립	17	3	0	20	40	16.1
		사립	7	12	1	20		
	초등	관공립	8	3	0	11	15	8.1
		사립	0	4	0	4		
계	중등 이상	관공립	96	15	0	111	249	100
		사립	37	94	7	138		
	초등	관공립	91	63	0	154	185	100
		사립	4	27	0	31		
	계		228	199	7	434	434	

주: * 백분비는 학교급별, 즉 중등 이상 학교와 초등학교로 나누어 그 안에서의 백분비를 말한다.

〈표 7-4〉에서 우선 교원 배척의 원인을 학교급별로 보면, 중등 이상 학교의 경우에는 ① 교수법에 대한 불만, ② 인격과 소행, 언행에 대한 불만, ③ 교원의 자격에 대한 불만 등의 순서로 나타나고, 초등학교의 경우에는 ① 인격 및 소행, 언행에 대한 불만, ② 교수법에 대한 불만, ③ 생도 처우에 대한 불만 순서로 나타난다. 이는 중등 이상 학교의 경우에는 교원들이 학생들의 인격을 모독하는 언행을 삼가지만, 초등학교의 경우에는 그렇지 않은 경우가 많아 나타난 결과로 보인다. 또 전체적으로 보면 중등 이상 학교의 경우에는 관공립과 사립학교에서 발생 건수가 111건, 138건으로 비슷하게 나타난다. 이는 〈표 7-5〉에서 볼 수 있듯이 중등학교인 고등보통학교의 경우, 공립과 사립학교의 숫자가 비슷했기 때문이다. 그러나 초등학교의 경우에는 관공립 학교가 154건, 사립학교가 31건으로 관공립학교의 경우가 월등하게 많다. 이는

| 표 7-5 | 1920년대 공사립 보통학교와 고등보통학교의 수

연도	공립 보통학교	사립 보통학교	공립고등 보통학교	공립여자고등보 통학교	사립고등 보통학교	사립여자고등보통학교
1921	755	36	11	2	10	5
1922	900	44	12	2	8	5
1923	1,040	56	14	2	8	5
1924	1,152	63	15	2	8	5
1925	1,242	73	15	2	8	8
1926	1,309	81	15	4	9	9
1927	1,395	81	15	6	9	9
1928	1,463	81	15	6	9	9

자료: 『조선총독부통계연보』, 각 연판 참조.

초등학교인 보통학교의 경우, 사립학교의 수가 공립학교에 비해 매우 적었기 때문이다. 오히려 공립 보통학교와 사립 보통학교의 교원 배척 맹휴 건수가 약 5대 1인데, 공립 보통학교와 사립 보통학교가 약 20대 1의 비율이었던 점을 고려하면, 사립 보통학교에서 더 많이 발생했다고 말할 수도 있다.

　다음으로 배척을 받은 교원들을 민족별로 구분해보면, 중등 이상 학교의 경우 일본인이 103명, 조선인이 109명, 외국인이 7명이고, 초등학교의 경우 일본인이 95명, 조선인이 90명으로 나타난다. 중등 이상 학교나 초등학교에서 배척받은 일본인과 조선인 교사 수가 거의 같다고 할 수 있다. 그런데 〈표 7-6〉에서 보는 바와 같이, 중등학교의 경우 일본인 교사와 조선인 교사의 숫자가 약 4 대 3 정도의 비율로 일본인이 많았던 것을 감안하면, 조선인 교사들이 배척받는 경우가 상대적으로 더 많았다고 할 수 있다. 초등학교의 경우 일본인 교사와 조선인 교사의 비율이 2 대 5 정도로 조선인 교사가 더 많았던 점을 감안하면, 일본인 교사가 배척받는 경우가 상대적으로 더 많았다고 할 수 있다. 때문에 당시 경찰 당국은 중등학교 이상에서는 일본인 교사는 100명 가운데 8명, 조선인 교사는 100명 가운데 18명이 배척을 받고 있는 셈

| 표 7-6 | 중등·초등 학교의 일본인 교사

(단위: 명)

연도	공사립 고보 및 여고보 교사		공사립 보통학교 교사	
	일본인	조선인	일본인	조선인
1921	216	171	1,149	2,875
1922	258	180	1,428	3,424
1923	327	204	1,888	4,266
1924	358	214	2,335	4,755
1925	367	231	2,171	5,672
1926	398	262	2,908	5,465
1927	394	282	2,709	5,939
1928	398	299	2,446	6,401

자료: 『조선총독부통계연보』, 각 연판 참조.

이라고 했다. 그 원인에 대해서 경찰 당국은 중등학교에는 사립학교가 많은데, 동맹휴교는 사립학교에서 더 많이 발생하고, 사립학교에는 조선인 교사가 많기 때문이라고 분석했다.[6] 또 초등학교에서는 일본인 교사는 100명 중 4명, 조선인 교사는 100명 중 2명이 배척을 받고 있는 셈이라 했다. 그러면 초등학교에서 일본인 교사가 더 많이 배척받는 이유는 무엇이었을까.

〈표 7-7〉을 보면, 일본인 교사와 조선인 교사를 막론하고, 학생들의 교사에 대한 배척 원인의 1위는 교사의 인격 및 소행과 언행이었으며, 2위가 교수법에 대한 불만, 3위가 생도에 대한 교사의 처우였다. 그런데 이 표를 작성한 이의 설명에 따르면 학생들에 대한 교사의 체벌(體罰)은 '생도에 대한 처우'라는 항목에 포함시켰다고 한다.[7] 교사의 학생 체벌에 불만이 상당했다는 것을 알 수 있다. 여기에 비슷한 내용인 '훈육의 엄격함', '교사의 훈계 및 처벌' 항목을 합하면 그 비중은 26.5%가 되어 2위를 차지한다. 민족의식이나 계급

---

6   朝鮮總督府警務局, 『朝鮮における同盟休校の考察』(1929.3), p.39.

7   朝鮮總督府警務局, 같은 책, p.29.

| 표 7-7 | 보통학교 생도들의 일본·조선인 교원 배척 맹휴 건수

日朝人	인격 및 소행과 언행		교수법에 대한 불만		교원 자격 문제		훈육의 엄격함		생도에 대한 처우		(문제)교사의 처치	
	일	조	일	조	일	조	일	조	일	조	일	조
공립	31	24	18	11	1	1	9	2	13	9	6	3
사립	2	6	2	7	0	1	0	1	0	6	0	2
계(%)	33	30	20	18	1	2	9	3	13	15	6	5
	35	33	21	20	1	2	9	3	14	17	6	6
합계	63		38		3		12		28		11	
(%)	34.1		20.5		1.6		6.5		15.1		6.0	

日朝人	교사의 훈계와 처벌		민족의식		교원 간의 불화		계급의식		기타		계	
	일	선	일	선	일	선	일	선	일	선	일	선
공립	4	5	0	1	1	3	0	1	8	3	91	63
사립	0	0	0	0	0	0	0	0	0	4	4	27
계(%)	4	5	0	1	1	3	0	1	8	7	95	90
	4	6	0	1	1	3	0	1	8	8	100	100
합계	9		1		4		1		15		185	
(%)	4.9		0.5		2.2		0.5		8.1		100.0	

자료: 조선총독부경무국, 『조선에서의 동맹휴교의 고찰』(1929), 27쪽.

의식과 연관되어 교사를 배척한 맹휴 건수는 각각 0.5%에 지나지 않았다. 그러나 일본인 교사에 대한 배척이 95건으로 조선인 교사에 대한 배척 90건보다 다소 많았고, 일본인 교사와 조선인 교사의 전체 숫자를 고려하면, 일본인 교사에 대한 배척 비중이 더 높았다.

이와 관련해 무라야마 지준(村山智順)은 『조선의 군중』이라는 책에서 1919년부터 1925년까지의 맹휴 70건 가운데 교장 및 교원 배척이 41건에 달했다면서, 당시 맹휴의 대다수가 생도의 교사에 대한 반감 또는 분개로부터 야기되었다고 설명했다. 그중 일본인 교사 배척이 24건(교장 11명, 교원 13명), 조선인 교사 배척이 16건(교장 3명, 교원 13명), 외국인 교장 배척이 1건으로, 일본인 교사에 대한 배척이 가장 많았다. 그 이유는 무엇이었을까. 무라야마는 일본인 교사들의 학생들에 대한 구타, 불친절, 무정(無情), 무인격(無人格)과 조선인 학

생들의 민족 감정이 결합되어 그렇게 된 것으로 보았다.[8]

한편 전라남도 시학(視學)을 지낸 야스다 야스노리(安田保則)는 학생들의 맹휴 원인 가운데 특히 교사 배척은 ① 교사의 학력이 불충분한 경우, ② 교사의 생도 취급이 지나치게 엄격한 경우, ③ 교사의 품행이 좋지 않은 경우, ④ 교사의 신분이 낮은 경우, ⑤ 교사가 생도들에게 불친절한 경우, ⑥ 교사가 생도들을 불공평하게 대하는 경우, ⑦ 교원이 사이가 나쁜 동료 교사를 배척하기 위해 생도들을 선동하는 경우 등으로 나뉜다고 보았다.[9] 이 중 '교사의 생도에 대한 처우가 지나치게 엄격한 경우'에 대해서는 다음과 같이 설명을 덧붙였다.

아동 생도를 다룰 때 지나치게 엄격하면 반동이 일어나고, 또 너무나 너그럽게 하면 훈련이 어렵게 된다. 이 때문에 너그러움과 엄격함 사이에 적당함을 취하지 않으면 안 된다. 내지인 교원이 내지에서 와서 내지의 아동 생도와 비교해 훈련이 덜 된 것을 알고 이를 바로잡기 위해 너무나 효과를 빨리 내려 한 나머지 동맹휴교를 야기하는 경우가 적지 않은 것이다.[10]

즉 일본인 교원들에 대한 배척은 훈련이 덜 된 조선인 학생들의 규율을 잡기 위해 일본인 교원들이 지나치게 엄격하게 생도들을 다루는 경우가 적지 않았고, 이것이 일본인 교원을 배척하는 맹휴의 주된 원인이 되었다는 것이다.

그러나 당시 언론은 이 문제를 다른 시각에서 보았다. ≪동아일보≫는 1927년 7월 당시 신문지상에 보도된 맹휴 사건 28건(남자 고보 12교, 여자 고보 2교, 농업학교 3교, 공립 보교 11교)의 원인을 분석했다. 이에 의하면, 맹휴의 이유는

---

8   조선총독부 관방문서과, 『朝鮮の群衆』(1926), pp.137~138.
9   安田保則, 『朝鮮敎育に安住して』(大阪屋書店, 1927), pp.285~289.
10   安田保則, 같은 책, p.286.

① 일본인 교원의 민족적 모욕, ② 교원의 인격상 결점과 자격의 불충분, ③ 학교 설비의 불완전 등이었다.[11] 물론 이는 중등학교의 맹휴까지 포함해 분석한 것이기는 하나, 일본인 교원의 민족적 모욕을 첫 번째 이유로 꼽았음이 주목된다.

3. 사례로 본 보통학교 교원 배척 맹휴의 양상

1920~1930년대 ≪동아일보≫, ≪조선일보≫, ≪시대일보≫, ≪중외일보≫ 등 조선어 신문에는 각급 학교 학생들의 맹휴가 자주 보도되었고, 그 가운데 보통학교 학생들의 맹휴도 간간히 보도되었다. 이들 보통학교 학생들의 맹휴 가운데 교원 배척을 내건 경우, 배척 이유를 크게 나누어 보면, ① 교원의 가혹한 체벌과 구타와 같은 폭력으로 인한 맹휴, ② 교원의 불친절, 무성의, 실력 부족(교수법 부족)으로 인한 맹휴, ③ 교원의 조선인 일반과 학생에 대한 모욕적 언사로 인한 맹휴, ④ 교사의 좋지 못한 품행으로 인한 맹휴 등으로 구분된다. 물론 이들 원인은 서로 중첩되어 있는 경우도 많았을 것이다. 교원의 생도에 대한 가혹한 체벌과 구타는 평소의 불친절이나 모욕적인 언행의 연장선에서 발생한 경우가 많았을 것이기 때문이다. 따라서 이를 완전히 분리해서 보기는 어렵지만, 이 글에서는 일단 교원 배척과 관련한 맹휴를 4가지 이유로 나누어 그 사례를 정리·분석해보기로 한다.

학생들은 맹휴에 돌입할 때 대부분 학교 당국이나, 군 또는 도 학무당국에 진정서를 제출하고 맹휴에 돌입하는 경우가 많았다. 그런데 이 과정에서 학교 측이나 경찰의 압박에 의해 맹휴가 좌절되고 만 경우도 있고, 맹휴까지는

---

11   "빈빈한 학교 맹휴와 신간회의 토의", ≪동아일보≫, 1927.7.22.

| 표 7-8 | 교원의 가혹한 체벌과 구타로 인한 맹휴

발생 연월	발생학교	맹휴의 원인과 경과	기사 출전
1921.5	경기도 안성공립 보통학교	5학년 생도들이 맹휴. 교장에게 이유서 제출. 교사들이 생도들에게 조선말을 못하게 하며, 조선말을 하면 벌로 청소를 시키거나 인정에 벗어나는 폭행을 가함.	동아일보 1921.5.26
1923.4	전남 함평공립 보통학교	6학년생 13명이 담임 훈도 세키 요시히코(關芳彦)가 생도에게 무리하게 난폭한 행동을 한 데 대해 항의하여 맹휴.	조선일보 1923.4.21
1923.5	황해도 안악공립 보통학교	5, 6학년 생도들이 맹휴. 6학년 담임 모토이시 가즈오(本石一夫)가 학식도 없으면서 수업 중 학생을 함부로 때리고 야비한 말씨를 씀.	동아일보 1923.5.12
1923.5	전주 제일공립 보통학교	4학년생 40여 명이 담임교사 일본인 도요다(豊田)가 월사금을 가져오지 않는다고 생도들을 때려 맹휴.	동아일보 1923.5.21
1924.2	전북 고창공립 보통학교	사립 암치보통학교에서 쫓겨난 교원 우에하라 도쿠신(上原篤信, 당시 42세)이 고창 공립 보통학교로 부임한 지 한 달 만에 생도들을 함부로 구타하고 부정한 행위가 많다 하여 학생들이 일시 맹휴. 학부형들이 긴급 회의, 우에하라의 해임을 군청과 도청에 건의함.	동아일보 1924.2.19
1924.6	전북 고창 흥덕공립 보통학교	흥덕보통학교 2년생 최예기가 소학교 소유림에서 수제국기간(手提國旗竿) 1개를 벌취하려다가 소학교장 시노자키 스케다로(篠崎助太郎)에게 중상을 당한 사건에 분개하여 동맹휴교.	동아일보 1924.6.18
1924.7	경북 봉화 물야공립 보통학교	교장 오가타 다이지(緖方泰爾)은 평소 술군으로 학생들을 구타함을 예사로 알고, 훈도 윤리형(尹利亨)도 역시 매일같이 학생들을 구타해 퇴학생들이 늘어 60명 중 17명밖에 남지 않은 상황이 되어 학생들이 이에 분개해 당국에 진정하고, 동맹 ,휴학에 들어감.	동아일보 1924.7.13
1925.5	전북 남원 산내공립 보통학교	관리 출신인 교장 오카모도 젠쿠로(岡本善九郞)가 무리하게 학생을 구타하고 퇴학을 시키므로 이에 항의하여 학생 100여 명이 맹휴에 돌입함.	동아일보 1925.5.31
1925.6	경남 동래군 사하공립 보통학교	5학년생 최규영이 교내에서 금전을 분실한 사건과 관련해 5학년 담임선생 김대현이 같은 학급 장순일을 혐의자로 생각해 자백하라고 강요하면서 송곳으로 찌르고 마구 구타해 이에 분개한 학생들이 맹휴함.	동아일보 1925.6.8
1925.6	충남 논산 양촌공립 보통학교	5학년 담임 마쓰오 히데오(松尾秀雄)은 평소 수업에 성의가 없고, 학생들이 조금만 실수하면 함부로 때렸는데, 방과 후 학생들이 청소를 하다가 이중식이 풍금에 배를 걸치고 있는 것을 보고 잡아서 유도로 사정없이 넘어뜨리고 발길질을 하여 학생이 혼도해 오줌까지 싸는 상황이 되자, 5학년생 70여 명이 그를 배척하는 맹휴를 일으킴.	동아일보 1925.6.12

1925.10	황해도 황주 사립양성학교	4학년생 40여 명이 담임교사 박성하가 부임한 지 불과 2, 3개월에 자주 학생을 구타하고, 수업 시간에 학생이 모르는 것이 있어 물어보면 너의 집에 가서 옥편 찾아보라고 하고, 책으로 학생의 면상을 때려 코피를 내게 하는 등 교원의 자격이 없다 하여 맹휴.	조선일보 1925.11.1
1926.4	충남 청안 공립보통학교	다나카 리테쓰(田中利鐵)은 평소 학생들에게 가혹하게 대하고, 또 학생들을 자주 구타함으로 5, 6학년 학생 전원이 맹휴에 들어감.	동아일보 1926.4.27
1926.7	평북 의주 공립 보통학교	5학년의 일본인 담임교사 히카리이에 가쓰히사(光家勝久)는 수업을 제대로 하지 않고 자습을 주로 하라 하여 학생들이 수업을 해달라고 학교에 진정서를 제출하자 반장 고동욱(17)을 직원실로 불러 무수히 난타해 약 20분간이나 까무러치게 하자 5학년생들이 맹휴를 실시.	동아일보 1926.7.20
1926.10	경기도 고양군 숭인공립 보통학교	4학년생 41명은 담임 미와 마게키(三輪萬吉)가 수업 중 대수롭지 않은 일에 생도 김문석을 채찍으로 난타해 전신이 핏빛이 되고 뚱뚱 부어 눈으로 보기에도 참혹한 부상을 입은 것에 분개해 동급생 대회를 열고 그에 동정해 맹휴.	동아일보 1926.10.10
1926.10	전북 순창 공립 보통학교	훈도 미치타 모토요(導田基豊)는 동교 사무실에서 5학년생 임선주의 머리를 죽장으로 몹시 때려 큰 상처를 내 선혈이 낭자했고, 그 이전에 4학년생 최종선의 뺨을 함부로 때려 귀가 먼 일도 있어 당지 청년회와 노동조합에서는 임시위원회를 열고 응징책을 토의한 결과, 전기 미치다 훈도에게 경고를 하기로 함.	동아일보 1926.10.27
1927.4	경남 김해 공립 보통학교	5학년 담임 일인 교원 마쓰시타 고로(松島五郎)가 점심시간에 지각했다는 이유로 학생의 손가락 사이에 만년필을 넣어 혹독한 형벌을 가하고, 때리는 일이 비일비재하고, 또 마쓰시타 선생은 평소에 조선인에 대해 모욕적인 말을 자주 했으며, 또 조그마한 과실이라도 있으면 학생을 유도로써 제재를 하는 일이 종종 있어 이에 항의하기 위해 맹휴.	조선일보 동아일보 1927.4.19
1927.6	강원 평강 공립 보통학교	5학년 훈도 미야타케 도라오(宮武虎雄, 25)는 자기 학급 생도가 지도하는 말을 잘 듣지 아니하면 함부로 때리는 것이 상습적이며, 근일 생도 하나는 맞아서 귀가 먹었고, 한 생도는 매를 맞아 신음하고 있다 하여 5학년생 68명이 맹휴.	중외일보 1927.6.23
1928.2	함남 영흥 진흥공립 보통학교	5학년 생도들이 담임이 항상 고압적 태도로 임하고 수업시간을 잘 지키지 않으며, 지각생들에게 무리한 벌을 세우는 것에 반발하여 맹휴.	중외일보 1928.2.22
1929.6	경기 안성 죽산공립 보통학교	학교에서 안성군 농회 주최로 정농청년표창식(精農靑年表彰式)이 열려 군수가 연설을 하자 학생들 중에 누군가 야유를 했고, 또 학교 변소에 "군수가 자기가 조선인인 것도 잊어버렸다. 저런 것은 듣지 않아도 좋다"라는 낙서를 함. 이에 조선인 훈도들이 6학년 급장 둘을 불러다가 심문했고, 한 학생이 변소에 가자 그를 범인으로 지목해 구타하자 학생들이 이에 분개해 맹휴를 일으킴.	동아일보 1929.6.24

1929.11	함남 고원 공립 보통학교	4년생 100여 명은 담임 스기모토(杉本) 교사가 난폭한 언사를 자주 쓰고, 구타를 가해 생도 1명이 졸도시킨 뒤에도 생도들에게 너희들도 이후에 졸도시킬 수 있다고 폭언을 하자 그를 배척해 맹휴.	동아일보 1929.11.22, 26
1933.10	전남 광양 공립 보통학교	6년생 도양수(15)가 흙 묻은 발로 5학년 교실 입구에 들어왔다고 5년생 담임 마키하라(牧原) 교원이 그를 난타해 현장에서 일시 혼도케 한 것에 5학년생이 분개해 맹휴. 이는 해당 교원 때문에 일어난 세 번째 맹휴임.	동아일보 1933.10.22
1934.10	경북 영일군 동해 공립 보통학교	3, 4학년생 80여 명이 10월 22일 비가 오는 데도 불구하고 종일 실습을 했는데, 일을 부지런히 하지 않는다 하여 교장과 훈도 이(李) 모가 4학년생 10명을 구타한 것에 분개해 맹휴를 단행.	동아일보 1934.10.30
1936.5	강원 홍천 성산 공립 보통학교	교장 아키야마 시유이치(秋山秀一, 당시 32세)가 부임한 후 생도들에게 가혹한 처벌을 하고, 실습을 한다고 힘든 노역을 시켰고, 3, 4학년 생도 몇 명이 교실에 들어가며 발을 굴렸다고 한 시간 이상 벌을 세운 것에 불만을 품고 3, 4학년생 80여 명이 맹휴.	동아일보 1936.5.16

| 표 7-9 | 교원의 조선인 일반과 학생에 대한 모욕적 언사로 인한 맹휴

발생 연도	발생학교	맹휴의 원인과 경과	기사 출전
1922.6	전남 보성군 복내공립 보통학교	3, 4학년 50여 명은 일본인 학교장 모리모토 엔주로(森本圓十郎)에 대한 불만을 이유로 동맹휴학에 들어감. 학생들의 주장에 의하면, 교장은 생도들에게 항상 불친절하고 또 걸핏하면 조선 사람 일반을 모욕하는 발언을 했으며, 수업 중 생도들로부터 질문이 있으면 자세히 알려주지 않고 도리어 욕설을 했고, 창가 시간에 2학년 생도의 머리를 몹시 때리고 발길로 걷어차서 교실 창밖으로 떨어져 중상을 입었다고 함.	동아일보 1922.6.17
1922.8.	평북 자성군 자성공립보통학교	조선인과 일본인 교원 사이에 충돌이 일어나 조선인 교원 2명이 사직하자, 300여 명의 학생들이 동요해 동맹휴학에 들어감.	동아일보 1922.8.17
1922.9.	전남 영암 공립보통학교	5, 6학년생들이 일본인 교장을 조선인을 무시하고, 생도를 구타하며, 교사들이 조선어 창가와 조선 역사를 가르치지 아니하며, 수업 중 교사의 설명을 이해하기 어렵다며 동맹휴학.	동아일보 1922.9.20
1923.4.	전남 나주공립보통학교	수메가와(染川) 훈도가 평소에 학생들에게 '빠가'니 '기사마'니 하며 비열한 언사를 자주 써서 학생들의 감정을 상하게 했고, 조선인에 대해 모욕적인 태도를 보여, 4, 5, 6학년 학생들이 동맹휴학에 들어감.	동아일보 1923.4.25, 26
1923.4.	충남 청양 화성공립보통학교	교장이 교수 시간에 조선인에 대해 모욕적인 태도를 보이고, 가르치는 성의가 부족하다는 이유로 3, 4학년 학생들이 맹휴에 들어감.	동아일보 1923.4.26
1923.4.	평북 영변공립보통학교	스즈키(鈴木) 훈도가 조선인에 대해 "너희는 야만이다", "썩은 민족의 버릇이다", "깨어진 종족이다" 등의 악담하며 모욕을 주고, 수업에 무성의하다는 이유로 6학년 학생들이 모두 맹휴에 들어감.	동아일보 1923.4.25, 26

1924.2.	충남 공주 유구공립보통학교	조선인 훈도 김교삼(金敎三)이 음력 정월이 임박했으므로 오후에는 수업을 하지 않는 것이 어떤가 하고 교장 무네가타(宗方)에게 묻자, 교장은 "조선인은 할 수 없다"고 말하는 등, 평소에 조선인을 모욕하고, 학생들에게 불친절하다는 이유로 맹휴.	동아일보 1924.2.10
1924.10	함남 영흥공립보통학교	일본인 훈도 와다 효마(和田兵馬)가 학생들에게 평소 "조선인은 빠가"라는 말을 자주 하고, 수업도 제대로 진행하지 못해 학생들이 이를 지적하자 학생들에게 무기정학 처분을 내려, 이에 항의해 6학년 학생들이 동맹휴학.	시대일보 1924.11.9
1924.11	경성 화광보통학교	경성 화광보통학교 3학년생은 새로 부임한 나카무라(中村玄哲)가 조선인들을 모욕하는 발언을 자주 하여 이에 항의해 동맹휴학.	조선일보 1924.11.19
1925.6	전남 담양 창평공립보통학교	일본인 교장 다카나카(竹中)이 평소에 학생들을 질책하며 욕설을 하고, 조선인의 잘못을 들어 학생들을 모욕하며, 장시간의 가혹한 체벌을 학생들에게 과해, 학생들이 교장 교체를 요구하며 맹휴.	동아일보 1925.6.18
1925.12	함남 문천공립보통학교	일본인 훈도 시바다(柴田)가 5, 6학년생들에게 모욕을 주고, 또 다른 훈도 쓰루다(鶴田)가 학교에 찾아간 조선인 기자에게 모욕을 준 사건으로 5, 6학년생들이 맹휴를 일으킴.	동아일보 1925.12.1
1926.2	함남 영흥군 진흥공립보통학교	학생 언론을 절대 압박하고 집회도 역시 절대 금지하며, 일본말을 전용하고 조선어는 절대 폐지하라 하는 데 불만을 품고 5학년생 80여 명이 맹휴.	동아일보 1926.2.20, 21
1926.4	전북 장수 공립보통학교	6학년생 전부가 담임인 도미다(富田) 씨가 교수 방법이 충분치 못할 뿐 아니라 성의까지 없으며, 생도들에게 매질만 한다고 배척.	동아일보 1926.4.30
1926.7	경북 경주공립보통학교	다카노(高野)라는 일본인 교사가 수업 시간에 "조선 사람은 야만인이다"라는 등 조선민족을 모욕하는 언사를 하고, 조선왕실에 대해서도 불경한 말을 하여, 학생들이 이에 분개해 맹휴.	동아일보 1926.6.7
1926.6	경기도 강화군 길상공립보통학교	5, 6학년생이 순종황제 승하의 비보를 접한 후 상장(喪章)을 달았다고 일본인 이쿠타(生田) 교장과 스이토(水藤) 교원이 무수히 난타하자 5, 6학년 학생 전부가 동맹휴학.	동아일보 1926.6.17
1926.6	충북 제천공립보통학교	순종의 국장 시에 오자키(大崎謙二郎) 교장이 순종을 "이태왕 전하"라고 잘못 칭하는 등 다수의 불경한 언사를 했고, 평소 학생들에게 무리한 압박과 불쾌한 언사를 자주하여 이에 항의해 5, 6학년생이 맹휴.	동아일보 1926.6.17
1927.11	전북 김제 만경공립보통학교	5학년 생도 40여 명은 일본인 담임 교원에게 조선 역사를 가르쳐달라고 했으나 "너희들은 일본 국민인 이상 일본 역사만 배우면 그만"이라고 답했고, 학생들이 모르는 것을 질문하면 성을 내고 뺨을 때리는 등 패악하다고 학생들이 맹휴.	동아일보 1927.11.16
1929.6	경기 안성 죽산공립보통학교	일본인 교장 하라구치(原口)가 통학이 어려우니 농업 실습 시간을 단축해 끝내달라고 하자, "조선 놈", "도적놈" 등의 모욕적인 언사를 퍼붓자, 6학년생 65명이 이에 항의해 맹휴.	동아일보 1929.6.9

| 1929.6 | 경기 안성
죽산공립보통
학교 | 맹휴를 풀었던 학생들이, 학교에서 안성군 농회 주최로 정농청
년표창식(精農靑年表彰式)이 열려 군수가 연설을 하자 학생들
가운데 누군가 야유를 했고, 또 학교 변소에 "군수가 자기가 조
선인인 것도 잊어버렸다. 저런 것은 듣지 않아도 좋다"라는 낙서
를 했다. 이에 조선인 훈도들이 6학년 급장 둘을 불러다가 심문
했고, 한 학생이 변소에 가자 그를 범인으로 지목해 구타하자 학
생들이 이에 분개해 맹휴를 일으킴. | 동아일보
1929.6.24 |

| 표 7-10 | 교원의 불친절, 무성의, 실력부족으로 인한 맹휴

발생 연도	발생학교	맹휴의 원인과 경과	기사 출전
1921.5	경남 거창 공립 보통학교	1학년을 제외한 전교생이 일본인 교장의 학생들에 대한 불친절, 학 교 일에 열중하지 않는 것 등에 불만을 품고 맹휴 단행. 이에 학교 측은 2명 퇴학, 5명 정학 처분. 학생들은 이에 분개해 맹휴 계속.	동아일보 1921.5.29
1922.6	경기도 부천 공립 보통학교	2, 3, 4, 5학년 생도 200여 명이 일본인 교장 미야우치 주기(宮內忠 義, 40)에 대한 불만으로 맹휴. 학생들에 의하면 교장은 학교에 성 의가 없어 학과를 시간대로 가르치지 아니하고, 생도에 대해 조선 인을 멸시하는 관념으로 공연히 때리고 모욕했으며, 학교 하인을 자기 집에 데려다 썼고, 조선인 선생을 자기 집으로 불러다가 밥 도 짓고 걸레질도 시켰다고 함.	동아일보 1922.6.29
1923.2	전북 용안 공립 보통학교	3, 4학년 생도 240명 전부가 맹휴. 일본인 교장이 자주 결근하고 수업을 매우 불친절하게 하며, 생도가 불만스러워 하면 욕설을 하 거나 때리기도 함.	동아일보 1923.2.10
1924.6	평남 성천 공립 보통학교	5학년생 30여 명이 담임교원 마승락의 교수 불충분과 무성의에 동 맹휴학을 단행하기로 하고, 평남도 학무국에 진정서를 보냈는데, 학생 중 2명이 이를 교원에게 밀고하자 교원들이 학생 10여 명을 사 무실에 구금하고 뺨을 때리고 발길로 차는 등 구타한 뒤, 4명을 퇴 학시키고 7명을 정학에 처한 사건.	동아일보 1924.6.22
1925.4	평북 창성 공립보통학교	고등과 2학년생 23명이 담임 교원 사카다(坂田) 선생은 무자격하다 는 이유로 전임시켜달라고 전달 23일 822호의 우편 서류로 사카다 의 결점 8개 조를 들어 학무과장에게 애원의 진정서를 제출.	동아일보 1925.4.16
1925.7	전북 금산군 제원 공립보통학교	2학년 담임 교원 이치하가 시험 성적 평가에서 불공정하게 하고, 평소 유산자와 무산자를 현격히 구별하는 등 불공평함에 분개해 2 학년 생도들이 맹휴.	동아일보 1925.7.28
1925.12	경북 칠곡공립보통 학교	교장 다카하시(高橋耕一郞)이 부임한 이후 훈도들과도 사이가 좋 지 않고, 수업에도 불철저하며, 출근 시간과 수업 시간에도 자주 늦는 등 학교일에 무성의하다 하여 교체를 요구하고 5, 6학년생이 맹휴에 돌입.	동아일보 1925.12.11

1925.12	경북 안동군 도산공립 보통학교	3학년 담임 교원 이 모의 자격이 불충분하다고 3, 4, 5, 6학년생 150여 명이 그를 해임해달라는 진정서를 학교에 제출. 교장도 그의 자격이 불충분하다는 점에 동의.	조선일보 1925.12.20
1926.4	평남 덕천 송정공립 보통학교	교장 야히로 게이사쿠(八尋敬作)는 부임 이래 교칙을 지키지 않아 수업에 불편이 많았고, 학생에 대해 언행이 고약하다는 등 사유로 전에도 동맹휴학 시도가 있었는데, 이번에도 수업 중 4학년생 주산이 초학인데도 제법(除法)부터 가르쳐 학생들이 이에 잘 모르겠다고 하자, 교장은 모르는 사람은 학교에 오지 않음이 좋다 하여, 이에 4학년생 일동이 맹휴.	시대일보 1926.4.28
1926.5	평남 진남포제일 공립보통학교	여자부 6학년 생도들이 담임 일본인 여교원 니시우치(西內)가 항상 생도에게 아름답지 못한 언사를 사용할 뿐만 아니라 종종 모욕적 행동을 하는 일이 있다 하여 타 교원으로 바꾸어달라고 맹휴. 남자부 6학년 생도들도 사사키(佐佐木) 교장이 수신(修身)을 가르치기로 되어 있지만 1년 동안 6, 7시간밖에 가르친 일이 없는 등 성의가 없다 하여 맹휴.	동아일보 1926.5.7
1926.6	충북 제천 공립보통학교	교원 배척으로 인한 맹휴 계획을 교장 오사키 겐지로(大崎謙二郎)가 경찰에 알려 생도 5, 6명을 10여 시간을 취조케 하여 무산시켰으며, 생도를 무리하게 압박하고, 선생과 생도에게 불측한 행동이 많고, 수료료를 내지 않은 학생을 도적놈이라 하는 등 불친절한 언행 등이 많다 하여 맹휴.	동아일보 1926.6.17
1927.2	강원 양양 공립보통학교	일본인 교사 고카(高賀)가 학생들에게 불친절하고 교사의 자격이 부족하다는 이유로 5학년 학생과 보습과 학생들이 단식 동맹과 혈서를 쓰고 맹휴에 돌입.	동아일보 1927.2.22
1927.11	경남 하동공립 보통학교	6학년생 100명이 요코다(橫田) 겸임교장 배척과 교원의 태도 개선을 내걸고 맹휴.	동아일보 1927.11.27
1929.7	충북 진천 장양 공립보통학교	5학년생 100여 명이 담임으로 있는 무카에 요시오(向永美雄)는 수업이 불친절하고, 역사 시간에는 교과서와 하등 관계도 없는 이야기로 시간을 허송하여 1학기 동안에 학습 과정은 불과 5과에 불과하다는 등 수업에 불충실하다 하여 맹휴를 하려 함. 학생들이 집합하던 중에 경찰이 출동해 이를 해산시킴.	조선일보 1929.7.29
1929.10	함남 고원 공립보통학교	6학년 급장 신정후와 몇몇 동급생들이 실습장에서 무를 먹은 것이 발각되어 교장이 이들을 사무실로 불러 훈계했는데, 신정후가 사과를 하지 않으므로 교장이 그러면 퇴학시키겠다 하자 신정후는 마음대로 하라 한 뒤 학교에 나오지 않아 퇴학으로 처리됨. 이에 동급 생도들이 반발해 맹휴에 돌입. 학부형들의 중재로 신정후는 다시 복교되었으나, 교장과 담임이 맹휴에 참가한 학생들을 사무실로 불러 체형까지 가하면서 취조를 한 뒤 7명을 무기정학에 처하자 학부모들이 다시 반발.	중외일보 1929.10.20, 23

| 표 7-11 | 교사의 좋지 못한 품행으로 인한 맹휴

발생 연도	발생학교	맹휴의 원인과 경과	기사 출전
1923.9	전북고창 사립암치보 통학교	9월 5일부터 5, 6학년 80여 명이 교원 우에하라 도쿠신(上原篤 信, 42)이 술을 과음해 수업 시간에도 주정을 하는 등 교육자로 서 자격이 없다 하여 맹휴.	동아일보 1923.9.28
1924.10	전북 금산군 진산공립 보통학교	4, 5, 6학년 생도 전부가 일본인 촉탁교원 나카모토 가나요(中本 加奈代)가 학교 앞 주재소 순사 겐코 사부로(乾亨三郎)를 자기 집 으로 불러들이는 등 풍기문란 한 행위를 보여, 촉탁 여교원을 배 척하는 맹휴를 일으킴. 주재소 순사들이 학생들을 잡아다 때리고 위협.	동아일보 1924.10.1
1925.3.5	황해도 겸이포 공립보통학교	4, 5학년 생도들이 교장 다노베 요시아키(田野邊義顯, 33)과 촉탁 여교원 이 모(24) 사이에 품행이 좋지 않다 하여 맹휴.	조선일보 1925.3.5
1925.11	경북 영양군 석보공립 보통학교	훈도 신주택과 5학년 여생도 서학이 사이에 불미한 행동이 있다 하여 학생들이 맹휴를 일으키려다 학부형들의 만류로 보류. 학 부형들은 도 당국에 훈도의 해임을 요구.	동아일보 1925.11.19
1927.6	평북 자성 공립보통학교	4, 5, 6학년 생도 140여 명이 동교장 후지이 겐타로(藤井賢太郎) 군이 동교 여훈도 모 씨에게 비인도적 추행을 감행하려다가 이 것이 탄로 난 것을 계기로 교장을 배척하는 맹휴.	동아일보 1927.6.27
1928.2	제주공립 보통학교	학교 측에서 항상 학생들에게 고압적인 태도를 보였고, 교원 강 태현은 수업 중에 항상 학생을 구타하고, 정조 교육 운운하며 양 성(兩性)의 관계를 말하고, 수심가(愁心歌) 등 노래를 고창해 학 생들은 이에 불만을 품고 맹휴. 경찰은 한때 8명을 검속.	동아일보 1928.2.29

가지 않고 진정서만 제출한 경우도 있었다. 아래에서는 맹휴와 진정서 제출 사건까지 포함하여 교원 배척 운동의 사례를 원인별로 정리해보고자 한다.

〈표 7-8〉부터 〈표 7-11〉까지는 당시 신문에 보도된 것 가운데 원인이 비교적 명확하게 밝혀진 경우들을 정리한 것이다.[12] 이 글에서는 당시 신문에 보도된 사례들이 당시의 대표적인 사건들이었다고 보고, 이를 정리하는 것을 통해 당시 교원 배척 운동의 대략적인 모습을 파악해보고자 한다. 또 학생들의 교원 배척 운동은 1920년대에 주로 발생했으나, 1930년대에도 간간

---

[12] 일부 맹휴의 경우에는 신문에 보도되었으나, 사유가 밝혀지지 않은 경우도 있다. 또 신문에 보도되지 않은 작은 규모의 맹휴도 상당수 있었을 것이다. 이런 경우는 표에서 제외했다.

히 발생했으므로, 여기에서는 1930년대의 사례까지 같이 검토하고자 한다.

이 사례들은 앞에서 본 조선총독부 경무국 측의 분석과는 상당한 거리가 있다. 경무국 측은 맹휴의 원인을 '인격 및 언행과 소행'이라든가, '교수법 불만'이라든가, '학생에 대한 처우' 등으로 분류를 했지만, 이는 실상을 호도한 것이었다고 생각된다.

앞의 표에서 정리한 보통학교 학생들의 교원 배척 운동은 모두 63건이다. 이를 원인별로 나누어보면, '교원의 가혹한 체벌과 구타와 같은 폭력'이 24건 (일본인 18건, 조선인 3건, 일본·조선인 2건, 미상 1건), '교원의 조선인 일반과 학생에 대한 모욕적인 언행'이 17건(일본인 17건), '교원의 불친절, 무성의, 실력 부족' 이 16건(일본인 13건, 조선인 3건), '교사의 좋지 못한 품행'이 6건(일본인 4건, 조선인 2건) 이었다. 그런데 교사의 실력 부족, 불친절, 무성의의 사례 중에는 네 건 의 무리한 체벌이 포함되어 있다(일본인 3건, 조선인 1건). 그러한 경우를 합하면 교사의 가혹한 체벌과 구타의 사례는 28건으로 늘어난다. 즉 교사의 가혹한 체벌과 구타로 인한 교원 배척이 가장 많았던 것이다.

그리고 일본인을 배척의 대상으로 한 경우가 51건(약 80%), 조선인을 배척의 대상으로 한 경우가 9건, 일본인과 조선인 모두를 배척의 대상으로 한 경우가 2건, 불확실한 경우가 1건 등이었다. 이를 통해, 교원 배척의 대상은 거의 대부분 일본인 교원이었음을 알 수 있다.

4. 교원 배척 맹휴의 원인과 배경

1) 지나친 체벌과 구타 등의 폭력

앞에서 본 것처럼 보통학교 학생들이 맹휴를 일으킨 가장 큰 원인은 교원의 가혹한 체벌과 심한 구타였다. 이 사례들을 보면 교사들은 학생들이 지각을 하거나, 교실에서 떠들거나, 실습을 열심히 하지 않거나, 금전을 훔쳤다고 의심이 되거나, 조선말을 하거나, 월사금을 가져오지 않는다 하여 학생들에게 체벌을 가한 것으로 나타난다. 체벌로는 벌을 세우는 경우도 있었지만, 문제가 된 사례들에서는 나무나 채찍으로 학생들을 구타하는 경우가 더 많았다. 심지어 손가락 사이에 만년필을 넣어 고문을 가하는 경우도 있었다. 일부 교사는 금전 분실, 동맹휴학의 경우에는 범인이나 주동자를 찾는다 하여 학생들을 송곳으로 찌르거나 매로 때리는 등 고문을 가하기도 했다. 이는 체벌이라기보다는 '물리적 폭력'에 해당하는 것들이었다.

그런데 교원의 폭력이 이유가 되어 맹휴까지 이어진 경우는 극히 일부였다. 즉 교원의 물리적 폭력은 일상화되어 있었고, 맹휴로 인해 그러한 사실이 드러난 경우는 '빙산의 일각'에 불과했다.

예를 들어보자. 1925년 경성 시외 뚝도 공립보통학교 5학년 담임인 이시모토(石本國四郎, 당시 20세)는 이희성(李熙成, 당시 14세)이 경례를 잘 못한다고 굵은 각목으로 때리고 발길질을 하여 15시간 동안 혼절하게 만들었다. 결국 이희성은 총독부병원에 입원했고, 이시모토는 타교로 옮겨갔다.[13] 1925년 경상북도 김천공립보통학교에서는 3학년 담임 교원 김상권(金尙權)이 황유성(黃裕性)이라는 학생을 무수히 난타해 졸도시켰다. 김상권은 자기 반에 수업료를 내지 못한 학생이 7명이나 되자, 그 1명인 황유성을 본보기로 구타한 것이었다고 한다.[14]

1927년 함경남도 함흥 오로리 공립보통학교에서는 교원 모 씨가 방삼석(方三石, 16)이라는 학생이 아직 발표되지 않은 성적을 동료 학생들에게 말하여,

---

13 "폭행교원 타교로, 피해아동은 아직 위중", 《동아일보》, 1925.5.1.
14 "폭력 만능의 교육자, 빈번한 각지 公普의 불상사, 수업료 미납으로 학생을 기절토록 난타, 김천공립보교의 불법한 훈도", 《동아일보》, 1925.6.9.

그것을 알게 된 연유를 물었으나, 제대로 대답을 못하자 곤봉으로 무수히 때려 정신을 잃게 하고 아홉 곳에 상처를 입게 하는 사건이 발생했다. 신문에 의하면 이 교원은 학생들에 대한 구타 상습자로, 그가 학교에 부임한 지 2개월 만에 구타당한 학생이 수십 명에 달했다고 한다.[15] 1928년 전북 임실공립보통학교에서는 훈도 히라하루(平春道範)가 수업 시간에 지각한 4명의 생도를 교정에 계속 세워두었고, 방과 후에도 그들을 방치한 채 퇴근하려 하자 학생 중 1명이 그 이유를 물었다. 이에 훈도는 학생에게 욕설을 하고 뺨을 때리고 발길질을 하여 한때 실신하게 만들었다. 그런데 이튿날 교장은 이러한 사실을 듣고 오히려 학생을 불러 선생에게 대들었다고 퇴학을 권고했다고 한다.[16] 1929년에는 함경남도 고원의 공리보통학교의 신임 일본인 교원이 4학년 남학생들이 여학생들과 말다툼을 벌이자, 김용하(당시 11세)라는 학생을 끌고 와서 무수히 구타하고 양동이로 물을 끼얹는 등 폭행을 가했다.[17]

이와 같은 상황은 1930년대에도 그대로 이어졌다. 1930년대에는 교원들의 폭력에 저항하는 맹휴가 별로 보이지 않으나, 교원들의 폭력은 여전했다. 예를 들어보자.

1930년 전라남도 구례공립보통학교에서는 교원 아사다(淺田)가 자기가 가르치는 5학년생 박양순(朴良順, 당시 14세)과 박길룡(朴吉龍, 당시 16세)이라는 두 학생을 학교에서 공공연히 폭행한 사건이 일어났다. 두 학생은 아사다 선생이 어느 학생을 부르는 소리를 잘못 듣고 다른 학생보고 선생님이 부른다고 전해주었는데, 아사다는 선생 앞에서 거짓말을 했다 하여 두 소년을 불러서 마구 때리고 차서 두 소년은 한때 정신을 잃고 기절했다. 선생은 두 소년을 병원으로 데리고 가서 진찰을 시켜 약을 주고 현금 오십 전을 주어 집에 일찍

---

15   "생도를 곤봉 난타, 훈도의 폭행", ≪동아일보≫, 1927. 8. 4.

16   "난타도 부족? 퇴학까지 권고", ≪동아일보≫, 1928. 5. 29.

17   "문제의 高原公普 교원이 또 생도 난타, 신임 大場 교원의 폭행", ≪동아일보≫, 1929. 11. 26.

돌려보냈다고 한다.[18]

1931년 평안남도 안주공립보통학교 교원 이토 고고로(伊藤小五郎)는 부임 이래 학생들을 무리하게 구타한 일이 많았는데, 3월 15일에 윤득영(尹得榮, 당시 12세)이라는 아이를 이유 없이 난로에 석탄 떠 넣는 부삽으로 얼굴을 지져 전치 3주일 이상을 요하는 중상을 입혔다고 한다. 이에 학부형들과 사회단체에서는 모임을 갖고 23일 학교로 몰려가 교장과 문제의 교원에게 항의하는 등 사회적 파문을 불러 일으켰다.[19]

1933년 11월 경기도 왕십리보통학교에서는 교사의 폭력으로 심지어 학생이 사망하는 사건이 일어났다. 이 사건은 이 학교 5학년 담임 김종명(金鍾鳴) 훈도가 수원으로 전근가게 되자, 5학년생들이 경성역까지 전송을 하겠다고 학교 측에 간청했으나 들어주지 않자 교실에서 떠들어댔다. 이에 사무실에 있던 수석 훈도 김성달(金性達, 당시 36세)이 5학년 교실로 달려가 5년생 어종수(魚鍾洙, 당시 14세)와 15명을 교편으로 머리와 팔 등을 몹시 때렸는데, 어종수군은 머리가 뚱뚱 부어 경성제국대학 병원에 입원했으나 가망이 없었고, 다시 세브란스병원으로 옮겨 치료를 받았으나 결국 사망했다.[20]

이와 같은 일부 교원들의 지나친 체벌과 노골적인 폭력에 대해 ≪동아일보≫는 1925년 사설을 통해 "동래군 사하공립보통학교 생도의 동맹휴교는 어린 생도를 교사가 감금하고 고문을 하여 몸에 적지 않은 상처를 냈기 때문이라 한다. 만일 교육자가 교육자다운 소양이 있고 덕의가 있다 하면, 설혹 불

---

18 "些小한 誤解로 學生을 毒打. 생도 2명을 혼절하도록 따리고 과자 멧개로 무마, 求禮普校敎員 淺川의 暴行", ≪조선일보≫, 1930.10.14.
19 "安州公普校 교원이 폭행. 학생을 부삽으로 때리어 전치 3주일의 중상", ≪조선일보≫, 1931.3.22.
20 "訓撻에 傷한 아동, 입원가료 중 사망, 부친은 선생을 상대로 고소 제기", ≪조선일보≫, 1933.11.7. 김성달은 경성고보 부설 임시교원양성소를 졸업한 훈도였다(한국역사통합정보시스템 인물검색 결과).

량한 소년을 발견하였을지라도 그것을 지도하고 부액(扶腋)하는 방법이 있었을 터인데, 이러한 무식하고 패악한 방법으로 대한 것은 그 교육자의 인격에 문제가 있다는 것을 표시함이 아니고 무엇이겠느냐'라고 지적했다.[21] 이 신문은 교원들의 이와 같은 행태의 원인을 인격 수양의 부족으로 돌리고 있다.

그러나 학교 내에서의 교원들의 지나친 체벌은 교원들의 단순한 소양 부족의 문제라기보다는 학교 내에서 일반적으로 용인되던 폭력성의 문제와 관련이 있었다. 과도한 체벌과 폭력을 행사한 이들 중에는 특히 일본인 교원들이 많았다. 앞서 본 사례 24건 가운데 18건이 일본인 교사나 교장에 의한 것이었다. 그 이유는 무엇이었을까.

1879년 일본 정부가 반포한 '교육령'을 보면 "모든 학교에서는 생도에게 체벌(구타 혹은 묶는 경우)을 가할 수 없다"는 규정이 들어 있었다. 그리고 이러한 규정은 1890년 이후에는 '교육령'에서는 빠졌지만 '소학교령'(개정)에서 "소학교장 및 교원은 아동에게 체벌을 가할 수 없다"는 조항으로 이어졌다. 그리고 1900년에는 "소학교장 및 교원은 교육상 필요하다고 인정될 때는 아동에게 징계를 가할 수 있지만, 체벌을 가할 수는 없다"는 규정으로 바뀌었다.[22]

이와 같이 근대 일본에서는 체벌이 법령으로 명확히 금지되어 있었다. 그러나 실제로 체벌이 전혀 없었던 것은 아니었다. 학자들은 당시에 각급 학교에서 체벌이 일반적으로 널리 행해지고 있었다고 본다. 그것은 체벌과 관련된 사건이 많이 일어나고 있었기 때문이다. 심지어 교사가 아이의 허리를 발로 차서 사망한 사건까지 있었다.[23] 이처럼 체벌이 자주 행해지는 가운데, 1916년 요코하마와 후쿠오카 법원 등에서는 교사의 체벌에 의한 상해 사건에 대해 무죄 판결을 내리는 경우가 있었다. 또 교육학자들도 체벌에 꼭 반

---

21   사설 "學生과 教師간의 紛糾: 특히 普校 教員 素質에 대하야", ≪동아일보≫, 1925.6.9.

22   沖原豊, 『體罰』(第一法規出版株式會社, 1980), pp.203~204.

23   沖原豊, 같은 책, p.205.

대만은 하지 않았다. 교토 제국대학 교수인 고니시 시게나오(小西重直)는 체벌에 원칙적인 반대를 표명하면서도 "체벌도 절대적으로 배척될 수 있는 것은 아니다"고 말했다. 도쿄 제국대학 교수인 요시다 구마지(吉田熊次)도 체벌에는 기본적으로는 반대한다고 하면서도, 인격의 존중이라는 입장에서 체벌 자체를 부정하는 것에는 반드시 찬성하지 않는다고 말했다.[24] 이와 같이 재판소나 교육학자들이 체벌을 무조건 나쁜 것으로 부정할 수만은 없다고 생각한 것은 당시 체벌에 일정한 교육적 의의가 있다고 생각하는 일본 사회의 분위기를 반영하는 것이었다.

왜 이와 같은 상황이 초래되었을까. 에모리 이치로(江森一郎) 교수는 군대의 영향을 들고 있다. 그는 메이지 10년, 즉 1878년 이후 일본은 군사와 교육을 2대 지주로 하여, 위로부터의 근대화를 추진해온 프러시아를 모델로 삼아 근대화를 추진케 되었는데, 당시 제국 육군과 해군의 교육 방법이 학교에서의 체벌 남용에도 결정적인 영향을 미쳤다고 보았다. 특히 1885~1889년 초대 문부대신을 지낸 모리 아리노리(森有禮)는 일본 근대 교육제도의 기초를 확립했는데, 당시 상하관계를 기본질서로 하는 군대의 규율과 훈련의 방법을 학교에 도입했고, 이것은 결국 학교 내에서의 사적인 제재나 체벌을 가능하게 했다고 보았다. 당시 모리가 가장 중시해 군대 모델로 개조한 것이 사범학교의 기숙사였다. 이후 학교의 질서는 상명하복의 문화로 자리 잡았고, 이 중에서 교사에 의한 가혹한 체벌 문화도 배태되었다고 에모리 교수는 설명한다.[25]

오에 시노부(大江志乃夫) 교수에 의하면 메이지 시대 일반 사회에서의 체벌의

---

24 沖原豊, 같은 책, pp. 206~207.

25 江森一郎, 『體罰の社會史』(新曜社, 1989), pp. 252~253. 金成學 교수는 한국에서도 1880~1910년 사이에 세워진 신식 학교에 군대식 학교 규율이 들어왔다면서 그 근거로 군대식 체조를 들었다. 金成學, 「군대식 학교 규율의 등장과정과 사회적 기능: 1880~1910」, ≪교육사회학연구≫, 16권 4호(2006) 참조.

만연은 1908년 군대 내의 내무 질서를 개정하는 지침에 의해 크게 영향을 받았다고 한다. 그 이전까지는 하급 하사(下士)는 병졸과 마찬가지로 폭력에 의해 지배받는 위치에 있었지만, 내무 질서 개정에 의해 병졸에 대한 폭력 지배의 말단에 위치하게 되었으며, 내무반 제도가 창설되어 하급 하사는 내무반장으로서 병졸 위에 군림하게 되었다는 것이다.[26] 에모리 이치로 교수는 이와 같은 군대의 내무반 제도가 사회 일반, 특히 학교에까지 침투해 교사와 학생 간의 상하 관계도 폭력에 의해 지배되었다고 해석했다.[27]

앞에서 본 것처럼 조선의 보통학교 교장은 거의 대부분 일본인이었고, 교사 중 3분의 1은 일본인이었다. 그리고 일본인 교원은 가봉(加俸: 본봉의 60%를 외지 수당으로 받음 _필자)으로 인해, 봉급도 더 많이 받으면서 사실상 학교의 분위기를 지배했다. 따라서 조선의 보통학교에는 일본의 소학교의 문화가 그대로 이식되었다고 볼 수 있다. 이로써 일본인 교사들의 조선인 아동들에 대한 민족적 멸시감은 가혹한 체벌을 용이하게 만들었던 것으로 보인다.

또 1910년대의 '조선교육령'에는 체벌 규제와 관련된 내용이 없었다. 1911년에 공포된 '보통학교규칙'에서도 "훈육상 필요한 징계를 가할 수 있다"고 되어 있었다. 이 시기 보통학교 학생에 대한 가혹한 체벌을 견제할 수 있는 조항은 없었다. 그러다가 1922년에 개정된 '보통학교규칙'에서는 "교육상 필요한 징계를 아동에게 가할 수 있지만, 체벌을 가할 수는 없다"는 내용이 들어갔다.[28] 그렇다고 해서 체벌이 사라진 것은 아니었다. 학교 체벌의 상황은 앞선 사례에서 보는 바와 같이 별로 달라지지 않았다. 중학교나 사범학교에서도 마찬가지였다.[29] 1938년 조선에서 공포된 '중학교규정'이나 '사범학교규

26   大江志乃夫, 『徵兵制』(東京: 岩波新書, 1981), p.110.
27   江森一郞, 『體罰の社會史』, p.254.
28   김경자 외, 『한국초등교육의 좌절: 일제강점기 초등교육』(교육과학사, 2005), 224~251쪽.
29   박철희, 「일제강점기 중등학교의 학생규율」, ≪교육비평≫, 12(2003), 325~326쪽.

정'에서는 "학교장은 교육상 필요하다고 인정될 때는 생도들에게 징계를 가할 수 있다"는 내용만 있을 뿐, 체벌을 금지한다는 규정은 아예 없었다.

2) 민족적 편견과 모욕적 언사

보통학교 학생 맹휴의 주요 원인 중의 또 하나는 교원의 조선인에 대한 모욕적인 발언과, 학생들에 대한 교원의 모욕적인 언행이었다. 교사들의 '모욕적인 발언'은 사실상 학생들에 대한 언어폭력이었고, 따라서 학생들은 교사들의 잦은 모욕적 발언에 항의해 맹휴를 일으킨 것이다.

조선인이나 학생들에 대한 모욕적인 언사는 주로 일본인 교원들로부터 나온다. 일본인 교원 중에는 일본에서 성장해 사범학교를 나오고 일본에서 5년 이상 교원 생활을 한 뒤 조선에 건너온 이들이 많았다. 또 조선에서 성장한 일본인 교원의 경우에도 조선인과는 다른 학교에서 공부하고, 조선인과 분리된 지역에서 생활하는 경우들이 많았다. 따라서 이들은 조선어도 잘 못했으며, 조선인들의 생활 관습에 대해서도 어두웠다. 학교 교육이나 언론, 책자 등의 영향을 받아 그들의 조선인관이 형성되었다. 그러한 조선인관은 대체로 편견으로 가득 찬 것들이었다.

일본인들의 조선인에 대한 편견은 이미 일본의 한국 병합 이전부터 시작된 것이었다. 일본인들이 쓴 각종 기행문이나 역사책은 조선과 조선인을 '일본형 오리엔탈리즘'의 시각에서 바라본 것들이었다. 그 내용은 조선은 부패하고 무기력해 스스로 나라를 유지해나가기 어려우며, 조선인은 불결하고 추악하고 게으르다는 것이었다.[30] 이러한 편견은 1910년 일본이 한국을 병

---

30   예를 들어 야즈 쇼에이(矢津昌永)의 조선 기행문의 내용이 그러하다. 최혜주, 「『조선서백리기행(朝鮮西伯利紀行)』(1894)에 보이는 야즈 쇼에이의 조선 인식」, ≪동아시아문화연구≫, 44집(2008) 참조.

합한 뒤 더욱 심해졌다. 그리고 일본인은 식민지를 지배하는 민족이며, 조선인은 피지배 민족이라는 데서 비롯된 우월감이 덧보태졌다. 이후 일본인이 조선인을 차별하고 무시하고 모욕하는 것은 식민지 조선 사회에서 자연스러운 일이 되었다.[31]

일본에서 조선으로 건너온 일본인 교원들은 당연히 일본에서의 교육으로부터 큰 영향을 받았다. 당시 일본에서 사용되는 소학교나 중학교 교과서에 실린 내용 중에는 조선인을 무시하고 모욕하는 내용이 상당히 많았다. 심지어 소학교의 한 참고서에 실린 예문에는 "조선인의 가옥은 더럽다는 표현보다는 '조선인의 가옥은 돼지우리와 같다'는 표현이 더 정확하다"는 문구가 실릴 정도였다. 이는 조선인을 야만인 내지는 동물처럼 간주하는 조선관에서 나온 것이었다.[32] 실제로 함경남도 영흥 공립농업보습학교에서 일어난 맹휴 사건은 당시 일본인 교원이 그와 같은 조선인관을 갖고 있었음을 확인해준다. 이 학교 교장 시바다(柴田)는 학생들에게 기숙사 청소를 시킬 때마다 "돈사(豚舍:돼지우리)를 소제(掃除)하라"고 말했다고 한다.[33]

조선에서 발행되는 일문 신문의 경우에도 조선인을 모욕하는 기사가 자주 실렸다. 특히 지방의 일문 신문의 경우에는 특히 3·1운동 이후 조선인을 경계하면서 일종의 적개심을 노출했고, 사이토 총독의 '일선인 차별 완화' 정책을 신랄하게 비판했다. ≪동아일보≫는 이와 같은 일문 신문에 대해 "독자의 의사에 영합해 일면으로는 조선인을 욕지후지(辱之詬之)하는 것이 망유기극(罔有紀極)이라. 조선인을 야만에도 비하며, 금수에도 비하여 마음껏 힘껏 모욕하

---

31 1920년 창간된 동아일보는 일본인과 조선인의 차별 대우와 관련해 5, 6월 두 달 동안 "무차별인가 대차별인가"라는 제목으로 기사를 연재했다.
32 사설 "일본 교사단의 고백", ≪동아일보≫, 1925.8.3; "민족을 모욕하는 三省堂 출판 서적", ≪동아일보≫, 1925.12.1.
33 "영흥농보교 맹휴, 교장 배척이 원인". ≪동아일보≫, 1927.8.26.

는 기사가 무일무지(無日無之)이니 이와 같은 독설악구(毒舌惡口)로써 저들은 극히 우치(愚痴)한 부유(蜉蝣:하루살이)적 쾌미(快味)를 느낄지 모르나 저들이 야만시하며 금수시하는 조선인도 지정의(知情意)가 있는 이상에는 이와 같은 모욕을 당하고 감정이나마 격앙치 아니할 수 없다"라고 비판했다.[34] 조선에 와 있는 일본인들은 이와 같은 일문 신문으로부터 상당한 영향을 받았을 것이고, 일본인 훈도들도 예외가 아니었을 것이다.

일본인들이 조선인들을 모욕하는 언어 중 대표적인 것은 '요보'('여보'에서 파생된 말)라는 말이었다. 일본인들은 상하 귀천을 막론하고 조선인들을 향해 '요보'라는 말을 즐겨 사용했고, 이에 대해 조선인들이 느끼는 모욕감은 대단한 것이었다. 한 조선인 철도원은 ≪동아일보≫에 투고한 글에서 요보라는 호칭이 그 어느 것보다 모욕적인 호칭임을 토로했다.[35]

일본인들이 조선인들을 모욕하는 또 다른 호칭으로 '빠가(바보, 馬鹿)'나 '기사마'(네놈, 貴様)와 같은 욕설이었다. 주재소의 순사나 군청·면사무소의 일본인 관리들은 이런 말을 일상적으로 사용했다. 그리고 심할 경우에는 조선인들을 구타하기까지 했다.[36]

보통학교 훈도들도 일본인 사회 일반의 이러한 풍조로부터 영향을 받았다. 그들은 학교에서 조선인 학생들을 대상으로 '빠가'니 '기사마'니 하는 욕설을 퍼부었다. 예를 들어 앞에서 본 1923년 나주공립보통학교에서 있었던 4, 5, 6학년의 동맹휴교는 "소메가와(染川) 훈도의 비열한 언사가 아동의 감정을 상하게 했고, 조선인을 자주 모욕했기 때문"이었다. 충청남도 청양군 화

---

34 "횡설수설", ≪동아일보≫, 1920.8.1.
35 "독자의 聲: 何其深耶아", ≪동아일보≫, 1920.5.24(유선영, 2017『식민지 트라우마』, 푸른역사, 135쪽에서 재인용).
36 "참다가 못하여", ≪동아일보≫, 1924.1.20; "휴지통", ≪동아일보≫, 1924.3.10; "不平", ≪동아일보≫, 1924.11.29. 특히 순사가 조선인에게 '빠가'와 같은 욕설을 하고 구타를 한 사례는 부지기수로 많았다.

성면 공립보통학교 3, 4학년 생도의 맹휴도 "교장이 수업 시간에 조선인에 대한 욕설을 자주 했기 때문"이었으며, 평안북도 영변 공립보통학교 6학년 생도의 맹휴는 "스즈키(鈴木) 훈도가 조선인에 대한 모욕과 악담을 자주 했기 때문"이었다.[37]

이와 같은 일본인 훈도들의 조선인들에 대한 모욕과 욕설은 일종의 '언어 폭력'이며 '정서적 폭력'이었다. 조선인 학생들은 이와 같은 모욕과 욕설로 상처를 받았고, 결국 이에 분노해 동맹휴학을 일으켰던 것이다.

3) 교원으로서의 인격, 소양, 실력의 부족

보통학교 학생들의 맹휴의 주요 원인 중 하나는 교원으로서의 인격과 소양의 부족이었다. 〈표 7-10〉 〈표 7-11〉에서 볼 수 있듯이 교사들의 학생들에 대한 불친절, 무성의, 불공정 등의 문제, 공금의 사적 유용, 잦은 술집 및 기생집 출입과 술주정, 여학생들에 대한 성추행과 성폭행 등이 맹휴의 원인이 되었다. 이러한 교원들은 흔히 '불량 교원'이라 불렸다. 그런데 맹휴까지 이어진 사건들은 역시 빙산의 일각이었다. 맹휴까지 이어지지는 않았지만, '불량 교원'들이 학교 안팎에서 일으킨 사건은 부지기수였다.

보통학교 교원 중에는 학생들을 가르치는 일은 소홀히 하고, 기생집에 출입해 지역사회로부터 비난을 받는 일이 많았다. 예를 들어 1921년 부산진 공립보통학교 교장 하기타(萩田廣吉)가 일본인 교원 2명을 데리고 남빈정의 요리점 대흑루에 가서 기생을 데리고 질탕하게 놀다가 유흥비가 너무 비싸다는 이유로 요릿집 직원과 몸싸움을 벌여 경찰까지 출동한 일이 있었으며, 결국 그는 사직 권고를 받았다.[38] 조선인 교원들도 예외는 아니었다. 1924년 경기

도 안성 공립보통학교 학생들은 교원의 불친절을 이유로 맹휴를 한 일이 있었는데, 이 학교의 조선인 교원들은 안성의 요릿집 명월관에 가서 기생을 불러 노래를 부르고, 질탕하게 놀다가 학부형에게 들켜 학부형이 이를 질책하자 "네가 무슨 권리로 우리를 단속하냐"면서 학부형을 구타하는 사건이 일어났다.[39]

교원의 여학생 성추행, 성폭행 사건들도 빈발했다. 대전의 모 보통학교 교원 임서철(林瑞喆, 당시 21세)은 14세밖에 안 된 여학생을 성폭행했다가 경찰에 구속되어 유죄 판결을 받았다.[40] 또 충청북도 보은군의 교원 이(李) 모(당시 24세)는 자신이 담임하고 있는 학급의 12~16세 되는 여학생 6명을 방과 후에 교실에서 차례로 성폭행했다가 경찰에 구속되었다.[41]

이처럼 보통학교 교원들이 많은 문제를 일으키자, 총독부 학무국도 교원으로서 갖춰야 할 인격과 소양이 부족한 교원들이 많다는 사실을 인정하고, 대책을 세우지 않을 수 없었다. 1927년 9월 총독부 학무국은 각 도지사에게 공문을 보내 교원을 신중히 채용하라고 지시했다. 그 내용을 보면 "교육자의 소질이 열등하여 교육자로서 적당치 못한 자가 많으니, 관하 각 학교를 엄밀히 감시하여 소질이 불량하다든지 자격이 적당치 못하다든지 인격이 고상치 못하여 교육자로서 적당치 못하다고 인정하는 때에는 용서없이 도태하여 교육계의 공기를 확청(廓淸)하도록 하라"는 것이었다.[42] 이에 각 도에서는 각 군에 공문을 보냈는데, 그 내용은 "최근 각처에 빈발하는 학교 생도 아동들의

---

38 "普校長의 醜行, 술먹고 술값 승강, 마침내 사직 권고", ≪동아일보≫, 1921.7.31.
39 "浮浪 敎員의 폭행, 학교보다도 요리집 출입이 빈번, 게다가 충고하는 학부형을 난타", ≪동아일보≫, 1924.5.18.
40 "제자에게 폭행한 교원 공판 회부. 7개월만에 예심종결", ≪조선일보≫, 1933.12.24.
41 "神人共怒할 此 事實 소학교원의 暴狀. 가르키는 소녀 6명에게 폭행. 충북교육계의 대치욕", ≪조선일보≫, 1938.7.15.
42 "학교맹휴의 主因은 교원소질의 低劣. 학무국에서 廓淸방침", ≪동아일보≫, 1927.9.18.

동맹휴학은 교장 또는 교원을 배척하는 것으로, 그 근본 원인은 교장 교원의 인격과 식견의 결여와 또는 소행이 아름답지 못하고 자격이 없는 자들로 소질이 열등하고 교수에 친절치 못한 것 등으로, 무엇보다 교원을 엄밀히 선택하여 종래의 교원으로서의 자격이 없는 자는 당연히 정당한 처치를 하라"는 것이었다.[43] 결국 총독부에서도 학생들의 맹휴의 주요 원인이 교사들에게 있다는 것을 인정하고, '불량 교원'들을 도태하도록 지시한 것이다.

그러나 1면 1교 정책으로 보통학교의 수가 계속 늘어나면서, 교사는 늘 부족했다. 이 때문에 교사의 단기 양성이 계속되었는데, 이런 상황에서 '불량 교원'을 정리하기란 쉬운 일이 아니었다. 그 결과 1930년대 초까지 '불량 교원' 문제에 의한 학생들의 맹휴는 계속되었고, 1933년에도 총독부 학무 당국은 "불량 교원은 금후부터는 용서 없이 배격하는 동시에, 가급적 많은 기회에 교육계의 권위자를 초빙하야 강습회 혹은 수양회 같은 것을 개최함으로써 문화 교육의 전수를 철저케 하기로 하였다"고 말하기도 했다.[44] 그러나 일시적인 강습회나 수양회 정도로 교원의 인격 수양이 이루어질 리는 만무했다.

앞에서 본 것처럼 보통학교 맹휴의 또 다른 주요 원인은 '교수법에 대한 불만'과 관련된 것이었다. 그런데 이는 사실 '교원의 실력 미흡'을 그렇게 표현한 것이었고, 이는 미흡한 교원 양성제도와 관련이 있었다.

1923년에 한 신문은 사설에서 "23만인 내외의 공립보통학교 아동에게 접하는 4천 4백 명(일본인이 1260명, 조선인이 3140명)의 교원이 그 소질은 어떠한가. 조선인 교원으로 말하면 상당한 사범학교를 졸업한 자 극히 소수일 뿐 아니라, 근년에 이르러서는 공립농업학교 졸업생이나 간이한 강습소를 수료한 자를 채용하였나니 독서가 부족한 우리 사회에서 그 다대 부분은 소양이 심

---

43   "맹휴와 단속, 교원 선택을 하라고", ≪동아일보≫, 1927.9.25.

44   "不祥事件 빈발로 不良教員 大淘汰, 素質이 나쁘면 용서 없이 處斷, 學務當局의 一 方針", ≪동아일보≫, 1933.11.9.

히 부족할 것이다"라고 지적했다.[45] 이는 사범학교를 나온 교원보다는 임시 양성소와 같은 단기 교육 과정을 통해 교원이 된 경우가 훨씬 많다는 것을 지적한 것이다. 1928년에도 이 신문의 또 다른 사설은 교원 중 "불과 5, 6개월의 연습을 하고 그 자리에 나간 자가 태반"이라고 지적했다.[46]

앞에서 본 전라남도 시학을 지낸 야스다 야스노리는 "1919년 이후 향학열이 갑자기 발흥하여 입학지원자가 크게 늘어났고, 이에 따라 학교가 급격히 늘어났다. 그러나 교원의 양성은 이에 따르지 못하여 교원을 속성으로 양성하는 것이 불가피하였다. 따라서 학력이 불충분한 교원이 족출(簇出)한 것은 사실이다. 그리고 이들 학력이 불충분한 교사 가운데에는 보통학교를 졸업하고 6개월 내지 1년의 강습을 받고 교사가 된 경우도 있고, 제3종의 시험에 합격하여 훈도로서 판임관의 자격을 얻은 교사도 있는데, 이들의 다수는 소성(小成)에 안주하여 스스로를 대단히 위대한 자라도 된 것처럼 생각하여 수양을 게을리 하는 것이다. 그러나 학력은 극히 불충분함을 면치 못한다. 이 학력의 불충분함이 아동에게 간파되어 동맹휴교를 낳는 일이 가끔 있다"라고 말했다.[47] 즉 교원의 급속한 양성과 그에 따른 교원의 실력 저하가 학생들의 맹휴를 유발하는 원인이 되었다는 것이었다.

사이토 마코토(齋藤實) 총독은 1920년에 '교원의 실력 향상을 위한 방안'을 마련하도록 지시하기도 했다.[48] 이후 각 도에서는 교원의 실력 향상을 위해 방학 중에 교원강습회를 실시하는 방안을 만들었다. 이에 따라 총독부는 1921년 매년 교원 강습회를 경성사범학교에서 개최한다고 발표했다. 그 내용을

---

45 사설 "보통학교 교원의 인격향상에 노력하라", ≪동아일보≫, 1923.4.26.

46 사설 "普校 교원의 素質 문제", ≪동아일보≫, 1928.6.8.

47 安田保則, 『朝鮮教育に安住して』, p.285.

48 "도지사에 대한 총독지시(3) 학무 교원양성", ≪동아일보≫, 1920.9.10; "총독지시사항(8) 학무에 관한 건(8) 교원의 소질 개선", ≪동아일보≫, 1922.5.11.

보면, 공립보통학교 조선인 교원 강습회를 1월 8일부터 3월 8일까지 두 달간 개최하며, 공립보통학교 일본인 교원 조선어 강습회를 6월 1일부터 6월 말까지 한 달간 개최하며, 공립보통학교 조선인 부훈도 교원 강습회를 7월 1일부터 11월 말까지 경성사범학교에서, 그리고 9월 1일부터 1월 말까지 평양고등보통학교에서 각각 5개월간 개최한다는 것이었다. 조선인 부훈도 강습회 기간을 다소 길게 잡았지만, 그 대상 인원은 100명에 지나지 않았다.[49]

결국 이와 같은 임시방편적인 교원강습회만으로 교원의 실력 향상을 도모하기는 어려웠다. 이는 당시 총독부 당국자도 인정하는 것이었다. 1926년 총독부의 한 당국자는 일본 내지와 조선의 보통학교, 소학교 교원의 소질에는 천양지차가 있다고 말했다. 이에 대해 경성 시내 보통학교 교장, 소학교 교장들은 각각 회의를 갖고, 총독부 학무국장 이진호(李珍鎬)에게 항의문을 보내 이에 대해 원만한 회답을 달라고 요구하기도 했다.[50] 이와 같이 보통학교 교장들의 반발이 있었지만, 보통학교 교원의 실력이 부족하다는 것은 부인할 수 없었다. 당시 교육계에서는 교원의 실력 향상을 위해 사범학교를 증설하는 것이 급선무라고 생각했다.

1920년 6월 교원강습회에 참여한 교원들 스스로도 완전한 교원을 양성하기 위해 사범학교를 증설해달라고 총독부 당국에 청원했다.[51] 또 1921년 4월 장덕수, 김종범, 김명식, 오상근 등 70여 명이 조직한 조선교육개선회는 우선 보통학교 설립을 늘리는 것이 가장 중요하고, 또 고등보통학교와 사범학교를 각 도에 1개 이상 설립하는 것이 중요하다는 내용의 진정서를 총독부 측에 제출했다.[52]

---

49 "교원강습회 개설", ≪동아일보≫, 1921.4.14.
50 "당국의 부당한 언사로 각 普校長 奮起, 십칠일 회의를 열고 결의", ≪동아일보≫, 1926.5.20.
51 "普校 교원 건의", ≪동아일보≫, 1920.6.17.
52 "교육개선을 위하야, 有志 칠십여 명이 기관을 조직", ≪동아일보≫, 1921.4.9.

그러나 총독부는 사범학교의 설치에는 인색했다. 1910년대 조선에는 아예 사범학교가 없었다. 경성고보 등에 1년 코스의 사범과, 교원속성과가 있었고, 1~3년 코스의 임시 교원양성소가 있었을 뿐이다. 이런 과정을 통해 교원을 양성하고 임용했기 때문에, 교원의 '실력의 미흡'은 항상 지적될 수밖에 없었다. 1920년대에는 관립경성사범학교, 각 도에 공립사범학교가 설치되었지만, 주로 조선인 교사를 양성하는 도립 사범학교는 2~3년 코스로서(이른바 '사범특과'), 주로 일본인 교사를 양성하는 경성사범학교의 6년 코스에 비교가 되지 않았다. 이 도립 사범학교들은 1920년대 말이 되면서 졸업생 수가 크게 늘어나 교원의 과잉 배출 문제가 일어났고, 결국 이 도립 사범학교들은 1931년에 모두 폐지되었다. 총독부는 대신 관립사범학교를 증설해 관립사범학교는 3개(경성, 대구, 평양)로 늘어났고, 1930년대 이후에는 8개의 사범학교가 증설되었다. 그러나 1929년 이후 제1차 초등교육 확충 계획(1면1교제)의 실시, 1937년 이후 제2차 초등교육 확충 계획의 실시로 교원의 수요가 다시 크게 늘어나자 관립사범학교 졸업생만으로는 감당할 수 없었다. 따라서 단기 과정(고보 사범과, 교원속성과, 임시양성소, 사범특과)이 다시 설치되어 이를 마치고 교원 자격시험(제2, 3종으로 구분)에 합격하면 교원이 될 수 있었다.[53] 따라서 전체 교원 중에 사범학교에서 정규 교원 양성 교육을 받지 못한 이는 여전히 많았다.

---

[53] 교원 양성과 관련해서는 이 장 각주 1)의 논문 참조. 그래도 부족한 교원이 수백 명에 달해 본토의 일본인 교원 수백 명이 매년 조선에 영입되었다. "교원이 태반 부족, 사범교 속속 증설, 내지에서 매년 2백 명 초빙한다", ≪매일신보≫, 1935.11.1; "내지로부터 轉入할 교원 6백 명을 배치", ≪매일신보≫, 1938.3.25; "명년에 2천 학급 증가, 교원 8백 또 초빙", ≪매일신보≫, 1939.11.9; "초중등교원 6백 명 내지서 초빙키로. 문부성과 절충성립", ≪매일신보≫, 1942.2.24.

5. 맺음말

1921년부터 1928년까지 조선에서 발생한 학생들의 맹휴 사건은 초등학교가 342건, 중등 이상 학교가 460건으로 모두 802건이다(이 중에는 일부 중복 계산된 경우가 있는 것으로 보인다). 맹휴의 발생 원인을 살펴보면, 중등 이상의 학교에서는 교원 배척이 54.6%, 학교 설비 개선 요구가 18.9%, 사상 문제(민족의식 및 좌경적 사상의 영향)가 14.1%를 차지했다. 그리고 초등학교에서는 교원 배척이 53.5%, 학교 설비 개선이 13.4%, 엄격한 훈육과 교칙에 대한 반발이 11.4%를 차지했고, 사상 문제는 2.6%에 지나지 않았다. 즉 중등학교 또는 초등학교 모두 교원 배척과 관련된 맹휴가 반 이상을 차지했다.

당시 신문 기사에 나오는 교원 배척과 관련된 맹휴 사건의 맹휴 이유를 보다 세분해 살피면, ① 교원의 학생에 대한 가혹한 체벌과 노골적인 구타, ② 교원의 조선인 일반과 학생에 대한 모욕적인 언사, ③ 교원의 불친절, 무성의, 실력부족, ④ 교사의 좋지 못한 품행 등으로 정리된다.

이 중 가장 많은 건수를 기록한 것은 교사의 생도 체벌과 구타였다. 당시 학교에서의 가혹한 체벌과 구타는 일상적인 것이었고, 맹휴로까지 이어진 경우는 빙산의 일각이었을 것이다. 교사들은 학생들을 엄격하게 훈육한다는 명분으로 여러 유형의 체벌을 가했다. 일부 교사들은 단순히 벌을 세우거나 교편으로 종아리를 때리는 수준을 넘어 뺨을 때리거나 전신을 채찍으로 갈기거나 발로 마구 차 학생들이 부상을 입거나 졸도 심지어는 사망하는 경우도 있었다. 이는 '체벌'이라기보다는 사실상 '물리적 폭력'이었다.

교사들의 가혹한 체벌 내지 노골적인 구타에 대한 반발로 일어난 맹휴 사건 중에는 조선인 교사보다는 일본인 교사가 연루된 것이 많았다. 당시 보통학교의 전체적인 분위기는 일본인 교장과 전체 교원의 3분의 1을 차지하는 일본인 교사에 의해 좌우되고 있었다. 그리고 이들에 의한 가혹한 체벌 문화는 식민지 조선의 학교 문화를 지배하고 있었다. 체벌이 일반적으로 용인되던 일본 소학교의 체벌 문화를 조선의 학교에 그대로 가져온 것으로 보인다. 조선인에 대해 인종적 차별의식을 가진 일부 일본인 교사들은 별다른 가책 없이 조선인 생도들에게 가혹한 체벌 내지 폭력을 행사했다. 당시 이런 문제를 일으키고 있던 일본인 교사나 교장은 조선인 교원에 비해 두세 배의 봉급을 받고 있어 '학교비'(부나 군 단위의 공립 보통학교 경비) 예산에도 큰 부담이 되었다. 그런데도 총독부가 일본인 교사를 계속 임용한 것은 식민지 조선에서 초등교육의 주도권을 일본인 교원이 장악하도록 하기 위한 것이었다.

교원 배척을 내건 맹휴의 또 다른 원인은 일본인 교원의 조선인들에 대한 모욕적인 발언과 학생들에 대한 욕설이었다. 이는 일종의 '언어폭력'이요, '정서적 폭력'이었다. 당시 일본인 교원들 중에는 일본에서 교원 생활을 하다가 건너온 이들이 많았고, 조선에서 성장한 일본인 교원도 조선인들과 떨어져 다른 공간에서 생활을 해왔기 때문에 조선인들의 사정을 제대로 알지 못했다. 이들은 또한 일본 혹은 재조선 일본인 사회의 학교 교육, 언론, 책자 등의 영향을 받아 조선인에 대해 편견과 우월감을 갖고 있는 경우가 많았다. 그들은 조선인을 불결하고, 추악하며, 게으른 야만인으로 생각했다. 또 일본인 관리나 경찰은 조선인들에게 '요보', '빠가', '기사마' 등의 욕설을 일상적으로 퍼부었다. 일본인 교사들도 일본인 사회의 이러한 일반적 상황으로부터 큰 영향을 받았다. 그들은 학생들 앞에서 조선인 일반을 모욕하는 발언을 자주 했고, 그 연장선에서 학생들에게 욕설을 퍼붓기도 했다. 모욕이나 욕설을 이유로 학생들의 맹휴가 일어난 것은 아마도 빙산의 일각이었을 것이다.

교원의 물리적 폭력이나 언어폭력에서 비롯된 맹휴 사건들은, 사실은 일본인 사회 일반의 조선인에 대한 편견, 차별의식, 우월감, 폭력에 대한 둔감함 등이 깊이 관련되어 있다고 생각한다.

보통학교 학생들의 맹휴의 세 번째 원인은 교사들의 부족한 실력, 미흡한 인격, 불량한 행실 등이었다. 이처럼 인격, 소양, 실력이 부족한 교사들은 당시 '불량 교사'라고 불렸다. 당시 불량교사가 상당수 존재했던 것은 미흡한 보통학교 교사 양성 시스템과 깊은 관련이 있었다. 1920년대 초까지 교사를 양성하는 사범학교는 관립경성사범학교 하나밖에 없었고, 1923년 이후 각 도에 공립사범학교를 세웠지만, 1931년에 모두 폐지되었다. 이후 대구, 평양 등 몇몇 곳에 관립사범학교를 증설했지만, 1930년대 중반 이후에는 다시 교원의 수요가 크게 증가해, 정규 사범학교가 아닌 단기 과정을 통해 양성된 교원이 상당수를 차지했다. 따라서 '불량 교원' 문제는 여전히 남아 있었다.

참고문헌

金廣珪. 2013. 「日帝强占期 朝鮮人 初等敎員 施策 研究」. 서울대학교 박사 학위논문.

金淇周. 2010. 「光州學生運動 以前 同盟休學의 性格」. ≪韓國獨立運動史研究≫, 35.

김경자 외. 2005. 『한국초등교육의 좌절: 일제강점기 초등교육』. 敎育科學社.

金廣珪. 2017. 「일제강점기 직원록과 신문자료를 통해 본 교원 배척 동맹휴학」. ≪역사교육≫, 143.

金性玟. 2013. 『1929년 광주학생운동』. 역사공간.

金英宇. 1987. 『韓國近代敎員敎育史 1: 初等學校 敎員養成敎育史』. 正民社.

李元必. 1987. 「일제하 교원양성제도 연구」. 부산대학교 박사 학위논문.

林後男. 2002. 「大韓帝國期에 있어서의 初等敎員의 양성」. 서울대학교 박사 학위논문.

朴哲熙. 2003. 「일제강점기 중등학교의 학생규율」. ≪교육비평≫, 12.

吳成哲. 2000. 『식민지 초등교육의 형성』. 교육과학사.

유선영. 2017. 『식민지 트라우마』. 푸른역사.

이기훈. 2007. 「日帝下 普通學校 敎員의 社會的 位相과 自己認識」. ≪역사와 현실≫, 63.

江森一郎. 1989. 『體罰の社會史』. 東京: 新曜社.

弓削幸太郎. 1935. 『朝鮮の敎育』. 東京: 自由討究社.

大江志乃夫. 1981. 『徵兵制』. 東京: 岩波新書.

朴永全. 2005. 「植民地朝鮮における敎員養成に關する研究」. 九州大學 博士論文.

本間千景. 2010. 『韓國'併合'前後の敎育政策と日本』. 思文閣出版.

山下達也. 2011. 『植民地朝鮮の學校敎員』. 九州大學出版會.

朝鮮總督府 官房文書課. 1926. 『朝鮮の群衆』.

朝鮮總督府警務局. 1929. 『朝鮮における同盟休校の考察』.

佐野通夫. 1996. 『近代日本の敎育と朝鮮』. 東京: 社會評論社.

沖原豊. 1980. 『體罰』. 東京: 第一法規出版株式會社.

幣原坦. 1919. 『朝鮮敎育論』. 東京: 六盟館.

8장

일제 통치 전반기
타이완 공학교 교사의 학력과 경력

교직원 이력서 분석을 중심으로(1898~1920)

| **쉬페이셴** 許佩賢, 타이완 사범대학 타이완사연구소 소장 |

1. 머리말

일제 통치기 타이완인들은 교사와 의사를 최고의 엘리트 직업으로 여겼다. 그 주된 원인은 일제 통치기 초반에 식민 정권이 타이완인들에게 의학교와 국어학교(國語學校)의 진학만을 허용했기 때문이다. 이들이 타이완인에게 의사가 되는 것을 허용한 것은 타이완의 공공 위생 상황이 개선되기를 바랐기 때문이며, 교사직은 공학교에 재학하는 타이완 아동을 교화하기 위해서였다. 즉, 두 직업은 모두 식민 정책의 산물이었던 셈이다. 한편, 의학교 혹은 국어학교에 진학한 타이완 청년들은 모두 각지에서 선발된 우수한 학생들이었는데, 학업을 마친 후 고향으로 돌아가 지방사회의 중견 세력으로서 해당 지역에서 상당한 영향력을 발휘했다. 따라서 그들을 통해 식민통치하의 타이완 사회의 변화를 파악하는 것은 매우 중요하다고 할 수 있다.

지금까지 의사에 대해서는 그들의 개인사 혹은 사회참여와 관련한 많은 연구가 이루어졌기 때문에, 의사의 사회적 역할, 역사적인 의미가 어느 정도 파악되어 있다.[1] 하지만 교사에 대한 연구는 아직 많이 부족한 실정이다. 이와 관련된 연구 대부분은 교사 양성 기관의 변화에 대한 것뿐이다.[2] 최근에는 몇몇 교사 개개인에 대한 연구가 등장하기는 했지만,[3] 아직까지 밝혀지지 않은 부분이 많다. 따라서 이 글은 일제 통치기 공학교(公學校) 교사를 대상으로, 그들이 작성한 이력서와 다른 자료를 통해 일제 통치기 공학교 교사의 인적 구성, 학력, 이력, 이직 상황 등을 살펴보고자 한다[일제 통치기 타이완의 공학교(公學校)는 일본인을 교육하는 소학교와는 별도로 타이완인을 교육하기 위해 설립된 초등교육기관이다 _옮긴이].

이 글에서 분석할 자료는 현재 신베이시(新北市) 신좡 소학교(新莊國小)가 보관하고 있는 학교 기록물이다. 신좡 소학교는 신베이시에서 가장 역사가 오랜 학교로, 1898년에 설립된 국어전습소(國語傳習所) 신좡 분교장(新莊分教場)을 전신으로 하고 있기 때문에 타이완에서 가장 먼저 설립된 근대교육기관 중 하나라고 할 수 있다. 1898년 법제 개혁과 함께 신좡 분교장은 싱즈 공학교(興直公學校)로 개편되었고, 다시 1920년 지방제도 개혁으로 신좡 제일공학교(新莊第一公學校)가 되었다. 1941년에는 국민학교제도가 도입되면서 신좡 동국민학교(新

---

1   Ming-Cheng M. Lo, *Doctors within borders: profession, ethnicity, and modernity in colonial Taiwan* (California Berkeley: University of California Press, 2002).

2   吳文星, 『日據時期臺灣師範教育之研究』(臺北: 臺灣師範大學歷史研究所, 1983); 吳文星, 『日據時期臺灣社會領導階層之研究』(臺北: 正中, 1992: 五南, 2008修訂版); 謝明如, 「日治時期臺灣總督府國語學校之研究(1896~1919)」(臺北: 臺灣師範大學歷史研究所碩士論文, 2007).

3   남투훙가(南投洪家)의 교사들을 연구한 陳文松, 『殖民統治與「靑年」: 臺灣總督府的「靑年」敎化政策』(臺北: 臺灣大學出版中心, 2015)과 張式穀를 다룬 許佩賢, 『殖民地臺灣近代敎育的鏡像: 1930年代臺灣的敎育與社會』(臺北: 衛城出版社, 2015) 등을 들 수 있다.

莊東國民學校)가 되었다. 현재 이 학교에는 학교 연혁, 교무 일지, 교사 이력서, 공문 등을 포함해 일제 통치기의 많은 공문서가 보관되어 있다.

이 글은 이곳에 보존된 이력서를 분석해 일제 통치기 공학교 교사의 사회적 지위를 살펴보고자 한다. 현재 신좡 소학교는 1898년부터 1945년까지 일본인 교사 145명과 타이완인 교사 128명의 이력서를 보관하고 있다. 이 이력서는 지정된 용지를 사용하고 있는데, 이름, 주소 등 개인 정보 외에도 교사들이 각자 작성한 학력, 경력, 봉급, 수상 경력, 인사 변동 등이 기재되어 있다. 그 상세함은 개인마다 차이가 있으나, 이들의 학력과 이직 변동에 대해 대략적으로 파악할 수 있다. 하지만 이력서에는 통상 해당 학교에 근무할 때까지만 기록되어 있을 뿐, 다른 학교로 이직한 이후의 경력은 따로 알 수 없다. 1920년 이후에 교육 제도, 교사 제도의 대대적인 개편과 함께 사회적 변화도 상당히 컸던 점을 고려해, 이 글에서는 1920년 이전 시기만을 연구 대상으로 할 것이다. 또, 이 글에서는 당시 공식 명칭인 싱즈 공학교를 본교로 지칭한다. 구체적으로는 타이완인 여교사, 타이완인 남교사와 일본인 교사로 나누어 각각의 상황을 분석하고, 교사들이 작성한 이력서를 통해 일제 통치기 공학교 교사들의 구성, 학력, 연령, 민족별 변화를 파악할 것이다. 그리고 이를 바탕으로 타이완의 학교 또는 사회의 변화를 추정할 것이다.

2. 타이완인 여교사

1898년의 제도 개편 이후 싱즈 공학교에는 1902년에 들어서야 처음으로 12명의 여학생이 입학했지만, 7명이 바로 퇴학했다. 이후로도 수년간 매년 여성 신입생이 있었지만, 퇴학생 또한 적지 않았다. 최초의 여성 졸업생은 1908년의 예마유(葉麻油)이다.[4]

처음으로 여학생이 입학한 다음 해인 1903년부터 학교는 여교사를 초빙하기 시작했다. 최초로 초빙된 여교사는 56세의 중년 여성이던 천처우(陳綢)이다. 물론 당시에 근대 교육을 받은 중년 여성이 있었을 리 없다. 이력서에 따르면 그녀는 어린 시절 2년 동안 서당 교육을 받았고, 3년 동안 재봉법을 공부했다고 한다. 그러나 부임 후 1년도 되지 않아 천처우는 학교를 떠났고, 신교육을 받은 여교사가 새로 채용되었다. 그 후부터 학교에는 줄곧 여교사가 근무해왔다.

1903년부터 1920년까지 본교에 근무했던 타이완인 여교사는 총 10명이다. 재직 기간이 가장 짧았던 경우는 4개월, 가장 길었던 경우는 10년 1개월 동안 복무했다. 그 외에는 보통 1년에서 5년 정도 근무했다. 천처우 외에 정수여학교(靜修女學校)를 졸업한 1명을 제외하면, 다른 8명은 모두 국어학교에 부속된 여학교(시기에 따라 학교 명칭이 다른데, 자세한 내용은 뒷부분에서 소개하겠다) 출신이었다. 따라서 신식 교육이 공학교 교사의 기본 조건이었음을 확인할 수 있다.

타이완인 여교사의 대부분이 국어학교 부속여자학교 출신인 것은 당시 이곳이 타이완에서 유일하게 여성이 중등교육을 받을 수 있었던 기관임을 설명해준다. 1896년에 설치된 국어학교는 공학교 교사 양성을 목표로 하는 동시에 중등교육을 보급하는 기능도 갖추고 있었던 반면, 이에 부속 설치된 4개의 학교는 초등교육기관의 성격을 띠고 있었다. 그중 1897년 4월 국어학교 제1부속학교 분교장이야말로 타이완 여성을 대상으로 한 최초의 교육기관이었다. 이 학교는 8세에서 30세까지의 여성을 교육했으며, 초등교육과

---

4   新莊第一公學校, 『新莊第一公學校創立三十周年記念』(臺北: 新莊第一公學校學窓會, 1928), pp.3~4, p.45. 일제 통치기의 공문서에서는 타이완 여성의 성씨 뒤에 '씨(氏)'를 붙인다. 그래서 사료 중에 모두 '예씨마유(葉氏麻油)'로 기록되어 있다. 이 장의 인용문에서는 편의상 '씨'를 빼고 썼다. 다음에 나올 다른 여성의 경우도 같은 방식으로 표기했다.

| 표 8-1 | 국어학교 부속학교 공식명의 변화

시간	공식 명칭	비고
1897	국어학교 제1 부속학교 분교장	
1898	국어학교 제3 부속학교	본과와 수예과로 구분
1902	국어학교 제2 부속학교	본과와 수예과로 구분
1906	국어학교 제2 부속학교	사범과, 간이사범과, 기예과로 부분 1907년 본과 폐지
1911	국어학교 부속 여학교	
1919	타이완 공립 고등여자보통학교	
1922	타이베이 주립 제3고등여학교	

중등교육을 따로 구분하지 않았다. 1898년 10월 '공학령(公學令)'이 반포된 이후, 여자분교장은 제3부속학교로 개편되어 본과와 수예과(手藝科)로 구분되었다. 초등교육을 담당한 본과는 6년제로 8세에서 14세의 여아가 입학할 수 있었다. 본과 졸업생만이 진학할 수 있었던 수예과는 3년제로 14세에서 25세의 여성이 재학할 수 있었는데, 여성 중등교육기관의 성격을 띠고 있었다. 본교는 1902년 다시 제2부속학교로 개편되었다. 1906년에 반포된 '국어학교 제2부속학교규정'(府令25호)의 제1조 규정에 따르면 본교는 타이완인 여성에게 사범교육과 기예 교육을 전수하는 것을 목표로 사범과(3년)·사범속성과(2년)·기예과(3년)를 설치하며, 기예과를 제외하면 공학교의 여교원을 목표로 14~25세의 공학교 졸업생을 교육한다고 되어 있다. 하지만 당시 실제로는 기예과에만 학생이 재학했던 것 같고, 기예과만 졸업해도 공학교 교사가 될 수 있었다. 1907년 4월, 본과가 폐지되면서 이 학교는 순수한 중등교육기관으로 바뀌었다. 1911년 5월에 국어학교 부속여학교로 개칭된 후, 1919년 '타이완 교육령'에 의해 타이완 공립여자고등보통학교로 다시 개편되었다. 이

어 1922년에 타이베이 주립 제3고등여학교로 개편된 본교는, 현재 중산여고(中山女高)의 전신이기도 하다. 이처럼 1919년 이전까지 이 학교의 교명이 빈번히 변경된 점을 고려하면, 이력서를 분석할 때, 각각의 졸업 연도에 주의해 서로 다른 교명이라 하더라도 같은 학교를 지칭하고 있을 가능성은 없는지 주의할 필요가 있다.[5]

천처우 이후 싱즈 공학교에서 근대교육을 받은 첫 여교사는 치우환(邱環)이다. 그녀는 1888년생으로 1904년 제2부속학교 수예과를 졸업한 후 전수과(專修科)에 진학했는데,[6] 2개월 뒤 바로 싱즈 공학교에 채용되었다. 월급은 10원이었으며, 약 1년 반 후 학교를 그만두었다. 그 뒤를 이어 고용된 여교사는 허아시(何阿惜)이다. 그녀는 1886년생으로 어린 시절 집에서 재봉과 자수를 공부했다고 하며, 14세였던 1900년 국어학교 제3부속학교 수예과에 진학했는데, 그 후 2년 동안 전교 3등 이내의 성적을 유지했다. 1903년에 졸업한 후 전수과에 진학한 지 1개월 만에 지룽 공학교(基隆公學校)에 초빙되었다. 당시 월급은 12원이었다.[7] 2년 후 싱즈 공학교로 이직했는데 월급은 10원이었다. 그녀는 1907년에 싱즈 공학교를 그만두었다. 허아시 다음으로 고용된 여교사는 1890년생인 궈아시(郭阿惜)로, 그녀는 1905년 국어학교 제2부속학교 수예과에 진학해 우수한 성적으로 재학하던 중, 1907년 교육제도 개편과 함께 제2부속학교 기예과 3학년으로 편입했다. 이듬해에 졸업과 함께 싱즈 공학교에 취직한 그녀의 월급은 10원으로 이후 3년간의 봉직 기간 동안 매년 1원씩 인상되었다.

5 　學校變遷參考臺灣教育會, 『臺灣教育沿革誌』(臺北: 臺灣教育會, 1939), pp.706~721, pp.820~826.

6 　이력서에 따르면, 많은 여교사들이 수예과를 졸업한 후 일단 전수과에 입학했다고 한다. 다만 학교에는 규정상 전수과가 설치되어 있지 않았다. 학생들이 수예과를 졸업한 후 그대로 학교에 남아 공부를 계속했다는 의미로 추측된다.

7 　다만 타이완 총독부 직원록에서 궈아시가 지룽 공학교에 취직했다는 기록을 찾을 수는 없다.

앞에서 소개한 3명의 여교사는 모두 1900년대 국어학교 제2부속학교 수예과(기예과)를 졸업했으며, 이 중 2명은 수예과를 졸업한 후 '전수과'에 진학했다가 얼마 안 되어 자퇴하고 취직했다고 되어 있다. 그들의 직함이 모두 '고(雇: 임시교사)'였다는 데서, 정식 교사로 채용된 것은 아니었음을 알 수 있다. 당시 공학교의 교사 자격 중 '고'와 같은 명칭이 없었기 때문에 이들은 정식 교사가 아니었을 뿐 아니라, 규정된 봉급도 없었다. 하지만 실질적으로 싱즈 공학교는 여교사에게 10원의 초봉을 책정하고 있었다. 이는 신임 남자 교사에 비하면 낮은 월급이었지만, 매년 인상되었다. 여교사 대부분은 2, 3년 후에는 학교를 그만두었는데, 부임 당시 16, 17세였던 점을 고려하면 불과 20세 전후에 퇴직했다는 것을 알 수 있다. 아마도 학교를 졸업하고 결혼하기 전까지 교직에 있었던 것으로 추측된다.

이후 1910년까지 본교에는 궈아시 1명만이 여교사로 근무하다가, 여학생을 위한 학급을 증설한 1910년에 들어서야 본교의 첫 여자 졸업생인 예마요가 교사로 부임했다. 궈아시가 1911년 퇴직하기까지 1년간, 본교에는 2명의 여교사가 봉직하고 있었던 셈이다.[8] 그 후 여학생 수가 증가하기 시작하자 1917년부터는 2명의 여교사가 근무하게 되는데,[9] 이들은 모두 국어학교 제2부속학교의 기예과 졸업생이었다. 요컨대 1910년에서 1911년까지 예외적인 예를 제외하면, 공학교의 여학생 수가 제한적이던 시기에는 여교사가 1명이면 충분했던 것으로 보인다. 그 후 여학생 수가 늘어나자 1917년 이후부터는 2명의 여교사를 두는 체제가 안정되었던 것으로 보인다.

그렇다면 여교사는 왜 채용했을까? 가장 중요한 원인은 여학생이 재학하

---

8 『興學秘發』, 第61號. 싱즈 공학교 교장이 타이베이 청장에게 보낸 공문으로, 현재 신좡 소학교에 보존되어 있다.

9 1917년에는 83명이던 여학생이, 1918년에 100명을 넘어섰다. 新莊第一公學校, 『新莊第一公學校創立三十周年記念』, p.5.

|그림 8-1| 예마요 재직 10년 기념사진

念紀別送論教業
日一月五年九正大

1920년 5월 1일, 학교는 기념회 및 송별회를 개최했다. 사진은 신좡 소학교 소장.

기 시작한 때문일 것이다.

1901년에 반포된 '타이완 공학교 편제규정'(訓令296호)에 의하면, 여학생이 20명 이상 재학하고 있는 경우, 남여 분반을 해야만 했다(1904년에는 30명 이상으로 변경). 또 1904년 공학교 규칙이 개정되면서 신설된 재봉과에도 여교사가 필요했다.[10] 한편 싱즈 공학교에 10년이나 근무한 예마요의 경우를 주목할 필요가 있다. 예마요는 1892년 신좡에서 태어나 1903년에 11세 나이로 4년제 싱즈 공학교에 입학해, 1907년 졸업과 동시에 국어학교 제2부속학교 기예과에 진학했다. 1910년에 기예과를 졸업한 후 바로 싱즈 공학교에서 여교사로 일하기 시작했다. 당시 그녀의 직함은 '고'였고, 월봉은 8원이었다. 이후 월봉은 매년 1원씩 인상되었으며, 1912년 7월부터 한 달 반 동안의 공학교 여교사 강습회에 참가해 국어교육법, 관리법, 노래, 체조, 재봉 등을 공부했다. 그 후 1913년 다시 한번 강습에 참여하는데, 이때는 수신(修身), 국어, 수

---

10   臺灣教育會, 『臺灣教育沿革誌』, p.248, 25.

공, 회화, 재봉, 가사 등을 이수했다. 1916년 훈도(訓導) 자격을 취득하면서,[11] 월급 또한 2원 오른 15원으로 인상되었는데, 1919년 또다시 두 차례 인상되어 19원이 되었다. 1920년 3월 28세의 나이로 교유(教諭)로 승진하자, 월급은 22원으로 껑충 뛰어올랐다. 하지만 승진된 바로 다음 달, 그녀는 학교를 자발적으로 그만두고 만다.[12]

3. 타이완인 남자 교원

1898년부터 1920년까지 싱즈 공학교에서 근무한 타이완인 남교사는 총 43명이다. 이 중 근무 기간이 1년 이하인 교사는 모두 15명, 5년 이상인 교사 또한 8명에 이른다. 43명 중 반 이상은 정규 교원 교정(국어학교 사범부)을 이수하지 않은 이들로, 그중에는 근대교육을 전혀 받지 않은 사람 또한 5명이나 되었다. 이 중 공학교 졸업자는 12명, 직업강습소를 졸업자가 5명, 공학교 졸업 후 다른 과정을 이수 중이던 이가 7명이었다. 이 비정규직 교원들의 직함은 대부분은 '고(雇)'였다. 1918년 이후 '고'라는 직함은 '훈도심득(訓導心得: 임시직 훈도)'으로 바뀌었다. 국어학교 사범부 을과(乙科)를 졸업하고 정식 교사가 된 '훈도'는 14명으로, 전체의 3분의 1에 불과했다. 당시 타이완인 교사 중에는 비정규직이 훨씬 많았음을 확인할 수 있다.

근대 교육을 받은 적이 없는 5명의 남교사는 주로 한문을 담당하고 있었

---

11 "彙報 教員免許狀授與", 《臺灣總督府府報》, 第1180號, 1915.12.17, p.4.

12 1928년 신좡 제일공학교(新莊第一公學校) 30주년 기념지에는 예마요의 직업을 '집안일(家事手傳)'로 기록하고 있다. 일제 통치가 끝난 후에는 1953년에서 1958년까지 타이베이현 의원을 지냈으며, 1966년 사망했다. 그녀의 경력은 다음 신타이베이 의회 사이트(新北市議會網)를 참조. http://www.ntp.gov.tw/content/history/history01-5-p.aspxsid=132

다. 그중에서도 경력이 가장 오래된 황첸광(黃謙光)은 1844년 출생으로 1850년부터 1864년까지 서당 교육을 받았다. 그는 1864년부터 싱즈 공학교에서 일하기 시작했는데, 당시 이 학교의 많은 교사들이 그가 개설한 서당 출신이었다. 타이완에서는 일제 통치기에도 서당 교육이 계속되고 있었는데, 다른 이력서에 따르면 1902년까지도 그의 서당에서 한문을 공부한 교사가 있었다. 한편, 그는 서당 운영과는 별도로, 식민 통치에 적극적으로 협조해 지방 사무에도 일조하고 있었다. 그는 1896년 신좡 보량분국장(新莊保良分局長)으로 임명되었을 뿐 아니라, 1897년에는 신장(紳章)까지 받았다. 1898년에는 싱즈 공학교 학무위원을 맡았고, 다음 해에는 보갑국장과 인제원(仁濟院) 삼각용(三角湧)의 지방 위원으로 임명되었다. 1900년부터 싱즈 공학교 교무촉탁(教務囑託)을 지내다가 1903년에 사직했다. 당시 기록에 따르면, 황첸광은 "을미년 타이완 할양 당시 충성심이 대단해 타이완 통치에 공이 컸다. 1896년 신장보량분국장의 직책을 맡아, 타이완 비적을 엄하게 다스리는 일을 처리해, 1897년 4월 신장을 수여받고, 판무서참사(辨務署參事)와 함께 보량분국장으로 등용되었으니 ……, 그 명성이 자자했다"고 한다.[13]

한편 1862년생인 황칭린(黃慶霖: 慶隆 또는 慶이라고도 한다)은 6살부터 황첸광의 서당에서 교육을 받은 자로, 1884년 18세가 되자 스스로 서당을 차려 독립했지만, 식민 통치가 시작되면서 서당 문을 닫았다. 그 또한 황첸광처럼 1897년 신장을 수여받았는데, 1898년 2월에는 국어전습소 신좡 분교장에서 매월 5원을 받고 교단에 서게 되었다. 같은 해 10월에는 싱즈 공학교로 옮겨 교편을 잡았다. 한문 교사였던 그는 총독부 한문 교육에 대한 통제가 강화되면서부터, 다른 서당과 공학교의 한문 교사와 함께 공학교 강습에 참석해야만 했다. 1900년 여름방학 중 약 2개월 동안, 황칭린은 수신, 국어교육법, 산수 등을 교

---

13   鷹取田一郎, 『臺灣列紳傳』(臺北: 臺灣總督府, 1916), p.38.

육받았고, 이어 1902년에 다시 교육학대요, 한문교육법, 한자교육법 등을 교육받았다. 총독부 강습 이후 그의 월급은 18원으로 인상되었다. 1903년에는 싱즈 공학교 터우첸 분교(頭前分校)로 옮겨 한문을 가르쳤는데, 이곳에서 얼마나 근무했는지는 확실하지 않다. 한편 1907년부터 1911년까지 황칭린의 서당에서 한문을 공부한 교사가 3명이 있었던 점을 고려하면, 1907년경 그는 싱즈 공학교를 퇴직하고 서당을 경영하기 시작했던 것 같다. 다만 1913년 일시적으로 복직해 5개월간 싱즈 공학교에 단기로 근무하기도 했다.

장기간 근무했던 한문 교사로는 정안푸(鄭安甫)가 있다. 1873년생인 그는 1890년부터 8년 동안 서당을 열고 있었는데, 1898년에 헌병대에서 타이완어를 가르치다가 1899년부터 싱즈 공학교에서 근무했다. 1900년 여름방학과 1902년에는 황칭린과 함께 강습에 참가한 바 있는데, 그 또한 이 과정을 이수한 후 월급이 인상되어 1904년 사직할 때까지 18원을 받았다.[14] 이 금액은 당시 일반 신임 훈도보다도 조금 높은 수준이었다.

5명의 한문 교사를 제외하면 다른 교사들은 모두 공학교 이상의 신식 교육을 받은 자였다. 이 중 공학교를 졸업한 교사는 12명이었는데, 타이완인이 진학할 수 있는 교육 기관이 제한적이었던 일제 초기에는 공학교를 졸업하고 그대로 학교에 남아 교편을 잡는 소수의 우수한 학생들이 적지 않았다. 이들 역시 직함은 '고'였다. 그중 1879년에 출생한 양보다(楊伯達)는 유년 시절 7년 동안 서당 교육을 받은 뒤, 1898년 바즈란 공학교(八芝蘭公學校)에 4학년으로 입학해 1901년 수석으로 졸업했다. 이듬해부터는 시커우 공학교(錫口公學校)에서 근무하면서 13원의 월급을 받았다. 1902년 그는 시커우 공학교를 사직하고 1903년 싱즈 공학교로 옮겨 교편을 잡았지만, 1년 후에 이곳도 사직했다. 공학교 학력만 있는 교사 중에는 학사강습회에 참가한 후 검정 시험을

---

14 총독부 직원록에 정안푸는 1902년에서 1904년에만 기록되어 있다.

거쳐 교사가 된 이들도 있었다. 린런서우(林仁壽), 정잉런(鄭應壬), 천중투(陳炯塗), 선모취안(沈墨泉) 등은 모두 공학교 졸업 후 5개월 동안 학사강습회 과정을 이수하고 공학교에서 '훈도심득'으로 근무하게 된 예다. 학사강습회에서는 수신, 교육학, 국어, 산술, 회화, 노래, 체조 등 공학교의 모든 교육 과정을 가르치고 있었다. 이들은 공학교에 취직한 후에도 매년 여름방학마다 강습에 참가했다.

직업강습소를 졸업한 자 또한 5명이나 되었다. 1900년 타이베이현, 타이난현은 각각 농사실험장을 설치해 견습생을 받았는데, 1901년에는 총독부 부립 농사실험장으로 개편되어 간단한 문자 판독 능력이 있는 자에 한해 토지소유자를 강습생으로 모집했다. 부립 농사실험장은 1년 동안 타이완인들에게 근대 농업지식과 기술을 보급하는 것을 목적으로 했는데, 점차 근대 중등 실업교육기관으로 변하면서 공학교 졸업생의 진학 기관이 되었다. 교육 내용 또한 농사 실습 위주에서 임업 강습, 수의과 강습 등의 과목이 추가되었다. 타이완 총독부는 이러한 직업강습소를 통해 타이완인을 단순히 기술적으로 훈련시키고자 했지만, 공학교 졸업이라는 직업강습소의 입학 자격을 충족하는 타이완인은 많지 않았다. 따라서 직업강습소 졸업생이 선택할 수 있는 진로의 폭은 매우 광범위했으며, 졸업 후 일단 공공기관이나 공학교에서 인맥을 쌓아 사회에 진출하는 경우가 많았다.

국어학교 국어부를 졸업한 교사로는 4명이 있다. 당시 국어부는 일반 중등교육기관이었는데, 학생들은 자비로 공부해야 했기 때문에 대다수가 부유한 가정 출신이었다. 타이완어와 일본어 두 언어에 모두 능통했던 이들은 대부분 출중한 가정환경과 학력이 있었을 뿐 아니라, 사범부 졸업생처럼 의무봉직 기간도 없었기 때문에 진로 선택에 훨씬 자유로웠다. 이를테면 이들은 졸업 후 먼저 공학교에서 교편을 잡거나 혹은 다른 직업에 종사하다가 공학교 교사로 얼마간 일한 후 다른 곳에서 사회활동을 하기도 했다. 예를 들어

1883년에 태어난 린콴위(林寬裕)는 우선 6년간 서당 교육을 받은 후, 1899년 팡차오 공학교(枋橋公學校)에 입학해 1년 만에 졸업하고 바로 국어학교 국어부에 진학했다. 1903년 국어부 졸업 후에는 18원의 월급을 받고 신문사에서 1년간 일했다. 1906년에는 월급 12원을 받고서 '고' 신분으로 싱즈 공학교에 취직했지만, 1907년에 투청 공학교(土城公學校)로 이직했다. 1918년 그가 투청공학교를 떠나기 직전 월급은 18원이었다. 교직을 떠난 후에는 실업가로 변신해 부동산, 제차업, 임업 등의 분야에서 활약했으며, 투청좡 협의회원(土城庄協議會員)으로 선출되기도 했다.[15]

위펑스(余逢時, 혹은 余逢特으로 표기한다)는 1889년에 태어났는데, 1908년 국어학교 국어부를 졸업한 후 '고'로 싱즈 공학교에 취직했다. 당시 월급은 15원이었다. 1910년에 신좡산자오 공학교(新庄山脚公學校)로 이직한 후 1년 만인 1911년에 훈도 자격을 취득했는데, 월급은 18원이었다. 그는 1912년 타이완인으로서는 두 번째로 정식 교유 자격을 획득해 20원이라는 높은 월급을 받기도 했다. 1916년 교직을 떠난 후에는 구셴룽(辜顯榮家) 일가의 지배인(經理)으로 일하다가, 1925년에 그만두고 퉁위안 탄광주식회사(同源炭礦株式會社)를 운영해 큰 성공을 거두었다.[16] 1927년에는 핑시좡(平溪庄) 좡장(庄長)이 되었지만,[17] 그 이후의 경력은 확인되지 않는다.

1920년 이전에 착임한 교사 중 국어학교 사범부 을과 졸업 학력을 가진 사람은 14명이었다. 싱즈 공학교의 경우, 한문교사를 제외한다면 정식 훈도들의 재직 기간은 상대적으로 안정적이었다. 사범부 졸업생들은 재학 기간 동안 학비가 면제되었기 때문에, 졸업 후 의무 근무 기간이 설정되어 특수한 상황을 제외하고는 대다수가 3년 이상 복무해야 했기 때문이다. 소수이지만

---

15   林進發 編, 『臺灣官紳年鑑』(臺北: 民衆公論社, 1932), p.420.

16   "同源炭礦盛況", ≪臺灣日日新報≫, 1926.2.17, p.4.

17   "余逢時氏任平溪庄長", ≪臺灣日日新報≫, 1927.5.11, p.4.

226   3부 식민지 교육과 저항

싱즈 공학교에서 3년 미만을 복무하고, 다른 학교로 옮겨 나머지 기간을 채우는 경우도 있었다.

타이완인으로서 처음 훈도가 된 교사는 1903년 부임한 린바오(林寶)와 판아베이(范阿卑)이다. 두 사람은 모두 서당을 다니다가 근대식 교육을 받게 되었는데, 훈도가 된 직후에는 9급의 월급을 받았다. 린바오는 6년을 근무하고 1909년 학교를 떠났는데 그 이후 상황은 확인할 수 없다. 2년 이상 근무한 판아베이의 경우도 사직한 다음의 상황은 알 수 없다. 이후 새로 부임하는 훈도가 늘면서, 장기간 근무한 훈도도 많아졌다. 예컨대 가오판위(高泮漁)는 1904년에 훈도가 된 후, 1908년 다른 학교로 이직해 1927년까지 교직 생활을 이어갔다. 우위런(吳育仁)은 1909년 훈도가 되기 전까지도 6년 이상 교직에 몸담아 왔는데, 1912년 타교로 이직한 후 1926년까지 교편을 잡았다. 1909년 부임한 천스(陳獅)는 1년 후에는 타교로 이직했지만, 1922년까지 교직에 남아 있었다.

주목할 만한 사실은 싱즈 공학교 교사 중에는 이 학교를 사직한 뒤 샤먼(嗜門)이나 푸저우(福州)의 일본인 학교로 옮겨가 1940년까지 근무한 교사가 3명이나 있었다는 점이다. 싱즈 공학교는 지리적으로 하이산군(海山郡)에 위치해 있었던 만큼, 중국 대륙으로 옮겨간 사람이 많았던 것 같다. 1925년에는 샤먼에 '샤먼 주재 하이산동향회(僑嗜海山同鄕會)'가 설립되었는데, 회원 수가 수만 명에 이르렀다는 이야기가 있다.[18] 1911년부터 싱즈 공학교에서 근무했던 왕유순(王有舜)은 1917년 이직 후 중국 대륙으로 옮겨 갔지만, 2년 만에 교편을 놓았다. 타교에서 4년간 복무한 후 1913년에 싱즈 공학교로 전임되어온 양베이천(楊北辰)의 경우, 이직한 지 얼마 되지 않아 병을 구실로 퇴직한 후 샤먼 쉬잉서원(旭瀛書院)에서 교직을 맡았는데, 싱즈 공학교를 퇴직할 당시 19원에

---

18 "僑廈海山同鄕會", ≪臺灣日日新報≫, 1925.10.23, p.4.

불과했던 그의 월급은 샤먼으로 옮기자마자 25원으로 인상되더니, 6개월 후에는 30원까지 치솟았다. 그는 1918년에는 을종공학교(乙種公學校)의 교유 자격을 취득했고, 1920년 8월에는 신장(紳章)까지 수여받자, 봉급령(府令93호)에 의해 63원까지 월급이 뛰었다. 5급봉을 받고 있었던 1924년에 일단 교직을 사직했지만, 계속 샤먼에 체류한 듯하다. 그는 1927년에 월급 73원을 받고 다시 교직에 복직해 매일 2원의 수당까지 챙겼다.[19] 이후 1935년 4급봉을 받던 때 퇴직했다.[20] 또, 1915년 싱즈 공학교에 부임한 천우런(陳戊壬) 또한 1919년에 중국 푸저우의 둥잉학교(東瀛學校)로 이직한 뒤, 1940년이 되어서야 타이완으로 돌아왔다.

국어학교를 졸업한 공학교 교사들은 타이완어와 일본어 두 언어에 모두 능통했던 만큼, 학교에서 몇 년의 경력을 쌓은 후에는 식민 통치자와 지방사회 사이를 중재해, 당시 산업 발전에 빠질 수 없는 가장 중요한 인재로 기능하게 되었다. 이 때문에 1910년을 전후로 적지 않은 공학교 교사들이 의무복무 기간을 마치자마자 교편을 그만두어버리는 바람에, 공학교 교사가 심각하게 부족해지는 상황까지 초래되었다.

필자는 다른 논문에서 신주(新竹) 출신인 장스구(張式穀)를 일례로 들어, 1910년대에 공학교 교직을 거친 이들이 어떻게 자신의 능력과 신용, 인맥 등을 이용해 총독부와 지방 사회 사이에서 중개자로서 활약할 수 있었는지,[21] 더 나아가 스스로의 이익을 모색했는지를 논한 바 있다.[22] 싱즈 공학교의 교사 중에도 장스구와 마찬가지로 교직을 그만둔 후 일반 사회에서 활약한 이들이 적

---

19 "楊北辰任公立公學校訓導·俸給", ≪臺灣總督府公文類纂≫, 10213-69, 1927年甲種永久保存.
20 "楊北辰公立公學校訓導·依願免本官", ≪臺灣總督府公文類纂≫, 10246-1, 1935年甲種永久保存.
21 若林正丈, 「試論如何建立日治時期臺灣政治史的研究 ― ―戰後日本研究成果的一個反思」, 許佩賢 옮김, 『臺灣抗日運動史研究』(臺北: 播種者出版, 2007), pp.421~441.
22 許佩賢, 「公學校教師的發達之路及其限制」, 『殖民地臺灣教育的鏡像 ― 1930年代臺灣的教育與社會』(臺北: 衛城出版, 2015), pp.21~74.

지 않았다. 예컨대 1897년생인 정푸런(鄭福仁)은 1917년 국어학교를 졸업하고 싱즈 공학교에서 훈도로 일하던 중, 1923년에 신쫭가(新莊街)에서 공직을 제안받자 학교를 그만두고 신쫭가의 서기가 되었다. 이후 서무 주임, 회계, 가조(街助) 등을 역임하는 한편, 신쫭 청년단장(靑年團長), 장정 단장(壯丁團長), 신쫭 신용조합이사, 보정(保正) 등의 보직을 맡기도 했다.

4. 일본인 교사

1920년 이전까지 싱즈 공학교에서 근무한 일본인 교사는 총 33명이었다. 그중 5명은 여교사였는데, 모두 '고' 신분이었다(1918년 이후에는 교유심득으로 개편했다). 특히 이들의 재직 기간은 모두 길지 않았는데, 이 또한 당시 공학교의 여학생 교육이 타이완인 여교사에 일임될 수밖에 없었던 원인으로 작용했다.

28명의 일본인 남교사 중에서 정규 사범학교 교육 혹은 국어학교 사범부 갑과(甲科)를 마친 이는 8명이었다. 그중 20명은 타이완에 오기 전에 일본에서 교사로 근무한 경력이 있었는데, 그 절반이 5년 이상 근무한 경력이 있었으며, 10년 이상의 경력자도 적지 않았다. 이것은 총독부가 일본에서 타이완에 부임할 교사를 모집했기 때문으로 해석된다. 이 중 절대 다수가 교유 자격이 있지만 실제 학력은 천차만별이어서, 검정고시로 일단 교사 자격을 취득한 후 타이완에 와서 국어학교 특별과에 따로 입학해 3개월 정도 강습을 받고 공학교 교유 자격을 취득한 경우도 있었다. 총독부 문관의 봉급은 근무지가 일본이든 타이완이든 동일한 기준이 적용되었지만, 식민지에서는 봉급과는 별도로 급여의 60%에 달하는 금액의 수당이 지급된다는 우대 조항이 있었다. 이 외에 이력서에는 일본에서 질병 때문에 강제로 휴직 조치를 당한 뒤 어쩔 수 없이 타이완으로 건너와 교편을 이어간 경우도 보인다.

이력서상의 경력으로 볼 때 특히 눈길을 끄는 것은 1903년부터 1921년까지 18년 동안 교사로 재직한 스다 히사오(須田久雄)의 경우이다. 1868년 미에현(三重縣)에서 태어난 그는 중학교 중퇴 후, 몇 년 동안 한학과 영문을 공부하면서 교원 강습에 참가해 1890년에 소학교 간이과 교원 자격을 취득하고 소학교 훈도가 되었다. 당시 그의 월급은 8원이었다. 다시 7년 뒤에 검정고시로 미에현의 소학 본과의 정교원 자격을 취득하자 곧 훈도 일을 그만두고 타이완으로 건너왔다. 타이완 도착 당시 그는 이미 10년에 이르는 교원 경력이 있어 어렵지 않게 타이완 총독부 직원으로 고용될 수 있었으며, 봉급은 9급에 해당했다. 1899년 총독부의 촉탁으로 타이베이의 바즈란 공학교(八芝蘭公學校)에서 교단에 섰을 때 그의 월급은 39원에 달했다. 하지만 같은 해 다시 공학교 교원 검정 고시에 도전해 교유 자격을 취득하자, 8급으로 봉급이 인상되었다. 1903년 그가 싱즈 공학교에 취직할 당시에는 타이완에서만 4년의 교직 경력을 갖추고 있었다. 1921년 싱즈 공학교를 퇴직할 당시 그는 승진을 거듭해 교장의 자리에 있었다.

5. 공학교 교사 자격 검정고시와 면허 관련 법규

공학교 교사의 자격은 주로 '공학교 교원 검정 및 면허에 관한 법규'에 의거해 수여되었다. 타이완의 공학교 교사에 관한 첫 자격 규정은 1898년 12월 반포된 '타이완공학교교원 검정규칙'(府令111호)으로, 만 21세부터 45세까지의 일본인을 대상으로 하고 있었다. 이에 따르면 검정을 받기 위해서는 다음 두 조건 중 적어도 한 가지에 해당해야 했는데, 즉 ① 국어학교 사범부를 졸업하거나 강습 과정을 수료할 것, ② 일본에서 3년 이상 소학교 교원으로 근무한 경력이 있는 자로서 타이완어를 공부한 적이 있어야 했다.[23] 다시 말하면, 일본인 공학교 교사는 총독부 국어학교 출신자이거나 아니면 일본에서 교육자로 근무한 경험이 있는 사람이어야 했다. 다만 이미 싱즈 공학교의 예에서 보았듯이, 실제로 일본인 교사의 절대 다수는 일본에서 교직을 경험했던 전직 교사들이었다. 1899년 12월 이 규정은 수정되어 '타이완 공학교 교유 검정규칙'(府令126호, 교유는 공학교의 판임관 교원으로서 주로 일본인이 담당했다. _옮긴이)과,[24] '타이완 공학교훈도 검정규칙'으로 나뉘었다(훈도는 공학교의 판임관 대우 교원으로서, 모두 현지인이 담당했다. _옮긴이). 훈도 검정을 치르기 위해서는 적어도 다음 중 하나의 조건을 만족시켜야 했다. 즉 ① 타이완 총독부 사범학교를 졸업했거나, ② 국어학교 어학부 국어학과를 졸업했거나, ③ 국어학교 부속학교 특별과 혹은 국어전습소 갑과를 졸업한 자로서 1년 이상 교원 경험이 있는 자, ④ 다른 현청(縣廳)에서 소학교 훈도 면허를 받은 자이다. 이 중 사범학교와 국어학교 어학부 국어학과 그리고 국어학교 부속특별과와 국어전습소 갑과는 모두 타이완인 남성만을 교육하는 기관인 반면, 제4항에서 말하는 "기타 현청에서 면허를 취득한 자"는 일본의 각 지방에서 이미 교사 자격을 취득한 일본인을 지칭한 것이다. 한편 일본인은 일본 교사 자격증으로 교유 검정은 물론이고 훈도 검정에도 도전할 수 있었던 반면, 타이완인에게는(물론 타이완인 남자에 한해) 훈도 검정만이 허용되어 있었다. 여성의 경우를 보면, 일본인은 일본에서 이미 교사 자격을 취득한 경우에는 타이완에서 교편을 잡을 수 있었던 반면, 타이완인은 아예 정규 교원 체제에서 배제되어 있었다.

1901년 12월 총독부는 상술한 검정 방법을 통합해 '타이완 공학교교원 검정 및 면허 규칙'(府令108호)을 반포했는데, 교유와 훈도의 검정은 여전히 분리되어 있었다.[25] 1904년 4월 칙령 118호로 '타이완 소학교교원 및 타이완 공

---

23 ≪臺灣總督府府報≫, 426號, 1898.12.27, p.23.

24 ≪臺灣總督府府報≫, 651號, 1899.12.1, p.1.

25 ≪臺灣總督府府報≫, 1074號, 1901.12.12, p.13.

학교교원 면허령'이 반포되면서,[26] 타이완 총독부는 '타이완 소학교, 타이완 공학교교원 검정 및 면허 규정'(府令43호)[27]을 새로이 마련해 교원 검정을 무시험 검정과 유시험 검정 두 가지로 나누었다. 전자에 따라 무시험으로 교원 자격을 취득하려면 일정한 학력 조건을 만족시켜야 했다. 다시 말하면 필요한 학력 취득이 곧 자격 취득이었던 셈이다. 이에 따르면, 공학교 교원의 무시험 검정 자격을 갖추기 위한 학력 조건으로는 ① 타이완 총독부 국어학교 사범부 졸업생 또는 같은 학교 강습과 수료생, ② 소학교 본과 정교원 또는 일반 소학교 본과 정교원 면허를 소지한 자로서, 타이완어에 능통한 자, ③ 타이완 총독부 사범학교를 졸업한 자였다. 실질적으로 ①과 ②는 일본인의 자격을 규정한 것으로, 타이완인은 ③을 만족시켜야만 무시험으로 교원 자격을 취득할 수 있었다. 유시험 검정의 경우, 시험 과목과 난이도는 교유와 훈도에게 요구되는 학력 조건에 따라 서로 달랐다. 공학교 교유 시험의 과목과 난이도는 국어학교 사범부 갑(甲)과의 교육 내용을 기준으로 하고 있던 반면, 공학교 훈도가 되려면 사범학교의 교육 내용에 상응하는 시험을 치러야 했다.

1909년 5월 부령(府令) 36호에 따라 검정 규칙이 다시 한번 대폭 수정되었는데,[28] 그 이후 공학교 교원의 무시험 검정 자격이 대폭 완화되어, 국어학교 제2부속학교 사범과와 사범속성과를 졸업한 자에게까지 확대되었다. 즉 이제 제2부속학교를 졸업한 타이완인 여성도 공학교 교원 자격을 취득할 수 있게 된 것이다. 그 외에도 공학교 교유 검정을 갑, 을, 병의 삼종 및 전과 교유(專科敎諭)의 네 가지로 구분하고, 타이완인은 을종 이하에만 응시할 수 있도록 해, 갑종 교유만 아니라면 타이완인도 검정을 통해 교유 자격을 취득할 수 있

---

26 《臺灣總督府府報》, 1519號, 1904. 4. 26, pp. 59~60.
27 《臺灣總督府府報》, 1513號 號外, 1904. 4. 17, pp. 1~4.
28 《臺灣總督府府報》, 2694號, 1909. 5. 6, pp. 27~28.

게 했다. 또 공학교 훈도의 유시험 검정에 여성도 참가할 수 있다는 조항을 추가하고, 시험 과목과 난이도는 타이완 총독부 국어학교 제2부속학교사범과의 교육 정도에 상응한다고 규정했다. 이로써 타이완 여성에게도 공학교 검정과 면허의 문호가 열리자, 타이완인 여성이라도 검정고시만 통과한다면 정식으로 공학교 훈도가 될 수 있었다.

1918년 훈령 167호에 의거해 비정규직의 일본인 교원은 교유심득(敎諭心得)으로, 타이완인 교원은 훈도심득으로 명명되면서, '고'라는 명칭은 비로소 폐지되었다.[29]

1919년 반포된 '타이완교육령'에 맞추어, 각종 관련 법규도 함께 개정되었다. 그중 12월에 개정된 '타이완 소학교교원 및 타이완 공학교교원 면허령 시행규칙'(府令144호)[30]에 따르면, 무시험 검정과 유시험 검정으로 구별되는 교원 검정은 소학교 교원 검정의 경우 원칙적으로 일본 내지와 동일한 규정을 적용한다고 했다. 공학교 교유는 본과(本科) 교유와 전과(專科) 교유로 나뉘는데, 전자는 다시 갑, 을, 병의 세 등급으로 나뉘었다. 그중 갑종과 을종 교유의 무시험 검정 자격은 다음과 같다. ① 사범학교, 중학교, 고등여학교, 고등학교 고등과 교원 면허를 소지한 자, ② 고등학교 고등과 또는 대학 예비과를 졸업한 자, ③ 문부성 혹은 각 부(府), 현(縣), 도(道), 청(廳)이 발급한 소학교 본과 정교원 면허 혹은 일반 소학교 정교원 면허를 소지한 자, ④ 중학교 혹은 총독부가 인정한 중학교 과정에 상응하는 사립 중학교를 졸업한 자, ⑤ 여자고등학교를 졸업한 자였다. 병종 교유나 공학교 훈도의 무시험 검정 자격 요건은 다음과 같다. ① 타이완 총독부 사범학(교) 국어부 또는 과거의 국어학(교)의 국어부나 실업부를 졸업한 자, ② 타이완 공립고등보통학교 또는 과거의

---

29 ≪臺灣總督府府報≫, 1679號, 1918.10.19, p.53.
30 ≪臺灣總督府府報≫, 2007號, 1919.12.29, pp.142~145.

타이완 공립중학교를 졸업한 자, ③ 타이완 공립여자고등보통학교 또는 과거의 국어학교 부속여학교를 졸업한 자, ④ 공립실업학교 또는 과거의 타이완 총독부 공업강습소를 졸업한 자였다. 한편 이미 발급된 병종 교유 면허는 을종 교유 면허로, 기존의 공학교 훈도 면허는 병종 교유 면허로 인정되었다. 이에 따르면, 갑종과 을종 교유 면허를 얻기 위한 학력 조건을 타이완인이 만족시킬 수는 없었기 때문에, 결국 타이완인은 병종 교유와 훈도 면허만 취득할 수 있었다. 기존의 타이완인 훈도는 자동으로 병종 교유 면허를 받을 수 있었지만, 만약 한 걸음 더 나아가 을종 교유 면허를 취득하고자 하는 경우에는 반드시 검정 시험을 통과해야만 했다. 다시 말해 타이완인의 갑종 교유 면허 취득을 금지하는 규정은 없었지만, 결과적으로 타이완인이 취득할 수 있는 교원 면허는 을종 교유까지로 제한되어 있었던 것이다.

다음으로 봉급에 관한 규정을 살펴보자. 공학교 교사의 봉급에 관한 최초의 규정은 1898년 '타이완 공학교훈도 봉급지급규정'(府令88호)이었다.[31] 이에 따르면 공학교 훈도의 봉급은 12등급으로 구분되어, 각 등급에서 1년 이상 근무하면 다음 등급의 봉급으로 인상되는 시스템이었다. 각각의 실제 월급 금액은 12급이 8원, 11급이 9원, 10급이 10원, 9급이 12원 등으로 규정되어, 최고 등급인 1급은 45원이 지급되었다. 1906년 '타이완 소학교 조교, 타이완 공학교 훈도 봉급 규칙'(府令10호)[32]이 수정·반포되면서, 그때까지 별도의 봉급 규정이 있던 소학교의 일본인 조교들에게도 공학교 훈도 봉급 규정이 동일하게 적용되기 시작했지만, 실제로는 양자의 봉급 기준은 서로 달랐다. 봉급 등급은 모두 9급으로 이루어져 있었는데, 각 급마다 상과 하의 2등급으로 다시 나뉘었다. 초임 조교의 월급은 3급(12원) 이하로 규정되었던 반면, 훈도는

---

31   《臺灣總督府報》, 364號, 1898.9.4, p.5.
32   《臺灣總督府報》, 1907號, 1906.2.8, pp.21~22.

7등급(12원) 이하로(1909년에 다시 5등급 16원으로 개정) 정해졌다.[33] 4등급 이하인 자는 6개월 이상 재직한 이후에 진급할 수 있었으며, 3등급 이상인 자는 1년 이상 재직한 후에 진급할 수 있었다. 1910년에 소학교 조교 월급은 18원 이상 45원 이하, 공학교 훈도 월급은 15원 이상 40원 이하로 개정되었다.[34] 1920년 9월에는 타이완 총독부의 전면적인 봉급 인상 조치의 결과, 공학교 훈도의 월급은 30원 이상 70원 이하로 재조정되었다. 이와 동시에 환산 비례 규칙을 적용해, 월급이 30원을 넘는 이들의 경우에는 월급의 2분의 1을 추가 한 뒤 여기에 10원을 추가로 지급하고, 25원에서 30원 사이의 월급을 받는 자는 25원을 추가 지급하며, 25원 이하 월급 수령자는 2배로 금액이 인상되 었다.[35]

6. 맺음말

이 글은 1920년 이전까지 싱즈 공학교에서 근무한 교사들의 이력서를 분 석해, 민족, 성별, 직급, 봉급 등 여러 측면에서 일제 통치기 전반의 공학교 교사의 구성과 그들의 경력 변화 과정을 고찰해 다음과 같은 사실을 일차적 으로 확인했다.

첫째, 일제 통치기 전반 공학교의 타이완인 교사는 숫자로는 일본인 교사 보다 많았지만, 교장은 모두 일본인이 독점했다. 일본인 교사의 직급, 봉급 은 모두 타이완인 교사보다 높았으며, 식민지에서 근무한다는 이유로 추가 수당도 지급되었다. 타이완에서 일하는 일본인 교사 중 절반 이상은 일본에

---

33 府令第11號, ≪臺灣總督府府報≫, 2381號, 1908.3.5, p.8.
34 府令第35號, ≪臺灣總督府府報≫, 2941號, 1910.4.23, p.96.
35 ≪臺灣總督府府報≫ 號外, 1919.12.12, p.13.

서 이미 교사로서 근무한 경험이 있었으며, 대체로 교유 면허를 소지하고는 있었지만, 개별적인 학력은 서로 달랐다. 일본에서 사범학교를 졸업한 자도 일부 있었지만, 대다수는 다른 교육 과정을 거친 후 검정으로 교원 면허를 취득한 후 타이완에 이주해 3개월 정도의 국어학교 강습에 참가한 것만으로 타이완 공학교의 교유 또는 훈도 면허를 얻을 수 있었다. 이렇듯 타이완에서의 교사직 근무는 각종 유리한 조건을 구비하고 있어 일본인에게 상당히 매력적인 직업이었다.

둘째, 일본인 여교사 대부분은 고등 여학교 졸업에 상당하는 학력을 소지하고 있었지만, 재직 기간은 길지 않았다. 따라서 공학교의 타이완인 여학생을 대상으로 하는 교육은 주로 타이완인 여교사가 담당했다. 타이완인 여교사의 대부분은 당시 유일한 중등 여성 교육기관이던 국어학교 부속여학교 출신이었다. 다만 이들은 정식 교원이 아닌 '고' 신분으로 일해야만 했다. '고'는 총독부의 정식 공무원이 아니었기 때문에, 일정한 급여 기준도 없었다. 실제로 이들은 1910년대 중반까지 훈도의 최저 봉급보다도 낮은 10원 정도의 급여를 받고 있었다. 하지만 당시 타이완인 여성들 입장에서 볼 때 매월 고정적인 수입이 보장될 뿐 아니라 심지어는 인상 가능성마저 있다는 사실을 무시하기는 쉽지 않았다. 그러나 타이완인 여교사들 대부분은 중산층 가정 출신이었기 때문에, 학교에 진학해 공학교까지 졸업할 수 있었던 것이다. 따라서 여교사들은 통상적으로 2, 3년 정도 근무한 후 결혼과 함께 교직을 떠났다. 중산층 가정에서 군이 돈벌이를 위해 딸에게 교사를 시키기보다는 그런 경로를 통해 문화 자본을 획득하는 것이 더욱더 중요했을 것이다.

셋째, 일제 통치기 전반기까지 서당에서 이루어지는 한문 교육은 여전히 중요한 문화적 상징이 있었기 때문에, 근대교육을 받은 교사 중 서당 교육을 경험했던 자가 12명이나 있었다. 그러나 이들은 옛 신사층으로, 일본 식민정권에 동조를 표시하는 일환으로 공학교에서 한문을 가르치고 있었던 만큼,

봉급 등 대우받는 수준 또한 신교육을 받은 교사보다 결코 낮지 않았다. 한편 신교육을 받아 타이완어와 일본어를 동시에 구사할 수 있는 새로운 타이완인 지식인들은 식민 권력과 지방 사회 사이에서 적극적으로 인맥을 쌓고자 했는데, 공학교에서의 교편 또한 그런 기회의 일환이었다. 그들은 관료 시스템 안에서 승승장구할 수 있었을 뿐 아니라, 실업계에서 성공할 수 있는 기회 또한 적지 않았다.

　마지막으로 지적해야 할 것은, 공학교 교사의 인적 구성을 통해 타이완 지방 사회에서 활약하던 옛 신사층과 유력자들이 어떻게 일제 식민 권력의 체제 내로 흡수되어 들어갔는지 엿볼 수 있다는 사실이다. 이들은 지식과 영향력을 일제에 반대하기 위해 사용하지 않았다. 지방 재지 사회의 중산층은 자녀를 공학교에 입학시키는 데 주저하지 않았고, 이렇게 신교육을 받게 된 타이완인 청년들은 일본 식민 권력의 관료 시스템 안에서 어느 정도 진로를 보장받았기 때문에 식민 권력에 반대하지 않았다. 이 글에서는 지방 사회의 공학교 교사의 동향을 통해서, 일본 식민 통치가 타이완에 정착하기까지 이러한 지방 인사들의 자발적인 협력이 있었다는 사실을 확인할 수 있었다. 물론 이들이 무조건적으로 협력한 것은 아니다. 이들은 교환과 중개라는 메커니즘을 적절히 활용하고 있었을 뿐이다.

참고문헌

≪興學秘發≫, 第61號.

≪臺灣總督府府報≫, 364號, 1898年 9月 4日; 426號, 1898年 12月 27日; 651號, 1899年 12月 1日;
    1074號, 1901年 12月 12日; 1513號 號外, 1904年 4月 17日; 1519號, 1904年 4月 26日; 1679
    號, 1918年 10月 19日; 2007號, 1919年 12月 29日; 1907號, 1906年 2月 8日; 2694號, 1909年
    5月 6日; 號外, 1919年 12月 12日.

府令第11號. ≪臺灣總督府府報≫, 2381號; 府令第35號. ≪臺灣總督府府報≫, 2941號.

"僑廈海山同鄉會". ≪臺灣日日新報≫. 1925.10.23.

"同源炭礦盛況". ≪臺灣日日新報≫. 1926.2.17.

"楊北辰公立公學校訓導·依願免本官". ≪臺灣總督府公文類纂≫. 10246-1. 1935年甲種永久保存.

"楊北辰任公立公學校訓導·俸給". ≪臺灣總督府公文類纂≫. 10213-69. 1927年甲種永久保存.

"余逢時氏任平溪庄長". ≪臺灣日日新報≫. 1927.5.11.

"彙報 教員免許狀授與". ≪臺灣總督府府報≫, 第1180號. 1915.12.17.

臺灣教育會. 1939. 『臺灣教育沿革誌』. 臺北: 臺灣教育會.

林進發 編. 1932. 『臺灣官紳年鑑』. 臺北: 民衆公論社.

謝明如. 2007. 「日治時期臺灣總督府國語學校之研究(1896~1919)」. 臺北: 臺灣師範大學歷史研究所碩士
    論文.

新莊第一公學校 1928. 『新莊第一公學校創立三十周年記念』. 臺北: 新莊第一公學校學窓會.

若林正丈. 2007. 「試論如何建立日治時期臺灣政治史的研究 ——戰後日本研究成果的一個反思」. 許佩賢
    譯. 『臺灣抗日運動史研究』. 臺北: 播種者出版.

吳文星. 1983. 『日治時期臺灣師範教育之研究』. 臺北: 臺灣師範大學歷史研究所.

吳文星. 2008. 『日據時期臺灣社會領導階層之研究』(五南, 1992). 臺北: 正中. 修訂版.

鷹取田一郎. 1916. 『臺灣列紳傳』. 臺北: 臺灣總督府.

陳文松. 2015. 『殖民統治與「青年」: 臺灣總督府的「青年」教化政策』. 臺北: 臺灣大學出版中心.

學校變遷參考臺灣教育會. 1939. 『臺灣教育沿革誌』. 臺北: 臺灣教育會.

許佩賢. 2015. 「公學校教師的發達之路及其限制」. 『殖民地臺灣教育的鏡像 —— 1930年代臺灣的教育與社
    會』. 臺北: 衛城出版.

許佩賢. 2015. 『殖民地臺灣近代教育的鏡像: 1930年代臺灣的教育與社會』. 臺北: 衛城出版社.

Ming-Cheng M. Lo. *Doctors within borders: profession, ethnicity, and modernity in colonial Taiwan*
    (California Berkeley: University of California Press, 2002).

http://www.ntp.gov.tw/content/history/history01-5-p.aspxsid=132

4부

전쟁동원과 전후(戰後)

9장

일제 말기 남양군도 노무동원과 조선 여성*

| **정혜경** 일제강제동원평화연구회 연구위원 |

1. 머리말

1960년대부터 지속적으로 이루어진 일본 학계의 연구와 1990년대부터 시작된 한국 학계의 연구에 힘입어 일제 말기의 강제 동원 피해 중 인력 동원이라는 주제는 꾸준히 성과를 내왔다. 그러나 연구의 초점이 일본 지역의 공장과 탄광에 집중된 탓에, 물자 수송에 관련된 인력 동원, 인력 동원과 물자·자금 동원의 관계 등 연구가 이루어지지 않은 주제는 여전히 많다. 강제 동원을 다루는 연구가 인력 중심 논의에 머물러 물자와 인력, 자금의 상호 관계를 다루는 데까지 확장되지 못한 결과이다.[1]

---

*   이 장은 ≪역사와 교육≫, 23집(2016)에 수록된 글을 일부 수정한 것이다. 한일민족문제학회 정례 발표회(2016.6.3)와 한양대학교 비교역사문화연구소 주최 국제심포지엄(2016.10. 14)에서 있었던 김명환(토론자), 조시현, 강정숙, 오일환의 지적과 교시가 큰 도움이 되었다.

이 외에 학계가 간과하고 있는 주제로 여성 동원 문제가 있다. 아직까지도 인력 동원에 관한 연구가 남성 중심으로 이루어지고 있으며, 여성 동원 문제를 다루더라도 일본군위안부 피해자 연구나 정책 연구가 주를 이루고 있다.[2] 이러한 연구 경향은 자료의 한계와 함께 사회적 인식도 관련이 있다. 오늘날 한국 사회에서 일제 말기의 여성 동원은 일본군위안부 피해자와 일본 지역으로 동원된 근로정신대 정도만 알려져 있을 뿐이다. 얼마 전까지도 일제 피해자 그룹에서 여성은 일본군위안부 피해자가 아니면, '유족'뿐이었다. 근로정신대에 관한 인식도 일본군위안부와 혼재되어 있다가 2005년 이후 국무총리실 산하 '대일항쟁기 강제동원 피해조사 및 국외강제동원 희생자 등 지원위원회'(이하 위원회)의 진상 조사와 2010년대 초 이후 근로정신대 관련 시민단체의 노력으로 알려지기 시작했을 뿐이다.

여성 동원은 인력 동원 정책의 일환이었지만, 동원 주체였던 일본 정부의

---

1   일제 말기 강제 동원 전반에 대한 연구 현황과 향후 연구 과제에 대해서는 정혜경, 「아시아태평양전쟁피해 관련 연구 방향과 과제」(동북아역사재단 한일관계사연구소 주최 제11차 월례 발표회 발표문, 2017.8.30, https://www.nahf.or.kr/gnb04/snb02_01.do?mode=view&page=&cid=57699) 참조

2   여성 동원 정책에 대해서는 김경옥, 「총력전 체제기 일본의 여성노동정책과 인구정책의 상관성에 관한 연구」(숙명여자대학교 일본학과 석사 학위논문, 2008); 김경주, 「아시아 태평양전쟁기 일본의 모성에 관한 연구: 여성동원 수단으로써의 모성의 관점에서」(숙명여자대학교 일본학과 석사 학위논문, 2008); 김미정, 「전시체제기(1937~1945) 조선여성에 대한 성(性)동원 실태」(고려대학교 한국사학과 석사 학위논문, 2005); 김미정, 「전시체제기 조선총독부의 여성노동력 동원정책과 실태」(고려대학교 한국사학과 박사 학위논문, 2015) 참고.
      동원 실태에 대해서는 김미현, 「조선총독부의 농촌여성노동력 동원: '옥외 노동' 논리를 중심으로」, ≪역사연구≫, 13(2003); 김미현, 「전시체제기 인천지역 학생 노동력 동원」, ≪인천학연구≫, 12(2010) 참고.
      근로정신대에 관해서는 여순주, 「일제말기 조선인여자근로정신대에 관한 실태연구」(이화여자대학교 여성학과 석사 학위논문, 1994) 등의 연구 성과가 있다. 이 중 동원 정책과 실태를 포괄한 연구로는 김미정의 「전시체제기 조선총독부의 여성노동력 동원정책과 실태」를 들 수 있다.

자료나 기업 자료에서도 구체적 내용을 찾기 어렵다. 이는 현재 공개된 명부에서 명확히 알 수 있다. 유수(留守)명부나 부로(俘虜)명표, 피징용 사망자 연명부 등 군무원 관련 명부에서는 '군 간호부'나 '교환원' 등 특수 직종 여성을 확인할 수 있으나, 노무자 명부에서는 여성을 찾을 수 없다. 노무자에 여성이 포함된 것으로 추정되지만, 성별 구분이 없고 여성만의 특수 직종도 찾을 수 없어 판별이 쉽지 않다.

가족 단위의 남양군도 송출자 명부에서 '처(妻)'와 '여(女)' 등 가장(家長)에 딸린 식구로 여성이 기재되는 정도였다. 일본 정부가 공개한 각종 통계에도 여성 노무자는 찾기 어렵다. 이러한 실태는 1950년대에 한국 정부가 제작한 『일정 시 피징용자 명부』, 『왜정 시 피징용 명부』나 피해자들이 제작한 명부에서도 마찬가지이다.

그러나 여성 노무동원은 일본 정부가 수립·운용했던 인력 동원 정책에 포함되어 있었다. 위원회 조사 과정에서 확인한 여성 노무동원 피해자 1041건(991명)은 동원 지역이 일본, 중국 만주, 남양군도, 한반도였고, 근무지도 탄광산, 군수공장, 군사시설물 구축 공사장, 토목 공사장, 농장 등으로 다양하다.

이 장의 연구 대상은 남양군도[3]로 동원된 여성 노무자이다. 남양군도로 동원된 여성 노무자들은 대부분 가족 단위의 농장 노무자로 동원된 후, 농장에서 일하거나 일부 군사시설물 구축 공사장에 동원되었다. 남양군도 조선인

---

[3] 일본은 중부 태평양 지역을 '남양', '남양군도', '남양제도', '내남양'으로 불렀다. 일제 말기에는 동남아시아 지역과 함께 '남방'이라는 용어가 사용되었다. '남양'은 초기에는 동남아시아를 지칭하는 개념으로 사용되다가 제1차 세계대전을 전후한 시기에는 제한적으로 '남양군도'라고 불렸다. 일본 정부는 1921년에 발포한 '남양청 관제' 제1조에서 "남양군도에 남양청을 설치한다"라고 하여 '남양군도'로 명명했다. 자료에 따라서는 '남양'을 '내남양'과 '외남양'으로 세분해 중부 태평양 지역은 '내남양'으로, 기타 동남아시아 지역은 '외남양'으로 부르기도 했으나, 대부분은 '남양' 또는 '남양군도'로 표기했다. 이 글에서는 직접 인용문이 아닌 경우 '남양군도'를 사용했다.

노무동원은 만주 노무동원과 함께 일본 전시 체제기 인력 동원 연구에서 '이주'와 '동원'의 성격을 정립하는 주요한 주제이다. 또한 일본 전시 체제기에 동원된 인력 중에서도 다양성(가족 단위 동원, 집단 농장, 유아 노동, 전쟁 발발 후 현지에서 노무자를 군속으로 전환 배치 등)을 보여주는 대표적인 사례이다.[4] 그러므로 위원회에서도 '남양군도 지역 노무동원 진상 조사 추진 계획'을 수립(2006.10)하고, 진상 조사를 위한 명부 분석, 피해 신고 내용 조사를 통한 종합적인 조사를 진행했다. 그 결과 세 건의 진상 조사 보고서를 발간하고 작업장 현황도 정리했다.[5]

이 장에서는 한국 정부가 소장하고 있는 명부와 위원회 조사 결과[6]를 토대

---

4   남양군도에 동원된 조선인 노무자에 대한 주요 연구 성과 목록은 다음과 같다. 今泉裕美子,
     「南洋群島經濟の戰時化と南洋興發株式會社」, 『戰時下アジアの日本經濟團體』(東京: 日本經濟
     評論社, 2004); 今泉裕美子, 「朝鮮半島からの南洋移民」, ≪アリラン通信≫, 32(2004년 5월);
     김명환, 「1943~1944년 팔라우지역 조선인 노무자 강제동원: 조선인노무자관계철 분석을
     중심으로」, ≪한일민족문제연구≫, 14호(2008); 김명환, 「일제말기 조선인의 남양군도 이
     주와 그 성격(1939~1941)」, ≪한국민족운동사연구≫, 64호(2010), 정혜경, 「공문서의 미
     시적 구조 인식으로 본 남양농업이민(1939~1940)」, ≪한일민족문제연구≫, 3호(2002); 정혜
     경, 「일제말기 '남양군도'의 조선인 노동자」, ≪한국민족운동사연구≫, 44호(2005), 정혜
     경, 「식민지 시기 조선사회의 외지 인식: 대만과 남양군도 신문기사 논조 분석」, ≪한일민
     족문제연구≫, 22호(2012); 정혜경, 「다시 쓰는 1939~1940년간 '남양군도송출조선인관
     련' 문서철 3종」, 『일본 '제국'과 조선인 노무자 공출』(선인출판사, 2011).
     최근 인류학 분야 연구에서 '기존의 남양군도 연구가 1939년 이전 이민의 역사를 간과하고
     동원으로 편향된 연구 경향을 산출'했다는 문제 제기도 있으나, 1939년 이전의 남양군도
     조선인 사회의 역사에 대해서는 이미 정혜경과 김명환의 연구에서 규명했다고 생각한다.
5   진상조사보고서와 작업장 현황은 국무총리 소속 대일 항쟁기 강제동원 피해조사 및 국외
     강제동원희생자 등 지원위원회, 「위원회 활동결과보고서」(2016.6) 참조.
6   위원회의 피해 신고 결과는 '개인정보공개법'에 저촉되지 않는 범위에서 학술 연구 목적으
     로 제공받을 수 있다. 이 자료는 제한된 기간1차(2005.2.1~6.30), 2차(2005.12.1~2006.
     6.30), 3차(2008.4.1~6.30) 등 세 차례에 접수한 신고 내용을 대상으로 했으므로, 강제 동
     원의 정확한 현황을 파악하는 종합적인 자료는 아니다. 그러나 현재 활용 가능한 자료 가
     운데 가장 많은 정보를 담고 있으므로, 자료의 성격과 한계를 정확히 파악한 후 사용한다
     면 실태와 추이를 파악하는 데 도움이 될 것이다.

로 남양군도로 동원된 여성 노무자의 피해 실태를 살펴보려는 미시적 연구이다. 척박한 상황에서 이루어진 1세대 연구자들의 일제 말기 인력 동원 연구는 연구사적 의의가 크다. 그러나 이후 한국 학계의 기존 연구는 오히려 인력 동원의 명확한 실태 파악에 걸림돌이 되기도 했다. 대표적인 문제는 첫째, 일부 자료에 의존할 수밖에 없었던 1960~1970년대 연구 성과를 무비판적으로 답습한 연구가 자료 발굴 성과가 축적된 현재에도 여전하다는 점이다. 둘째, 일본 전시 체제에 대한 이해가 부족해 강제성 범위를 연구자 스스로 제한한다는 점이다. '국민징용령' 등 기본 법령에 대한 오독(誤讀)은 물론이고 "군경이 한밤에 민가를 습격해 닭장에서 닭을 낚아채 듯 노무자로 끌고 갔다"는 논지의 연구 결과물은 2010년대 중반에도 여전하다.

이 두 가지 문제점은 실증적인 연구에서는 나올 수 없는 결과이다. 이러한 무책임한 결과물은 언론과 교과서 등을 통해 한국 사회에 확산되면서, 역으로 "강제 동원은 없었다"거나 "협의의 강제 동원, 동원 과정의 강제성은 없다"라는 몰역사적 인식의 근거로 이용되고 있다. 이를 해결하기 위한 방법은 일본의 전시 체제 및 제도 운용에 대한 거시적 연구와 다양한 실태에 관한 미시적 연구를 축적해 실상을 규명하는 것이다. 그런 점에서 남양군도로 동원된 여성 노무자 연구는 일제 말기 인력 동원 연구의 시각을 다양하고 풍부하게 해준다는 의미가 있다.

2. 일제 말기 여성 노무동원 정책과 피해 현황

일본 전시 체제기에 여성은 인력 동원 정책에 포함된 동원 대상이었다. 그러나 현재 발굴된 일제 말기 인력 동원에 관련된 각종 자료 중에서 여성 노동 동원의 규모를 알 수 있는 자료는 없다. 「소화 15년 노동자원조사에 관한 건」, 「노무동원 실시 계획」 등 일본 당국이 생산한 수요 조사 관련 자료[7]에서 일부 발견할 수 있으나, 이는 1940~1941년도의 동원 목표 수치에 불과하다. 그러므로 실시 통계는 물론이고, 실제 여성을 노무자로 동원했던 실태를 알 수 있는 명부는 미발굴된 상태이다. 이런 상황에서는 여성 노무동원의 규모를 파악할 수 없다. 다만 위원회의 피해 조사 결과를 통해 대략적인 추이와 경향성을 가늠할 수 있을 뿐이다.

위원회가 피해자로 판정한 여성은 총 1076건(노무자 1031건, 군무원 21건, 일본군위안부 23건, 기타 1건)이다. 1인이 수차례 동원된 사례가 있으므로 인원수로 보면, 1026명(노무자 982명, 군무원 20명, 일본군위안부 23명, 기타 1명)이 된다. 피해 유형 가운데 일본군위안부를 제외한 1053건의 세부 직종을 보면, 노무와 군무원의 구분이 명확하지 않은 사례가 있다. 위원회의 피해 조사 결과 중 피해 유형은 피해 신고인의 신고 당시 기재 내용을 근거로 하는데, 신고인이 내용을 명확히 알지 못하는 경우가 많기 때문이다. 그러므로 피해 조사 과정에서 확인한 구체적인 내용을 통해 재분류할 필요가 있다.[8]

군무원으로 신고한 경우에도, 간호부와 전화교환원 등 명백히 군무원으로 볼 수 있는 피해 건수가 14건(이 중 8명은 일본 정부가 생산한 군무원 명부에 등재)이다. 그러나 21건 중 9건은 공장(6건)과 기타 노무(2건), 탄광산(1건)에 동원된 사례이므로 피해 내용으로 보면 노무동원으로 분류하는 것이 타당하다. 기타 1건도

---

7   김미정, 「전시체제기 조선총독부의 여성노동력 동원정책과 실태」(고려대학교 한국사학과 박사 학위논문, 2015), 34~37쪽.
8   이 수치는 행정부 행정망 피해 진상 시스템에 탑재된 여성 피해자 통계(1747건)와 차이가 있다. 그 이유는 두 가지이다. 첫째, 중복 동원 수치의 반영 여부 문제이다. 위원회 통계는 신고 당시 신고인이 명확히 중복 동원을 주장하지 않는 경우에는 전산에 단일 건으로 등재된다. 둘째, 신고서 입력 당시 발생한 성별표기 오류가 수정되지 않은 상태이다. 그러나 1076건의 수치는 필자가 신고 당시 성별 표기에 남성이 '여성'으로, 또는 여성이 '남성'으로 잘못 표기된 사례를 모두 찾아내서 수정한 수치이다.

| 그림 9-1 | 여성 노무동원 피해 1041건 동원 지역별 현황

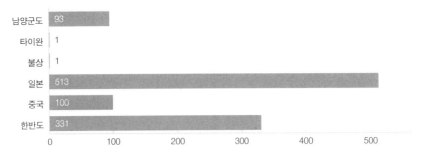

공장에 동원된 사례이다. 이와 같이 1076건 가운데 일본군위안부 피해자 23명을 제외한 대상자 1053건을 피해 내용별로 다시 정리하면, 1031건 + 10건으로 노무동원에 해당하는 피해자는 1041건(노무자 피해 결정 1031건+군무원 피해결정 9건+기타 피해결정자 1건, 991명)으로 판단된다.

1041건을 대상으로 동원 지역과 직종을 살펴보면, 동원 지역 중 가장 다수는 일본(513건)이고, 한반도(331건)와 중국(100건), 남양군도(95건)가 뒤를 잇는다. 1041건 가운데 391건(37.56%, 일본 211건, 남양군도 93건, 중국 70건, 한반도 16건, 타이완 1건)이 배우자나 부모 등 가족과 같이 동원된 경우이다.

세부 직종을 살펴보면, 공장이 645건으로 다수를 차지하지만, 탄광산과 토건 작업장 등 여성의 접근성이 떨어질 것으로 예상되는 작업 현장도 있다. 특이한 점은 다양한 직종의 취사노무 비중(102건)이 적지 않다는 점과 구체적인 작업 내용을 확인할 수 없는 '불상(不詳)'이 29건에 달한다는 점이다. 29건의 '불상'은 모두 명부 자료가 없고, 대부분 동원 당시 사망자이거나 신고 당시 사망자(귀환 후 사망자)이므로 피해 당사자의 경험을 확인할 수 없다.

동원 지역과 직종의 연관성을 살펴보면, 일본과 한반도가 공장 중심(일본 313건, 한반도 300건)인 데 비해, 농장은 남양군도와 중국 만주(남양군도 73건, 중국 만주 61건)에 집중되어 있다.

위원회가 확인한 여성 동원 피해 1076건은 위원회가 피해자로 판정한 총

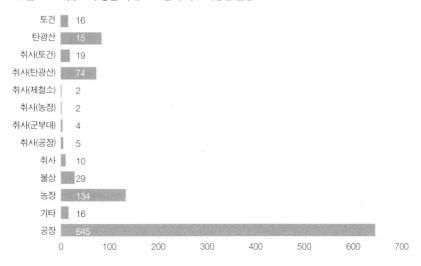

| 그림 9-2 | 여성 노무동원 피해 1041건의 세부 직종별 현황

수 22만 4836건 대비 0.47%에 불과하다. 위원회에 접수된 피해 신고 자체가 전체 피해 규모의 2.88%이므로, 남성 동원 피해 조사 결과도 전체 피해에 비하면 극소수의 사례이다. 그러나 이 점을 감안한다 해도 여성 동원의 신고 비율은 현저히 낮은 것으로 추정된다. 그 이유는 첫째, 여성 스스로 피해자라는 인식이 매우 낮고, 둘째, 강제동원 피해에 대한 역사 서술 자체가 남성 중심으로 편중되었기 때문이다.

그러나 여성은 일본 당국이 수립·운용한 인력 동원 정책에 포함된 동원 대상이었다. 일본 당국의 여성 동원 정책은 1938년 '국가총동원법'(법률 제55호)을 기점으로 1941년에 전환기를 거쳤다.[9] '국가총동원법'의 인력 동원 관련 조항은 일관되게 '제국 신민'으로 분명히 표기해 동원 대상에서 여성이 배제될 근거가 없었다. 이에 따라 여성 동원 정책은 '국가총동원법' 조항에 근

---

9   상세한 내용은 김미정, 「전시체제기 조선총독부의 여성노동력 동원정책과 실태」(고려대학교 한국사학과 박사 학위논문, 2015) 참조.

거한 하위 법령에 의해 수행되었다. '국가총동원법'은 일본 전시 체제기의 근간을 이루는 근거법이지만, 행정부에 법률을 정립할 수 있는 권한을 위임한 수권법이어서 이 법조항에 근거해 각종 하위 법령을 제정했다.

'여자정신근로령'(1944년 8월 제정)뿐만 아니라 '의료자관계직업능력신고령'(1938년 9월 제정)'과 '국민징용령'(1939년 7월 제정, 1939년 10월 조선에 시행), '국민근로보국협력령'(1941년 11월 제정), '학도근로령'(1944년 8월 제정) 등 주요한 인력 동원 법령도 모두 여성 동원 관련 법령에 해당되며, 법조문이나 시행령에 성별 동원 연령을 적시했다. 이 중 '여자정신근로령'은 1943년 9월 13일 자 각의 결정인 '여자근로 동원의 촉진에 관한 건'을 배경으로 하며, 이는 '생산증강노무강화대책요강(1943년 10월 8일 조선총독부 결정)'을 통해 이미 시행되고 있던 여성 노무동원의 확대 적용에 대한 사후 법제적 성격을 띤다.[10]

특히 일본 당국이 '국가총동원법' 제정 직후 식민지 조선에서 운영한 근로보국대와 청년단 제도는 대표적인 여성 동원 정책이다. 「근로보국대 실시요강」(1938년 6월 28일 발표)과 「통첩」(국민정신총동원근로보국운동에 관한 건, 1938년 7월 1일 자 발표)에 따라 운영된 근로보국대 제도는 적용 대상이 만 20~40세 미만의 남녀이며, 애국반이 핵심 조직이고, 부인회와 여성청년단이 근로보국대 조직의 일원이기 때문이다. 또한 정무총감의 「통첩」(학생생도의 근로봉임작업 실시에 관한 건, 1938년 6월 11일 자 발표)에 근거한 학생근로보국대에도 여성이 포함되었다.[11]

1941년까지 동원 대상 조사와 근로보국대, 청년단 운영 등에 국한되었던

---

10   김미정, 같은 글, 60~61쪽.

11   상세한 근로보국대 제도에 대해서는 김윤미, 「근로보국대 제도의 수립과 운용(1938~1941)」(부경대학교 사학과 석사논문, 2007); 김윤미, 「총동원 체제와 근로보국대를 통한 국민개로」, ≪한일민족문제연구≫, 14호(2008) 참조. 청년단에 대해서는 허수, 「전시체제기 청년단의 조직과 활동」, ≪국사관논총≫, 88집(2000) 참조.

여성 동원 정책은 1941년 동원 영역이 확대되면서 전환기를 맞는다. 일본 당국은 전선(戰線)의 확대와 전쟁의 장기화에 따라 인력과 물자, 자금에 대한 적극적인 동원이 시급했다. '국민근로보국협력령(1941년 12월 시행)'의 적용 연령을 '16세 이상 25세 미만의 여성'으로 하여 근로보국대 적용 연령을 확대했고, 연령 범위에 해당하지 않더라도 '지원(志願)'에 의해 동원할 수 있도록 규정했다. 조선총독부는 광물자원의 확보를 위해 1941년에 '여자광부갱내취업허가제 특례'를 통해 여성 동원의 근거를 마련해, '14세 이상 남자'에게만 허가하던 광산의 갱내 취로 규정을 변경했다.

1941년의 갱내 노동 적용과 '국민근로보국협력령' 시행은 여성 노무동원 정책의 적극 수행 체제 돌입을 의미했다. 1941년 이전 시기에 근로보국대로 동원된 여성들이 폐품 수집이나 공동 작업, 위문대 만들기 등 후방의 경제활동을 보조하거나 농번기 농촌 노동을 보충했다면, 1941년 '국민근로보국협력령'에 근거한 국민근로보국대의 업무 내용은 '총동원 물자의 생산·수리·배급에 관한 업무 및 국가총동원상 필요한 운반·통신·위생·구호 등에 관한 업무, 군사상 필요한 토목건축 업무'로 확대되었다. 위원회 피해 조사 결과에 나타난 다양한 직종이 이를 입증한다. 그 후 1943년 '생산증강노무강화대책요강', '노무조정령', 1944년 '여자정신근로령', 1945년 '국민근로동원령'을 거쳐 일본의 패전하기까지 여성 노무동원과 관련된 법령과 정책은 일관되게 수립·적용되었다.

3. 일제 말기 남양군도 노무동원과 조선 여성

남양군도 조선인 강제동원은 아시아·태평양전쟁 발발 이후인 1939년부터 시작되었다. 조선인들은 1917년부터 남양군도로 이주하기 시작해 1922년에는 149명이, 1938년에는 704명이 이주한 것으로 알려져 있다. 그러다가 1939년에 남양청(南洋廳)이 조선총독부에 의뢰해 조선인들을 강제 동원하면서 조선인 숫자는 급격히 늘어나 1941년 12월 태평양전쟁 발발 직전에는 5824명에 이르렀다. 이후에도 1944년 일본이 패전할 때까지 매년 조선인을 노무자로 동원했다.

남양군도에서는 1914년 10월 일본 해군의 군정이 시작되었고, 1918년 6월에 칙령에 의해 민정으로 바뀌었으며, 1920년 12월 17일에는 '국제연맹규약' 제22조 규정과 C식 위임통치 조항에 의해 일본의 위임통치 지역이 되었다. 이후 일본은 1922년 4월 1일 위임통치 시정 관청인 남양청을 개설했다. 그러나 국제연맹 규정과 위임통치 조항에 의해 방비책을 마련하는 것이 금지되어 있었고, 이와 관련해 국제연맹의 관리를 받아야 했다.[12]

1933년 3월 일본은 만주국 설립을 계기로 국제연맹을 탈퇴했으나, 남양군도에 대한 위임통치국 지위는 1935년 인정받았다. 앞에서 말한 대로 통치권을 완전하게 확보하지 못했으므로 국제연맹의 관리를 받아야 했으나, 중일전쟁을 일으킨 1937년부터 남양청과 일본 해군은 본격적으로 비행장과 항만 등 군사시설을 구축하기 위한 토목공사를 벌였다.[13]

아시아·태평양전쟁의 병력 수요를 채우기 위해 남양군도의 일본인 노동력이 전선과 일본 본토의 군수공장으로 이동하면서 노동력 확보가 시급해지자 일본은 조선인을 동원하기 시작했다. 남양청의 의뢰를 받은 조선총독부는 경상남도 남해, 전라남도과 전라북도 등지에서 동원에 나서 1939년 2월

---

12 국제연맹 규약인 위임통치 조항의 규정 및 정신에 의하면, 일본은 남양군도에 축성이나 육해군 근거지를 건설할 수 없었고, 토착민 대상 군사교육과 노예매매, 강제노동이 금지되었으며, 무기 및 탄약 도입도 할 수 없었다. 矢內原忠雄, 『南洋群島の研究』(東京: 岩波書店, 1935), pp.476~486.

13 今泉裕美子, 「南洋群島經濟の戰時化と南洋興發株式會社」, p.313.

| 그림 9-3 | '남양군도' 지도

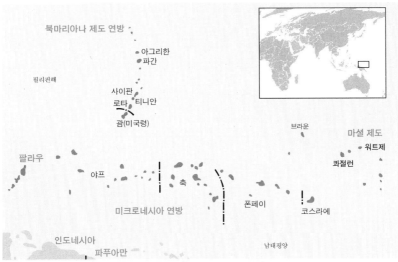

북마리아나 제도 연방
아그리한
파간
필리핀해
사이판
로타 티니안
괌(미국령)
팔라우
야프
축
미크로네시아 연방
인도네시아
파푸아만
폰페이
브라운
마셜 제도
워트제
콰절런
코스라에
남태평양

자료: 일제강점하 강제동원피해진상규명위원회, 『명부해제집』, 64쪽 참고.

부터 토건과 농업 노무자로 보냈는데, 여기에는 여성과 어린이가 포함되어
있다.[14]

　전시 체제기 초기의 남양군도에는 특히 농업 노무자 비율이 높았다. 일제
말기에 국책 사업 중 하나로 수행된 농민 송출인 동시에, 점령지를 대상으로
척식 사업을 전개했기 때문이다. 중일전쟁 후 중국 전선이 급속히 확대되자
조선총독부는 중국 관내 지역과 만주 등 기존에 수행했던 집단 이주 사업을
체계화하고 확대하기 위해 제도적인 조치를 강화했다. 이를 위해 '이민(移民)'
이라는 명목 아래 농업 노무자 활용을 위한 제도적인 장치를 마련하고, 실행
에 들어갔다. 1939년 2월 22일에 '이민위원회 규정'(조선총독부훈령 제9조)을 마
련해, 외사부(外事部) 척무과(拓務課), 사정국(査正局) 척무과, 사정국 외무과(外務課),
농상국(農商局) 농무과(農務課), 농상국 농상과 등 만주와 중국 관내 지역 송출을

14　당시 당국은 공문서에 인력 동원 관련 용어로 '송출'과 '공출'을 사용했다.

관장할 행정 기구를 별도로 설치·운영하고 정무총감(政務摠監)이 주관하도록 했다.

남양군도도 이와 같은 정책의 틀 속에서 조선 농민을 동원해 현지에서 군용 식량과 군수품 원료를 조달하도록 했다. 남양군도로의 농업 이민은 1939년 8월부터 시작되었는데 호난(豊南)산업(주)과 난요(南洋)흥발(주), 난요척식(주) 등이 수행했다.[15] 이 회사들은 남양청에서 대여해준 토지에 조선인 노동력을 투입해 생산한 카사바와 사탕수수를 일본 오사카(大阪)로 보내 전분(澱粉)이나 방적용 풀, 무수 알코올을 생산해냈다. 남양군도로 동원할 조선인은 가뭄 피해가 심했던 지역 출신자로 특정했다. 동원 대상은 농업에 종사하고 개간경작에 경험이 있는 20세에서 40세까지 사람들로서, 가족 중 가동(稼動) 능력자가 많은 농민이 우선 선발 대상이 되었다.

조선총독부 생산 명부 3종을 통해 동원 송출 과정과 부서별 업무 상황을 살펴보면 다음과 같다.

제1단계: 계획 입안 및 요청[계획 입안 → 사업주의 요청 → 남양청 접수 → 조선총독부에 요청 → 조선총독부 접수]

제2단계: 모집[道에 하달 → 해당 도 내무부, 송출자 선정 및 신원 조사 → 해당 도지사, 조선총독부 내무국에 상신 → 조선총독부 접수 → 남양청 내무부에 전달 → 남양청 내무부 접수]

제3단계: 수송[해당 도, 수송 업무 완료 → 현지 인수]

업무를 주관하는 총괄 부서는 내무국 사회과와 남양청 내무부이고, 실제

---

15   동원 기업에 대한 상세한 내용은 今泉裕美子, 「南洋群島經濟の戰時化と南洋興發株式會社」, 『戰時アジアの日本經濟團體』(東京: 日本經濟評論社, 2004); 김명환, 「일제말기 남양척식주식회사의 조선인 동원실태」, ≪한일민족문제연구≫, 18호(2010) 참조.

| 표 9-1 | 부서별 담당 업무 현황

담당 부서	업무 내용	참고
총독부 내무국 사회과	관련 문서 출납 남양청으로부터 요청 접수 도에 업무 지시: 송출자 선정, 신원 조사, 수송 현지 기업과 업무 조정: 송출자 선정 조건, 수송 절차 및 조건, 비용 정산	송출 총괄
남양청 내무부	사업 요청	송출 사업 발주
철도국 영업과	수송 업무 수행	
부산해항보호 사무소	수송 업무 수행	
도 지사관방	문서 출납	
도 내무부 지방과	내무국으로부터 하달된 업무 접수: 송출자 선정, 수송 부에 업무 지시: 송출자 선정, 신원 조사, 수송 내무국에 업무 보고: 송출자 선정 결과, 수송 업무 수행 결과	실제적인 송출 수행 주체
군 서무계	문서 출납	
군 내무계	부로부터 하달된 업무 접수: 송출자 선정, 수송 면에 업무 지시: 송출자 선정, 신원 조사, 수송 부에 업무 보고: 송출자 선정 결과, 수송 업무 수행 결과	
면(면장→ 면서기→구장)	문서 출납 업무 수행: 송출자 선정, 신원 조사, 수송	선정 및 수송 업무 수행

적인 수행 기관은 도의 내무부 사회과와 기업이며, 선정 업무를 실제 수행하는 기관은 행정의 가장 말단인 면이었다. 이같이 이민 관련 업무는 도의 지시를 받은 군과 면에서 이루어졌으며, 실질적으로는 면(面) 서기의 주도로 구장과 면의 유력자들이 중심이 되어 대상자 선정과 신원 조사, 수송 등을 수행했다. 이는 전시 체제기에 식민지 조선에서 수행되었던 일반적인 노무동원 송출 과정과 노무 동원 관련 행정조직과 동일하다.[16]

전쟁 말기에 노무자와 군무원의 구분은 큰 의미가 없었다. 1944년 4월 1일,

---

16   구체적인 내용은 정혜경, 「조선총독부의 노무동원 관련 행정조직 및 기능 분석」, 『일본 '제국'과 조선인 노무자 공출』(선인출판사, 2011) 참조.

사이판에서 난요흥발(주)은 현지 주둔군과 「전력증강과 병참식량 확보에 관한 군민협정」[아노(矢野)-오하라(小原) 협정]을 체결한 후 회사 소속 노무자를 군무에 제공했다. 로타에서도 1944년 6월 이후 군적(軍籍)이 없는 16세 이상 남성을 징발해 육군 부대에 편입시키고, '피징용자'로 등재했다.[17]

4. 명부에 나타난 남양군도 조선인 여성 노무자

현재 공개된 남양군도 관련 명부는 총 6종이지만, 이 중 조선인 여성 노무자가 수록된 명부는 조선총독부 생산 명부 3종(남양행노동자명부철, 남양농업이민관계철, 남양행농업이민관계철)과 연합군이 생산한 명부 1종(남양군도승선자명부) 등 총 4종이다.[18]

이 중 조선총독부 생산 명부 3종은 국가기록원에 '남양행노동자명부(南洋行勞働者名簿)'라는 이름으로 편철되어 있다. 생산 연도는 1939년부터 1940년 사이이고, 총 1039쪽의 문서철에는 1463명의 명단과 문서(117건, 중복 포함)가 수록되어 있다. 명단에는 이름, 본적지, 연령(일부 생년월일 기재), 가족 관계가 기재되어 있다.[19]

---

17 김명환, 「1943~1944년 팔라우지역 조선인 노무자 강제동원: 조선인 노무자관계철 분석을 중심으로」, ≪한일민족문제연구≫, 14(2008), 110~111쪽.

18 이 외에 이마이즈미 유미코(今泉裕美子)가 발굴한 미국 의회도서관 소장 '반도 이민 관계 자료(朝鮮勞務者關係綴)'에도 일부 명부가 포함되어 있고, 일본 방위연구소 소장 자료인 '조선 노무자 관계철(朝鮮勞務者關係綴)'에도 총 1522명의 조선인 명단이 확인된다. 그러나 성별의 구분이 없어 여성을 확인할 수 없다. '반도 이민 관계 자료'에 대한 상세한 내용은 今泉裕美子, 「朝鮮半島からの南洋移民」, ≪アリラン通信≫, 32(2004.5); 정혜경, 「일제말기 '남양군도'의 조선인노동자」, ≪한국민족운동사연구≫, 44(2005), 참조.
'조선 노무자 관계철'에 대한 상세한 내용은 김명환, 「1943~1944 팔라우지역 조선인 노무자 강제동원: 조선인노무자관계철 분석을 중심으로」, ≪한일민족문제연구≫, 14(2008) 참조.

| 표 9-2 | 조선총독부 생산 명부별 수록 현황표

번호	명부명	생산 연도	생산기관	문서 정보	주요 내용	수록 인원	국가 기록 원 DB 수록	검증 결과 강제동원 인정 건수	
								세대 주	12세 이상
1	남양행 노동자 명부철	1939		총 133면/ MF필름	1939년 2~3월 토건 노무자, 1939년 8월 농업노무자 송출 관련 명부(17건)	499호/ 1226명	678명	499명	333명
2	남양 농업 이민 관계철	1939 ~ 1940	조선총독부 내무국 사회과	총 324면/ MF필름	내무국 사회과, 남양청 내무부, 도 내무부 사회과 및 기업[풍남산업(주), 남양흥발(주)], 면의 왕복문서철(기안문·시행문·전보철·서신)(40건) * 문서 첨부 명부는 1번 명부와 중복	52호/ 231명	119명	52명	80명
3	남양행 농업 이민 관계철			총 582면/ MF필름	1939.6.9~1940.2.28 간 문서철(62건) * 문서 첨부 명부는 1, 2번 명부와 중복	2호/ 6명	215명	2명	3명
	합계					553호/ 1463명	1012명	553명	416명

주: 조선총독부 생산 문서철 3종에서 '가동 능력을 갖춘 성인'은 '12세 이상, 또는 12세 미만 자'
이다(?). 여성 296명이 포함된 수치이다.

국가기록원이 DB화한 명부에는 총 1012명(동반 가족을 제외한 세대주)이 수록
되어 있다. 그러나 필자가 확인해본 결과, 다수의 중복 수록자가 있고, 실제
송출되지 않은 사람들(송출 이전에 송출 대상에서 해지되거나 승선 직전에 종적을 감춘 경
우)도 있다. 이러한 허수(虛數)를 제외한 실제 송출 세대주 인원은 553명(553호)
이고, 동반 가족을 포함하면 1463명이다. 동반 가족에는 여성과 어린이가 포

---

19 국가기록원 DB에는 생년월일로 기재되어 있으나 문서철을 확인해보면, 대부분 연령이 기
재되어 있다.

| 표 9-3 | 조선총독부 생산 명부별 수록 현황표

번호	명부명	생산 연도	생산 기관	문서 정보	주요 내용	수록 인원	국가 기록원 DB 수록	검증 결과 강제 동원 인정 건수	
								세대 주	12세 이상[1]
1	남양행 노동자 명부철	1939		총 133면/ MF필름	1939.2~3월 토건노무자, 1939.8월 농업노무자 송출관련 명부(17건)	499호/ 1226명	678명	499명	333명
2	남양농 업이민 관계철	1939 ~ 1940	조선총 독부 내무국 사회과	총 324면/ MF필름	내무국 사회과, 남양청 내무부, 도 내무부 사회과 및 기업(풍남산업(주), 남양흥발(주)), 면의 왕복문 서철(기안문, 시행문, 전보철, 서신)(40건) * 문서 첨부 명부는 1번 명부와 중복	52호/ 231명	119명	52명	80명
3	남양행 농업이 민관계 철			총 582면/ MF 필름	1939.6.9~1940.2.28간 문서철(62건) * 문서 첨부 명부는 1, 2 번 명부와 중복	2호/ 6명	215명	2명	3명
	합계					553호/ 1463명	1012명	553명	416명

주: 1) 조선총독부 생산 문서철 3종에서 '가동 능력을 갖춘 성인'은 '12세 이상, 또는 12세 미만 자'이다(?).

2) 여성 296명 포함.

함되어 있으며, 이 중 12세 이상의 여성은 296명이 있었다.[20]

동반 가족 가운데 12세 이상으로 당국으로부터 가동 능력을 인정받은 남녀의 인원은 416명이다. 그러므로 문서철 3종에서 강제동원 조선인으로 인정할 수 있는 인원수는 969명(세대주 553명 + 416명)이며, 이 중 여성은 296명이

---

20 문서 세부 구성 내용과 목록 등 상세한 내용은 정혜경, 「다시 쓰는 1939~1940년간 '남양 군도송출조선인관련' 문서철 3종」, 『일본 '제국'과 조선인 노무자 공출』(선인출판사, 2011) 참조.

| 표 9-4 | '로타 승선 노무자 명부' 각 그룹별 상황

그룹	촌명	작성 일자	등재 인원수	비고
1	Oginon 마을	1946.1.16	3명(남 3)	단신(3)
2	Shimosuiden 마을	1946.1.16	15명(남 4, 여 3, 소 2, 유 6)	2가구, 단신(2)
3	Manganyama SWhibu 마을	1946.1.16	13명(남 6, 여 2, 소 2, 유 3)	2가구, 단신(4)
4	Seibu Shibu	1946.1.16	19명(남 10, 여 4, 소 1, 유 4)	4가구, 단신(5)
5	Ganpapa 지역	1946.1.16	15명(남 7, 여 2, 소 1, 유 5)	2가구, 단신(5)
6	사바나	1946.1.16	11명(남 2, 여 2, 소 1, 유 6)	2가구, 단신(1)
7	Parie Shibu	1946.1.16	15명(남 4, 여 3, 소 2, 유 6)	단신(4)
8	Parie Shibu	1946.1.16	4명(남 4)	2가구, 단신(6)
9	Shakaja Shibu 마을	1946.1.16	13명(남 3, 여 2+1, 소 1, 유 6)	3가구
10	Shakaja Shibu 마을	1946.1.16	17명(남 3, 여 3, 소 2, 유 9)	3가구
11	Shakaja Shibu 마을	1946.1.16	13명(남 3, 여 2, 소 2, 유 6)	2가구, 단신(1)
12	Shakaja Shibu 마을	1946.1.16	9명(남 9)	단신(9)
13	Shakaja Shibu 마을	1946.1.16	5명(남 5)	단신(5)
14	특별 명단	1946.1.16	2명(남 2)	단신(2)
총계			158명(대 96, 소 14, 유 48)	가구 111, 단신 47

주: 유는 0~11세, 소는 12~18세, 대는 19세 이상을 가리킨다.
자료: 『명부해제집 1』(2008), 222쪽.

다.[21] 본적지 현황을 보면, 경상도 667명(69.93%), 전라도 299명(30.85%), 충북 3명으로 경상도가 압도적으로 많았다.

여성 296명의 평균 연령은 27.6세(불상 3명 포함)이지만, 1937년 국제노동기구(ILO)의 '최저연령노동제한규정'(남녀 공통, 1919년 공업 부문 협약 14세 미만, 1937년 협약 15세 미만)에 위반되는 연령의 여성은 24명(12세 12명, 13세 5명, 14세 7명, 15세 7명)으로 296명 대비 8.1%에 달했다.

---

21 이 중 판독이 어려워 연령을 확인하지 못하는 경우도 있으므로 동반 가족 중 12세 이상 남녀는 늘어날 수 있다.

| 그림 9-4 | 명부 표지와 명부 내용 일부

자료: 일제강점하강제동원피해진상규명위원회, 『명부해제
집 1』(2008), 210쪽.

연합군이 제작한 명부는 미국국립문서기록청(NARA)이 소장하고 있는 남양군도 승선자 명부이다. 이 명부는 태평양전쟁 종전 후 남양군도에 체류 중인 조선인을 본국으로 송환하기 위해 미군이 직접 작성하거나 미군의 명령으로 일본인이 작성했다고 한다. 수록 인원은 1만 1017명이다. 이 중 농업 노동자와 일반인 6895명은 위원회에서 검증 작업을 완료했다.[22]

명부 수록자는 조선총독부 생산 명부 3종과 유수 명부 등 여러 명부에 중복된 이들도 있다. 승선자 다수가 전라도(3553명) 출신이고, 경상도(2032명)와 충청도(712명)가 뒤를 이었다.

국사편찬위원회는 명부 수록 인원의 30%가 여성이라고 밝혔는데, 성인 여성으로 한정하면 더 낮다.[23] 6370명(사이판, 티니안, 팔라우) 중 유소년을 제외한 여성은 978명으로 15.3%이다. 로타 지역 명부 158명 가운데 19세 이상 성인이 96명이며, 여성은 24명(25%)이다. 축 지역의 조선인은 중복을 제외한 253명 중 남성 성인이 226명이고, 여성 성인이 26명(11.5%), 유소년이 1명(여성)이다.[24]

---

22 위원회는 이 중 6370명분(사이판, 티니안, 팔라우)과 158명분(로타 지역), 376명분(축 지역, 중복 수록된 인원을 빼면 253명)을 위원회 인정자료(남양군도귀환자명부1~5)로 의결했다.

23 6370명 중 유아를 포함한 여성 수가 1896명이므로 29.76%에 달한다.

24 축 지역이 여성 노무동원 피해가 확인되는 지역이 아니며, 군무원이나 남성들의 구술 등을 근거로 볼 때, 일본군위안부일 가능성이 크다는 주장(강정숙)도 있으나 위원회 피해 조사 결과에서 일본군위안부로 확인된 사례는 없다. 일제강점하강제동원피해진상규명위원회,

| 표 9-5 | 남양군도 승선자 명부 수록 현황

생산 연도	소장 기관	문서 정보	수집 과정	주요 내용
1945~ 1946	미국 국립문서청 (NARA)	분량 3799매/ 이미지 파일	• 2006년 국사편찬위원회가 국 외 사료 조사 과정 중 방선주 박사로부터 수집(미국 NARA 소장 자료) • 2006.8.11 일반 공개 • 2006.8.23 위원회 제공 • 현재 국사편찬위원회, 강제동 원위원회, 국가기록원 소장	• 미국 NARA Records Group 313 미 해군 태평양함대의 일본인 송 환자 기록 중 1945년부터 1946년 사이의 한국인 승선자 귀환 명단 자료 • 전체 1만 1984명 중 한국인 1만 985명(농업 노동자와 일반인 6895 명, 군속과 군 노무자 3751명, 군 인 190명 등) 명단 • 한자와 영어로 병기 • 성명, 성별, 나이, 직업, 귀환지, 소 속 부대, 동원 전 국내 주소와 본적 지 등 기재 * 위원회는 출항 항구별로 명부에 번호를 부여해 활용(1은 사이판, 2는 티니안, 3은 팔라우, 4는 로타, 5는 축이다)

| 그림 9-5 | 남양군도 승선자 출신도별 현황

함경북도	1
경상도	3
황해도	4
미상	5
평안남도	8
강원도	11
경기도	41
충청남도	181
충청북도	531
경상남도	766
경상북도	1266
전라북도	1704
전라남도	1849

『명부해제집1』(2008), 244쪽. 축 지역의 당시 환경과 전시 상황을 볼 때 27명의 여성이 여성 노무동원 피해자일 가능성은 찾기 어렵다.

이상에서 살펴본 바와 같이 명부 4종에서 확인된 여성은 조선총독부 생산 명부 296명(12세 이상 가동 인구 969명 대비 30.5%), 남양군도 승선자 명부 중 로타와 축 지역이 50명, 사이판, 팔라우, 티니안 지역이 978명(6370명 대비 15.3%) 등 총 1324명(성인 대비 21.35%)이다. 그러나 위원회가 피해자로 의결한 여성 가운데 명부에 수록되지 않은 경우도 있으므로, 명부에 수록된 여성 1324명이 남양군도로 동원된 여성 노무자의 전체 규모는 아니다.

5. 한국 정부의 피해 조사 결과를 통해 본 여성 노무동원 실태

일제 말기 남양군도 조선인 여성 노무동원 실태를 살펴보기 위해서는 명부, 문헌 기록, 구술 기록, 한국 정부의 피해 사례 등 다양한 자료를 분석해야 한다. 그러나 현재 발굴된 자료는 일부여서 적극적인 자료 발굴 노력이 필요하며, 발굴된 여성 관련 명부의 자료에도 극히 일부만 수록되어 있다. 그러므로 이 장에서는 비교적 많은 정보를 수록하고 있고, 정부 차원의 공신력을 담보한 한국 정부(위원회)의 피해 판정 사례를 통해 일제 말기의 남양군도 조선인 여성 노무동원 실태를 살펴보고자 한다.

1) 한국 정부의 조사 결과

위원회가 판정한 남양군도 조선인 여성 노무동원 피해는 95건(중복 18건, 86명) 이다. 남양군도 노무동원 총피해 4567건 중 2.8%에 해당한다.

본적지 현황을 보면, 95건 중 전라북도 지역이 50건(52.63%)으로 가장 많고, 여기에 전라남도(19건, 20%)를 합한 전남북이 72.63%로 다수를 차지했다. 이를 명부 자료의 본적지 현황과 비교해보면, 대체로 공통된 추이를 보인다.

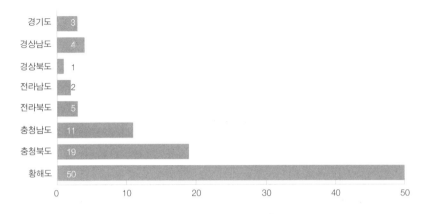
|그림 9-6| 남양군도 여성 노무동원 피해자의 본적지 현황(위원회 조사 결과)

3절 1항에서 언급한 1939년 조선총독부 소장 명부 3종에 다수 나타나는 본
적지는 경상도 667명, 전라도 299명, 충청북도 3명으로 경상도가 69.93%를
차지했고, 남양군도 승선자 명부에서는 전라도(3553명, 55.77%)가 다수였으며
경상도(2032명, 31.89%)와 충청도(712명)가 그 뒤를 이었다.[25]

　피해 유형 중 다수(58건)는 '귀환 후 사망'인데, 후유 장애 2건(2명)도 귀환 당
시 생존 상태였으므로 생존 여부를 기준으로 하면, 귀환 후 사망자는 60건에
달한다.

　현지 사망은 6건(6명)으로 6.3%를 차지했다. 이는 여성 노무동원 1039건
대비 사망, 행불 42건 즉 4.04%에 비해 높은 비율이다. 현지 사망자의 동원
당시 평균 연령은 33세이고, 사망 당시 평균 연령은 35세였다. 6명 중 3명이
40대이고, 2명은 30대, 17세도 1명 포함되어 있다. 현지 사망자 6명의 사망
원인을 보면, 3명이 공습이고, 1명은 작업 현장에서 발생한 수레 사고이

25　이 장의 분석 대상이 아닌 일본 방위청 방위연구소 소장 '조선인노무자관계철' 수록 명부
　　에도 이와 같은 추이는 차이가 없다. 김명환, 「1943~1944년 팔라우 지역 조선인노무자 강
　　제동원: 조선인노무자관계철 분석을 중심으로」, 82쪽, 도표 참고.

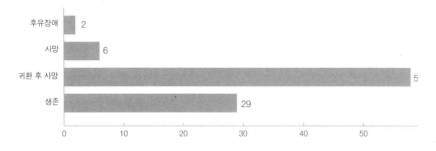

|그림 9-7| 남양군도 노무동원 여성 피해자의 피해 유형(위원회 조사 결과)

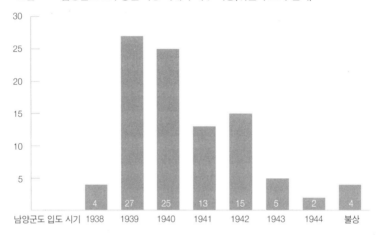

|그림 9-8| 남양군도 노무동원 여성 피해자 세부 직종(위원회 조사 결과)

며, 1명은 동원 과정에서 사망했으며, 그 외 1명은 확인할 수 없다.

특히 공습은 피해 조사 항목에 포함되지 않았음에도 95건의 피해 내용 중 13건의 피해자들이 공습이나 함포 사격을 떠올릴 정도로 인상 깊은 경험이었다. 공습으로 부부가 모두 사망하거나 배우자를 잃은 경우도 6건(부부 사망 2건, 배우자 사망 4건)에 달했다.

피해자의 세부 직종 중 다수는 농장(73건)이고, 다양한 작업장(군부대, 농장, 토건 작업장)의 취사(7건)와 토건(6건)도 볼 수 있다. 토건은 비행장이나 방공호 등

| 그림 9-9 | 여성 노무동원 피해자들의 남양군도 입도 시기(위원회 조사 결과)

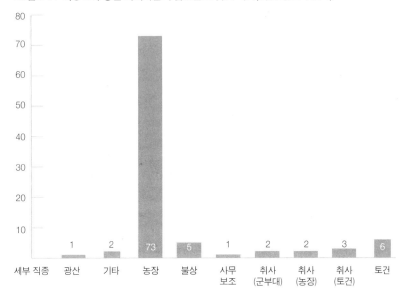

군사시설물 관련 공사장이다.

남양군도 여성 노무동원 피해자와 관련된 기업은 6개인데, 이 중 가장 많은 피해자를 동원한 기업은 난요(南洋)흥발(주)이다. 1939년 8월부터 1940년 2월까지 총 13회에 걸쳐 수행된 농업 노무자 동원 과정에서 총 2회는 호난(豊南)산업(주)이, 총 11회는 난요흥발(주)이 수행했다. 〈표 9-4〉에서 난요흥발(주)이 동원한 여성 노무동원 피해자가 압도적인 이유이다.

난요흥발(주)은 1920년 여름 이후 반동불황으로 사탕 가격이 폭락하면서 난요(南洋)식산(주)[26]의 사업이 정체되자 설립한 국책회사이다. 일본 해군과 외무성은 남양군도 척식 사업 전체를 재검토해 난요흥발(주)을 설립했다. 조선의 동양척식(주)이 자금과 전문 인력을 제공하고, 타이완의 니타카(新高)제

---

26   난요식산(주)은 일본의 대표적 기업가 시부사와(澁澤) 계열의 기업으로, 필리핀 등지에서 마를 재배하는 등 외남양 지역에서 활동한 경험이 있는 기업이다.

|표 9-6| 남성 노무동원 피해자 동원 관련 기업

관련 기업	피해 건수	관련 기업	피해 건수
기무라구미(木村組)	1[1]	난요흥발	59
난요(南洋)무역	1	남양청 토목과	1[2]
난요(南洋)척식	3	호난산업	1[3]
소계			66

주: 1) 취사(토건).
   2) 사무 보조. 부친이 면 호적 계장이자 인솔자였고, 현지에서 한바(飯場)를 운영하고 있었으며, 피복공
      장에 근무 중인 자녀를 토목과로 전근시킨 사례이다.
   3) 군부대에 군수 물자 운반 등 잡일.

당(주)의 상무로 설탕 왕이라 불리던 마쓰에 하루지(松江春次)가 경영에 참여했
다.[27] 난요흥발(주)은 남양청 시기 척식정책(일본인 이민 확대)의 최대 수혜자로
평가받았다. 남양청은 제당업을 기간산업으로 육성하고자 난요흥발(주)이
필요로 하는 자금과 토지, 노동력의 확보나 노동 문제 등을 대대적으로 지원
하는 등 척식 사업 수행을 위한 중요한 기업으로 난요흥발(주)을 보호했다.
남양청은 남양군도 지역 경제 개발에 기업이 미치는 영향력을 중시하고,
1922년 남양청 장관에 의한 허가제를 내용으로 하는 제당 규칙을 만들었다.
이 규칙에 의해 난요흥발(주)은 남양군도의 제당업을 독점하게 되었다. 또한
남양청은 1924년에 '남양개발사업계획'을 발표하고 교통 시설 정비, 개척지
설정, 이민 도입, 대자본 유치를 주요 방침으로 설정해 기업의 척식 정책을
지원했다. 관유지의 대부분을 난요흥발(주)에 무상으로 제공(임대)해주었으
므로, 사이판이나 티니안의 경작지는 대부분 난요흥발(주)이 차지하게 되었
다. 난요흥발(주)의 주요 사업은 제당업(製糖業)과 주정업(酒精業), 전분, 수산, 제

---

27   今泉裕美子, 「南洋群島」, 『貝志川市史: 移民·出嫁ぎ論考編』(2002), pp.557~559.

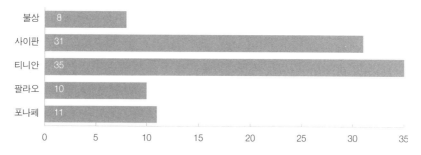

|그림 9-10| 세부 동원 지역 현황(위원회 조사 결과)

빙 등이다. 난요흥발(주)의 독점적 지위는 1936년 11월 척무성 대신을 최고 책임자로 임명해 설립된 국영 기업 난요척식(주)에 의해 양분되었다. 난요흥 발(주)은 법령(칙령 제 228호, 1936년 7월 27일자)에 근거해 1936년 남양청의 후원 아래 미쓰이(三井)물산과 미쓰비시(三菱)상사, 동양척식(주) 등의 자본을 합해 난요척식(주)을 창설했다.[28] 그러나 여전히 난요흥발(주)은 난요척식(주)의 최대 출자자로서 영향력을 행사했다.[29] 난요흥발(주)은 카사바와 사탕수수 를 생산해 군수물자로 활용하고자 1939년부터 조선인을 동원했다.

여성 노무자의 남양군도 세부 동원 지역은 세부 직종과 관련이 깊다. 95건 중 사탕수수 농장이 밀집한 티니안(35건)과 사이판(31건)에 집중되었다. 이 중 2건(2명)은 배우자가 남양군도에서 일본 홋카이도 탄광으로 2차 동원되어 배 우자와 함께 이동한 경우이다.

95건의 동원 시기 추이를 보면, 1939~1940년에 집중된 것을 알 수 있다. 이 중 1938년의 4건은 신고인의 오인(출발 시기인 2월을 음력으로 산정)으로 생각된 다. 이들의 동원 지역인 난요흥발(주)의 티니안 제당소와 직영 농장인 신미 나토(新湊) 농구로의 동원 시점은 1939년이기 때문이다.

28   富山一郎, 『戰場の記憶』(東京: 日本經濟評論社, 1995), p.58.
29   今泉裕美子, 「南洋群島經濟の戰時化と南洋興發株式會社」, p.300.

95건 중 80건이 자신 또는 가족의 문헌 기록[남양행 노동자 명부 3종, 남양군도 귀환자 명부 1~3, 제적부(주로 가족 출생 및 사망 기록), 왜정 시 피징용자 명부(배우자 기록), 남양척식(주) 회사 기록 등]이나 사진이 남아 있는 경우이다.

위원회의 피해 조사 완료건 22만 4836건 중 문헌 기록이나 사진 등 자료가 확인된 사례가 11만 340건(49%)이므로, 남양군도의 노무동원 여성 피해자 95건 중 80건(84.2%)은 매우 높은 비율이다. 이들의 자료 확인 비율이 높은 이유는 비교적 풍부한 명부 자료와 가족 동반이라는 특성 때문으로 보인다. 남양군도 명부와 관련해 살펴보면, 위원회 출범 당시 국가기록원에서 명부 열람이 가능했으므로 피해자들이 신고를 할 수 있는 강력한 요인이 되었고, 피해 신고 기간인 2006년에 공개된 연합군 생산 명부 등 명부 자료의 발굴 성과가 영향을 미쳤다. 95건 중 68건(71.57%)에서 본인이나 배우자 등 가족의 명부 자료가 확인된다.

가족을 동반했다는 점도 자료 확인 비율이 높은 배경이 되었다.

2) 한국 정부의 조사 결과를 통해 본 남양군도 조선인 여성 노무동원

남양군도 조선인 여성 노무동원의 특징은 가족 동반과 유아 노동으로, 이는 여성 노무동원의 특징이기도 하다. 이 중 가족 동반을 보면, 한반도를 제외한 전 지역에서 여성의 가족 동반은 보편적인 경향을 보인다. 특히 남양군도 여성 노무동원의 가족 동반 비율은 지역별 여성 노무동원의 가족 동반 실태에서 가장 높다.

위원회 피해 조사 결과, 95건 가운데 2건을 제외한 93건(97.9%)이 가족 동반(90건)이나 현지에서 결혼한 경우(가족 동반 이후 현지 결혼 사례)이다. 그 외 2건은 모두 피해자가 사망해 추가 조사가 불가능하며, 명부상에서도 확인이 어려운 경우이다. 남양군도의 지리·전략적 위치, 작업장 현황 등으로 볼 때, 여성이 단독으로 동원되는 지역이 아니므로, 95건 모두 가족 동반으로 볼 수 있다. 이에 비해 일본 지역으로의 가족 동반 비율은 37.42%(192건)이다. 농장 비율이 높은 만주 지역으로의 가족 동반 비율도 높은 편(여성 피해자 100건 중 70건, 70%)이지만, 100%에 달하는 남양군도에 비하면 낮다.

가족 동반은 유아 노동과 무관할 수 없다. 이미 선행 연구에서 밝혀졌듯이 당국은 남양군도 노무자의 활용도를 고려해 가족 동반을 기획했고, 가뭄 피해 지역에 대한 조치의 일환으로 동원 대상을 선정했다. 특히 농업 노무자의 경우에는 '가동 능력이 있는 가족'을 우선 선정 대상으로 삼을 정도였다.[30] 당국이 설정한 가동 능력 연령은 12세였다.

제국 일본의 노무동원 중 가장 두드러진 조선 여성의 피해는 유아 노동이다. 앞에서 살펴보았듯이 일본 당국이 수립한 여성 노무동원 연령은 1938년 20세 이상(근로보국대), 1941년 16세 이상(국민근로보국협력령), 1944년 11월 14세 이상(여자정신근로령)을 거쳐 종전에 임박해 시행된 '국민근로동원령 시행규칙'(1945.4.1)에 의하면 '12세 이상 여성'이었다. 그러나 1945년 4월 이전 시기에 12세 이하 연령의 조선인 여성 동원 사례는 어렵지 않게 볼 수 있다.[31]

위원회는 유소년의 피해 인정에 대해 남녀 구별 없이 기준을 설정했다. 2010년 12월 노무동원 피해 신고 건 중 12세 미만 자는 "당시 가족 동원이 특정 지역의 개간이나 농장 경작을 위해 격리된 지역에서 생활하며 유소년들이 교육받을 여건이 충분하지 않았다는 점과 지역에 따라 전시 상황 대비 및 공출량을 맞추기 위해 강제적으로 동원되었을 개연성을 감안해 사안별로 판

30　내무국장이 경북도지사에게 보낸 문서('南洋農業移民斡旋方에 關한 件', 『南洋農業移民關係綴』, 1939.7.25)에는 이주자 선정 방식에 '가족 중 가동 능력자가 많은 농민이 우선 선발 대상' 이라고 명시되어 있다.

31　'국민근로동원령 시행규칙'(1945.4.1)은 동원 연령에 대해 "12세 미만 또는 40세 이상 여자 는 국민근로동원대상에 적용되지 않는다"(제9조, 제11조)라고 규정했다.

단"하되, '제초 및 마을 작업 등 일반적인 공동 노무 제공은 제외'하기로 결정했다.[32]

여성 노무동원 피해 1041건 중 연령을 산출할 수 없는 11건을 제외한 1030건의 평균 연령은 16.7세다.[33] 그러나 12세 이하 유소녀도 301건에 달했고, 14세 이하는 무려 563건에 달했다. 특히 한반도로 동원된 여성의 평균 연령은 13.28세로 더욱 낮은 경향을 보였다. 이러한 유소녀 동원은 공장법과 국제노동기구의 '최저연령노동제한규정'은 물론이고, 1945년 4월 이전에 일본 당국이 스스로 규정한 법적 규정에도 위배되는 것이었다.[34]

이에 비해 남양군도의 여성 노무 피해자의 동원 당시 평균 연령은 22.52세 (불상 4건을 제외한 91건 대상)로 여성 노무동원의 전체 평균을 상회했다. 그러나 14세 이하 여성은 13건(12명)으로 14.3%에 달하며, 일본 당국이 남양군도로 송출 당시 '성인'의 기준으로 삼은 12세보다 어린 소녀도 9건(8명)이나 포함되었다. 13건 중 4건(4명)은 3~6세라는 어린 나이에 현지에 도착한 후, 6~10세에 남양군도가 격전지가 되었을 때 동원된 사례이다. 4건 중 3건은 사탕수수 농장에 동원되었으나 1건(9세)은 비행장 공사에 동원되었다.

남양군도로의 강제 동원 정책을 추진한 초기에 일본 당국이 산정한 주된

---

32 이 기준은 제8차 강제동원피해조사분과위원회 의결(2010.12.16)을 거쳐 제8차 위원회에서 보고 안건(2010.12.23, '만주, 남양군도 등 가족 단위 동원 시 유소년 노무 동원 인정 범위에 대한 검토')으로 상정되어 통과되었다.

33 동원 당시 평균 연령은 호적 나이를 기재한 경우가 많아 실제 연령보다 낮게 기재된 사례가 포함되어 있으며, '불상(不詳)'의 경우도 13건이 포함되는 등 정확한 수치는 산정할 수 없다. 그러므로 생존자나 신고인이 직계 가족인 경우에는 실제 연령을 확인해 통계와 피해 조사 결과에 반영하는 등 정확도를 높이기 위해 노력했다.

34 1802년 영국에서 제정되어 여러 나라로 확산된 공장법은 여성과 아동의 노동 시간 규제를 핵심이었다. 일본의 '공장법'은 1911년에 공포되어 1916년부터 적용되었으나 조선에는 적용되지 않았으며, 1923년에 개정되었다. '공장법'에는 14세 미만 유아의 노동을 금지하는 조항이 들어 있으므로, 일본 본토에서 일본인 유소녀 동원 사례는 찾기 어렵다.

동원 대상은 성인 남성이었다. 3절 1항에서 살펴본 바와 같이 『남양농업이민관계철』에 편철된 문서에서 동원 대상은 '20~40세의 남성으로 가동 능력자가 많은 농민'이었다.[35] 이 문서에 의하면 여성은 부수적 역할에 그치는 것으로 이해할 수 있다.

이 장 2절에서 살펴본 바와 같이, 일본 당국의 인력 동원 정책에서 1941년 12월 '국민근로보국협력령'이 공포되기 전까지 여성이 역할이 부수적이었다는 점은 일본 제국의 영역 전체를 통틀어 동일했다. 그러나 1941년 12월 이전에도 여성 노동력 의존도가 높은 지역과 직종을 찾을 수 있다. 방적공장은 동원 지역과 무관하게 여성 노동력 의존도가 높았고, 농장의 비중이 높은 남양군도와 만주도 여성 노동력 의존도가 높은 지역 중 하나였다.

이미 1939년 남양군도 송출 당시부터 당국은 남녀 구분 없이 가동 능력의 기준을 12세로 산정했다. 또한 태평양전쟁이 발발한 1941년 12월 이후 남양군도의 집단농장에서 남녀 구분은 큰 의미가 없었다. 1942년 12월 티니안에 위치한 난요흥발(주) 직영 농장이 주재소에 제출한 '반도이민가동상황조사 보고의 건'에 의하면 간혹 특정일에 일부 농구에서 남녀, 어린이(여성과 동일)의 1일 작업 시간을 달리 배정하기도 했으나, 일반적으로 1일 작업 시간을 배정하는 데 남녀노소의 구분은 없었다.[36]

최대 시간을 보면, 12월 27일 신미나토 농구가 11시간 30분이었고, 12월 28일 서(西)하고이 농구가 11시간, 손손 농구가 10시간이었다. 40도가 넘는 폭염 속에 어린이와 여성을 10시간 넘게 사탕수수 예초 작업에 투입했다는 점은 남양군도 집단농장에서 여성 노동력이 남성을 보조하는 역할에 머물지 않았음을 의미한다.

---

35   조선총독부 내무국장이 경북도지사에 보낸 문서, '南洋農業移民斡旋方에 關한 件'(1939. 7.25).
36   1943년 1월 5일 자 문서, 『半島移民關係資料』(미국의회도서관 소장), 60~73쪽.

6. 맺음말

중부태평양 지역인 남양군도는 메이지 시기부터 일본 사회에 불어닥친 남양 열풍의 주 무대였으나 항로 문제나 독일령이라는 정치적 문제로, 일본이 1914년 제1차 세계대전에 참전할 때까지 민간 차원의 탐사 보고서로 만족해야 했다.[37] 그 후 국제연맹의 결정으로 일본의 위임통치 지역이 되면서 점유 문제가 해결되자 일본 해군은 항로를 마련해 1922년 남양청 설치 이후에도 영향력을 유지하는 등 타이완에서 태평양과 동남아시아로 이어지는 남방 정책 실현에 나섰으며, 아시아·태평양전쟁은 그 마지막 도전이었다. 그 과정에 조선인 군인, 군무원, 노무자가 동원되었다.

이 장에서는 명부와 위원회의 피해 조사 결과를 주 자료로 일제 말기 '남양군도'로 불렸던 중부 태평양 지역의 여성 노무동원 피해 실태를 살펴보았다. 이를 통해 가족 동반이라는 남양군도 여성 노무동원의 특징을 파악할 수 있었다. 한반도 지역 내 유아노동률에 비해서는 낮은 비율이지만, 유아 노동도 존재했음을 알 수 있었다. 또한 가족 동반 동원이라는 점과 명부 자료 발굴 성과에 힘입어 명부 수록 비율이 타 지역에 비해 두드러지게 높다는 점도 특징으로 꼽을 수 있다. 이 연구는 일본군위안부 외에 아시아·태평양전쟁에 동원된 여성 노무자의 사례라는 점에서 의미가 있다. 그러나 한 지역의 사례에 불과하므로, 동원 지역과 직종에 따른 다양한 사례 연구가 이어질 때 더 큰 의미를 가질 수 있다.

현재 일제 말기 인력 동원 관련 자료 가운데 여성 노무동원 관련 자료는 법령 등 정책 자료에 편중되어 있고, 구체적인 피해 사실을 파악할 수 있는

---

[37] 상세한 내용은 정혜경, 「1920~30년대 식민지 조선의 신문기사에 투영된 '남양군도'」, 수요 역사연구회, 『식민지 동화정책과 협력 그리고 인식』(두리미디어, 2007), 202~209쪽 참조.

자료는 남양군도 관련 명부 자료 4종에 불과하다. 공개된 명부 자료의 경우에도 수록 정보가 매우 제한적이어서 심층적인 분석은 어렵다.

향후 연구를 위해서는 적극적인 자료 발굴과 구술사 연구방법론 등 연구방법론의 확대 적용이 필요하다. 전자는 문헌 자료 외 비문헌 자료의 발굴(사진 등)과 생산(구술 자료)을 의미하고, 후자는 단순한 피해 실태 규명을 넘어선 여성 자신의 회상에 대한 서사(敍事, narrative) 분석 연구를 의미한다. 가족 동반 여성 노무자는 작업 현장에서의 삶과 가정에서의 삶을 동시에 경험했으므로 남성이나 독신 여성 노무자에 비해 다양하고 풍부한 경험을 가진 주체이다. 그러나 그간 인력동원 관련 피해자 구술 자료 수집은 남성 구술자 위주로 이루어졌다. 위원회가 2005년 사할린 한인을 대상으로 여성 면담 기록을 남기기는 했으나, 피해자가 아닌 '남성 피해자 가족'의 입장이었다. 향후 '유족'이나 '가족'이 아닌 '피해자'로서 여성의 경험에 대한 자료 수집과 구술사 연구방법론에 의한 서사 분석을 통해 시대와 체제에 대한 이해를 더욱 풍부히 할 필요가 있다.[38]

이 장에서 담지 못한 연구 과제를 제시하는 것으로 결론에 대신하고자 한다. 첫째, 미성년 노동에 대한 종합적 연구가 필요하다. 일제 말기 인력 동원에서 미성년자 노동은 조선 여성 노무동원의 대표적인 특징이지만, 아직 그 실태조차 파악되지 않고 있다. 조선인은 물론이고, 중국인과 동남아시아, 태평양 현지민 등 동원 지역 전체를 대상으로 한 자료 발굴과 연구가 필요하다. 둘째, 집단농장이라는 점에서 동원 직종이 유사한 만주 지역 노무동원 여성과의 비교 연구이다. 셋째, 같은 남방통치권에 속했던 타이완과의 비교 연구이다. 남양군도는 지정학적 가치, 기후 등 자연환경과 산업구조에서 타

---

[38] 상세한 내용은 정혜경, 「아시아태평양전쟁에 동원된 조선인노무자의 경험과 서사」, ≪한일민족문제연구≫, 20(2011); 정혜경, 「구술사: 기록에서 역사로」, ≪한일민족문제연구≫, 28(2015) 참조.

이완과 유사성이 많은 지역이다. 식민지와 점령지에 대한 일본의 통치 정책, 대외 팽창 정책에서도 유사성이 많고, 정부의 남방 정책 수립에 영향을 준 지역이기도 하다. 두 지역은 메이지 시기 일본 사상가들과 정책 입안자들의 해외식민론(남방경영론)이나 정부 차원의 대외 팽창 정책(남방정책)에서 대상으로 하는 지역이었다. 특히 일찍부터 지정학적 가치를 인식하고 마리아나 군도나 팔라우섬 구매를 주장하며 남양협회를 설립해 탐사에 나서는 등 남양 열풍을 주도한 이들은, 타이완 영유로 남양경영론의 실현 가능성에 큰 기대를 걸었다. 그 외 공학교(公學校)라는 현지민 대상 교육 시스템을 운영해 일본어 교육을 통한 통치 효과를 높였다는 점, 기후나 자연조건이 비슷해 사탕수수나 미작 등 작물의존도가 높은 산업구조였다는 점이 유사하다. 그러나 일본 전시 체제기에 노무동원 양상에서는 큰 차이를 보였다. 수천 명 단위로 노무동원이 이루어진 남양군도와 달리 타이완은 조선인 노무동원 비중이 극히 낮은 지역이다. 타이완에서 조선인 노무동원 자료는 찾을 수 없고, 위원회의 피해 조사 결과에서도 9명에 불과하다. 식민지와 점령지라는 점, 타이완의 제당업이 일찍부터 남양군도로 옮겨가면서 산업구조가 변화해 사탕수수가 아닌 곡류 생산지로서의 역할을 한 점도 있지만 후방과 전방이라는 점이 가장 크게 작용했다고 생각된다. 이와 같은 거친 생각은 비교 연구를 통해 구체화할 수 있을 것이다. 넷째, 남양군도에 동원된 여성 노무자는 전시 체제에서 군용 식량과 군수 원료를 생산하는 역할을 했으나 집단농장에 동원되었다는 점에서 플랜테이션 성격의 농장노동과의 관련성도 고찰해볼 필요가 있다. 필자의 향후 연구 과제로 삼고자 한다.

참고문헌

≪朝鮮≫. 1939.

朝鮮總督府. 『南洋行勞動者名簿綴』. 1939(국가기록원 소장).

_____. 『南洋行農業移民關係綴』. 1939~1940(국가기록원 소장).

_____. 『南洋農業移民關係綴』. 1939~1940(국가기록원 소장).

南洋興發株式會社. 『半島移民關係資料』. 1944(미국의회도서관 소장).

富山一郎. 1995. 『戰場の記憶』. 日本經濟評論社.

국무총리 소속 대일항쟁기 강제동원 피해조사 및 국외강제동원희생자 등 지원위원회. 2016. 『위원
회 활동결과보고서』.

김도형. 2005. 「중부태평양지역 한인의 귀환」. 『제48회 전국역사학대회 발표요지』.

김명환. 2008. 「1943~1944 팔라우지역 조선인 노무자 강제동원: 조선인노무자관계철 분석을 중
심으로」. ≪한일민족문제연구≫, 14호, 75~120쪽.

_____. 2010. 「일제말기 조선인의 남양군도 이주와 그 성격(1939~1941)」. ≪한국민족운동사연
구≫, 64권, 227~275쪽.

김미정. 2015. 「전시체제기 조선총독부의 여성노동력 동원정책과 실태」. 고려대학교 박사 학위
논문.

김윤미. 2007. 「근로보국대 제도의 수립과 운용(1938~1941)」. 부경대학교 사학과 석사논문.

_____. 2008. 「총동원 체제와 근로보국대를 통한 국민개로」. ≪한일민족문제연구≫, 14호, 121~
162쪽.

일제강점하 강제동원피해진상규명위원회. 2008. 『명부해제집 1』.

정혜경. 2002. 「공문서의 미시적 구조 인식으로 본 남양농업이민(1939~1940)」. ≪한일민족문
제연구≫, 3호, 69~112쪽.

_____. 2005. 「일제말기 '남양군도'의 조선인 노동자」. ≪한국민족운동사연구≫, 44호, 169~228쪽.

_____. 2011. 「다시 쓰는 1939~1940년간 '남양군도송출조선인관련' 문서철 3종」. 『일본 '제국'
과 조선인 노무자 공출』. 선인출판사.

_____. 2011. 「아시아태평양전쟁에 동원된 조선인노무자의 경험과 서사」. ≪한일민족문제연구≫,
20호, 245~278쪽.

_____. 2011. 『일본 '제국'과 조선인 노무자 공출』. 선인출판사.

_____. 2012. 「식민지 시기 조선사회의 외지 인식: 대만과 남양군도 신문기사 논조 분석」. ≪한
일민족문제연구≫, 22호, 43~98쪽.

_____. 2015. 「구술사: 기록에서 역사로」. ≪한일민족문제연구≫, 28호.

허수. 2000. 「전시체제기 청년단의 조직과 활동」. ≪국사관논총≫, 88집.

今泉裕美子. 2002. 「南洋群島」. 『貝志川市史 ― 移民·出嫁ぎ 論考編』.

_____. 2004. 「南洋群島經濟の戰時化と南洋興發株式會社」. 『戰時下アジアの日本經濟團體』. 日本經濟評論社.

_____. 2004.5. 「朝鮮半島からの南洋移民」. ≪アリラン通信≫, 32號.

矢内原忠雄. 1935. 『南洋群島の研究』. 岩波書店.

10장

타이완인 B·C급 전범 연구

| **중수민** 鍾淑敏, 타이완 중앙연구원 타이완사연구소 부연구원 |

1. 머리말

1943년 10월, 미국, 영국, 소련은 모스크바 삼국 외상 회의에서 전후 재판에 관해 결정하면서 기존의 전쟁 법규와 관례를 위반한 것 이외에 "평화에 대한 범죄"와 "인도적 범죄"에 대한 항목을 추가했고, '포츠담 선언' 제10조에서 전범에게 엄격한 심판을 내려야 한다고 거듭 밝혔다. 제2차 세계대전 이후 전승국이 주도한 군사법정은 전범을 이른바 A·B·C급으로 나누었다. A급 전범은 전쟁을 일으킨 이들이다. 타이완인의 경우는 B·C급 전범에 포함되었는데, '국제군사법정조례'와 '극동국제군사법정조례'에 의하면 B급은 일반적인 전쟁범죄 행위를 범한 사람, C급은 인도적 범죄를 범한 사람이 재판 대상자였다. 그러나 실제 재판에서는 B·C급을 구별하지 않았다. 그래서 일반적으로 전쟁범죄를 범한 자들을 B·C급 전범으로 통칭했다.

전범 문제와 관련된 영역은 광범위하다. 누가 재판을 하고 재판의 근거는 무엇인가? 중국의 법정에서는 이와 관련한 다양한 주장이 존재했으며, 또한 많은 국가가 전범 문제와 연관되어 있었다. 타이완인 전범 문제에 대해 와다 히데오(和田英穗)는 국민정부가 진행한 재판을 연구 대상으로 삼았고,[1] 란스치 (藍適齊)는 전범 다수의 공통된 특징이던 통역이라는 직군에 착안해,[2] 중요한 연구 성과를 도출했다. 그런데도 타이완인 전범 문제에 관한 기본 문제는 여전히 정리되지 않았다. 예를 들어 전쟁 범죄로 인해 군사재판을 받은 전범의 수에 대해 일본 법무성(法務省)과 후생성(厚生省)에서 발표한 통계 간에 오차가 어느 정도인지도 확인할 수 없다. 전범에 대한 개별 사례연구도 기무라 고이 치로(木村宏一郎)가 안다만 제도(Andaman Islands)에 있었던 야스다 무네하루(安田 宗治)에 대해 심층 연구한 것 외에는[3] 현재 린수이무(林水木), 젠마오쑹(簡茂松) 등 전범의 자서전과 리잔핑(李展平)의 인터뷰[4]만이 있을 뿐이다. 이것들은 이 시기의 진실을 규명하기 위한 귀중한 사료로 남겨져 있다. 이 장의 목적은 타이완인 전범의 일반적인 상황에 대해 광범위하게 서술하고 한국인 전범 연구를 추가해 개별 국가의 재판 현황에 관한 연구의 토대를 만드는 것이다.

---

[1] 와다 히데오의 연구성과 중 타이완인과 가장 관련된 연구는 「戰犯と漢奸のはざまで――中國國民政府による對日戰犯裁判で裁かれた臺灣人」, ≪アジア研究≫, 49-4(2003), pp.74~86.

[2] 각국 군사법정 재판에서 판결받은 타이완인 중에는 오스트레일리아 재판을 받은 포로수용소 감시원이 제일 많았다. 집단 재판을 제외한 전범자들은 통역 업무를 맡아 검거되었다. 란스치의 관련 연구가 있다. 최신 연구 성과에 대해서는 Shichi Mike Lan, 'Crime' of Interpreting: Taiwanese Interpreters as War Criminals of the Second World War, New Insights in the History of Interpreting(Benjamins Translation Library 122, John Benjamins Publishing Company, 2016), pp.193~224를 참고.

[3] 야스다 무네하루와 연루된 사건에 관해서는 기무라 고이치로의 『忘れられた戰争責任: カーニコバル島事件と臺灣人軍屬』(東京: 靑木書店, 2001)에 상세히 서술되어 있다.

[4] 李展平, 『前進婆羅洲―臺籍戰俘監視員』(南投:國史館臺灣文獻館, 2005) 등.

2. 타이완인 전범 개요

1955년 일본 후생성이 발표한 전후 연합군 재판 중 전범이 된 타이완, 한국 출신자의 수는 〈표 10-1〉과 같다.

문제는 1958년 일본 후생성의 기록에 의하면 조선 출신 전범 숫자는 159명(사형수 23명), 타이완 출신은 188명(옥사자 23명)[5]으로 수정되어 있어서 어느 수치가 정확한 것인지는 결론을 내릴 수 없다. 여기서 우선 1955년 재판 국가별로 분류한 통계를 살펴보면 구 식민지 출신인 타이완 출신 전범은 173명, 한국(조선)인은 148명이다. 전쟁 기간에 통역을 맡아 국민정부의 재판을 받은 조선(한국)인은 16명(사형 8명, 유기 징역 8명)으로 나머지 129명은 태국, 자바섬, 말레이시아 등으로 파견되었던 일본군 포로수용소의 감시원이었다.[6] 타이완인이 판결을 가장 많이 받은 오스트레일리아 법정에서 피기소자는 거의 모두 북보르네오로 파견되었던 포로수용소 감시원이었다. 일본 '인양원호청부원국법무조사부(引揚援護廳復原局法務調査部)'에서 편찬한 『대적전범전부명책(臺籍戰犯全部名册)』에 따르면 오스트레일리아 정부에 의해 판결받은 죄수는 96명에 달했으

| 표 10-1 | 타이완과 한국 출신자의 전쟁 재판 판결 현황표(일본 후생성 통계)

재판국 출신	영국	미국, 필리핀	네덜란드	오스트레 일리아	중국	합계	(사형)
타이완	26(6)	4(1)	7(2)	95(7)	41(5)	173	21
한국	48(4)	3(1)	68(4)	13(6)	16(8)	148	23
합계	74(10)	7(2)	75(6)	108(13)	57(13)	321	44

자료: 厚生省引揚援護局, 『井上忠男資料·韓國臺灣出身の戰爭裁判受刑者名簿』(東京: 引揚援護局, 1955).

---

5   厚生省援護局, 『引揚げと援護三十年の歩み』(東京: 株式會社ぎょうせい, 1958), p.472.
6   東京裁判ハンドブック編輯委員會 編, 『東京裁判ハンドブック』(東京: 靑木書店, 1989), p.102.

며 그중 8명은 사형수였다.[7]

이 장에서는 타이완인이 어떤 죄목으로 판결을 받았는지 지역별·국가별로 차이는 없었는지를 각 국가별 재판을 통해 살펴보고자 한다. 1952년 중국과 동남아시아 각 지역에서 스가모(巢鴨) 구치소로 이송되어 계속 복역한 전범들로 구성된 법무위원회에서 편찬한『전범재판의 실상(戰犯裁判の實相)』과 자엔 요시오(茶園義男)가 편집한 B·C급 전범재판 자료에서 비록 완벽하지는 않지만 몇 가지 단서를 얻을 수 있었다. 본문은 먼저 수형자의 수가 오스트레일리아에 이어 두 번째로 많은 중국 군사법정의 재판 결과를 살펴보고자 한다.

1) 중국 재판

제2차 세계대전 이후 중국은 국방최고위원회 비서장 왕충후이(王寵惠) 등이 중국 주재 10개국의 외교 사절들을 초청해 충칭(重慶)에 국제전범위원회원동분회(國際戰犯委員會遠東分會)를 설립하고 전범 처리에 대한 협조를 받았다. 얼마 후 행정원비서처, 사법행정부, 외교부, 국방부, 전범위원회원동분회 등 6개 기관이 전범처리위원회(戰犯處理委員會)를 통합 조직해 전범 처리를 위한 행정기관으로서의 역할을 맡게 되었다. 가장 먼저 베이핑 군사전범법정(北平軍事戰犯法廷)이 1945년 12월 16일에 설립되었다. 이후 쉬저우(徐州), 우한(武漢), 광저우(廣州), 칭따오(青島), 지난(濟南), 타이완(臺灣), 상하이(上海), 난징(南京) 등지에도 군사전범법정이 설립되어 전범을 처리했다. 전범의 대다수는 일본, 한국, 타이완 국적자들이었다.[8] 군사법정은 가장 먼저 '적인죄행조사판법(敵人罪行調査辦法)',

---

7   이는 外交部檔案075.32/0007「戰後被盟軍拘禁之臺籍戰犯遣返案」, pp.113~114에 근거한 것이다. 東京裁判ハンドブック編輯委員會 編,『東京裁判ハンドブック』, p.102에 의하면 사형수 7명, 유기징역 84명이다. 林木木,『戰犯に囚われた植民地兵の叫び』(作者自印, 1988), p.195에 의하면 사형수 8명, 무기징역 87명이다.

8   孟憲章,「盟國處理日本戰犯之全面檢討」, ≪中國建設≫, 7-1(1948), pp.11~14.

'적인죄행종류표(敵人罪行種類表)', '일본전범죄증조사소조수집전죄증거표준(日本戰犯罪證調查小組搜集戰罪證據標準)', '전쟁죄범처리판법(戰爭罪犯處理辦法)', '전쟁죄범심판판법(戰爭罪犯審判辦法)' 등에 의거해 전쟁범죄 행위를 수집 및 조사하고, 어떻게 범죄 증거 자료를 수집할 것인지, 그리고 재판 기구를 설립할 것인지 등에 대해 관련 규정을 수립했다. 그러나 범죄 행위에 대한 양형은 '전쟁죄범심판판법(戰爭罪犯審判辦法)' 제8조, 전쟁죄범의 처리 준용 국제공법, '국제관례', '육해공군 형법', 기타 특별형법의 규정을 적용한다고 했을 뿐, 명확히 규정한 것은 아니었다. 이 때문에 국민정부는 1946년 10월 '전쟁죄범심판조례(戰爭罪犯審判條例)'를 공포해 범죄 행위와 형사책임 적용 범위를 명확히 열거했다. 국민정부는 범죄자를 조사하기 위해, 1946년 중앙과 지방의 전문가로 하여금, '초청고장문고(招請告狀文告)'를 휴대하고 동북(東北), 화북(華北), 화중, 화동(華東), 화남(華南) 등 각지로 가도록 했다. 이들은 현지 지역 주민들이 사실에 근거해 고소 및 고발하도록 해 직접적으로 범죄 증거를 수집했고,[9] 1947년 10월 16일 전범에 대한 검거를 마무리했다.

일본 측 자료에 의하면 중국은 타이베이, 난징, 상하이, 한커우(漢口), 베이징(北京), 선양(瀋陽) 등의 법원에서 타이완인 전범 재판을 진행했다. 여기에서 사형 언도를 받은 전범은 광둥(廣東)에서 3명, 베이징과 타이베이에서는 각각 1명이었다. 광둥 법원에서 진행된 재판에는 하이난섬(海南島)에서 범죄 행위를 한 사람도 포함되었으며, 사형 언도를 받은 전범 중 2명은 경비대 통역이었고, 1명은 순찰 보조였다. 베이징 법정에서 사형 판결을 받은 전범은 헌병대 통역이었다. 중국 대륙 전범의 신분은 주로 경찰 관계자와 헌병대 또는 경비대 통역 등이었고, 상하이 법정이 전전(戰前) 샤먼시(嗜門市) 정부 경찰국 관계자에게 '적국에 대한 협력'이라는 애매한 죄목으로 판결을 내린 것을 제외하면,

---

9 　孟憲章, 같은 글, p.14.

대체로 혹형, 고문, 살해 등의 혐의로 재판을 받았다. 타이베이 법정 판결 안건을 살펴보아도, 전쟁 중 간첩 행위와 학대 및 치사 등의 혐의가 주로 다뤄졌다. 특히 '타이완 화교' 간첩 사건의 경우도 베이징 법정과 마찬가지로 타이완인 전범 9명 중 사형수였던 타이베이주의 경찰뿐만 아니라 나머지 전범도 모두 경찰 관계자였다. 포로 학대 혐의로 재판을 받은 전범은 난징 법정에 5명, 상하이 법정에 1명이 있었는데, 피기소자 가운데 3명은 토목 건설 청부업체인 '하라구미(原組)'의 직원이었고, 1명은 미쓰이 물산(三井物産) 직원이었으며, 나머지 2명은 포로수용소 감시원이었다. 타이완에서 파견되었던 수백 명의 포로 감시원이 화중과 하이난섬으로 갔던 상황을 볼 때, 이 감시원들은 중국에서 엄격한 판결을 받지 않았다. 중국 재판에서 고발자는 거의 모두 중국인이었는데, 이들은 감시원의 최초 감시 대상이었던 영국이나 미국계 인사가 아니었기 때문이다. 이 밖에 하이난섬으로 이송되었던 오스트레일리아 포로가 학대받은 것에 대해 고소하기도 했지만, 남아 있는 자료에서도 볼 수 있듯이 하이난섬의 타이완인 감시원은 재판을 받지 않았다. 이는 오스트레일리아 법정과 대비되는 것이었다.

한편 와다 히데오는 국방부 군법처(國防部 軍法處)에서 펴낸 '판처사형전법명책(判處死刑戰犯名冊)', '판처도형전범명책(判處徒刑戰犯名冊)'과 일본 외무성에서 소장하고 있는 전범 재판 관계 문서 등을 대조해 타이완인 전범이 58명(군무원 17명, 경찰 8명, 근로자 10명, 상인 10명, 기타 13명)이었으며, 그중 사형 판결을 받은 전범은 5명, 무기징역이 2명, 유기징역이 51명이었음을 밝혀냈다.[10] 이 통계수치는 일본 후생성의 통계 결과인 41명과 차이가 난다. 아쉽게도 필자는 상세한 전범 명부를 확인하지 못해 오차의 원인을 규명하지 못했다.

---

10   와다 히데오의 연구 중에 타이완인과 가장 관련된 연구 성과로 「戰犯と漢奸のはざまで――中國國民政府による對日戰犯裁判で裁かれた臺灣人」, ≪アジア研究≫, 49-4(2003), p.81 참고.

와다 히데오는 그의 연구에서 중국 법정이 타이완인 전범 심리를 진행했을 때 사건과 연루된 일본인에 대해 어떠한 증거도 제출하지 않았다고 지적했다. 이는 재판의 대상이 일본인인 경우 '일본관병선후연락부(日本官兵善後連絡部)'에서 지원하고 유리한 자료도 제공했던 상황과는 다르다. 따라서 타이완인은 불리한 상황에서 재판을 받을 수밖에 없었다. 중국 법정에서 판결받은 타이완인 가운데 통역, 포로수용소 감시원 등의 군무원이 거의 절반을 차지하고 있었던 반면, 타이완 법정에서는 전범의 절반 이상이 항일운동을 탄압한 경찰 또는 경찰이 임시 고용한 통역이었다. 또한 타이완 법정의 전범 재판에서 타이완인은 변호사를 선임할 수 있어 상대적으로 차원이 높은 변호를 받을 수 있었고, 의사소통에도 문제가 없었다. [11]

중국 재판 중에 특이한 점은 샤먼(厦門)에서 이송된 사람들이었다. 샤먼에서의 타이완인은 매국노로 간주되지 않았기 때문에 상하이로 이송되어 재판을 받았다. 샤먼에 거주했던 타이완인은 통역을 맡아 고문을 자행하거나 수용소 감시원을 맡아 전쟁 포로를 학대한 범죄자들로서 중국 대륙의 다른 지역의 전쟁범죄와는 약간의 차이가 있었다. 샤먼은 타이완 호적을 갖고 있던 사람들이 오래 전부터 모여 살았던 곳으로, 이로 인한 마찰과 다툼이 타 지역보다 훨씬 더 많았다. 이 때문에 이른바 '매국노'에서 '전범'으로 바뀌기는 했지만, 전쟁 전 샤먼에 거주했던 타이완인이 모두 청산되는 계기가 되었다고 볼 수 있다.

2) 미국 재판

1942년 4월 이후 일본은 필리핀 전선에서 미국인 1만 2000명과 필리핀인

---

11   和田英穗, 같은 글, p.83을 참고.

10만여 명을 포로로 삼았다. 이 포로들 중 바탄(Battan) 반도를 지나 산 페르난도(San Fernando)까지 이동하던 도중에 2만여 명이 사망했다. 이른바 '죽음의 행군' 이후 포로 생존자들은 새로 건립된 필리핀 수용소에 수감되어 비행장 건설에 투입되었다. 일본군은 포로들을 관리하기 위해 타이완인 군무원 600명을 채용해 3개월간 훈련을 거친 다음 수용소 감시원으로 근무하도록 했다. 이들에 대해 전후 미군은 필리핀 마닐라에서 재판을 진행해 타이중인 (臺中人) 1명을 포로를 총살했다는 죄명으로 사형 판결을 했다. 그 외 필리핀 포로수용소의 타이완인 군무원 3명을 포로 학대 등의 혐의로 일본으로 이송했고, 1948년 1월 요코하마(橫濱) 미군 법정에서 유기징역을 선고했다.[12] 이 타이완인 감시원은 모두 필리핀 카바나투안(Cabanatuan) 소재 포로수용소 제1분소 소속이었다.

필리핀 수용소 이외에도 미군은 국민정부에 타이완 수용소에 수감되어 있던 감시원을 상하이 주재 미군 법정으로 이송해줄 것을 요청했다. 당시 미군이 상하이로 인도를 요청한 전범은 모두 '포로 학대' 혐의자였고, 일본인 56명과 '타이완 국적의 전범 증인' 왕이푸(王儀福) 등 10명이 포함되어 있었다.[13] 그러나 미군이 요청한 타이완인, 일본인 및 타이완 포로수용소 관계자는 모두 홍콩 주재 영국 군사법정에서 재판을 받았다. 그 이유에 대해서는 추후 연구가 필요하다.

---

12 巢鴨法務委員會 編, 『戰犯裁判の實相』(東京: 槇書房, 1981년 재출판), pp.341~342를 참고. 이 자료는 사형 1명, 무기징역 1명, 유기징역 3명으로 잘못 기재되어 있다. 이는 필리핀 전범 수용소 감시원과의 인터뷰에 의해 수정된 것이다.

13 臺灣省警備總司令部, 『臺灣省警備總司令部週年工作槪況報告書』(1946), p.95.

3) 네덜란드 재판

네덜란드는 인도네시아에 12개 법정을 설립해 재판 심리를 진행하고 있었다. 네덜란드 당국은 인도네시아에 임시 군법회의를 마련했고, 3명의 군 재판관이 주재했다. 범죄 수사를 위해 전쟁범죄조사국을 설치했고, 경찰서장급의 조사관이 수사 활동을 맡았다. 인도네시아 주재 네덜란드 법정에서 판결을 받은 일본인 전범은 952명이었고, 타이완인은 7명 중 2명은 사형 선고를 받았다.[14]

네덜란드령 인도네시아에서 실형을 받은 타이완인 5명은 헌병대 통역 등을 맡고 있었고, 폭행·학대 및 항일 조직에 가담한 시민들에게 고문을 자행한 혐의로 고발당했다. 이들은 자바섬의 바타비아와 수마트라의 메단 법정에서 재판을 받았다. 로아 쿨루(Loa kulu) 지역은 네덜란드령 보르네오(지금의 인도네시아 칼리만탄) 동남부의 내륙지역에 위치한 곳이었다. 타이완인 전범 중 2명은 제22해군 특별근거지대, 로아 쿨루 지역 방위대 소속으로, 1945년 7월 30일 전후 발생했던 두 차례의 대규모 주민 학살 사건에 가담했다. 당시 음모를 도모했다고 꾸며 부녀자와 아이들이 포함된 150여 명의 거주민을 학살했다.[15] 훗날 네덜란드령 보르네오섬 발릭파판(Balikpapan)에서 집행된 재판에서 학살 명령자를 엄벌에 처했다. 그러나 학살 명령을 집행했던 하급자들은 선처했고, 타이완인 군무원들도 처벌을 면했다.

4) 영국 재판

영국은 홍콩, 싱가포르, 쿠알라룸푸르(Kuala Lumpur), 타이핑(Taiping), 풀라우

---

14   巢鴨法務委員會 編, 『戰犯裁判の實相』, p.50.
15   近現代史腹備忘錄, http://stomach122.jugem.jp/?eid=756(검색일: 2016.8.22).

피낭(Pulau Pinang)주, 조호르(Johor), 라부안(Labuan)섬, 알로르 세타르(Alor Setar, 지금의 말레이시아 크다주), 미얀마, 보르네오주의 코타키나발루 등지에 군사법정을 설치했다. 타이완인 중 싱가포르, 쿠알라룸푸르, 타이핑, 풀라우피낭주, 코타키나발루, 홍콩 등의 법정에서 재판을 받고 유죄 판결을 받은 사람은 26명에 이르렀고, 그중 6명은 사형 판결을 받았다. 말레이시아 반도 주재 영국군 법정에서 재판받은 사람들의 신분은 거의 모두 헌병대 또는 경찰국 통역관으로, 고문치사, 주민 학살 등의 죄로 고발당했다. 말레이시아, 싱가포르에 주둔했던 일본군의 주요 소탕 대상은 대다수가 푸젠성과 광둥성 출신의 화교였다. 이때 타이완인은 통역을 맡아 일본군의 정찰 및 취조에 협조했다가 전후에 화교 학살 사건 수사 과정에서 기소된 것이다.

화교와 관계된 사건을 제외하면 미얀마 서쪽에 위치한 안다만 제도에서 발생한 사건을 들 수 있다. 일본군이 설치한 제12근거지에서 일본군 군사 기지 건설에 협조한 타이완 척식주식회사 직원들이 주민들을 학살한 죄로 검거되었는데, 그중 타이완인 5명이 포함되어 있었다. 그리고 안다만 제도와 니코르 제도(Ca Nicobar Islands)에 소속되었던 제36독립혼성여단의 타이완인 군무원 1명이 간첩 혐의로 주민을 학살한 죄로 극형에 처해졌다. 홍콩의 영국 군사법정에서는 타이완의 포로수용소 관계자로 일본광업 직원 1명과 다즈(大直) 제6분소의 감시원 1명이 각각 유기징역형 판결을 받았다.

5) 오스트레일리아 재판

오스트레일리아 법정에서 판결된 주요 안건은 포로수용소 감시원 관련 안건과 라바울(Rabaul) 제26화물창고에서 일어난 살인 및 학대 사건에 관한 것이었다. 타이완인이 재판받은 곳은 주로 라부안섬과 라바울 군사법정이었다. 포로수용소의 감시원들이 연루된 사건은 사라왁(Sarawak)주 쿠칭(Kuching)

포로수용소에서의 전쟁포로 학대, 미리(Mili)에서의 전쟁포로 살해 그리고 사바주 동안(東岸), 산다칸(Sandakan)부터 라나우(Ranau)까지 오스트레일리아와 영국군의 이른바 '죽음의 행군' 사건 등이다. '죽음의 행군' 결과 산다칸 비행장 등의 공사에 강제 투입되었던 1800여 명의 영국, 오스트레일리아군 중 최후 생존자는 6명뿐이었다. 당시 포로 감시와 살해를 자행했던 타이완인들은 전쟁 후 혹독한 처벌을 받았다.

라바울은 오스트레일리아 재판의 중점 지역 중 하나였다. 라바울은 뉴기니섬 동북쪽 뉴브리튼섬의 북쪽에 위치한 곳으로 태평양 전쟁 당시 일본군의 중요 군사 기지였다. 일본군은 약 9만 명의 군사 주둔을 위해 필요한 군수물자와 무기 보급창 건설에 필요한 인원을 동원했다. 1942년부터 타이완인은 봉공단원(奉公團員), 근로단원, 해군 근로자의 신분으로 모집 및 징발되어 인도인, 중국인을 인솔해 군량, 피복, 일상용품 등을 책임지는 후방 보급 임무를 맡았다. 라바울로 이송된 약 1600명의 중국 군인 중 사망자는 653명이었다. 그중 난징(南京) 라오후차오(老虎橋)의 장쑤(江蘇) 제1구치소에서 이송된 중국 군인은 1000여 명으로 가장 많았는데, 이 중에는 '사행창고(四行倉庫)'를 사수한 36명의 관병(官兵)이 포함되어 있다.[16] 전후 학살 등의 죄명으로 타이완인 7명은 교수형을 판결받았다(후에 2명이 사형 집행되었고, 5명은 무기징역으로 감형되었다).

2. 전범(戰犯) 명부에 기록되지 않은 '전범'

앞에서 서술한 주요 재판의 정황은 쓰가모(巢鴨) 법무위원회에서 펴낸『전

---

16 2009년 2월, 타이완 정부의 국방부는 유해 송환을 위해 관계자를 파견하고, 3월 관병 유해를 위엔산(圓山) 충렬사(忠烈祠)에 입사했다. 國防部 編印, 『南洋英烈—二戰期間巴布亞紐幾內亞境內國軍將士紀錄』(臺北: 國防部, 2009).

범재판의 실상(戰犯裁判の實相)』과 1955년 일본 후생성 인양원호국(引揚援護局)에서 펴낸 『한국·타이완 출신의 전쟁 재판 수형자 명부(韓國臺灣出身の戰爭裁判受刑者名簿)』를 근거로 한 것이다. 그러나 타이완인이 받은 판결은 이뿐만이 아니다. 특히 중국 법정에서의 판결을 예로 들 수 있다. 타이베이의 상황을 예로 들면 1945년 타이완성 경비총사령부가 타이완으로 이전한 후 범인을 체포하기 시작했다. 경비 총사령부의 매년 업무 상황에 기록된 당시 정황은 다음과 같다.

본부는 검거 밀고 건수 335건을 접수했다. 재조사를 통해 체포 및 감시 관리로 구별해 1946년 1월 25일 사법원이 공포한 제3078호 문건에서 타이완 매국노 처벌에 대한 해석을 내렸다. "타이완인이 일본군 작전을 수행하거나 또는 각 지역에 매국 조직을 조직한 자에 대한 재판은 국제법을 적용하고, 매국노 처벌 조례를 적용하지 않는다." 이 유권 해석에 의하면 각지에서 체포된 혐의자는 무죄 처리될 수 있다. 다만 구전푸(辜振甫), 쉬빙(許丙), 린슝샹(林熊祥), 젠랑산(簡朗山), 쉬쿤추안(徐坤泉) 등 5명이 일본의 항복 전후에 적타이완군참모부(敵臺灣軍參謀部)의 부추김을 받아 타이완 독립 음모를 꾀한 것은 특히 '포츠담 선언'의 정신을 위배한 것이므로 4월 27일, 전범 혐의 죄로 타이완 군사법정으로 이송해 심리를 진행한다.[17]

이처럼 타이완인은 '매국노 처벌 조례'의 적용 범위 밖에 있었기 때문에, 군사법정으로 이송된 죄수는 '타이완 독립 음모' 사건 관계자 5명뿐이었다.

1947년 7월 29일 재판에서 국토 참절 음모 혐의로 구젠푸는 유기징역 2년 2개월 판결을, 쉬빙과 린슝샹은 유기징역 1년 10개월을 각각 판결받았다. 젠량산과 쉬쿤추안은 무죄 판결을 받았다.[18] 당시 자이시(嘉義市) 참의회 부의장

---

17   臺灣省警備總司令部, 「臺灣省警備總司令部週年工作槪況報告書」 (1946), p.94.
18   "臺省戰犯 三名判刑", ≪江聲報≫, 1947.7.30, p.1.

이던 린무건(林木根), 린팅룽(林庭容), 양차이번(楊財本) 등은 1937년 난징 함락 당시 자이시 구청장이었고, 일본에 잘 보이기 위해 경축 활동 등에 참가해 조국을 모욕했다. 1947년 9월 30일 타이완성 경비부 군사법원은 린무건을 징역 7년에 처하고, 린팅룽과 양차이번에게는 각각 징역 5년을 판결했다.[19] 그러나 이 판결을 받은 자들은 일본 공식 명부에는 기재되어 있지 않다. 어쩌면 일본은 이들의 '자발적 행위'가 일본 정부와는 무관했다고 여겨 수형자 명단에 포함시키지 않았을 수 있다.

그런데 일본 후생성 인양원호국 법무조사실에서 작성한 통계 중에 타이베이 법정에서 판결받은 이들의 숫자가 1955년 일본 후생성이 발표한 타이완 출신의 수형자 수와 다르다. 전후 초기의 기록은 다음과 같이 설명하고 있다. 타이베이 재판은 1946년 후반기부터 시작되었는데, 1947년 말 일본인과의 관계는 마무리되어 기결자는 상하이로 이감되고 미결자는 난징 법정에서 계속 재판을 받았다. 이후에야 타이베이 법정은 타이완 호적자에 대한 심리를 진행했지만, 재판 종결 시점은 명확하지 않다. 일본인과의 관계와 관련해 기소된 내용으로는 ① 전쟁 기간에 국민정부 측 검거된 국민정부 측 간첩과 연관된 학대 및 치사 사건, ② 타이완 화롄항(花蓮港) 포로수용소 내에서 자행되었던 포로 학대 사건, ③ 광둥에 주둔 중인 군대에서 발생한 현지인 살해 사건에 연루된 부대장의 책임 등이었다. 35명이 유죄 판결을 받았는데, 그중에서 타이완인은 28명으로 사형 1명, 종신형 1명, 징역 20년형 1명이었다. 징역 15년형을 받은 4명 중 2명이 타이완인이었고, 10년형을 받은 11명 중 9명이 타이완인이었다. 7년 이하 징역을 받은 17명 중 14명이 타이완인이었다. 타이완 국적자 중 10명이 상하이에서, 18명이 타이베이에서 복역했다.[20] 이에 근거하면 타이완

---

19   "臺嘉義市副議長戰犯被判徒刑", ≪申報≫, 1947.10.2, p.1.
20   厚生省引揚げ援護局法務調査室, 引揚の記録, 『戰爭裁判と諸對策並びに海外における戰犯受刑者の引揚』.

인은 총 28명이 형을 받은 것으로, 이 수치는 후생성의 『한국·타이완 출신의 전쟁재판 수형자 명부』의 수치와는 거리가 멀다.

타이베이 법정의 수치는 일본 정부에서 인정한 수치와 차이가 있다. 일본 측과 중국 측의 기록을 보면 '전범'을 어떻게 규정할 것인지에 대한 인식이 다르다. 광둥성의 상황을 살펴보기 위해 『국민정부주석광주행원심판전범군사법정전범심판록(國民政府主席廣州行轅審判戰犯軍事法庭戰犯審判錄)』에 따르면, 린마오춘(林茂春)이라는 사람은 상해죄로 징역 1년 6개월을 선고받았지만,[21] 일본 후생성 명부에는 그의 이름이 기재되어 있지 않다. 또한 후생성 명부에 기록된 이노우에 도미이치(井上富一, 영국의 풀라우피낭주 법원)의 이름은 후생성이 중화민국 정부에 제공한 『대적전범명책(臺籍戰犯名册)』에서는 찾아볼 수 없다.

명부에 존재하지 않는 전범 중에는 쉬위예(許玉葉)라는 전범도 있다. 1947년 10월 ≪신보(申報)≫는 "타이완 국적 주요 여성 전범 쉬위예, 어제 타이베이에서 재판받다(臺籍頭號女戰犯許玉葉昨在臺北受審)"라는 기사를 실었다. "타이완 국적 제1호 여성 전범 쉬위예는 풀라우피낭섬이 함락되었을 때, 일본 헌병대의 통역을 맡아 화교를 체포하고 살해하는 데 가담했다. 1947년 4월 20일 쉬위예는 풀라우피낭에서 타이완으로 돌아와, 고발된 후 체포되었다. 전범 법정에서 심리를 진행했고, 31세의 쉬위예는 일본 헌병대의 통역을 맡았다고는 했지만 혐의를 부인했다"는 내용이었다.[22] 10월 16일 형 확정 이후 ≪신보≫는 "타이완 국적 여성 전범 쉬위예, 15일 집단 체포 남용 죄로 징역 10년 판결"이라고 보도했다.[23] ≪샤먼 대보(嗜門大報)≫는 중앙사(中央社)의 전보를 인용해 "풀라우피낭섬 화교로 '염왕무상(閻王無常)'이라고 불리는 타이완 국적의 제1호 여자 전범 쉬위예는 타이완성 군사법원에서 징역 10년형 판결을 받았다.

---

21   張中華 編, 『日軍侵略廣東檔案史料選編』(北京: 中國檔案出版社, 2005), p.148.
22   "臺籍頭號女戰犯許玉葉 昨在臺北受審", ≪申報≫, 1947.10.10, p.6.
23   "臺籍川島芳子 許玉葉判徒刑", ≪申報≫, 1947.10.16, p.2.

1943년 4월 5일 풀라우피낭섬 화교들이 설립한 중링 중학(鍾靈中學) 교사와 학생 20여 명을 일본군이 체포했을 때 쉬위예는 일본군의 통역을 맡았었으며, 전후 집단 체포 남용죄로 고발당했다"고 보도했다.[24]

쉬위예, 우팅첸(巫廷謙) 부부는 전쟁 시기 풀라우피낭섬에 거주하고 있었다. 이들이 전후 영국군에 체포되어 타이완으로 송환되기 전, 풀라우피낭섬 중링 중학의 교장 천충언(陳充恩)이 풀라우피낭섬 주재 영사 리넝겅(李能梗)에게 국민정부가 쉬위예, 우팅첸 부부가 송환되는 즉시 체포해줄 것을 난징 외교부에 요청했다. 천충언이 난징 외교부에 보낸 편지 내용은 다음과 같다.

우팅첸은 풀라우피낭섬 중앙의원(中央醫院) 의사였고, 쉬위예는 헌병대 통역을 맡고 있었다. 1942년 4월 6일, 일본군이 대소탕을 자행했을 때 쉬위예 부부는 일본군을 수행해 집집마다 수색했고, 왕스이(王世毅), 젠더후이(簡德輝), 차치탕(査企唐), 황야오후이(黃耀輝), 천원슈(岑文秀), 어우양형팡(歐陽衡芳) 등의 교사와 학생 살해 사건에 연루되어 있다. 『플라우피낭 중링 중학훈난사생영애록(檳城鍾靈中學 訓難師生榮哀錄)』에 수록된 명단을 바탕으로 중링 중학의 교사와 학생 46명이 살해당했다.[25]

중링 중학이 난징 외교부에 발송한 편지를 보면, 우팅첸 부부 이외에도 풀라우피낭 헌병대의 타이완인 통역 양수무(楊樹木)도 중링 중학 교사와 학생 살해 사건에 연루되어 영국의 풀라우피낭 법정에서 교수형 판결을 받았다. 풀라우피낭 법정에서는 2명의 타이완인 통역에게 극형을 판결했다. 이를 통해 현지 화교의 분노가 얼마나 컸는지 알 수 있다.

---

24   "臺籍女戰犯「閻王無常」判有期徒刑十年", ≪廈門大報≫, 1947.10.16, p.2.

25   「漢奸巫廷謙夫婦通緝」, 檔案管理局A301010000C/0036/058/53/1/004.

1947년 7월 9일, 우팅첸 부부가 일본 사세보(佐世保)[26]에서 배를 타고 타이완에 도착했을 때, 지룽(基隆) 항무국(港務局) 경찰이 체포해 경비사령부 군사법정으로 이송했다. 이후 재판을 받아 쉬위에는 10년형을 선고받았다. 중링 중학은 당시 정치적 색채가 짙은 학교였다. 애국주의를 강조했고, 교사와 학생 중 상당수가 국민당과 공산당에 입당했다. 일본 점령 시기에 일본의 탄압과 현지인의 저항이 직접적으로 대치하고 있을 때 타이완인은 어떻게 일본군의 '소탕'에 협조하지 않을 수 있었을까? 그러나 전후 일본 정부는 당시 어쩔 수 없는 상황에서 일본군에 협력했던 타이완인 전범에 대해서는 한마디도 언급하지 않았다.

타이완에서 발생한 사건을 제외하고 화교의 검거로 판결받은 전범은 광둥의 군사법정에서도 찾을 수 있다. 광둥에서는 심지어 '태국에서 학살된 중국 전쟁 포로' 사건까지 심리했다. 앞서 언급한 광저우 행원(行轅) 군사법정의 재판 기록에 의하면 13명의 일본인이 검거되었고, 4명이 사형 판결을 받았다.

3. 타이완인은 어떻게 전범이 되었나

B·C급 전범에 대한 재판 과정은 연합군이 전범과 포로의 관계를 매우 중시하고 있었음을 잘 보여주고 있다. 각국의 군사법정에서 포로수용소 관계자가 차지하는 비중은 기소한 건수 중 16%, 기소한 인원의 17%, 유죄 판결을 받은 인원의 27%, 사형수의 11%이다. 지역별로 살펴보면 미군 법정에서 포로 문제 처리와 관련해 기소된 건수는 237건, 피기소자는 512명, 유죄를 판결받은 인원은 157명, 사형수는 34명으로 포로수용소 관계자의 재판 결과를

---

26   "海黔輪載臺胞返臺 查獲戰犯巫廷謙夫婦", ≪浙贛路訊≫, 10號, 1947.7.11, p.1.

알 수 있다.[27] 연합군이 이처럼 포로 문제를 중시한 이유는 무엇일까? 일본 포로정보국에서 발표한 통계에 따르면 1942년 3월부터 1945년 8월까지 포로 사망자 수는 약 45만 명이었고,[28] 사망률은 14.5%에 달했다. 도쿄 대재판에서 검찰 측이 제시한 통계에 의하면 독일, 이탈리아 두 동맹국가의 포로 총 숫자는 23만 5473명이었고, 사망자 수는 9348명(약 4%)이었다. 반면, 태평양전쟁에서 영국, 미국인 포로 수는 13만 2134명이었고, 사망자 수는 3만 5756명(27%)에 달했다.[29] 두 집단의 포로 수와 사망률의 차이가 크다. 유럽 전선의 포로사망률을 비교해보면 태평양전쟁에서의 포로사망률은 놀라운 수치이다.

전체적인 B·C급 전범 재판 중에 태평양 전쟁에서의 포로수용소 관계자들이 차지하는 비율이 상당히 높았지만, 타이완인 전범들이 처했던 상황은 더욱 그러했다. 타이완인 전범 가운데 절대 다수는 포로수용소 감시원으로 오스트레일리아 군사법정에서 판결을 받았다. 이 전범들은 전쟁 당시 군부에서 고용한 사람들로 군대 편제 중 가장 낮은 계급이었는데, 지휘관이 보르네오주 '죽음의 행군' 시에 연합군 포로를 사살하도록 명령했음에도 책임을 추궁당한 것이다. 감시원의 처지와 관련된 문제와 재판 과정 중에 제기된 '공정성' 의혹에 관해서는 필자가 이미 다른 논문에서 다루었기 때문에 여기에서는 생략하도록 하겠다.

절대적 수치로 볼 때, 포로수용소 관계자에 대한 재판은 오스트레일리아의 재판에서 절반 이상을 차지할 정도로 많았다. 포로수용소 관계자에 대한 높은

---

[27] 竹前榮治 外 監修, 『GHQ日本佔領史5: BC級戰爭犯罪裁判』(東京: 日本圖書センター, 1996), p.6, 해설.

[28] 1947년 8월 22일 도쿄 심판 때 포로정보국 고급사무관의 증언이다. 『關西大學所藏極東國際軍事裁判資料E-3109』.

[29] 東京裁判ハンドブック編輯委員會 編, 『東京裁判ハンドブック』, p.102

재판 비율은 다른 지역과 비교해 별로 차이가 없지만, 포로수용소 관계자 중 약 100명을 제외하면 타이완 '통역인'의 문제가 떠오른다. 란스치는 앞서 언급한 논문에서 이미 '통역 범죄'의 문제에 대해 언급했고, 와다 히데오도 타이완인이 '매국노'와 '전범' 사이에 놓여 있었다고 지적했다. 필자 역시 이 주장에 동의한다. 타이완인 통역이 이와 같은 처지에 놓이게 된 것은 그들이 '조국'과 식민지 '모국' 사이에 끼어 있었다는 구조적 문제에서 기인한다. 식민지 시기 화교를 심문해 구속했던 타이완 경찰의 타이완인 통역들이 그 전형적인 예였다. 중국과 동남아시아 지역에서 일본의 경찰서와 헌병대에 소속되어 있던 타이완인 통역들도 검거되었다. 통역의 임무는 포로수용소의 감시원과 마찬가지로 제일선에서 사람들을 직접 대면하고, 근거리에서 접촉해야 했다. 따라서 통역을 맡았던 타이완인들은 화교 혹은 포로였던 사람들의 기억에 남을 수밖에 없었고, 전후 고발 과정에서 많이 고발당한 것이다.

그러나 앞서 말한 통역인들의 문제 이외에 또 다른 유형의 통역 야스다 무네하루의 사례는 탄식을 자아내게 한다. 영국군이 홍콩에 설치한 법정에서 판결을 받은 이들의 직군을 살펴보자. 타이완 포로수용소 관계자 2명과 타이완 척식주식회사 직원 5명을 제외하면 나머지 모두가 통역 업무를 맡았던 이들로, 일본 점령지에서 일본군과 현지인 사이에 있었다. 인도양에 위치한 안다만 제도와 미얀마 남쪽은 1943년 9월 일본군이 어전 회의에서 결정한 '절대국방권'의 서쪽 최전선이었다.

일본은 1942년 아무런 저항도 받지 않고 영국이 통치하던 이곳을 장악했다. 지리적 중요성 때문에 1943년 가을 일본군은 제1 비행장의 활주로를 완성했다. 그리고 영국군의 재탈환에 대비해 안다만 제도에 제12근거지를 만들고 1944년 니코바르 제도(Nicobar Islands)에 제36 독립혼성여단을 편성했다. 이 기지를 요새화하기 위해 타이완 척식주식회사는 군부에 협력하면서 현지 자원을 수탈하는 데 필요한 시설을 만들었다. 그러나 패색이 짙어진 일본군

측은 현지인들이 영국군과 내통해 연합군의 반격 작전을 지원한다고 의심해 현지인들을 핍박하고, 고문을 자행했다. 타이완 척식주식회사의 타이완인 직원 5명 모두, 현지인 학대와 고문에 가담한 죄로 유죄 판결을 받았다.

안다만 제도에서 판결받은 전범 중에는 니코바르 제도에 있었던 제36 혼성여단의 타이완인 통역 야스다 무네하루가 있었다. 그는 현지인을 살해한 죄로 고발당해 싱가포르 법정에서 극형을 선고받았다. 푸젠, 광둥 방언에 능통해 중국인을 상대했던 타이완인 통역과 달리, 야스다 무네하루는 샤먼의 잉화 서원(英華書院)을 졸업해 영어에 능통했다. 그는 안다만 제도에 부임했고, 앞서 말한 대로 안다만 제도에서 죄를 짓고 싱가포르에 묻혔다.[30] 야스다 등이 연루된 사건을 '안다만-수미토요(鷲見) 사건'이라고 한다. 수미토요 사부로(鷲見豊三郎)는 해군이 주도하는 민정부(民政部) 소속이었다. 1944년 10월 영국군이 니코바르 제도를 공격하자, 일본군은 제공권을 상실했다. 영국군이 상륙할 가능성이 높아지는 가운데 보급이 차단되는 등 저항할 수 없는 상황에 몰려 전원이 '옥쇄(玉碎)'[31]할 수밖에 없는 분위기에서 이른바 간첩 사건이 발생했다. 대대적인 검거 끝에 현지인 85명이 일본군의 총검에 피살되었다. 처형이라는 이름으로 실제 살육이 전개된 것이다.[32] 전후 이 사건으로 판결받은 사람은 17명이었고, 통역을 맡은 죄로 교수형에 처해진 사람은 3명이다. 그 중 가장 유명한 사람이 교토 대학 경제학과 재학생 기무라 히사오(木村久夫)였다. '학도병'의 공동 유서 선집 『들어봐, 바다신의 소리(きけ わだつみの聲)』[33]에

---

30   安田宗治와 연루된 사건에 관해서는 木村宏一郎, 『忘れられた戰爭責任: カーニコバル島事件と臺灣人軍属』(東京: 青木書店, 2001)에 상세히 서술되어 있다.

31   옥처럼 아름답게 부서지다, 명예나 충절을 위해 깨끗이 죽다.

32   加古陽治, 『眞實の「わだつみ」: 學童兵木村久夫の二通の遺書』(東京: 東京新聞, 2014), pp.127~139.

33   東京大學共同組合出版部 編, 『きけ わだつみの聲』(東京: 東京大學共同組合出版部, 1949). 와다쓰미(わだつみ)는 원래 해신(海神)이라는 뜻이다. 이 책의 제목으로 쓰이고 나서 후에

수록된 기무라의 유서는 전후 수십 년 동안 동정의 대상이었지만, 역시 처형된 타이완인 야스다 무네하루의 가족은 사람들의 시선을 피해 조용히 살 수밖에 없었다.

4. 아직 끝나지 않은 전후

1949년 2월 중국은 내전으로 상하이 장완(江灣) 국방부 전범구치소 등지에 구금 중인 일본인 전범을, 미군이 관리하는 일본의 스가모 구치소로 이송했다. 1950년 1월 독립한 인도네시아도 네덜란드 군사 법원이 판결한 일본인 전범에 대해 관리를 거부해 그곳의 전범들도 스가모 구치소로 이송되었다. 영국은 1951년을 전후로 홍콩, 싱가포르 등지에 수감 중인 전범을 일본으로 이송했다. 1952년 4월 샌프란시스코 강화조약이 발효되었는데, 이 조약 제11조는 전범을 계속 구금하도록 규정하고 있었다. 타이완과 한반도 출신자들은 비록 일본 국적은 상실했지만, 일본으로 이송되어 계속 감금되어 있었다.

일본 국적을 상실한 전범이 계속 복역할 필요가 있었을까? 스가모 구치소에서 복역 중이던 타이완인 천창쥐(陳長居)와 29명의 한국인이 '인신보호법(人身保護法)'에 의거해 석방을 요구하자, 일본 최고재판소는 1952년 7월 30일 제79호 판결문을 통해 명확히 판결을 내렸다. 최고재판소에 신청한 전범 석방 소원은 기각되었다. 유엔이 샌프란시스코 강화조약의 제11조 규정에 근거해 전범을 일본 측에 위임해 계속 잔여 형기를 채워야 한다는 것이 주요 기각 사유였다. 유엔은 일본 측에 전범 관리를 위임하면서 ① 군사 법원 판결 당시 일본 국민일 경우, ② 감금 당시 일본 국민일 경우, 이 두 가지 항목을 구비했

전몰학도병의 별칭이 되었다.

을 경우에는 비록 국적 등이 상실이나 변경되었어도 앞의 조약에 근거해 일본 측이 형 집행의 의무를 이행하도록 했다. 피감금인은 이 두 가지 조건에 부합해 본건에 대해 이의를 신청할 이유가 없으므로 '인신보호법' 제17조와 민사소송법 제89조를 적용해[34] 스가모 구치소에 수감된 전범은 계속 감금하고, 재판 비용은 신청인 본인이 부담하도록 했다.

해외를 떠도는 타이완인 전범에 대한 중화민국 정부의 입장은 외교부 문서를 통해 알 수 있다. 정부 교섭 주도권은 주일 대표단에서 이후 주일 대사관으로 이관되었다. 샌프란시스코 강화조약 체결을 전후해 중국 대륙을 상실한 중화민국정부가 대외 정세의 국면 개선을 위해 법률상 이유를 내세워 전범의 석방 문제를 적극적으로 지원하지 않았기 때문에 당시 석방자 대다수는 일본의 대우와 서로 비교한 다음 일본 거류를 선택했다. 일본 정부는 이 시기까지만 해도 타이완인을 차별 없이 대했지만, 샌프란시스코 강화조약 체결 이후 배상 문제가 불거지자 식민지 출신자는 일본인이 아니라고 하면서 일본인과 동등한 보상을 해주지 않았다. 식민지 출신들은 배상 문제에서 불평등한 대우를 받았다.

그 후 타이완 출신 전범은 1956년 12월 7일까지, 조선 출신은 1957년 4월 5일까지 모두 석방되었다. 스가모 구치소에서 출옥한 사람 대다수는 일본 거류를 선택했다. 일본 정부는 일본 국적을 상실한 이른바 '제3국인'에게는 자국민에게 적용되는 보호 법률을 적용하지 않았다. 따라서 다른 행정 조치를 통해 1954년부터 일본에 거주하는 '제3국인 전범'들에게 위자료 또는 '주택자금', '생업자금', '원호비보조금' 등을 제공했다. 일본은 재단법인 우화회(友和會, 1973년 해산)를 통해 도쿄(東京)의 나카노구(中野區), 히가시무라(東山村), 사이타마현(埼玉縣) 다이와정(大和町) 등지에 숙소를 설립해 타이완인에게 제공했다.

---

34   外交部檔案075.32/0001「臺籍戰犯」, p.5.

또한 재단법인 청교회(清交會)를 통해 도쿄 시모키타자와(下北澤), 하타가야(幡谷), 호야(保谷) 등지에 한국인을 위한 거주 시설을 제공했다.[35]

구 식민지 출신 타이완인과 한국인 전범은 전쟁이 끝나고 일본인 국적을 상실했지만, 판결받은 복역 기간은 줄어들지 않았다. 게다가 구 식민지 출신 전범은 일본 국적을 상실했기 때문에 일본 정부가 전범에게 제공하는 보상을 받을 수가 없었다. 결국 타이완인, 한국인 출신자는 상징적 의미의 위자료만 받을 수 있었다. 그리고 일본에 거류하고 있지 않은 사람들, 전범 명부에 기재되지 않은 사람들은 상징적 의미의 위자료조차 받을 수 없었다. 비록 종전 70년이 지났지만, 전범에게는 여전히 청산되지 않은 전후(戰後)인 것이다.

5. 맺음말

제2차 세계대전 때, 식민지 출신자들은 원하든 원하지 않든, 군인·군속군졸 등 여러 가지 신분으로 전쟁터에 보내졌고, 그중 일부는 전쟁 후에 군사 재판에 넘겨졌다. 이와 같은 '전쟁범죄자'들이 '범죄 행위' 때문에 소송에 휘말리게 되었다는 사실을 부정할 수는 없지만, 그들 중에는 상황상 어쩔 수 없었던 경우도 있었다. 특히 식민지 출신자의 경우는 일본인보다 훨씬 비참하고 불리했다. 예를 들어 타이완에서 유죄 선고를 받은 사람들 대부분은 간첩 혐의로 심문을 받고 있던 '타이완 화교'이거나, 공무집행 의무 때문에 범죄자가 될 수밖에 없었던 경무 요원 출신이었다. 타이완인들이 '식민 모국'과 선조들의 나라인 '조국' 사이에서 방황하고 있었다는 사실을 감안하면, 그들에게 죄를 묻기 전에 그들이 처한 환경을 동정해볼 필요가 있다. 그러나 일본

---

35   厚生省援護局, 『引揚げと援護三十年の歩み』(東京: 株式會社ぎょうせい, 1958), pp. 472~473.

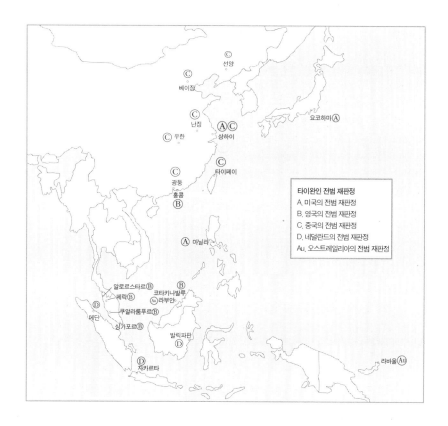

정부의 구 식민지 출신자에 대한 대우는 자국민에 대한 대우에 비해 차별과 무시로 가득 차 있었다. 전쟁이 끝난 지 70년이 넘은 지금, 전범자들 대부분이 이미 세상을 떠났지만, 일본 정부의 졸렬한 전후 문제 처리 방식은 역사 속에 영원히 기억될 것이다.

참고문헌

『關西大學所藏極東國際軍事裁判資料E-3109』.

『東京裁判ハンドブック』. 靑木書店. 1989.

外交部檔案075.32/0001「臺籍戰犯」.

外交部檔案075.32/0007「戰後被盟軍拘禁之臺籍戰犯遣返案」.

"臺嘉義市副議長戰犯罪被判徒刑". ≪申報≫. 1947.10.2.

"臺省戰犯 三名判刑". ≪江聲報≫. 1947.7.30.

"臺籍女戰犯「閻王無常」判有期徒刑十年". ≪廈門大報≫. 1947.10.16.

"臺籍頭號女戰犯許玉葉 昨在臺北受審". ≪申報≫. 1947.10.10.

"臺籍川島芳子 許玉葉判徒刑". ≪申報≫. 1947.10.16.

"海黔輪載臺胞返臺 查獲戰犯巫廷謙夫婦". ≪浙贛路訊≫, 10號. 1947.7.11.

「漢奸巫廷謙夫婦通緝」. 檔案管理局A301010000C/0036/058/53/1/004.

國防部編印. 2009. 『南洋英烈──二戰期間巴布亞紐幾內亞境內國軍將士紀錄』. 臺北: 國防部.

臺灣省警備總司令部. 1946. 「臺灣省警備總司令部週年工作槪況報告書」.

李展平. 2005. 『前進婆羅洲──臺籍戰俘監視員』. 南投: 國史館臺灣文獻館.

孟憲章. 1948. 「盟國處理日本戰犯之全面檢討」. ≪中國建設≫, 7-1.

張中華 編. 2005. 『日軍侵略廣東檔案史料選編』. 北京: 中國檔案出版社.

加古陽治. 2014. 『眞実の「わだつみ」: 學童兵木村久夫の二通の遺書』. 東京: 東京新聞.

東京大學共同組合出版部 編. 1949. 『きけ わだつみの声』. 東京: 東京大學共同組合出版部.

東京裁判ハンドブック編輯委員會 編. 1989. 『東京裁判ハンドブック』. 東京: 靑木書店.

林水木. 1988. 『戰犯に囚われた植民地兵の叫び』. 作者自印.

木村宏一郎. 2001. 『忘れられた戰爭責任: カーニコバル島事件と臺灣人軍屬』. 東京: 靑木書店.

巢鴨法務委員會 編. 1981. 『戰犯裁判の實相』. 東京: 槙書房(재출판).

竹前榮治 外 監修. 1996. 『GHQ日本佔領史5: BC級戰爭犯罪裁判』. 東京: 日本圖書センター.

和田英穂. 2003. 「戰犯と漢奸のはざまで──中國國民政府による對日戰犯裁判で裁かれた臺灣人」. ≪アジア硏究≫, 49-4, pp.74~86.

厚生省援護局. 1958. 『引揚げと援護三十年の步み』. 東京: 株式會社ぎょうせい.

厚生省引揚げ援護局法務調査室. 2011. 「引揚の記錄」. 『戰爭裁判と諸對策並びに海外における戰犯受刑者の引揚』. 綠蔭書房.

Lan, Shichi Mike. *Crime' of Interpreting: Taiwanese Interpreters as War Criminals of the Second World War, New Insights in the History of Interpreting*. Benjamins Translation Library 122, John Benjamins Publishing Company, 2016.

近現代史腹備忘錄. http://stomach122.jugem.jp/?eid=756(검색일: 2016.8.22).

11장

냉전 초기 동아시아의 전쟁과 의약 원조

타이완의 사례를 중심으로

| **류스융** 劉士永, 타이완 중앙연구원 타이완사연구소 연구원 |

1. 머리말

1945년 8월 15일 제2차 세계대전이 막을 내렸다. 전쟁의 포화를 입고 오랫동안 자원 통제를 경험했던 유럽과 아시아 지역은 대규모의 손실을 입고 막대한 재건 비용을 떠안았다. 그 이후 세계는 30여 년에 이르는 냉전에 휘말렸다. 학계에서 말하는 냉전의 기점에는 약간의 이견이 있으나, 보통 유럽 대륙에서 미소 양국의 대립이 가시화된 1947년으로 보는 견해가 통용된다. 중국의 영토, 즉 대륙과 타이완에도 같은 기점을 적용할 수 있는데, 당시에는 전후 재건에 대한 기대감이 확산되고 있었다. 이 장에서는 냉전 초기(1945~1955)에 한정해 타이완 의료 시스템의 전후 재건 과정을 분석한다. 이를 통해 냉전 시기 동아시아 지역의 국제 의료 원조의 특색을 확인할 수 있을 것으로 기대한다. 또한 타이완과 외부 원조 세력과의 합작 모델을 기준으로, 타이완

의료 시스템의 예속기, 미국 원조 단절기, 그리고 냉전 상황에서의 미국 원조기 등 세 단계로 나누어 각 단계별 변화와 이후 타이완의 의료 시스템에 미친 영향을 논의할 것이다.

2. 타이완 의료 시스템의 예속기

1930년대에 중화민국 관할의 대륙 지역(1911~1949)과 일제 통치기의 타이완(1895~1945)은 현대 의료와 공공 위생을 발전시키겠다는 이상에 주목했다. 일제 통치하의 타이완 지역이 상대적으로 안정을 누렸던 것과는 달리, 대륙의 중화민국은 단지 10여 년이라는 짧은 기간 동안 부분적으로 이상을 실천했을 뿐이다. 1937년 일본에 대한 전면적인 항전이 개시되면서 국민정부는 서남 지역까지 후퇴해 방어전을 펼쳐야 했다. 이로써 미국식 의료 시스템을 갖춘 양대 중국 의료 기구, 즉 베이징 협화의학원(北京協和醫學院, Peking Union Medical College, PUMC)과 중화의약동사회(中華醫藥董事會, China Medical Board, CMB)를 기반으로 중국 현대 의료 위생 시스템을 구축하려는 구상도 물거품이 되었다. 1945년 항일전쟁에서 승리한 뒤 국민정부는 전쟁 이전부터 갖고 있었던 의료기구와 공공 위생에 대한 이상을 다시 떠올렸다. 하지만 전쟁의 포화가 가져온 파괴와 정치적 혼란, 전염병의 유행과 자원 부족이라는 불가피한 상황 때문에, 전쟁 이전 상태로 회복하는 것도 역부족이던 국민정부는 전후 의료 기구 재건이라는 막중한 임무를 감당할 수 없었다. 그러나 중국에 거주하던 미국 의학 전문가들과 해외의 의료 원조 조직들은 이 같은 상황에도 현실과 동떨어지게 비교적 낙관적인 기대를 품고 있었다.

1947년 국민정부는 내정부 위생서(內政部 衛生署)를 행정원 위생부(行政院 衛生部)로 승격시켰다. 미국의 원조를 받고 있던 위생부 산하의 여러 하부 조직은 전후에 외부 지원을 끌어들여 의료 시스템을 재건하는 데 중요한 역할을 했다.[1] 그 밖에도 전시에 미국의 원조를 주도한 대중국 미국의약원조국(American Bureau for Medical Aids to China, 이하 ABMAC) 역시 전후 복원을 준비하려는 목적으로 전후 중국의 의료 시스템 재건을 주제로 여러 차례 토론했다. 1946년에는 ABMAC의 집행장 헬렌 스티븐스(Helen Kennedy Stevens)는 록펠러 재단(Rockefeller Foundation)과 CMB의 요청으로 중국에 페니실린 공장을 세울 부지를 조사했다. 이후 베이징 천단공원(天壇公園, 톈탄공원) 밖 모처에 페니실린 실험을 위한 공장 부지를 임시로 선정해 베이징협회와 의학원을 상급 부서 삼아 이 공장을 위탁했다.[2] 1948년 ABMAC의 자문이사 마그누스 그레게센(Magnus I. Gregersen)은 상하이를 시찰한 뒤 중국에 고급 병원과 의약품 공장 및 실험실을 건설하는 비용을 DDT나 이와 관련된 의약품, 혹은 위생설비에 투자해 중국의 환경 위생과 일반 의료보건 사업에 협조하도록 호소했다.[3] 앞의 예시를 통해 알 수 있듯이, 전후 중국에 선진적인 신식 의료와 위생 설비를 갖출 수 있다고 낙관한 사람들은 미국뿐 아니라 중국에도 있었으며, 미국에서 원조한 의료 물자와 표준은 중국의 전후 의료 시스템을 재건하는 데 핵심이 되었다.

중국 대륙과 비교해보면 타이완은 1949년 이전에 대륙과 마찬가지로 전쟁과 전염병 피해를 심각하게 겪었음에도, 타이완은 난징 국민정부나 미국 측의 관심을 받지 못했다. 1945년 타이완이 중화민국에 귀속될 무렵, 전쟁으로 파괴되었던 타이완 행정기구와 의료 시스템은 이미 도처에 전파되던

---

1   이와 같은 부서 예산은 미국으로부터 직접 원조를 받은 것이며, 부서의 구성원들도 달리로 보조금을 얻을 수 있었다. 陳擣禪, 『追溯五十年來促進我衛生設施之關鍵事跡』(臺北: 正中書局, 1981), p.14.

2   RAC archive, "Medicine on a Mission: A History of American Bureau for Medical Aid to China, Inc. 1937~1954," pp.8~10(section III).

3   RAC archive, 같은 글, p.16.

전염병을 막을 힘이 없었다. 전염병은 주로 농촌에서 도시 지역으로 유입되었을 뿐만 아니라 귀향하는 이주민들을 따라 대륙이나 남양(南洋)으로부터 타이완까지 전파되어, 결국 전후 초기에는 전염병이 창궐하는 상황이 벌어졌다.[4] 미국 측 평가에 따르면 타이완의 의료와 위생 수준은 1945년 말 전쟁으로 심각하게 파괴되어 의약품과 위생 기구의 공급도 어려울 정도였다.[5] 그러나 당시 미국 측이 타이완에 건의한 의료와 위생 기구 재건은 매우 제한적이어서, 일제 통치기에 훈련받은 의료 요원들을 활용해 더 나은 검역 훈련을 시행하거나 필요한 의약품을 공급해 타이완 지역의 검역과 방역 능력을 신속히 회복하고 상승시키는 수준을 넘지 못했다. 타이완에 대한 의료 기기와 약품 보충이 절실했음에도, 이를 주목한 경우는 드물었다. 따라서 1947년 타이완이 성정부(省政府) 체제로 조직을 개편하기 전까지 일제 통치기 의료 시스템과 달라진 부분은 단지 경찰 기관에서 담당하던 의료 위생 업무를 신설된 위생국에서 독립적으로 담당하게 되었다는 것밖에는 없었다.[6] 1947년 이전 타이완에는 오직 '급한 불을 끄는 식'의 위생 정책만이 있었을 뿐,[7] 근본적인 중대한 변화가 있었다고 보기 어렵다는 천수펀(陳淑芬)의 주장도 지나친 것은 아니다.

미국이 지원하는 의약 제도나 자원이 대륙 지역에서의 재건 수요에만 편중되었다는 문제 말고도 1947년 중국 대륙에서 타이완으로 파견된 위생관원들의 태도도 살펴볼 만하다. 전후 초기 대륙에서 타이완으로 건너온 의료계 인사들은 일제 통치기에 타이완에서 실행된 의료와 공공보건 분야의 발전을

---

4   법정 전염병 사례도 볼 수 있다. 陳淑芬, 『戰後之疫: 臺灣的公共衛生問題與建制(1945~1954)』 (臺北: 稻鄉出版社, 2000), pp.35~36.

5   RAC archive, "Annual Report 1949," p.3, RG 5, IHB/D, series 3, Box 217, Folder 600.

6   蘇瑤崇 主編, 『最後的臺灣總督府: 1944~1946 年終戰資料集』(臺中: 晨星出版社, 2004), p.185.

7   陳淑芬, 『戰後之疫—臺灣的公共衛生問題與建制(1945~1954)』, pp.101~105.

불신했다. 대륙에서 건너온 관료들은 일제의 식민통치하에서 진행된 임상훈련이 '보통 훈련'[8]에 불과할 뿐이라 여겼고, 타이완 출신 의사들이 병원에서 낮은 직급으로 일하거나 임상개업을 선택할 수밖에 없는 상황에 대해 일말의 동정심도 없었다.[9] 물자는 부족하고 인적 자원도 활용할 수 없는 상황에서, 전후 타이완의 궁핍한 의료 및 위생 상태를 즉각 개선시키려는 시도는 실로 어려운 일이었다.

1947년, 행정장관공서 위생국(行政長官公署 衛生局)이 타이완성 위생처로 개편되었다. 다음 해에 PUMC 졸업생 옌춘후이(顏春輝)가 초대 위생처장으로 임명된 이후에야 타이완 내 의료 및 위생 기구 재건을 위한 자원 등이 이전에 비해 소폭 개선되었다. 1948년부터 1949년까지 2년 동안 타이완에서 구체적인 의료 및 위생 개혁이 실행되었는데, 이 같은 개혁의 성패는 대체적으로 실무자들의 개인적 인간관계, 혹은 프로그램이 미국의 대중국 원조 계획에 포함되는지에 달려 있었다. 예를 들면 위생처의 수장으로 부임한 옌춘후이는 PUMC, CMB와 같은 미국 내 대중국 원조 기구들과 긴밀한 관계를 맺고 있었다. 1948년 타이완 위생처장을 맡은 이후, 옌춘후이는 난징과 미국 측 원조 기구를 통해 미국에 원조를 요청했다.[10] 미국에 요구했던 많은 의료 원조 항목 중 핑둥차오(屏東潮)주 말라리아연구소(瘧疾研究所)의 건설은 가장 큰 업적이었다.

1948년 핑둥차오주 말라리아연구소는 성 위생처의 업무를 인계받은 후 타이완성 말라리아연구소(臺灣省瘧疾研究所, Taiwan Provincial Malaria Research

---

8   經利彬,「臺灣省衛生工作槪況」,≪中華醫學雜誌≫, 33-3(1947), pp.304~305.

9   라이허(賴和)는 자전적 소설 「아사(阿四)」에서, 가득 찬 열정으로 부립(府立) 병원에 취직했지만, 일본 의사와 간호사들로부터 불공평한 대우를 받아 동경이 깨지는 상황을 묘사했다. 賴和,「阿四」, 李南衡 編,『賴和先生全集』(臺北: 明潭出版社, 1979), p.333.

10 顏春輝,「我國衛生行政沿革及其發展槪況」,『臺灣醫藥衛生總覽』(臺北: 醫藥新聞社, 1972), pp.11~14.

Institute, TAMRI)로 개명했지만, 부족한 경비와 낙후된 기술 등 여러 문제를 안고 있었다.[11] 1948년, 전 PUMC 교수이자 CMB 위원을 지냈던 존 그랜트(John B. Grant, 蘭安生)과 옌춘후이 등의 노력으로 원래 상하이 지역으로 운송하려던 DDT와 퀴닌(Quinine, 奎寧)을 타이완으로 운송해 이후 DDT 분사 계획의 시초가 되었다.[12] 또한 이 기간에 량쾅치(梁鑛琪)를 필두로 한 타이완 대학 전후기 의사들이 차례로 TAMRI에 투신해 말라리아 예방에 참여하면서, 타이완은 전염병 퇴치를 위한 의사 훈련 계획을 시작했다.[13] 타이완은 이렇게 물자와 인원을 갖추면서 1950~1960년대에 말라리아 박멸이라는 훌륭한 성과를 거둘 수 있었다.

1948~1949년 타이완의 의료 및 위생 재건은 타이완성 위생처 주도로 재건의 기미가 얼마간 보였지만, 이후 국공내전 상황이 급변하면서 난징 국민정부의 의료 기구 복원 활동에 관계된 기구를 해체하거나 축소하라는 압력이 가해졌다. 1949년 국민정부가 타이완으로 중심지를 이동한 후 의료 기구 전후 재건 계획은 강제적으로 중단되거나, 타이완으로 옮긴 정부 기구들에 따라 일부 기관의 소속이 변경되었다. 이 일로 타이완성 위생처가 주도했던 의료 위생 시스템 재건 계획은 역풍을 맞아 상급 기관의 지원을 잃거나 미국으로부터의 원조 경로가 막혀버렸다.

---

11 RAC archive, Robert Briggs Watson, "Annual Report of Activities, 1946," RG 5, IHB/D, series 3, Box 217, Folder 600.

12 RAC archive, "The Progress of Former Program in Formosa," pp.7~9, "1950 Annual Report", RG 5, IHB/D, series 3, Box 217, Folder 600.

13 蔡篤堅, 梁妃儀, 「瘧疾研究所代表的臺灣醫學倫理發展意涵」, 余玉眉·蔡篤堅 合編, 『臺灣醫療道德之演變─若干歷程及個案探討』(臺北: 財團法人國家衛生研究院, 2003), pp.105~106.

3. 미국 원조 단절 시기

1945년 프랭클린 루스벨트(Franklin Delano Roosevelt)의 뒤를 이어 33대 미국 대통령에 취임한 해리 트루먼(Harry S. Truman)은 중국으로 조지 마셜(George Marshall)을 파견해 국공내전을 조정하도록 지시했다. 그러나 조정이 완전히 실패로 끝나자, 민심이 이반한 원인을 장제스가 국공합작을 하지 않은 것과 국민정부 관료들의 부패와 횡령 탓으로 돌렸다.[14] 마셜의 보고서에 따르면, 트루먼은 국공내전이 한창일 때 「중미관계백서(The China White Paper)」를 발표해 국민정부의 사기를 상당히 저하시켰다.[15] 1948년 12월 트루먼은 미국 대통령에 취임한 뒤 「중미관계백서」에 기재된 정책을 실시했다. 필연적으로 예기되었던 원조 중단 이후, 국민정부는 전투력과 사기가 약화되었을 뿐 아니라 타이완으로 후퇴하는 상황까지 벌어졌다.[16] 외부 환경의 관점에서 보자면 이는 CMB가 타이완에서의 구호 활동을 중단하고 중국을 대상으로 원조 활동을 하던 의료 전문가들을 철수시키는 직접적 원인이기도 하다.

이 당시 미국의 대중국 의료 지원은 주로 CMB와 ABMAC에 의존했는데, 1949년 국민정부가 타이완으로 후퇴하던 시기에 이 두 기구는 중대한 기로에 섰다. ABMAC는 날로 급변하는 미중 관계를 무시하고 류루이헝(劉瑞恆)을

---

14 劉傳暘, 「杜魯門政府與中國: 一九四七年~一九四九年」(臺北:中國文化大學史學研究所碩士論文, 2000), pp.188~190.

15 陳涵文, 「杜魯門政府時期援華政策之決策過程研究(1948~1949)」(臺北:淡江大學美國研究所碩士論文, 2008), pp.32~40.

16 莊榮輝, 「「失去中國」簡介美國外交史家有關杜魯門政府對中國內戰政策之論點」, ≪近代中國≫, 138 (2000), pp.143~144. 록펠러 기금회가 CMB에 보낸 편지에서 비록 그 문서와 타이완 사람들을 철수시킨 관계를 설명하진 않았으나, 중미 관계의 근황을 논할 때 부분적으로 그 문서의 내용을 인용하기도 했다. RAC archive, "Letter from Cherter I. Barnard to John D. Rockefeller 12, Sept., 1950," Collection: RF, RG: 2-1950, Series 200:US, Box 478, folder 3207.

통해 중국 국민정부와 합작해 의료 위생품을 지속적으로 지원했다. 1949년 5월, ABMAC 총회는 대중국 관련 업무를 대륙에서 타이완으로 모두 이전하는 일을 류루이헝에게 위임했다.[17] 이 조치로 ABMAC는 국민정부가 타이완으로 철수한 시점부터 한국전쟁이 발발할 때까지 미국 원조가 단절된 동안, 타이완에 의료 지원을 진행하는 아마도 거의 유일한 기구가 되었다.[18] 1949년 11월 7일 ABMAC 총회가 뉴욕에서 집행 회의를 열었을 때, 회의에 참석한 인사들은 당시 미중 관계나 국민정부가 직면한 어려움을 잘 알고 있었다.[19] 하지만 당시 회의에서 CMB와 유사한 정책 기조를 취할지를 놓고 명확한 결론을 내리지 못한 채,[20] 비밀리에 타이완에 대한 의료 원조를 지속했다. 1951년 1월에 발행한 소책자(인쇄한 시점은 1950년 12월 이전으로 추정)에서 ABMAC는 자신들이 현재 중국의 국내 정세를 완전히 이해할 뿐만 아니라, 타이완의 자유중국(Free China)은 신앙이 자유로운 지역이며, 지도층 역시 독실한 기독교도라는 사실을 믿고 지지한다고 밝혔다. 이런 이유로 ABMAC는 자유중국에 지속적으로 의료 지원을 하기로 결정했으며, 각계에서도 ABMAC의 대중국 의료 구호를 지원해달라고 호소했다.[21] 심지어 그들은 자신들의 반공(反共)적 입장을 다음과 같이 반복해 강조했다. "ABMAC에 전해지는 구호물자는 결코 중국공산당 점령 지역에 원조되지 않을 것이다(No gift to ABMAC ever goes to any Communist-held areas) ……."[22]

17 徐蘇恩, 「在美國醫藥援華會工作」, 劉似錦 編, 『劉瑞恆博士與中國醫藥及衛生事業』(臺北: 臺灣商務印書館, 1989), pp. 137~138.
18 張朋園 訪問, 羅久蓉 紀錄, 『周美玉先生訪問紀錄』(臺北: 中央研究院近代史研究所, 1993), pp. 86~87; 熊秉眞訪問, 『楊文達先生訪問紀錄』(臺北: 中央研究院近代史研究所, 1991), p. 55.
19 RAC archive, "ABMAC, Board Director's Meeting Agenda," Collection: RF, RG: 2-1949, Series 200US, Box 441, folder 2969.
20 RAC archive, 같은 글.
21 "Why ABMAC wants to support Free China," promotion pamphlet, New York: ABMAC, 1951.

리멍즈(李孟智)도 일찍이 말했다. "ABMAC는 이미 성립 초기부터 국민당 정부를 자신들의 정치적 파트너로 인식했다. 1945년부터 1949년에 이르는 국공내전 기간에 그들의 주요 협력 대상은 당연히 국민정부였으며, 이 때문에 중국 대륙의 정세가 불안했을 때 국민정부를 따라 타이완으로 옮겨간 것이다. 무엇보다 1949년, 미국 정부가 국민정부의 통치 역량을 의심해 잠시 지지를 철회했을 때도 ABMAC는 국민정부에 필요한 의약품을 계속 제공함으로써, 미국의 대자유중국 우호와 전제주의에 대항하는 주요 상징으로 오랫동안 자리 잡게 된다."[23] 이는 ABMAC가 1949년에서 1951년 사이에 타이완 의약 원조에 '대들보' 역할을 하도록 재촉했다. ABMAC는 본래 국민정부의 항일 활동을 지지하는 재미 중국인들이 주축이 되어 대중국 의약 원조를 목표로 조직되었다. 하지만 국공내전 시기에 종교와 사상의 차이 때문에 미국 국무원이나 다른 대중국 원조 기구들의 의지와는 상관없이 타이완으로 후퇴한 국민정부를 선택했던 것이다.

냉정히 말하자면 미국의 원조 단절 기간 동안 ABMAC의 의약품 제공은 마치 한 잔의 물로 큰불을 끄려는 것과 같은 미약한 시도에 불과했다. ABMAC가 타이완으로 옮겨간 지 얼마 지나지 않은 시점에 류루이헝은 전국적인 군민(軍民)의약위생 조직을 즉각적으로 구상했다. 그것은 바로 타이완으로 운송되는 제한된 의약 자원의 일부를 (전시 물자로) 조달해 타이완 해협에서 전쟁을 수행하는 과정에 사용하는 것이다. 이 계획은 매우 다양한 분야와 관련되어 있었을 뿐 아니라, ABMAC에서 제공하는 외부 지원도 수요에 미치지 못했기 때문에 결국 실현되지 못했다.[24] 그러나 1950년 한국전쟁이 발발하

---

22   RAC archive, "Note of ABMAC, 21, May, 1951," Collection: RF, RG: 2-1951, Series 200, Box 516, folder 3449.

23   李孟智 編, 『美國在華醫藥促進局在臺灣』(臺北: 財團法人李氏慈愛靑少年醫學敎育, 2007), p.109.

24   RAC archive, "ABMAC Executive Committee, Dec. 7 1950," Collection: RF, RG: 2-1950,

고 얼마 되지 않았을 때, 민첩하게도 류루이형은 국민정부를 따라온 미국 의사들과 중국 의료 공무원들의 도움을 받아 의약협조위원회를 설립해 미국에서 원조하는 의약품의 수입량 회복에 총력을 기울였다. 이 무렵 ABMAC와 타이완 의료계의 원조 규모는 CMB가 과거 대륙에서 중국 국민정부에 했던 원조 규모에 미치지 못했다.

미국 원조 단절기에 ABMAC는 미국의 의약 구호 물품이 타이완의 의료, 위생에 필요한 분야로 운송되도록 중개했으며 의료 교육까지 담당했으나, 조직의 자원 부족과 타이완의 외교적 고립으로 큰 벽에 부딪혔다. 장슈룽(張秀蓉)이 타이완 대학 의학원의 서류를 검토해 "타이완 대학 의학원의 과도기라 할 수 있는 1945~1950년 5년 동안, 미국 정부는 오히려 적극적인 역할을 담당하지 않았다"는 사실을 발견한 것도 무리는 아니다. 설령 1949년을 기점으로 삼는다고 할지라도 ABMAC와 교육부 및 중화교육문화기금회는 계속해서 의학원의 우수 교수와 학생을 선발해 미국에서 교육받게 했다. "하지만 타이완 대학 의학원의 구조를 변경하기에는 큰 한계가 있었다."[25]

1950년 한국전쟁의 발발과 함께 본격화된 동아시아의 냉전 국면은 미국의 대타이완 정책을 선회하게 만들었으며, 이는 타이완의 국민정부에 한 줄기 희망이 되었다.[26] 비록 ABMAC가 여전히 타이완에서 영향력 있는 자리에 있었다고 하지만, 이후 미국이 타이에 지원품을 대규모로 보낸 것은 '중국의 변화'[27]를 위한 것이 아니었다. 그것은 동아시아의 냉전 국면에서 자신들에게 필요한 현실적인 동맹 관계를 굳히기 위한 조치였다.

Series 200US, Box 478, folder 3207.

25 張秀蓉編著, 『臺大醫學院1945~1950』(臺北: 國立臺灣大學出版中心, 2013), pp.51~53.

26 李明, 「韓戰期間的美國對華政策」, ≪國際關係學報≫, 23(2007), pp.67~70.

27 '중국의 변화(transforming China)'는 록펠러 기금회가 중국에 설립한 PUMC와 CMB 등 의약 원조 기구의 원래 소망이었다. 이 명사의 출현과 미국 의약 원조의 의의에 대해서는 馬秋莎, 『改變中國:洛克菲勒基金會在華百年』(桂林: 廣西師範大學出版社, 2013) 참조.

4. 동아시아 냉전 국면하의 미국 원조 시기

냉전 이후의 새로운 국제 정세에 부응하고 공공 및 사설 부분의 자원 원조를 총괄하기 위해, 1951년 미국 국무부는 록펠러 재단 산하 국제위생부에 활동 중단을 요구했다. 동시에 대중국 원조를 담당하던 몇 개 의료 기구의 자원을 국무부 산하에 있는 원조 기구 밑으로 편입해,[28] 대외 원조 물자 항목과 원조 대상을 냉전 시기 국제 정세와 동맹 전략에 부합되도록 관리했다. 1948년에 체결된 중미 '경제원조법안'은 1950년대 이후 미국의 대중국 의약품 원조가 대륙에서 타이완으로 전환되는 데 중요한 법적 근거가 됐다. 하지만 CMB와 ABMAC에서 지원한 대중국 의약 원조 품목과 액수는 앞서 말한 지원 시스템의 변경 과정에서 경제나 군사 항목에 포함되었기 때문에 구체적인 내용을 알기 어렵다. 미국의 대중국 의료 지원 총액은 전모를 알 수 없는 경우가 대부분이다. 현재까지 발견된 내용으로 추정해보면, 1951년부터 1956년까지의 미국의 대중국 지원 중 오직 6%의 금액만이 의약과 관련 프로그램에 사용된 것으로 확인된다.[29] 그러나 명목상 비의료 기구 프로그램에 포함되었더라도 실제로는 의료 지원에 사용된 비용이 있다는 사실을 감안하면, 실제 사용된 액수는 이를 훨씬 상회할 가능성이 있다. 예를 들면 중국에서의 지원 업무를 연장하기 위해 미국 국무원은 1952년에 공동안전총서 중국분서(共同安全總署 中國分署: Mutual Security Agency, Mission to China, 이하 MSA/C)[30]를

---

28   Helmut K. Anheier and David C. Hammack(eds.), American Foundations: Roles and Contributions(Washington, D. C.: Brookings Institution Press, 2010), p.222.

29   趙旣昌, 『美援的運用』(臺北: 聯經出版社, 1985), pp.27~51.

30   이 기구는 이후 조직을 개편하고 명칭을 바꾸었다. 1954년 MSA와 기술합작서(Technical Cooperation Administration, TCA)는 국외 업무 총서(Foreign Operations Administration, FOA)로 합병했고, 이후 또 국제합작총서(International Cooperation Administration, ICA)로 개칭했다. 1961년에 이르러서는 또 미국의 외국 원조와 관련된 법규 수정으로 인해 현.

설립했는데, 원조 항목 중에는 타이완의 의료와 공공 위생을 개선하려는 프로그램이 다수 포함되었다. 장기간 원조를 진행한 '중국농촌부흥연합위원회(Joint Commission on Rural Reconstruction, 이하 JCRR)'의 농촌 위생 개선 계획은 매년 JCRR의 농촌 경제 건설을 위해 MSA/C에서 제공하는 예산의 10~15%에 해당한다.[31] 그 밖에 국민당 정부 관할의 행정원미원운용위원회(行政院美援運用委員會: Council for United States Aid, CUSA)는 매년 기술원조와 경제 안정 등을 명목으로 UNICEF, WHO, ABMAC에서 중국에 지원하던 항목을 타이완성 위생처에 고정적으로 지원해 타이완의 의료 및 위생 기반 시설 개선 등을 계획하고 감독하도록 했다.[32] 이 같은 자료로 보아 1951년 이후 미국이 원조한 의약품 지원은 대개 경제 안전 또는 기술원조 명목으로, 동아시아 냉전 확립기 총전략의 일환으로 미국 국무부의 주도로 시행되었다는 것을 알 수 있다.

1950년대 초기, 타이완의 의료 및 위생 분야 개선과 관련해, 미국은 실제적인 물품 지원 측면에서 금액으로 보이는 것보다 더 크게 공헌했다. 말라리아 퇴치와 밀접한 관련이 있는 DDT 분사 계획을 사례로 들어보자. 타이완은 1965년 WHO로부터 전염병 퇴치 증서를 수여받았다. 오늘날 연구에서도 이 계획에서 전개한 건강 개선이나 노동력 증가에 대해서는 대부분 긍정적으로 평가한다.[33] 1951년부터 1955년 사이에 미국에서 수입한 품목을 살펴보면,

재 명칭인 미국 국제개발총서(U.S. Agency for International Development, USAID)로 개칭되었다.

31   "Coordination of MSA/JCRR Policies and Programs," February 19, 1952, Council for International Economic Cooperation and Development(CIECD) archive 36-15-006-001, Institute of Modern History of Academia Sinica(hereafter IMHAS).

32   楊翠華, 「美援對臺灣的衛生計畫與醫療體制之型塑」, 『中央研究院近代史研究所集刊』 62(2008), pp. 95~96.

33   Chang, Simon, et al. "Long-Term Health Effects of Malaria Exposure around Birth: Evidence from Colonial Taiwan," *Economic Development and Cultural Change*, Vol.62, No.3, pp.519~536.

DDT 수입 총액이나 분사 기구 관련 항목은 그것이 공공 위생 계획에서 실제로 거둔 경제가치에 비해 그다지 눈에 띄지 않는다. 이유를 분석해보면 아마도 냉전 시기에 미국이 말라리아 퇴치를 일종의 정치적 행위로, DDT를 동맹국에 대한 전략적 원조의 일환으로 간주했기 때문일 것이다.[34] 예자치(葉嘉熾)의 연구에서 지적했듯이 동아시아의 전염병 퇴치(타이완 지역 포함)가 효과를 볼 수 있었던 이유는 미국이 전략적으로 DDT를 들여오고 관련된 인원들을 파견한 방식과 연관이 있다.[35] 같은 관점에서 보면, 타이완에서 DDT를 사용해 말라리아를 퇴치한 행위에는 이 지역의 질병 문제를 개선하는 것 말고도 냉전 시기 미국이 동맹국과의 관계를 굳건히 하려는 의도가 담겨 있다고 볼 수 있다.

1949년 이전에 수립했던 DDT 분사 계획을 연장해 미국이 여전히 국민당과 동맹 관계에 있다는 것을 보여주기 위해, 타이완으로 옮겨간 국방의학원(國防醫學院) 주도하에 이 학교의 교장 장더린(章德麟)과 전 난징 위생부 말라리아 연구소 전문가 저우친셴(周欽賢)은 1951년 평산(鳳山)에서 분사 실험을 주도적으로 실시했다.[36] 그러나 이 무렵 WHO 서태평양 사무실 고문이던 J. B. 그랜트(J. B. Grant)는 시행 과정에서 기술적으로 문제가 많다고 판단해, 기술원조 방식으로 DDT의 선진 기술을 타이완에 도입해야 한다고 주장했다.[37] 이 서신은 WHO가 타이완을 세계적 DDT 방역 계획에 편입되는 것을 촉진했을 뿐 아니라, 이후 타이완의 모든 DDT 분사가 그렇듯이 WHO의 기술원조를

34   Randall M. Packard , The *Making of a Tropical Disease—A Short History of Malaria* (Baltimore, MD: The Johns Hopkins University Press, 2007).

35   Ka-Che Yip(ed.), *Disease, Colonialism, and the State: Malaria in Modern East Asian History* (Hong Kong: Hong Kong University Press, 2009).

36   張建主 編, 『國防醫學院院史』(臺北: 國防醫學院藏書), p.37, 41.

37   RAC archive, Hong Kong University Press, by J. B. Grant(1951), RF, RG: 3-1951, Series 600, Box 78, folder 2205.

받는 첫 번째 사례가 되었다. 이 사건은 1952년 이후 타이완 전역을 대상으로 DDT 분사 계획을 수립하고, 아울러 이 계획서를 타이완과 미국 간에 체결한 '경제 발전을 위한 기술원조 프로그램'에 포함시키는 데 직접적으로 영향을 주었다.[38] 이와 같은 명목하에 1946년 미국의 대타이완 의료 및 위생 원조는 선진 의약 기술과 위생 설비 건설 분야로 확대되었다.[39] 미국의 경제원조는 냉전 시기 동맹국의 사회 및 경제 안정을 보장하고 군사적으로 우호적인 동맹 관계를 유지하는 것이 목적이었다.

1948년 중미 양국이 난징에서 설립한 JCRR도 1949년 8월에 타이완으로 이전했다. 이 조직의 지지와 확대를 통해 타이완의 DDT 방역 작업이 연장되었을 뿐 아니라, 더 발전된 대규모 농촌 위생 계획이 전개되었다.[40] 이 계획을 추진하면서 전쟁 발발 이전에 있었던 전국 155개 말라리아방역소를 회복시켜 지역 및 농촌 위생소로 전환시켰다. 원래 1949년 무렵 타이완에는 단지 56개의 향진위생소(鄕鎭衛生所)와 775명의 공공 위생 간호사 및 보건 인력만이 있었지만, 1954년에 이르러 위생소는 367개로 증가했는데 이는 거의 모든 향진(鄕鎭)에 위생소가 있는 수준이었다.[41] 아울러 DDT를 이용해 말라리아를 박멸한 경험을 바탕으로 농촌 위생소의 네트워크를 확립했으며, 미국의 원조와 지지로 공공 위생 시스템을 건설해 타이완의 안정에 필요한 심리적· 제도적 기초를 확립했다.[42]

---

38 "Annexes to the Plan of Operations for Malaria Eradication in China (Taiwan)," Document 2025, 69, Taiwan Provincial Malaria Research Institute (TAMRI).

39 Robert Briggs Watson, " Annual Report 1948,"pp.23-25, RG 5, IHB/D, series 3, Box 217, Folder 600, RAC.

40 RAC archive, Richard Bradfield, "Trip to Far East," pp.40~48; RG 5, IHB/D, series 3, Box 217, Folder 600.

41 RAC archive, "The Progress of Former Program in Formosa," pp.7~9, "1950 Annual Report", RG 5, IHB/D, series 3, Box 217, Folder 600.

42 ABMAC archives, Box 34, folder Allen Lau "What is new in Taiwan in 1968".

일제 통치기에 경찰이 장악했던 타이완의 위생행정은 오늘날의 공공 위생 개념과 완전히 일치하지는 않는다. 이 때문에 미국이 원조한 공공 위생 시스템을 실행하기 위해서는 타이완 내 의료 사업 및 위생 인력에 대한 개혁이 필요했다. 1950년 타이완 대학 교무회의에서는 일제 통치기에 있었던 열대의학연구소를 개편하자고 다음과 같이 주장했다. "공공 위생 부문에 대해 부서 이름을 '공공위생연구소(公共衛生研究所)'라 개칭하고, 본교 산하에서 농복회(農復會)의 보조를 받아 자체적으로 처리한다."[43] 이때부터 타이완에서의 미국식 공공 위생은 타이완 의학계에서 전문적 지위를 부여받았으며 전문적 교육 기관도 정식으로 시작되었다. 이는 그랜트가 1951년 DDT 분사 계획의 실패를 지적했던 편지에서 함께 언급했던 다음 지적과 연관이 있다. "자유중국에서의 현대 공공 위생에 대한 열정에는 그릇된 개념과 해석이 존재한다."[44] 그리하여 미국 국적의 전문가, 미국의 원조, 새로운 형식의 공공 위생 훈련 기구라는 세 분야의 협조 아래, 새로운 공공 위생 발전과 직접 관련된 공공 위생학 전공 및 간호학과 내 공공 간호사의 전문적 양성도 본격적으로 시작되었다.[45]

공공 위생 시스템 개혁에 부응하기 위해 의료 시스템의 미국화도 진행되었다. 일찍이 1951년 말 컬럼비아 대학 의학부 교수 그레게센과 조지 험프리스(George H. Humphreys) 등은 타이완 대학 의학원의 교육 계획을 검토한 적이 있다. 이들이 1952년에 제출한 종합 보고서는 전후 타이완의 의학 교육 시스템을 구축하는 주된 모델 중 하나가 되었다.[46] 의료 시스템 의학 관리 전문가

---

43   張秀蓉 編著, 『臺大醫學院1945~1950』, p.395.

44   RAC archive, "Correspondence to IHD, RF," RF, RG: 3-1951, Series 600, Box 78, folder 2205.

45   주요 사건과 발생 연대는 林吉崇, 『臺大醫院百年院史(上冊)-日治時期(一八九七~一九四五年)』; 臺大醫學院百年院史編輯小組, 『臺大醫院百年院史(中冊)-光復後(一九四五~一九九七年)』(臺北: 金名出版社, 1998) 참고.

반 호지(Van Hoge)와 로스 포터(Ross Porter)가 타이완의 공공병원 운영 상황을 평가했다. 그들은 국제경제합작발전위원회(Council for International Economic Cooperation and Development, CIECD)에 제출한 보고서에서 타이완 국립 병원들은 전면적인 시스템 개선을 거쳐야만 한다고 건의했다.[47] 그러나 이 같은 건의는 즉각적인 효과를 발휘하지 못했으며, 두충밍(杜聰明)[48]이 해직된 1953년이 지나서야 타이완 대학 의학원으로 상징되는 일제 통치기의 의료 교육과 의료 시스템이 미국식 의료 시스템으로 바뀌었다. 타이완 대학 의학원(일제 통치기 당시 최고 학부이자 유일한 의료 교육 기관, 즉 타이베이 제국대학 의학부)이 변화하기 시작한 1953년 이후부터 미국의 원조와 미국 전문가들의 흔적이 곳곳에서 나타난다.[49] 이는 앞에서 말했듯이 1945년부터 1950년 사이에 미국이 타이완 대학 의학원 전환 과정에서 아직 별다른 역할을 수행하지 못했던 것과는 차이가 있다. 냉전이 시작된 직후 미국이 경제 원조를 통해 타이완 의료와 공공 위생 시스템에 개입하려는 목표가, 공공 위생 시스템 재건에서 의료 전문 표준을 개조하는 방향으로 점차 달라졌기 때문이다.

1955년 동아시아 지역에서 미국의 가장 중요한 의약학 연구 시설인 미 해군 제2의학연구소(U. S. Naval Medical Research Unit No.2, NAMRU-2)가 타이완 대

---

46 John R. Watt, "ABMAC and National Taiwan University College of Medicine," in *Taida yiyuan bainian huaijiu* (Remembering the NTU hospital in the past 100 years), ed. the Medical School of NTU, (Taipei: the Medical School of NTU, 1995), pp.174~177.

47 "Counterpart Budget-PH CY-1953," March 30, 1953 ; "CY-53 Counterpart Allocation," June 9, 1953, CIECD36-11-003-001, IMHAS.

48 두충밍(杜聰明)은 일제 통치기 타이완인 1등 고관과 일본 식민지 의학에서 타이완을 대표하던 인재였지만, 이 시기에는 오히려 일본 의학 시스템을 견지하면서, 미국 전문가와의 협조를 원치 않았던 인물이다. 鄭志敏, 『杜聰明與臺灣醫療史之研究』, pp.312~313의 인용문. 魏火曜, 「臺大醫學院十六年」, ≪傳記文學≫, 1-7(1962), pp.35~38 참고.

49 "Counterpart Budget-PH CY-1953," March 30, 1953 ; "CY-53 Counterpart Allocation," June 9, 1953, CIECD36-11-003-001, IMHAS; 趙既昌, 『美援的運用』, pp.9~10, 表 215.

학 의학원으로 옮겨갔다.[50] 미국 해군의 제2의학연구소를 타이베이로 옮기기로 결정한 것은 전후 타이완 의료와 위생의 재건 단계에서 이미 전면적으로 미국 의학계와의 동맹을 군건히 하고, 타이완의 의료 시스템을 개혁하는 단계에 진입했다는 사실을 분명히 보여준다.

5. 맺음말

타이완 의료 기구의 식민 시대, 미국 원조 중단 시기, 냉전 체제하의 미국 원조 시기라는 3단계의 시기 구분을 통해 전후 타이완의 의료 위생 재건 과정을 살펴본 결과, 재건 자원의 유무가 타이완이 처한 국제적인 위상과 깊은 연관이 있다는 사실을 확인했다. 1945년부터 1949년 사이에 타이완은 바다 밖에 홀로 떨어져 있는 중화민국의 일개 성(省)에 불과했으며 여기에 일제 치하 51년이라는 간극은, 전후 타이완의 의료와 위생 시스템 재건을 중앙정부에 전적으로 의지해야 하는 어려운 상황을 만들었다. 1947년 당시, 타이완 위생처와 이와 관련된 재건 사업은 단지 옌춘후이와 같은 개인과 중앙정부, PUMC 동문, 미국 민간 기구와의 관계에 의지해 미약하게 진행되었다. 게다가 1949~1951년 국공내전에서 국민당군의 패배와 미국의 대중국 정책 전환은 전후 타이완 의료 시스템 재건에 설상가상의 악재였다. 하지만 3기로 진입한 이후 전 세계적으로 냉전 국면이 형성되자, 미국은 동아시아에서 동맹국들 간의 관계를 강화시켰고, 동아시아의 여러 나라도 다투어 미국과의 관계 개선을 꾀했다. 쌍방의 관계 진전을 통해 지역 내의 안전과 사회의 안정

---

50   謝維詮, 「NAMRU-2: 臺大醫學院新舊醫學研究交替的橋樑」, 國立臺灣大學醫學院附屬醫院 編, 『臺大醫院百年懷舊』(臺北: 國立臺灣大學醫學院附屬醫院, 1995), pp.178~181.

이 절실하다는 전제하에서, 미국의 의약 원조는 군사와 경제 원조의 성격을 띠게 되었다. 이 시기 이후 원조의 목적은 이미 재건에 그치지 않았으며, 미국이 제시한 청사진에 맞춰 개조가 진행되었다. 이 같은 풍조는 연합군이 일본을 점령할 때부터 시작되어[51] 1950년 이후 주변의 타이완으로 확산되었으며, 여기에는 아마 한국전쟁 기간의 대한민국도 포함될 것이다.[52]

미국의 원조가 전후 타이완에 얼마나 중요했는지는 다들 알고 있지만, 이 같은 원조가 타이완의 의료 위생 제도에 끼친 영향에 관한 논의는 많지 않다. 양추이화(楊翠華)는 중앙연구원 근대사 연구소에 소장된 미원회(美援會)의 문서를 근거로, 미국 원조가 전후 타이완의 위생 재건 계획의 초안 작성과 추진 및 집행 과정에서 담당한 역할에 주목했다. 그는 「미국 원조의 타이완 위생 계획과 의료 시스템 형성(美援對臺灣的衛生計畫與醫療體制之形塑)」이라는 논문에서 다음과 같이 주장했다. 1950~1971년대 후기 냉전 상황에서 중화민국 정부는 전체적인 계획을 수립하는 중앙의 위생 부서는 물론이고, 전면적인 위생 정책도 없었다. 이 때문에 미국의 원조는 이 시기 타이완의 군사적 안정과 경제 발전을 지탱하는 기둥이었을 뿐 아니라, 미국이 타이완에 투입한 자금, 기술, 의료 설비가 타이완 사회를 재건하는 과정에 미친 영향은 대단히 컸다.[53] 이 연구를 통해 추론해보면, 미국의 타이완 원조는 군사적 안정과 경제적 발전을 목표로 했으며, 냉전 초기(1947~1955)에 타이완의 의료 및 공공 위생 시

51　丸井英二, 「戰後日本の公衆衛生第5回戰後日本の始まり：マッカーサーのGHQ」, ≪保健の科學≫, 32-9(1990), pp.603~605.

52　한국전쟁 동안 나타난 출혈열(hemorrhagic fever) 때문에 미군은 주변 한국인 거주 지역의 환경 위생을 광범위하게 감독하고 통제했는데, 한 학자는 이를 미국 공공 위생 제도가 전후 한국 질병을 감독한 첫 번째 시스템으로 간주했다. R. C. Marshall and C. B. Rhodes, "Korean hemorrhagic fever: environmental health and medical surveillance measures," *Military Medicine*, Vol.155, No.12(1990), pp.607~610.

53　楊翠華, 「美援對臺灣的衛生計畫與醫療體制之形塑」, pp.91~139.

설의 재건과 확대를 위해 미국의 전문가들이 진행한 개혁도 이 목표를 위한 것이었다.

타이완 사회처럼 미국에 과도하게 의존하는 태도는 냉전 초기 동아시아 여러 나라에서 만연했다. 미국 ≪뉴욕타임스≫ 기고 작가이자 정치평론가인 레스턴(James Reston)은 1953년 일본, 한국, 타이완 3국을 방문하고, 일본 총리 요시다 시게루(吉田茂), 한국 대통령 이승만, 중화민국 총통 장제스를 인터뷰한 뒤 작성한 논고에서 다음과 같이 썼다. "미국이 아시아에 제공하는 안전과 위생은, 이미 공장에서 생산하는 원가를 뛰어넘었다. …… 이 때문에 한국, 일본, 타이완에서는 미국에 대한 의존도가 이처럼 강한데, 이는 연민을 느끼게 할 정도이다(America's contribution to the safety and sanity of Asia, however, goes well beyond the products of her factories …… In Korea, Japan and Formosa, dependence on America is so great as to be almost pathetic)."[54]

원조자로서의 우월감을 보여주는 레스턴의 말에는 주의해야 할 단어와 용법이 몇 가지 보인다. 먼저 그는 미국의 극동 지역 원조가 이룬 공헌을 '안전과 위생(safety and sanity)'이라는 두 가지 영역으로 종합했다. 이는 양추이화의 연구에서 밝힌 사실과 거의 같다. 미국의 동아시아 원조는 확실히 지역 안전을 기초로 하지만, 안전이라는 단어는 지역의 안정을 유지하는 모든 요소, 즉 군사, 정치, 경제를 광범위하게 포함하며, 또한 사회 안정과 경제 발전을 유지한다는 의미에서 의료 및 위생도 여기에서 빼놓을 수 없는 영역이다. 다음으로 그는 동아시아 삼국의 미국에 대한 의존이 "연민(pathetic)을 느끼게 한다"라고 표현했으나, 냉전 시기의 동맹이라는 관점에서 보면 미국에 대한 의약품 원조를 요구는 의료 행위에 대해 자선을 구하는 차원을 넘어 냉전 시기에 진영의 선택과 군사동맹 관계를 확인하는 행위였다.

---

54 James Reston, "America in Asia: Time and a Little Hope," *New York Times*, Aug 30, 1953.

동아시아 전체로 확대해보면, 타이완의 경험은 냉전 시기에 미국의 의약품 원조를 보여주는 하나의 좋은 사례이며, 그 배후에는 연구할 더 높은 가치를 지닌 역사적 맥락이 숨어 있다. 미국은 애초에 WHO 가입 여부를 두고 고민했지만, 국제정세의 긴장감이 고조되면서 1950년에 미소 간의 경쟁 분위기를 국제 위생 무대로 옮겨왔으며, 동시에 WHO 경비(經費)의 주요 후원자가 되었다.[55] 니찬 초레프(Nitsan Chorev)는 『남과 북 사이의 WHO(The World Health Organization between North and South)』에서 다음과 같이 지적했다. 1970년대에 WHO는 모색과 조정 과정을 거쳐 일곱 가지 원칙을 제시했다. 이 중에는 특히 1970년대 이전의 경험을 반영하는 특징으로 '이성적 간섭(Rational intervention)', '평등에서 비용 효율성으로의 간섭 원칙(Principle of intervention: from equity to cost-effectiveness)', '기함 사업: 1차 의료에서 특정 질병에 대한 기술적 해결책에 이르기까지(flagship initiative: from primary health care to technological solutions for specific diseases)', '전문 유형: 공공 위생 지식에서 경제, 법, 상업 활동(Forms of expertise: from public health knowledge to economics, law, and business)'의 4가지 원칙이 있다.[56] 여기에서 논하지 않은 3가지 원칙은 주로 협력 대상을 규정하는 것이다. 상술한 네 가지 운영 지침은 기술원조를 도구로, 경제 발전을 목표로 삼아 외부 세력의 간섭(예컨대 WHO를 통한 미국의 간섭)을 합리화하려는 것으로 보인다. 이를 근거로 보면, 1950~1970년대 타이완을 포함한 동아시아 여러 국가에 대한 미국의 의료 원조는 지역 안전과 경제 발전을 우선 고려한 것으로, 미국식 기술원조를 통해 수혜 국가의 의료와 공공 위생 개조에 개입한 것이다. 그 숨은 목적은 아마도 1958년에 세상에 드러난 투서 「왜 아시

---

55   Neville M. Goodman, *International Health Organizations and Their Work*(Philadelphia-New York: the Blakiston Co., 1971), pp.206, 210, 212~214.

56   Nitsan Chorev, *The World Health Organization between North and South*(Ithaca: Cornell University Press, 2012), pp.229~234.

아는 미국의 의료 원조를 필요로 하는가(Why Asia Needs U.S. Medical Aid)」에서 밝혀진 것처럼, 동아시아의 농업생산력을 확보해 이 지역에서 미군의 전투력을 지원하려는 의도일 것이다.[57] 얼마 후인 1963년 미국 의학계로 날아온 투서에서는 다음과 같은 호소가 담겨 있었다.

동아시아 지역에 의료 원조를 제공하는 것은 무기를 제공하는 것만큼이나 중요하다. "우리의 군인들은 여기에서 자유세계를 위해 공산당과 싸우는데, 이를 위해서는 완벽한 위생의 후원과 안심할 만한 의료 서비스가 없어서는 안 된다"[58]는 이유에서이다. 이 때문에 군사동맹, 위생 개선, 경제 발전의 삼각관계에서 냉전 시기 미국 전문가들은 의약 원조를 명분으로 동아시아 각국의 의료 및 위생 개혁에 개입했으며, 아시아 대륙에 미국의 '냉전 유산(Cold War Legacy)'을 세웠다.[59]

종합적으로 말하자면, 20세기 초 미국의 의약 원조는 '중국 개조'라는 명분으로 화려하게 중국에 진입했다. 1930년대 국민정부가 주도한 의료 위생개혁은 항전 시기에 국민정부를 따라 서남쪽 변경에서 활발히 전개되었으며, 1950년대 냉전 초기 타이완에서는 군사 및 사회 지원이라는 명목 속에 숨어 있었다. 이 때문에 전후 타이완의 의료 재건 과정에서 미국이 타이완에 제공한 의약 원조의 진실을 알기 위해서는 미국의 원조와 중국의 전후 재건, 동아시아 정세의 변화라는 외부 요인들을 파악해야 한다. 그러나 사례 연구에는 더 광범위하고 깊이 있는 핵심적 문제의식이 필요하다. 의약 원조와 냉전 외교의 갈등을 전제로 미국 의학이 동아시아 각국에 제공한 원조의 본질은 무

57　M. D. Maung Sein, "Why Asia Needs U.S. Medical Aid," *The Washington Post and Times Herald*, Jul 27, 1958.

58　A. Howard and M. D. Rusk, "Foreign Aid Defended: Dramatic Success Stories Counter Its Widely Publicized Shortcomings," *New York Times*, Apr 7, 1963.

59　이 명사는 다음 논문에서 차용했다. Robert Peckham, *Epidemics in Modern Asia* (Cambridge: Cambridge University Press, 2016), pp.188~189.

엇인가? 맹우(盟友)인가, 자선가인가, 아니면 선진 지식과 기술의 제공자인가? 미국이 냉전 시기에 했던 여러 행동은 제2차 세계대전 이전의 일본 식민지 의학과 비교해봤을 때 식민지 의학의 또 다른 형태는 아닌가?

프레신짓트 두아라(Prasenjit Duara)는 만주국을 예로 들어 다음과 같이 설명했다. 당시 일본 제국주의는 이 지역을 실제 식민지로 지배하지는 않았지만, 일본의 세력은 여전히 확장되고 있었기 때문에 '20세기의 신제국주의'라고 칭해야 한다.[60] 이와 유사한 상황은 냉전 시기 미국의 타이완 원조에서도 나타난다. 타이완의 학자 천광싱(陳光興) 등은 미국 문화가 전 세계 자본주의에 침투하는 것에 주목해 '차제국주의(次帝國主義, sub-imperialism)'라는 개념을 제시하고, 냉전 시기 미국의 원조가 본질적으로 과거 식민 행위의 논리와 차이가 없다는 점을 지적했다.[61] 이 개념은 우리가 이 시기 타이완의 위생 및 의료 시스템 개선에 관한 미국의 원조에 내포된 본질을 연구하는 데 중요한 실마리를 제공한다.

---

60   Prasenjit Duara, "The new imperialism and the post-colonial developmental state: Manchukuo in comparative perspective," *The Asia-Pacific Journal*, Vol.4, No.1(2006), p.1.

61   Kuan-Hsing Chen and Yiman Wang, "The imperialist eye: The cultural imaginary of a subempire and a nation-state," *Positions*, Vol.8, No.1(2000), pp.15~16.

참고문헌

ABMAC archives. Box 34. folder Allen Lau "What is new in Taiwan in 1968".

Anheier, Helmut K. and David C. Hammack(eds.). 2010. American Foundations: Roles and Contributions. Washington, D. C.: Brookings Institution Press.

Chang, Simon et al. "Long-Term Health Effects of Malaria Exposure around Birth: Evidence from Colonial Taiwan." *Economic Development and Cultural Change*, Vol.62, No.3, pp.519~536.

Chen, Kuan-Hsing and Yiman Wang. 2000. "The imperialist eye: The cultural imaginary of a subempire and a nation-state." *Positions*, Vol.8, No.1.

Chorev, Nitsan. 2012. *The World Health Organization between North and South*. Ithaca: Cornell University Press.

Duara, Prasenjit. 2006. "The new imperialism and the post-colonial developmental state: Manchukuo in comparative perspective." *The Asia-Pacific Journal*, Vol.4, No.1.

Goodman. Neville M. 1971. *International Health Organizations and Their Work*. Philadelphia-New York: the Blakiston Co.

Howard, A. and M. D. Rusk. 1963. "Foreign Aid Defended: Dramatic Success Stories Counter Its Widely Publicized Shortcomings." *New York Times*, Apr. 7.

Marshall, R. C. and C. B. Rhodes. 1990. "Korean hemorrhagic fever: environmental health and medical surveillance measures." *Military Medicine*, Vol.155, No.12.

Packard, Randall M. 2007. *The Making of a Tropical Disease—A Short History of Malaria*. Baltimore, MD: The Johns Hopkins University Press.

Peckham, Robert. 2016. *Epidemics in Modern Asia*. Cambridge: Cambridge University Press.

RAC archive. "ABMAC Executive Committee, Dec. 7 1950." Collection: RF, RG: 2-1950, Series 200US, Box 478, folder 3207.

_____. "ABMAC, Board Director's Meeting Agenda." Collection: RF, RG: 2-1949, Series 200US, Box 441, folder 2969.

_____. "Annual Report 1949," p.3. RG 5, IHB/D, series 3, Box 217, Folder 600.

_____. "Correspondence to IHD, RF." RF, RG: 3-1951, Series 600, Box 78, folder 2205.

_____. "Letter from Cherter I. Barnard to John D. Rockefeller 12, Sept., 1950," Collection: RF, RG: 2-1950, Series 200:US, Box 478, folder 3207.

_____. "Medicine on a Mission: A History of American Bureau for Medical Aid to China, Inc. 1937~1954," pp.8~10(section III).

_____. "Note of ABMAC, 21, May, 1951." Collection: RF, RG: 2-1951, Series 200, Box 516, folder 3449.

_____. "The Progress of Former Program in Formosa," pp.7~9. "1950 Annual Report", RG 5,

IHB/D, series 3, Box 217, Folder 600.

_____. Hong Kong University Press. by J. B. Grant(1951), RF, RG: 3-1951, Series 600, Box 78, folder 2205.

_____. Richard Bradfield. "Trip to Far East," pp.40~48; RG 5, IHB/D, series 3, Box 217, Folder 600.

_____. Robert Briggs Watson. "Annual Report of Activities, 1946." RG 5, IHB/D, series 3, Box 217, Folder 600.

Reston, James. 1953. "America in Asia: Time and a Little Hope." *New York Times*, Aug 30.

Sein, M. D. Maung. 1958. "Why Asia Needs U.S. Medical Aid." *The Washington Post and Times Herald*, Jul 27.

Watt, John R. 1995. "ABMAC and National Taiwan University College of Medicine." in the Medical School of NTU(ed.). *Taida yiyuan bainian huaijiu*(Remembering the NTU hospital in the past 100 years). Taipei: the Medical School of NTU.

Yip, Ka-Che(ed.). 2009. *Disease, Colonialism, and the State: Malaria in Modern East Asian History*. Hong Kong: Hong Kong University Press.

"Annexes to the Plan of Operations for Malaria Eradication in China(Taiwan)." Document 2025, 69, Taiwan Provincial Malaria Research Institute(TAMRI).

"Coordination of MSA/JCRR Policies and Programs." February 19, 1952. Council for International Economic Cooperation and Development(CIECD) archive 36-15-006-001, Institute of Modern History of Academia Sinica(hereafter IMHAS).

"Counterpart Budget—PH CY-1953." March 30, 1953.

"CY-53 Counterpart Allocation." June 9, 1953. CIECD36-11-003-001, IMHAS.

"Why ABMAC wants to support Free China." promotion pamphlet. 1951. New York: ABMAC.

經利彬. 1947. 「臺灣省衛生工作概況」. ≪中華醫學雜誌≫, 33-3, pp.304~305.

賴和. 1979. 「阿四」. 李南衡 編. 『賴和先生全集』. 臺北: 明潭出版社.

李孟智 編. 2007. 『美國在華醫藥促進局在臺灣』. 臺北: 財團法人李氏慈愛青少年醫學教育.

林吉崇. 1997. 『臺大醫院百年院史(上冊) — 日治時期(一八九七~一九四五年)』. 臺北: 金名出版社.

臺大醫院百年院史編輯小組. 1998. 『臺大醫院百年院史(中冊) — 光復後(一九四五~一九九七年)』. 臺北: 金名出版社.

馬秋莎. 2013. 『改變中國:洛克菲勒基金會在華百年』. 桂林: 廣西師範大學出版社.

謝維詮. 1995. 「NAMRU-2: 臺大醫學院新舊醫學研究交替的橋樑」. 國立臺灣大學醫學院附屬醫院 編. 『臺大醫院百年懷舊』. 臺北: 國立臺灣大學醫學院附屬醫院.

徐蘇恩. 1989. 「在美國醫藥援華會工作」. 劉似錦 編. 『劉瑞恆博士與中國醫藥及衛生事業』. 臺北: 臺灣商務印書館.

蘇瑤崇 主編. 2004. 『最後的臺灣總督府: 1944~1946年終戰資料集』. 臺中: 晨星出版社.

顔春輝. 1972. 「我國衛生行政沿革及其發展槪況」. 『臺灣醫藥衛生總覽』. 臺北: 醫藥新聞社.

楊翠華. 2008. 「美援對臺灣的衛生計畫與醫療體制之型塑」. ≪中央研究院近代史研究所集刊≫, 62, pp.95~96.

劉傳暘. 2000. 「魯門政府與中國: 一九四七年--一九四九年」. 臺北:中國文化大學史學研究所碩士論文.

李明. 2007. 「韓戰期間的美國對華政策」. ≪國際關係學報≫, 23.

張建主 編. 2014. 『國防醫學院院史』. 臺北: 國防醫學院藏書, 五南.

張朋園 訪問. 羅久蓉 紀錄. 1993. 『周美玉先生訪問紀錄』. 臺北: 中央研究院近代史研究所.

熊秉眞 訪問. 1991. 『楊文達先生訪問紀錄』. 臺北: 中央研究院近代史研究所.

張秀蓉 編著. 2013. 『臺大醫學院1945~1950』. 臺北: 國立臺灣大學出版中心.

莊榮輝. 2000. 「「失去中國」簡介美國外交史家有關杜魯門政府對中國內戰政策之論點」. ≪近代中國≫, 138, pp.143~144.

鄭志敏. 2011. 『杜聰明與臺灣醫療史之研究』. 衛生福利部國家中國醫藥研究所.

魏火曜. 1962. 「臺大醫學院十六年」. ≪傳記文學≫, 1-7, pp.35~38

趙旣昌. 1985. 『美援的運用』. 臺北: 聯經出版社.

陳寄禪. 1981. 『追溯五十年來促進我衛生設施之關鍵事跡』. 臺北: 正中書局.

陳淑芬. 2000. 『戰後之疫: 臺灣的公共衛生問題與建制(1945~1954)』. 臺北: 稻鄕出版社.

陳涵文. 2008. 「杜魯門政府時期援華政策之決策過程研究(1948~1949)」. 臺北: 淡江大學美國研究所碩士論文.

蔡篤堅・梁妃儀. 2003. 「瘧疾硏究所代表的臺灣醫學倫理發展意涵」. 余玉眉・蔡篤堅 合編. 『臺灣醫療道德之演變－若干歷程及個案探討』. 臺北: 財團法人國家衛生研究院.

丸井英二. 1990. 「戰後日本の公衆衛生第5回戰後日本の始まり: マッカーサーのGHQ」. ≪保健の科學≫, 32-9, pp.603~605.

지은이(수록순)

마이클 김(Michael 金)

연세대학교 국제학대학원 부원장, 국제처 부처장, 국제학대학원 한국사 교수이다. 전공 분야는 한국근현대사 특히 문화사, 일상사, 이주사이다. 저서로는 *Mass Dictatorship and Modernity*, 최근 논문으로 "The Han'gŭl Crisis and Language Standardization: Clashing Orthographic Identities and the Politics of Cultural Construction", *Journal of Korean Studies*(Spring 2017), "Re-Conceptualizing the Boundaries of Empire: The Imperial Politics of Chinese Labor Migration to Manchuria and Colonial Korea", *Sungkyun Journal of East Asian Studies*(2016) 등이 있다.

쉬쉐지(許雪姬)

타이완 중앙연구원 타이완사연구소 특임 연구원 겸 소장이다. 타이완 군사사, 가족사, 일제시대 타이완인의 해외 경험 등을 주로 연구해왔으며, 저서로는 『淸代臺灣的綠營(청조하의 타이완의 녹영)』(1987), 『龍井林家的歷史(용정 임씨 일가의 역사)』(2015), 『樓臺重起: 林本源家族與庭園歷史(린번위안 일가와 그 정원의 역사)』(2011) 등 다수가 있다.

소현숙

한양대학교 비교역사문화연구소 HK연구교수이다. 전공 분야는 한국근현대 가족사, 여성사, 사회사이다. 저서로는 『이혼법정에 선 식민지 조선 여성들』(2017), 『日韓民衆史研究の最前線(한국 민중사 연구의 최전선)』(공저, 2015), 『식민지 공공성: 실체와 은유의 거리』(공저, 2010) 등이 있고, 최근 논문으로 「식민지 조선에서 '불구자' 개념의 형성과 그 성격」, 「전쟁고아들이 겪은 전후: 1950년대 전쟁고아 실태와 사회적 대책」 등이 있다.

진정원

타이완 중앙연구원 타이완사연구소 부연구원이다. 일제 통치기 타이완사와 일본 제국사를 연구하고 있으며, 저작으로 『東アジアの良妻賢母論(동아시아의 현모양처론)』(2007), 『看不見的殖民邊緣: 日治臺灣邊緣史讀本(보이지 않는 식민 통치의 틈새: 일제 통치기 대만의 소수자들)』(2012) 등이 있다.

홍양희

한양대학교 비교역사문화연구소 HK연구교수로 재직 중이다. 전공 분야는 가족사와 젠더사/여성사이다. 논문으로 「식민지시기 의학 지식과 조선의 '전통': 쿠도의 부인과학적 지식을 중심으로」(2013), "A Dangerous Tradition: Chohon Discourses and Population Management in Colonial Korea"(2016) 등이 있다. 편서로 『고아, 족보 없는 자: 근대, 국민국가, 개인』(2014), 『성(聖/性)스러운 국민: 젠더와 섹슈얼리티를 둘러싼 근대 국가의 법과 과학』(2017), 역서로 『조선풍속집: 제국의 경찰이 본 조선풍속』(2011) 등이 있다.

윤해동

한양대학교 비교역사문화연구소 HK교수이다. 전공 분야는 한국근현대사와 동아시아환경사이다. 『동아시아사로 가는 길』(2018), 『植民地がつくった近代(식민지가 만든 근대)』(2017), 『탈식민주의 상상의 역사학으로』(2014), 『근대역사학의 황혼』(2010), 『지배와 자치』(2006), 『식민지의 회색지대』(2003) 등

박찬승

한양대학교 비교역사문화연구소 소장 및 HK 트랜스내셔널 인문학 사업단장이며 사학과 교수이다. 전공 분야는 한국근현대사, 특히 사상사, 사회사, 독립운동사이다. 저서로는 『한국근대정치사상사연구』, 『민족주의의 시대』, 『한국독립운동사』, 『마을로 간 한국전쟁』 등이 있고, 최근 논문으로 「1920년대 보통학교 학생들의 교원 배척 동맹휴학」, 「1933년 상해 '有吉明공사 암살미수 사건'의 전말」, 「재조선 일본인 저널리스트의 조선통치정책론 비교」 등이 있다.

쉬페이센(許佩賢)

타이완 사범대학 타이완사연구소 교수 겸 소장이다. 전공은 타이완 교육사이다. 대표작으로 『殖民地臺灣近代教育的鏡像 — 1930年代臺灣的教育與社會(식민지 타이완의 근대교육의 표상: 1930년대 타이완의 교육과 사회)』(2015), 『太陽旗下的魔法學校 — 日治臺灣新式教育的誕生(일장기 하의 마법학교: 일제시대 타이완에서의 신식 교육의 탄생)』(2012) 등이 있다.

지은이

정혜경
일제강제동원평화연구회 연구위원이다. 대중서와 대중 강좌, 필드워크를 통해 시민들과 함께하는 활동을 병행하고 있으며, 「일제말기 홋카이도 스미토모 고노마이 광업소 조선인 노무자 노동재해 관련 기록물 연구」(≪한일민족문제연구≫, 30호, 2016) 등 재일 한인사, 기록학, 역사문화 콘텐츠, 일제 말기 인력 동원에 관한 논문 50여 편을 발표했다.

중수민(鍾淑敏)
타이완 중앙연구원 타이완사연구소 부연구원이다. 일제 시대 동남아시아에서의 타이완인의 활동, 타이완인의 전쟁 체험과 전쟁 범죄 등을 중심으로 연구를 진행하고 있다. 논문으로「二戰時期臺灣人印度集中營拘留記(제2차 세계대전 당시 인도 수용소에서의 타이완인)」(2017), 「戰前臺灣人英屬北婆羅洲移民史(일제시대 타이완인의 영국령 북보르네오 이민사)」(2015), 「二戰時期臺灣人的戰爭犯罪與戰後審判(제2차 세계대전 당시 타이완인의 전쟁범죄와 전후 심판)」(2017) 등 다수가 있다.

류스융(劉士永)
타이완 중앙연구원 타이완사연구소 연구원이다. 일본의 식민지 의학, 근대 동아시아의 공공위생사, 동아시아 환경사 등을 중심으로 연구를 진행하고 있다. 저서로 *Prescribing Colonization: The Role of Medical Practices and Policies in Japan-ruled Taiwan 1895-1945*(2009), 『武士刀與柳葉刀: 日本西洋醫學的形成與擴散(일본도와 서양 의학: 일본에서의 서양 의학의 형성과 확산)』(2012)과, 편저로 『東亞醫療史: 殖民, 性別與現代性 (동아시아 의료사: 식민, 젠더와 모더니티』(2017) 외에 논문 40여 편이 있다.

한울아카데미 2076
RICH 트랜스내셔널 인문학총서 14

한국과 타이완에서 본 식민주의

ⓒ 박찬승 외, 2018

엮은곳 | 한양대학교 비교역사문화연구소·타이완 중앙연구원 타이완사연구소
지은이 | 마이클 김·쉬쉐지·소현숙·진정원·홍양희·윤해동·박찬승·쉬페이셴·정혜경·중수민·
류스융
펴낸이 | 김종수
펴낸곳 | 한울엠플러스(주)
편집책임 | 최진희

초판 1쇄 인쇄 | 2018년 8월 13일
초판 1쇄 발행 | 2018년 8월 23일

주소 | 10881 경기도 파주시 광인사길 153 한울시소빌딩 3층
전화 | 031-955-0655
팩스 | 031-955-0656
홈페이지 | www.hanulmplus.kr
등록 | 제406-2015-000143호

Printed in Korea.
ISBN 978-89-460-7076-9 93910

* 책값은 겉표지에 표시되어 있습니다.

이 저서는 2008년 정부(교육과학기술부)의 재원으로 한국연구재단의 지원을 받아 수행된
연구임(NRF-2008-361-A00005)

This work was supported by National Research Foundation of Korea Grant funded by
the Korean Government(NRF-2008-361-A00005)